Die

Militärpensionsgesetze

vom 31. Mai 1906

nebst den Ausführungsbestimmungen.

Zum praktischen Gebrauche für

Heer, Marine und Schutztruppen

unter Benutzung der amtlichen Quellen
und mit Berücksichtigung der Ergänzungsvorschriften
bearbeitet und erläutert

von

Dr. jur. A. Romen,
Wirklichem Geheimem Kriegsrat im Königlich Preußischen Kriegsministerium.

II. Teil: Das Mannschaftsversorgungsgesetz.

Berlin 1908.
J. Guttentag, Verlagsbuchhandlung,
G. m. b. H.

Guttentag'sche Sammlung
Nr. 79b. Deutscher Reichsgesetze. Nr. 79b.
Text-Ausgaben mit Anmerkungen.

Gesetz
über die
Versorgung der Personen der Unterklassen
des Reichsheeres, der Kaiserlichen Marine und der Kaiserlichen Schutztruppen.

Vom 31. Mai 1906.

Erläutert
von
Dr. jur. A. Romen,
Wirklichem Geheimem Kriegsrat.

Nebst dem Militärhinterbliebenengesetz v. 17. Mai 1907.

Berlin 1908.
J. Guttentag, Verlagsbuchhandlung,
G. m. b. H.

Vorwort.

Wie meine Ausgabe des Offizierpensionsgesetzes, so ist auch die vorliegende Bearbeitung des Mannschaftsversorgungsgesetzes in erster Linie für die Praxis bestimmt: sie soll dem Praktiker ein Hilfsmittel bei Handhabung dieses schwierigen Gesetzes bieten. Lange wissenschaftliche Erörterungen bringt das Buch nicht. In kurzgefaßten, gemeinverständlichen Erläuterungen wird zu den beim Gebrauche des Gesetzes sich ergebenden Fragen und Zweifeln Stellung genommen. Die gesetzgeberischen Vorarbeiten, namentlich die Begründung des Entwurfs und der Kommissionsbericht sind hierbei sorgfältig benutzt und, wo es erforderlich oder zweckmäßig erschien, wörtlich angeführt worden. Die Ausführungsbestimmungen des Bundesrats sowie der obersten Militär- und Marine-Verwaltungsbehörden sind an den einschlägigen Stellen überall eingefügt. Ebenso sind die in Betracht kommenden Vorschriften anderer Gesetze, Verordnungen und Anweisungen, insbesondere die Pensionierungsvorschrift und die Dienstanweisung zur Beurteilung der Militärdienstfähigkeit stets herangezogen. Auch die Rechtsprechung hat Berücksichtigung gefunden.

Vorausgeschickt sind als Einleitung einige geschichtliche Bemerkungen über die Entstehung des Gesetzes und seine wesentlichsten Neuerungen gegenüber dem bisherigen Zustande. Auf diese ist außerdem bei den betreffenden Bestimmungen immer noch besonders verwiesen worden. Als Anhang ist beigefügt das neue Militärhinterbliebenengesetz vom 17. Mai 1907. Das eingehende alphabetische Sachregister wird die Benutzung des Buches erleichtern.

Meine Ausgabe des Offizierpensionsgesetzes hat in der Öffentlichkeit allerseits eine überaus günstige Beurteilung gefunden. Möge eine gleich freundliche Aufnahme auch diesem Werke beschieden sein.

Berlin, Oktober 1907.

Romen.

Inhaltsverzeichnis.

	Seite
Vorwort	7
Quellen	13
I. Einleitung. Entstehung des Gesetzes und seine wesentlichsten Neuerungen	15
II. Gesetz über die Versorgung der Personen der Unterklassen des Reichsheeres, der Kaiserlichen Marine und der Kaiserlichen Schutztruppen. Vom 31. Mai 1906	22

Erster Teil.

Reichsheer.

Anspruch auf Rente. § 1	22
Fristen. § 2	34
Dienstbeschädigung. § 3	44
Erwerbsunfähigkeit. § 4	52
Berechnung der Dienstzeit. §§ 5—8	60
Betrag der Rente. §§ 9—12	71

Seite
Verstümmelungszulage. § 13 82
Kriegszulage. § 14 97
Zivilversorgung. §§ 15—23 101
Bedingte Rente und Rentenzuschüsse. §§ 24—25 . 132
Alterszulage. § 26 137
Verfahren. §§ 27—31 141
Zahlung der Versorgungsgebührnisse. § 32 . . . 160
Erlöschen und Ruhen des Rechtes auf den Bezug der Versorgungsgebührnisse. §§ 33—38 . . . 163
Anspruch der Hinterbliebenen. § 39 197
Ausschluß von der Pfändung und Besteuerung. § 40 203
Schadensersatz. § 41 208
Rechtsweg. §§ 42—43 211
Personen der freiwilligen Krankenpflege im Kriege. § 44 223
Übergangsvorschriften. §§ 45—47 227
Anwendung von Vorschriften des zweiten und dritten Teiles dieses Gesetzes. § 48 252

Zweiter Teil.

Kaiserliche Marine.

Allgemeine Vorschriften. §§ 49—50 254
Anspruch auf Rente. §§ 51—52 257
Berechnung der Dienstzeit. §§ 53—55 261
Betrag der Rente. § 56 269

Seite

Rentenerhöhung. §§ 57—58 271
Alterszulage. § 59 280
Zuständigkeit und Rechtsweg. §§ 60—61 . . . 281
Übergangsvorschriften. § 62 283

Dritter Teil.

Kaiserliche Schutztruppen in den afrikanischen Schutzgebieten.

Allgemeine Vorschriften. § 63 286
Fristen. § 64 288
Berechnung der Dienstzeit. §§ 65—66 291
Tropenzulage. §§ 67—70 296
Zahlung der Versorgungsgebührnisse. § 71 . . . 305
Zuständigkeit und Rechtsweg. §§ 72—73 . . . 306
Übergangsvorschriften. § 74 308
Schlußvorschrift. §§ 75—76 312

III. Anlagen.

Dienstgradeinteilung der Militärpersonen des Reichsheeres vom Feldwebel abwärts. (Anlage 1) 316
Dienstgradeinteilung der Militärpersonen der Marine vom Feldwebel abwärts. (Anlage 1a) 321

Seite

Rentenbeträge:

A. nach der Länge der Dienstzeit, . . . 326

B. nach dem Grade der Erwerbsunfähigkeit. (Anlage 2) 327

Verzeichnis der Pensionsregelungsbehörden. (Anlage 3) 328

Zusammenstellung der Allerhöchsten Erlasse über die Anrechnung von Kriegsjahren und Doppelrechnung von Dienstzeit. (Anlage 4) 330

Muster zum Quittungsbuch. (Anlage 5) 345

Zivilversorgungsschein und Anstellungsschein für den Unterbeamtendienst. (Anlage 6) 354

IV. Anhang.

Das Militärhinterbliebenengesetz vom 17. Mai 1907 356

Sachregister 386

Quellen.

Entwurf eines Gesetzes, betreffend die Versorgung der Personen der Unterklassen des Reichsheeres, der Kaiserlichen Marine und der Kaiserlichen Schutztruppen, nebst Begründung. Drucksachen des Reichstages, 11. Legislatur-Periode, II. Session 1905/06, Nr. 14.

Stenographische Berichte über die Verhandlungen des Reichstages, 11. Legislatur-Periode, II. Session 1905/06, 24. Sitzung v. 19. Januar 1906, S. 682 ff. (erste Beratung).

Bericht der Kommission für den Reichshaushalts-Etat über die Entwürfe:

1. eines Gesetzes, betreffend die Pensionierung der Offiziere, einschließlich Sanitätsoffiziere des Reichsheeres, der Kaiserlichen Marine und der Kaiserlichen Schutztruppen, und
2. eines Gesetzes, betreffend die Versorgung der Personen der Unterklassen des Reichsheeres, der Kaiserlichen Marine und der Kaiserlichen Schutztruppen. — Drucksachen des Reichstages, 11. Legislatur-Periode, II. Session 1905/06, Nr. 433, S. 1—20, S. 98 ff.

Stenographische Berichte über die Verhandlungen des Reichstages, 11. Legislatur-Periode, II. Session 1905/06, 109. Sitzung v. 22. Mai 1906, S. 3408 ff. (zweite Beratung), 110. Sitzung v. 23. Mai 1906, S. 3440 (dritte Beratung).

Ausführungsbestimmungen des Bundesrats v. 19. Juni 1906. (Zentralblatt für das Deutsche Reich für 1906 Nr. 36, S. 659 ff.).

Ausführungsbestimmungen des K. Preuß. Kriegsministeriums v. 19. Juni 1906 (Armee-Verordnungsblatt für 1906 Nr. 18, Beilage 2 S. 37 ff.).

Ausführungsbestimmungen des K. Bayer. Kriegsministeriums v. 5. Juli 1906 (Verordnungsblatt Nr. 23 v. 5. Juli 1906, Anlage 2 S. 14 ff.).

Ausführungsbestimmungen des K. Sächs. Kriegsministeriums v. 30. Juni 1906 (K. Sächs. Militär-Verordnungsblatt Nr. 27 v. 30. Juni 1906, S. 137, 138).

Ausführungsbestimmungen des K. Württemb. Kriegsministeriums v. 10. Juli 1906 (Württemb. Militär-Verordnungsblatt 1906 Nr. 19, Beilage S. XXII ff.).

Ausführungsbestimmungen des Reichs-Marine-Amtes v. 18. August 1906.

Zusammenstellung der Militärpensionsgesetze. Herausgegeben vom K. Preußischen Kriegsministerium. Berlin 1898, Mittler u. Sohn. (Angeführt kurz als: „Zusammenstellung“).

Dienstanweisung zur Beurteilung der Militärdienstfähigkeit und zur Ausstellung von militärärztlichen Zeugnissen v. 13. Oktober 1904 (nebst Nachtrag 1 v. 1906). Berlin 1904, ebendort.

Pensionierungs-Vorschrift für das Preußische Heer v. 4. August 1906. Berlin 1906, ebendort.

Deutsche Wehrordnung v. 22. November 1888. Berlin 1904, ebendort.

Heerordnung v. 22. November 1888, ebendort.

Marineordnung v. 12. November 1894, ebendort.

Romen, Dr., Kommentar zum Offizierpensionsgesetz. Berlin 1907, Guttentag'sche Verlagsbuchhandlung.

I.

Einleitung.

Entstehung des Gesetzes und seine wesentlichsten Neuerungen.

Eine Neuregelung des Militärpensionswesens wurde seit langer Zeit allgemein als dringende Notwendigkeit anerkannt. Rein äußerlich betrachtet, lag schon ein großer Übelstand darin, daß die maßgebenden Vorschriften in zahlreichen Gesetzen zerstreut lagen. Die Versorgung der Personen des Soldatenstandes im Range vom Feldwebel abwärts war bisher durch das grundlegende Reichsgesetz vom 27. Juni 1871 und daneben durch die ergänzenden Reichsgesetze vom 4. April 1874, 22. Mai 1893, 14. Januar 1894, 22. Mai 1895 und vom 31. Mai 1901 geregelt — ein buntscheckiges Bild. Diese Verzettelung des Rechtsstoffes erschwerte naturgemäß seine praktische Anwendung in hohem Grade und machte es dem Einzelnen fast unmöglich, sich darin zurechtzufinden. Aber auch nach ihrem materiellen Inhalte trugen die Bestimmungen der bisherigen Gesetze den heutigen sozialen Verhältnissen und der Schlagfertigkeit des Heeres nicht mehr in genügender Weise Rechnung. Eine den gegenwärtigen Lebens- und Erwerbsverhältnissen entsprechende Versorgung war bisher nur für einen Teil der Invaliden durch das Gesetz vom 31. Mai 1901 betreffend die Versorgung der Kriegsinvaliden und der Kriegsteilnehmer erreicht worden; die Friedensinvaliden hatten eine nennenswerte Besserstellung seit dem Jahre 1871 nicht erfahren, obgleich seit jener Zeit in der gesamten Lebenshaltung eine erhebliche Verteuerung eingetreten ist. Die Änderung des Mannschaftspensionswesens war hiernach ebenso sehr aus Zweckmäßigkeitsgründen wie vom Standpunkte der Gerechtigkeit aus geboten.

In der Thronrede bei der Reichstagseröffnung am 3. Dezember 1903 heißt es: „Allseitig ist es als dringendes Bedürfnis anerkannt worden, das Versorgungswesen für die Offiziere und Mannschaften des Reichsheeres den zeitigen Lebens- und Erwerbsverhältnissen entsprechend gesetzlich neu zu regeln". (Sten.Ber. des Reichst., 11. Legislat.Periode, I. Seff. 1903/04, S. 1 und 2).

Am 25. Nov. 1904 legte der Reichskanzler dem Reichstage die Entwürfe

1. eines Gesetzes betreffend die Pensionierung der Offiziere einschließlich Sanitätsoffiziere des Reichsheeres, der Kaiserlichen Marine und der Kaiserlichen Schutztruppen,
2. eines Gesetzes betreffend die Versorgung der Unterklassen des Reichsheeres, der Kaiserlichen Marine und der Kaiserlichen Schutztruppen

vor (Drucks. d. Reichst., 11. Legislat.Periode, I. Sess. 1903/05, Bd. 6 Nr. 500/501).

Die erste Lesung der beiden Entwürfe im Reichstag fand am 14. und 15. Dez. 1904 statt und endete mit deren Überweisung an die Budgetkommission (Sten. Ber. d. Reichst. 1903/05 Bd. 5, 113. Sitzung S. 3629 C). Die Kommissionsberatung wurde aber unterbrochen durch den im Mai 1905 erfolgten Schluß des Reichstages.

Die Vorlagen gelangten dann von neuem am 28. Nov. 1905 an den Reichstag und zwar im wesentlichen in derselben Fassung wie im Jahre vorher, nur versehen mit den von der Budgetkommission früher bereits beschlossenen Abänderungen. Bei Beginn der ersten Beratung der beiden Entwürfe in der 24. Sitzung des Reichstages vom 19. Jan. 1906 wies der Kriegsminister v. Einem kurz hin auf die große Bedeutung dieser Gesetze für die Armee, auf den Wert, den sie für die ganze bewaffnete Macht haben werden, und knüpfte daran die „herzliche Bitte, die Gesetzentwürfe mit Wohlwollen zu prüfen und alles zu tun, um sie sobald als möglich Gesetz werden zu lassen". Und der Abg. Graf v. Oriola gab der Zuversicht Ausdruck, „daß der Reichstag sich bei der Bearbeitung und Verabschiedung dieser Gesetze der großen Aufgabe, die er zu lösen habe, bewußt sein und zu Beschlüssen gelangen werde, die zum Segen von Armee und Flotte und zur Ehre des deutschen Vaterlandes gereichen" (StenBer. S. 683 A, 684 B).

In rühmenswerter Weise hat denn auch der Reichstag, durchdrungen von der Notwendigkeit der baldigen Verabschiedung dieses großen nationalen Gesetzgebungswerks, sein Zustandekommen beschleunigt. Die Entwürfe wurden zunächst nach dem Antrage des Abg. Grafen v. Hompesch zur Vorberatung an die Kommission für den Reichshaushaltsetat verwiesen (StenBer. S. 691 D). Diese hat sich ihrer schwierigen Aufgabe mit nicht genug zu lobendem Eifer entledigt. Es wurde beschlossen, über die Entwürfe zwei Lesungen stattfinden zu lassen. Zu Referenten wurden bestimmt der Abg. Erzberger für das Offizierpensionsgesetz, der Abg. Graf v. Oriola für das Mannschaftsversorgungsgesetz. Die 1. Lesung der Kommission über das Offizierpensionsgesetz fand am 3., 4., 5., 26. und 27. April statt; die 1. Lesung des Mannschaftsgesetzes beanspruchte vier Sitzungen vom 1. bis 4. Mai. Nach Beendigung der ersten Lesung wurde eine Subkommission zur redaktionellen Prüfung der Beschlüsse eingesetzt, bestehend aus den beiden Referenten und den Abgg. v. Massow, Dr. Mugdan und Dr. Südekum. Diese hatte mit den Vertretern der verbündeten Regierungen an drei Tagen Sitzungen. Die Redaktionskommission unterbreitete ihre Beschlüsse der Kommission, die am 10. und 11. Mai die 2. Lesung der beiden Gesetzentwürfe erledigte und schon am 17. Mai die umfangreichen Berichte feststellte (Nr. 433 der Drucks.).

Für diese schnelle Durchführung der Kommissionsberatungen gebührt, wie dies auch im Reichstag unter allgemeinem Beifall des Hauses hervorgehoben wurde (StenBer. S. 3398), ganz besondere Anerkennung den Referenten Erzberger und Graf v. Oriola. Mit unermüdlichem Fleiße und bewundernswerter Sachkunde haben sie die Beratung des schwierigen Stoffes in der Kommission gefördert.

Bereits am 21. und 22. Mai fand im Plenum des Reichstages die 2. Beratung der beiden Entwürfe statt; diese wurden gemäß den Kommissionsbeschlüssen mit einigen Zusätzen nach den Anträgen der Referenten Erzberger und Graf v. Oriola (zu §§ 32, 42, 61 und 74 des Offizierpensionsgesetzes, § 76 des Mannschaftsversorgungsgesetzes) angenommen (StenBer. S. 3399, 3400, 3425, 3426). Bei der 3. Beratung in der Sitzung vom 23. Mai wurden dann beide Gesetzentwürfe vom Reichstag unter Verzichtleistung auf Einzelberatung und Aufruf der einzelnen Paragraphen en bloc angenommen, und zwar der die Pensionierung der Offiziere betreffende mit Stimmenmehrheit — gegen die Stimmen der Sozialdemokraten —, der die Versorgung der Personen der Unterklassen betreffende einstimmig (StenBer. S. 3440).

Der Bundesrat erteilte den Gesetzentwürfen mit dem vom Reichstage beschlossenen Abänderungen in der Sitzung vom 25. Mai 1906 die Zustimmung (Prot. des Bundesrats, Sess. 1906, 24. Sitzung, S. 252). Am 31. Mai 1906 wurden sie von dem Kaiser vollzogen und sodann am 8. Juni 1906 durch das Reichs-Gesetzblatt verkündigt (RGBl. S. 565 ff., 593 ff.). Beide Gesetze sind am 1. Juli 1906 in Kraft getreten.

Das neue Mannschaftsversorgungsgesetz bedeutet dem früheren Rechtszustande gegenüber zweifellos einen großen Fortschritt und eine erhebliche Verbesserung.

Auch von ihm gilt, was der Abg. Erzberger im Reichstage vom Offizierpensionsgesetze sagte (StenBer. S. 3389): es ist als ein hervorragend soziales, aber auch als ein ebenso eminent nationales Werk zu bezeichnen.

Das Gesetz bringt den Personen der Unterklassen des Reichsheeres, der Kaiserlichen Marine und der Kaiserlichen Schutztruppen im Vergleich zu den bisherigen Bestimmungen zahlreiche wesentliche Vorteile. Nicht mehr ist, wie früher der Anspruch auf Rente abhängig von Dienstunfähigkeit, sondern er wird allein durch Verminderung der Erwerbsunfähigkeit begründet. Es kann somit ein Anspruch auf Rente auch erworben sein, wenn durch die erlittene Gesundheitsstörung die Dienstfähigkeit nicht beeinträchtigt wird. Nach dem jetzigen Gesetze ist es ferner möglich, die Rente in jedem Falle, unabhängig von schematischer Klasseneinteilung (§§ 65—70 des Ges. v. 27. Juni 1871), nach dem Grade der Erwerbsunfähigkeit festzusetzen. Die Rentensätze sind für die Friedensinvaliden die gleichen wie für die Kriegsinvaliden. Die besondere Entschädigung für die durch den Kriegsdienst erlittenen Schäden erfolgt durch die Kriegszulage. Die bisherige Einteilung in Halbinvalide und Ganzinvalide (§ 61 des Ges. von 1871) besteht nicht mehr. Daß bei der Beurteilung des Grades der Erwerbsunfähigkeit in erster Linie der von dem Verletzten ausgeübte besondere Beruf und nicht, wie früher, nur die allgemeine Erwerbsfähigkeit zu berücksichtigen ist; der Fortfall der Unterscheidung zwischen äußerer und innerer Dienstbeschädigung und der auf dieser Unterscheidung beruhenden Verschiedenheit der Versorgung; die Vereinheitlichung der Sätze der Kriegszulage für alle Kriegsinvaliden; die Gewährung der Verstümmelungszulage auch an Friedensinvalide; die Neuregelung des Zivilversorgungswesens; die Bewilligung der Versorgungsgebührnisse an die Hinterbliebenen eines Rentenempfängers auf drei Monate, anstatt wie früher auf einen, — das alles sind neben zahlreichen anderen Verbesserungen Vorteile von weittragender Bedeutung. Und wenn es auch aus Bedenken grundsätzlicher und finanzieller Art nicht möglich war, dem Gesetze allgemein eine rückwirkende Kraft zu verleihen (vgl. hierzu KomBer. S. 8 ff., 77 ff., StenBer. d. Reichst. S. 3391 A), so sind doch auch in dieser Beziehung weitgehende günstige Ausnahmebestimmungen geschaffen (s. § 45). Außerdem soll da, wo sich aus dem Mangel der rückwirkenden Kraft im Einzelfalle unberechtigte Härten ergeben, nach der ausdrücklichen Zusage des Staatssekretärs des Reichsschatzamtes in der Kommission stets im Unterstützungswege Abhilfe erfolgen (KomBer. S. 10, 80).

Das neue Werk bildet ein gewaltiges Stück sozialer Fürsorge für die Angehörigen des Heeres und der Flotte und damit einen überaus segensreichen Fortschritt für unser gesamtes deutsches Vaterland.

II.

Gesetz über die Versorgung der Personen der Unterklassen

des Reichsheeres, der Kaiserlichen Marine und der Kaiserlichen Schutztruppen.

Vom 31. Mai 1906 (RGBl. S. 593 ff.).

Erster Teil.

Reichsheer.

Anspruch auf Rente.

§ 1.

Die zur Klasse der Unteroffiziere und Gemeinen gehörenden Personen des Soldatenstandes haben bei der Entlassung aus dem aktiven Dienste Anspruch auf eine Rente (Militärrente), wenn und solange ihre Erwerbsfähigkeit infolge einer Dienstbeschädigung aufgehoben oder um wenigstens zehn Prozent gemindert ist.

Kapitulanten mit einer Dienstzeit von mindestens acht Jahren haben bei der Entlassung aus dem aktiven Dienste ohne Nachweis einer Dienstbeschädigung Anspruch auf eine Rente, wenn und solange ihre Erwerbsfähigkeit infolge von Gesundheitsstörungen, die während der Dienstzeit eingetreten sind, aufgehoben oder um wenigstens zehn Prozent gemindert ist.

Kapitulanten mit einer Dienstzeit von mindestens achtzehn Jahren haben beim Ausscheiden aus dem Dienste ohne den Nachweis verminderter Erwerbsfähigkeit Anspruch auf eine lebenslängliche Rente; im Falle der Doppelrechnung von Dienstzeit muß deren wirkliche Dauer mindestens zwölf Jahre betragen.

Als Kapitulanten gelten diejenigen Unteroffiziere und Gemeinen, welche sich über die gesetzliche Dienstzeit hinaus zum aktiven Dienste verpflichtet haben und in dessen Ableistung begriffen sind. Ferner rechnen zu den Kapitulanten im Sinne dieses Gesetzes die zur Klasse der Unteroffiziere gehörenden Gehaltsempfänger, mit Einschluß der im Range der Unteroffiziere stehenden Verwalter bei dem Kadettenkorps.

1. Der § 1 enthält die allgemeinen Voraussetzungen, unter denen der Anspruch auf Rente erworben wird. An die Spitze ist der Grundsatz zu stellen: Während bei den Offizieren sich die Pension richtet nach der Dauer der Dienstzeit, richtet sich bei den Mannschaften die Versorgung nach Maßgabe der Erwerbsunfähigkeit. KomBer. S. 7. Auf Dienstunfähigkeit kommt es nach dem neuen Gesetze für den Erwerb eines Anspruchs auf Rente nicht mehr an. In der Begründung des Entwurfs wird hierzu ausgeführt (S. 21, 22): Das Ges. v. 27. Juni 1871 fordert als Bedingung für den Anspruch auf Pension in erster Linie

„militärische Dienstunfähigkeit", erst in zweiter Linie tritt als Bedingung „Einschränkung der Erwerbsfähigkeit" hinzu. Hierdurch ist die Gewährung einer Entschädigung in den Fällen ausgeschlossen, in welchen eine Minderung der Erwerbsfähigkeit eingetreten ist, ohne daß zugleich eine Beschränkung der Dienstfähigkeit besteht. Es bleibt daher der Soldat, dessen Erwerbsfähigkeit gemindert ist, für den ihm daraus entstehenden wirtschaftlichen Schaden ohne Entschädigung, wenn er noch zum Militärdienste völlig tauglich ist. Andererseits kann ein zum Militärdienst untauglicher Soldat eine Versorgung erhalten, ohne in seiner bürgerlichen Erwerbsfähigkeit irgendwie beschränkt zu sein. Weitere Unzuträglichkeiten entstehen durch das bisherige Gesetz auch insofern, als es die Höhe der Pension in erster Linie von dem Grade der Dienstunfähigkeit abhängig macht und erst bei Ganzinvalidität in zweiter Linie den Grad der Erwerbsunfähigkeit mitberücksichtigt. Hierdurch hat der felddienstunfähige Soldat (Halbinvalide) stets nur auf die niedrigste Pension (5. Klasse) Anspruch, also auch dann, wenn der ihm durch die Verletzung erwachsende wirtschaftliche Schaden ein erheblicher ist. Ein Übelstand des bisherigen Gesetzes ist ferner, daß für die Bemessung des Grades der Erwerbsunfähigkeit nur 3 Stufen — teilweise, größtenteils und gänzlich — festgesetzt sind, so daß es nicht möglich ist, im Einzelfalle den Grad der Erwerbsunfähigkeit zutreffend zu bemessen und eine der tatsächlichen Einbuße an Erwerbsfähigkeit entsprechende Entschädigung zu gewähren. Schließlich entspricht die Höhe der bisherigen Pensionssätze nicht mehr den heutigen Zeitverhältnissen. Während die Fürsorge für die in ihrem bürgerlichen Berufe beschädigten Arbeiter auf dem Wege der Gesetzgebung durch wesentliche Erhöhung der Abfindungen stetig erweitert worden ist, haben die Pensionssätze der Militärinvaliden des Friedensstandes seit dem Erlasse des Ges. v. 27. Juni 1871 eine Erhöhung nicht mehr erfahren, obgleich sich seit jener Zeit die gesamte Lebenshaltung erheblich verteuert hat.

Zur Beseitigung aller dieser Mängel wird in dem Entwurfe vorgeschlagen, daß ein Anspruch auf Entschädigung (Rente) allein durch Verminderung der Erwerbsfähigkeit erwächst. Der Grundsatz des bisherigen Gesetzes, die Dienstunfähigkeit bei der Pensionsbemessung mit zu berücksichtigen, ist verlassen worden. Dies erschien um so mehr gerechtfertigt, als schon jetzt für die Gewährung der 4. bis 2. Pensionsklasse der Grad der Erwerbsunfähigkeit entscheidend war. Durch das jetzt vorgesehene Verfahren werden die Grundsätze für die Rentengewährung nicht nur vereinfacht, sondern auch gerechter gestaltet.

2. a) Das Gesetz unterscheidet in § 1 drei Klassen von Rentenberechtigten: In Abs. 1 werden diejenigen Unteroffiziere und Gemeinen des Soldatenstandes behandelt, die lediglich ihre gesetzliche Dienstpflicht erfüllen; in Abs. 2 und 3 werden die „Kapitulanten" (über den Begriff s. Abs. 4) behandelt und zwar in Abs. 2 die Kapitulanten mit einer Dienstzeit von mindestens 8 aber unter 18 Dienstjahren, in Abs. 3 mit einer mindestens 18jährigen Dienstzeit.

b) Die in Abs. 1 behandelten Personen erhalten nur dann eine Rente, wenn ihre Erwerbsfähigkeit infolge einer Dienstbeschädigung aufgehoben oder sich um wenigstens 10 Proz. gemindert hat. Die in Abs. 2 behandelten Personen (Kapitulanten mit einer Dienstzeit von mindestens 8 und weniger als 18 Jahren) brauchen keine Dienstbeschädigung nachzuweisen; sie erhalten eine Rente schon dann, wenn ihre Erwerbsfähigkeit infolge von Gesundheitsstörungen, die überhaupt während der Dienstzeit eingetreten sind, aufgehoben oder um wenigstens 10 Proz. gemindert ist. In den Fällen des Abs. 3 genügt für die Entstehung des Anspruchs auf Rente die bloße Tatsache, daß der Betreffende mindestens

18 Jahre gedient hat. Nachweis der Beeinträchtigung der Erwerbsunfähigkeit ist nicht erforderlich. Im KomBer. heißt es hierzu S. 99: Wenn man bei den Kapitulanten mit einer Dienstzeit von mindestens 18 Jahren eine Ausnahme vorsehe und ihnen eine lebenslängliche Rente zuspreche, ohne den Nachweis verminderter Erwerbsunfähigkeit zu verlangen, so erkläre sich dieses daraus, daß es sich bei den Betreffenden um Leute handle, die erst in so hohem Alter in eine Zivilstellung gelangten, daß es in der Regel für sie ausgeschlossen sei, noch das Höchstgehalt derselben zu erreichen.

c) Bezüglich der Dauer der Rente unterscheidet das Gesetz zwischen zeitiger und lebenslänglicher Rente. Zeitige Rente, „so lange die Erwerbsfähigkeit aufgehoben oder um wenigstens 10 Proz. gemindert ist", wird gewährt in den Fällen der Abs. 1 und 2; lebenslängliche Rente aber erhalten nach Abs. 3 Kapitulanten mit mindestens 18jähriger Dienstzeit.

d) Nach dem Gesetz besteht die Möglichkeit, den Rentenbetrag zu erhöhen oder zu ermäßigen, je nach der Zunahme oder Verminderung der Erwerbsunfähigkeit im Laufe der Jahre, KomBer. S. 99. Bessert sich der Zustand des Rentenberechtigten hinsichtlich der Erwerbsfähigkeit, so findet eine entsprechende Herabsetzung der Rente statt. Andererseits aber kann, was in der Kommissionsberatung seitens eines Vertreters der Heeresverwaltung ausdrücklich betont wurde, der Verletzte eine höhere Rente erhalten, wenn sich sein Leiden im Laufe der Zeit verschlimmert. KomBer. S. 98. S. auch §§ 30, 31.

3. Zu Abs. 1.

a) Wegen der Dienstgradeinteilung der Personen der Unterklassen des Reichsheeres und der Kaiserlichen Marine s. Anl. 1 und 1a.

Werden Unteroffiziere aus dem Beurlaubtenstande zu Uebungen eingezogen, so gehören sie hinsichtlich etwaiger auf Grund dieser Uebungen erworbener Versorgungsansprüche zum Dienstgrade der Unteroffiziere.

Wegen der zur Klasse der Unteroffiziere gehörenden Gehaltsempfänger mit Einschluß der im Range der Unteroffiziere stehenden Verwalter bei dem Kadettenkorps s. § 10 Abs. 2. Feldwebelleutnants, die im Offizierrang stehen, fallen nicht unter die in § 1 benannten Personen des Soldatenstandes, sind vielmehr bezüglich ihrer Versorgungsansprüche als Offiziere nach dem Offizierpensionsgesetz zu behandeln. Das Nähere s. § 10 Anm. 3a und b.

Oberwachtmeister und Gendarmen der Landgendarmerie gehören nicht zu den Personen des Soldatenstandes. Sie werden daher nicht nach den Vorschriften dieses Gesetzes, sondern nach den betreffenden Landesgesetzen pensioniert, in Preußen nach dem Gesetz betr. die Pensionierung der unmittelbaren Staatsbeamten usw. v. 27. März 1872 (GS. S. 268 ff.) in Verbindung mit dem abändernden Gesetze v. 27. Mai 1907 Art. I (GS. S. 95), in Elsaß-Lothringen nach dem Ges. v. 20. Juni 1872. Dagegen gehören Feldgendarmerie-Wachtmeister und Feldgendarmen zu den Militärpersonen des Reichsheeres (zum Dienstgrade der Feldwebel bezw. Sergeanten) und werden nach diesem Gesetze versorgt.

Arbeitssoldaten gehören nach der Dienstgradeinteilung (s. Anl. 1) zu den Gemeinen und werden wie diese versorgt.

Die Deckoffiziere bei der Marine gehören nicht zu den Personen des Soldatenstandes, im Sinne dieses Gesetzes (s. § 50), obgleich sie organisatorisch zu den Personen der Unterklassen des Soldatenstandes rechnen. S. Marineordnung § 39 Nr. 2. Bezüglich ihrer Versorgungsansprüche sind sie den Offizieren gleichgestellt und daher nach dem Offizierpensionsgesetze zu behandeln. S. dort § 46.

Die Schiffsjungen bei der Marine sind nicht Personen des Soldatenstandes, sie werden als Zöglinge betrachtet. Erst mit der Ernennung zu Matrosen oder Torpedomatrosen werden sie Personen des Soldatenstandes (Marineordnung § 32). Sie werden aber, wenn ihre Erwerbsfähigkeit durch Krieg oder durch Dienstbeschädigung auf einer Seereise aufgehoben oder gemindert ist, wie Gemeine (Nichtkapitulanten) versorgt. § 52.

Wegen der Personen der freiwilligen Krankenpflege im Kriege s. § 44.

b) Bezüglich der „Entlassung aus dem aktiven Dienste" s. Wehrordnung §§ 82, 83, Heerordnung §§ 13, 14. Als „Entlassung" gilt auch die Entlassung zur Disposition der Ersatzbehörden.

Übungen von Mannschaften des Beurlaubtenstandes gelten als aktiver Dienst. Nach § 38 B 1 des Reichmilitärges. v. 2. Mai 1874 gehören die aus dem Beurlaubtenstande zum Dienst einberufenen Mannschaften von dem Tage, zu welchem sie einberufen sind, bis zum Ablauf des Tages der Wiederentlassung zum aktiven Heere. Die Entlassung von einer militärischen Übung gilt hiernach als „Entlassung aus dem aktiven Dienste."

c) Das Wort „Militärrente" befand sich nicht im Entwurf. Es wurde von der Kommission in der 2. Lesung „aus praktischen Gründen" beigefügt, um durch eine kurze Bezeichnung diese Rente von anderen Renten unterscheiden zu können. KomBer. S. 100.

d) Das Gesetz unterscheidet zwischen gänzlicher „Aufhebung" und „Minderung" der Erwerbsunfähigkeit (§ 9: „völlige" und „teilweise" Erwerbsunfähigkeit). Bei Minderung der Erwerbsunfähigkeit wird eine Entschädigung nur dann gewährt, wenn die Minderung wenigstens 10 Proz. beträgt. Für eine geringere Beeinträchtigung hat das Gesetz eine Entschädigung nicht vorgesehen. In der Begründung heißt es hierzu (S. 25): Eine Beschränkung der Erwerbsfähigkeit unter

10 Proz. pflegt im allgemeinen so gering zu sein, daß sie im wirtschaftlichen Leben nicht zum Ausdrucke kommt. Für so geringe Schädigungen ist daher eine Versorgung nicht in Aussicht genommen. Und in der Kommission wurde hierzu seitens eines Vertreters der Heeresverwaltung ausgeführt (KomBer. S. 98), daß es fast unmöglich sei, so kleine Schäden abzuschätzen und daß auch bei der gewerblichen Unfallversicherung keine Entschädigung für dieselben stattfinde. Dieser Ausführung wurde von keiner Seite widersprochen.

Bezüglich der Feststellung des Grades der Erwerbsunfähigkeit — „völlige", „teilweise" — und der hierbei maßgebenden Grundsätze s. § 4 Anm. 3 u. 4.

e) Die Aufhebung oder Minderung der Erwerbsfähigkeit muß die Folge einer Dienstbeschädigung, d. h. durch eine Dienstbeschädigung verursacht sein. Nur wenn dies der Fall ist, besteht nach Abs. 1 ein Anspruch auf Rente. Wegen des Begriffes „Dienstbeschädigung" s. § 3. Daß die Dienstbeschädigung auf einen Unfall zurückzuführen sei, ist zur Erwerbung des Anspruchs auf Rente nicht erforderlich. In der Begründung heißt es hierzu (S. 22 unten): Die bürgerlichen Gesetze machen den Rentenanspruch davon abhängig, daß die Erwerbsbeschränkung durch einen Unfall hervorgerufen ist. Die militärischen Verhältnisse fordern jedoch eine Entschädigungspflicht in allen Fällen der Schädigung durch den militärischen Dienst, ohne Rücksicht darauf, ob das Leiden durch einen Unfall hervorgerufen ist, oder ob seine Entstehung auf die besonderen Eigentümlichkeiten des Militärdienstes, Witterungseinflüsse, außergewöhnliche Anstrengungen oder Ansteckungen usw. zurückgeführt werden muß. S. auch § 3.

4. Zu Abs. 2.

a) Wer als „Kapitulant" anzusehen ist, bestimmt das Gesetz in Abs. 4.

b) Die Dienstzeit muß im Falle des Abs. 2 mindestens 8 und weniger als 18 Jahre betragen haben. Für die Berechnung der Dienstzeit sind die Vorschriften in §§ 5 ff. maßgebend. Doppelrechnung ist zulässig.

c) Die Dauer der Rente ist bei Kapitulanten von mindestens 8, aber weniger als 18jähriger Dienstzeit abhängig von der Dauer der Erwerbsunfähigkeit. Die bisherige Bestimmung, daß Kapitulanten schon allein durch 8jährige Dienstzeit einen lebenslänglichen Anspruch erwerben, ist in das neue Gesetz nicht aufgenommen. Ist die Erwerbsunfähigkeit dauernd, so ist auch die Rente dauernd zu gewähren; ist jene nur zeitig, so auch diese. Im Nachtr. I zur Dienstanw. z. Beurt. d. Milit.Dienstfäh. heißt es hierzu S. 18:

34. Bei Erwerbsbeeinträchtigung durch Dienstbeschädigung oder durch Gesundheitsstörungen, welche sich Kapitulanten während einer wenigstens 8jährigen Dienstzeit zugezogen haben, ist der Grad der Erwerbsunfähigkeit solange als zeitiger zu bezeichnen, als eine Verminderung der Erwerbsbeeinträchtigung oder der Wiedereintritt voller Erwerbsfähigkeit nach der Art des Leidens noch nicht ausgeschlossen werden kann.

35. Durch die Möglichkeit einer Steigerung des Grades der Erwerbsunfähigkeit ist ein Anlaß zu zeitiger Anerkennung des Versorgungsanspruchs nicht gegeben.

36. Bei der erneuten Prüfung ist in jedem einzelnen Falle besonders zu erörtern, ob nicht schon dauernde Anerkennung eintreten kann.

5. Zu Abs. 3.

a) Ohne den Nachweis verminderter Erwerbsfähigkeit, lediglich auf Grund der Dienstzeit haben einen Anspruch auf lebenslängliche Rente nur Kapitulanten von einer mindestens 18jährigen Dienstzeit. In der Begründung heißt es hierzu (S. 26): Eine Änderung der bisherigen Grundsätze ist insofern vorgenommen, als durch die Dienstzeit ein dauernder Anspruch nur noch durch mindestens 18jährige Dienstzeit erworben werden kann. Die weitgehende Fürsorge des bisherigen Gesetzes, einen dauernden Versorgungsanspruch bereits nach 8jähriger Dienstzeit anzuerkennen, übersteigt erfahrungsmäßig häufig das tatsächliche Bedürfnis. Denn es kommt öfters vor, daß bei den Unteroffizieren, die nach 8jähriger oder längerer Dienstzeit als Invaliden ausscheiden, später die volle Wiederherstellung der Erwerbsfähigkeit eintritt, so daß sie einer Versorgung nicht mehr benötigen. S. auch Anm. 2b.

b) Die Doppelrechnung von Dienstzeit ist bei Berechnung der 18jährigen Dienstzeit insofern beschränkt, als die wirkliche Dauer ohne die Doppeljahre der Dienstzeit mindestens 12 Jahre betragen muß. Es würde auch hier das Bedürfnis übersteigen, eine erhebliche Rente bereits nach 9jähriger Dienstzeit, wie sie z. B. in den Schutztruppen zurückgelegt werden kann, zu bewilligen.

c) Wegen des Betrages der Rente für Kapitulanten von mindestens 18jähriger Dienstzeit s. § 11.

Natürlich ist auch für Kapitulanten von wenigstens 18jähriger Dienstzeit der Nachweis, daß die Erwerbsfähigkeit durch „Dienstbeschädigung" oder eine „während der Dienstzeit eingetretene Gesundheitsstörung" vermindert ist, zulässig. Liegt verminderte Erwerbsfähigkeit vor, so sind für den Betrag der zustehenden Rente die Vorschriften der §§ 9, 10 maßgebend. (§ 11: „unbeschadet des auf Grund der §§ 9, 10 etwa zustehenden höheren Anspruchs"). Im Nachtr. I z. Dienstanw. z. Beurt. d. Militärdienstf. heißt es hierzu (S. 18):

38. Kapitulanten haben allein auf Grund einer 18jährigen oder längeren Dienstzeit einen dauernden Anspruch auf Rente. Besteht bei diesen Kapitulanten außerdem eine erwerbsbeeinträchtigende Gesundheitsstörung, so sind

für die Beurteilung der Dauer der Erwerbsunfähigkeit auch in diesen Fällen die unter Z. 34 (s. S. 34 Anm. 4 c zu Abs. 2) maßgebend. Es sind daher auch alle zur Entlassung kommenden Kapitulanten von 18 jähriger Dienstzeit daraufhin zu untersuchen, ob und in welchem Grade sie erwerbsbeeinträchtigt sind.

6. Zu Abs. 4.

a) Die Kapitulanten gehören nach § 38 A 2 des Reichsmilitärgesetzes vom 2. Mai 1874 (RGBl. S. 45 ff.) vom Beginn bis zum Ablauf oder bis zur Aufhebung der abgeschlossenen Kapitulation zum aktiven Heere.

b) Bezüglich der gesetzlichen Dienstzeit bestimmt Art. I des Reichsgesetzes, betreffend Aenderung der Wehrpflicht vom 15. April 1905 (RGBl. S. 249):

„Jeder wehrfähige Deutsche gehört sieben Jahre lang, in der Regel vom vollendeten 20. bis zum beginnenden 28. Lebensjahre, dem stehenden Heere, die folgenden fünf Lebensjahre der Landwehr des ersten Aufgebots und sodann bis zum 31. März des Kalenderjahrs, in welchem das 39. Lebensjahr vollendet wird, der Landwehr zweiten Aufgebots an.

Während der Dauer der Dienstpflicht im stehenden Heere sind die Mannschaften der Kavallerie und reitenden Feldartillerie die ersten drei, alle übrigen Mannschaften die ersten zwei Jahre zum ununterbrochenen Dienste bei den Fahnen verpflichtet."

Vgl. hierzu auch Art. 59 der Reichsverfassung, § 38 des Reichsmilitärgesetzes v. 2. Mai 1874, Wehrordnung §§ 5 ff., 109 ff.

Für die Marine beträgt die gesetzliche (aktive) Dienstzeit drei Jahre. (Wehrordnung §§ 14, 15.)

Die Zeit einer Freiheitsstrafe von mehr als 6 Wochen wird auf die aktive Dienstzeit nicht angerechnet. MilStrGB. § 18.

c) Im Sinne dieses Gesetzes gehören ferner zu den Kapitulanten die zur Klasse der Unteroffiziere gehörenden Gehaltsempfänger und die im Range der Unteroffiziere stehenden Verwalter bei dem Kadettenkorps.

In der Begründung des Entwurfs heißt es hierzu (S. 26): Für die zum Zeug- und Festungsbaupersonale (Gehaltsempfänger) gehörenden Personen des Soldatenstandes und die Registratoren bei den Generalkommandos sowie die im Range der Unteroffiziere stehenden Verwalter des Kadettenkorps ist die bisherige wahlweise Versorgung nach dem Militärpensionsgesetz oder nach dem Reichsbeamtengesetz, je nachdem die eine oder die andere sich im Einzelfalle günstiger gestaltete, aufgegeben, weil sie vielfache Übelstände und Unsicherheiten im Gefolge hat. Dagegen konnte nunmehr bei der vorgesehenen vorteilhafteren Versorgung der Kapitulanten die gleichmäßige Versorgung dieser Personen nach den für die Kapitulanten maßgebenden Grundsätzen festgesetzt werden.

d) Darüber, wer zu den „zur Klasse der Unteroffiziere gehörenden Gehaltsempfängern" zu rechnen ist s. § 10 Anm. 3 a. Zu den hier angeführten Verwaltern des Kadettenkorps gehören nicht die Feldwebelleutnants (s. Anm. 3 a).

e) Für die Marine kommt noch die Vorschrift des § 51 in Betracht, wonach auch die für Schiffe der Kaiserlichen Marine angestellten Personen, sofern sie zu den Personen des Soldatenstandes zählen und Angehörige des Deutschen Reiches sind, als Kapitulanten im Sinne des Abs. 4 gelten.

7. Der in Abs. 1 bis 3 gewährte „Anspruch" auf Rente ist ein durch gerichtliche Klage verfolgbarer Rechtsanspruch. Wegen des Rechtsweges s. § 42.

8. Wegen des Betrages der Rente s. §§ 9 ff.

Bei schwerer Schädigung der Gesundheit durch Dienstbeschädigung besteht unter Umständen neben dem

Anspruch auf Rente noch ein Anspruch auf Verstümmelungszulage, s. § 13, bei Kriegsdienstbeschädigung neben dem Anspruch auf Rente auch Anspruch auf Kriegszulage, s. § 14.

9. Die Vorschriften der §§ 1 bis 47 finden mit bestimmten Einschränkungen nach § 49 auf die Marine, die §§ 1 bis 48 mit bestimmten Maßgaben gemäß § 63 auf die Personen der Unterklassen der Kaiserlichen Schutztruppen entsprechende Anwendung.

10. Die Versorgungsansprüche der unteren, d. h. der im Range der Mannschaften vom Feldwebel abwärts stehenden Militärbeamten — die nicht zu den „Personen des Soldatenstandes" gehören — sind geregelt in § 32 des Offizierpensionsges. v. 31. Mai 1906 (RGBl. S. 565 ff.). Sie erhalten Pension nach den Vorschriften des Reichsbeamtengesetzes (in der Fassung v. 18. Mai 1907 — RGBl. S. 245 ff.; s auch § 10 Anm. 3c) und daneben unter Umständen Verstümmelungszulage, Kriegszulage, Alterszulage. Das Nähere s. Romen, Offizierpensionsges. S. 142 ff.

Fristen.

§ 2.

Der Anspruch auf Rente muß vor der Entlassung angemeldet werden, es sei denn, daß der Verlust oder die Minderung der Erwerbsfähigkeit die Folge einer Dienstbeschädigung ist. In diesem Falle kann der Anspruch angemeldet werden:

1. bei Friedensdienstbeschädigungen bis zum Ablaufe von zwei Jahren nach der Entlassung. Die Dienstbeschädigung muß vor der Entlassung festgestellt worden sein;

2. bei Kriegsverwundungen ohne Zeitbeschränkung;
3. bei sonstigen Kriegsdienstbeschädigungen bis zum Ablaufe von zehn Jahren nach dem Friedensschlusse. Beim Fehlen eines Friedensschlusses beginnt der Lauf der zehnjährigen Frist mit dem Schlusse des Jahres, in welchem der Krieg beendigt worden ist.

Von den im Abs. 1 Nr. 1, 3 aufgeführten Einschränkungen ist nur dann abzusehen, wenn der Nachweis erbracht worden ist, daß die Folgen einer Dienstbeschädigung erst nach der Entlassung bemerkbar geworden sind oder daß der Verletzte von der Anmeldung seines Anspruchs durch außerhalb seines Willens liegende Verhältnisse abgehalten worden ist. Die Anmeldung des Anspruchs muß jedoch bis zum Ablaufe von drei Monaten erfolgt sein, nachdem die Folgen der Dienstbeschädigung bemerkbar geworden sind oder das Hindernis für die Anmeldung weggefallen ist.

1. Der § 2 behandelt die Fristen, innerhalb deren der Anspruch auf Rente erhoben werden muß.

Die Rente wird nicht ohne weiteres von Amts wegen zugebilligt, sondern der Anspruch darauf ist binnen einer bestimmten Zeit geltend zu machen, „anzumelden". Als Regel stellt das Gesetz auf, daß der Versorgungsanspruch vor der Entlassung angemeldet werden muß. Nur ausnahmsweise ist die Anmeldung auch nach der Entlassung noch möglich, nämlich dann, wenn der Verlust oder die Minderung der Erwerbsfähigkeit auf eine Dienstbeschädigung zurückzuführen ist. In diesem Falle ist die Anmeldung zulässig: bei Friedensdienstbeschädigungen bis zum Ablaufe von 2 Jahren nach der Entlassung (Nr. 1), bei Kriegsdienstbeschädigungen bis zum Ablaufe von 10 Jahren nach dem Friedensschlusse (Nr. 3) und bei Kriegsverwundungen jederzeit ohne irgendwelche Fristbeschränkung (Nr. 2).

Die Bestimmung des § 2 wurde in der Kommission mit einigen unwesentlichen redaktionellen Änderungen ohne Erörterung angenommen. KomBer. S. 100, 233.

2. Zu Abs. 1.

a) Die „Entlassung" umfaßt auch die Entlassung zur Disposition der Ersatzbehörden. Im übrigen vgl. hierzu Wehrordnung §§ 82, 83, Heerordnung §§ 13 ff.

b) Über die Anmeldung und Prüfung von Versorgungsansprüchen vor der Entlassung aus dem aktiven Dienste enthält die Preuß. Pension.-Vorschrift ausführliche Vorschriften, s. S. 23 ff. Z. 15 ff. Dort heißt es u. a.:

15. Die Prüfung der vor der Entlassung angemeldeten Ansprüche ist grundsätzlich von den Truppenteilen einzuleiten und zu Ende zu führen; sie darf nicht an die Bezirkskommandos übertragen werden.

26. Erhebt ein Mann, der als dienstunbrauchbar ohne Versorgung zur Entlassung kommen soll, Anspruch auf Versorgung, so ist mit ihm durch einen Offizier (Bataillonsadjutant) eine Verhandlung aufzunehmen, in welcher die zur Begründung des Anspruchs vorgebrachten Tatsachen darzulegen sind. Die Verhandlung ist der Dienstunbrauchbarkeitseingabe (Z. 17) anzuschließen. Entscheidet das Generalkommando, daß der Anspruch unbegründet ist, so ist nach Z. 19 Abs. 2 u. ff. zu verfahren.

c) Wegen des Begriffes „Dienstbeschädigung" s. § 3.

Die Dienstbeschädigung muß nachgewiesenermaßen die Ursache des Verlustes oder der Minderung der Erwerbsfähigkeit sein. Ist dies nicht der Fall, so ist eine Anmeldung des Anspruchs auf Rente nach der Entlassung nicht mehr statthaft.

Im Falle der gerichtlichen Geltendmachung der Ansprüche entscheidet darüber, ob eine Gesundheitsstörung als Dienstbeschädigung anzusehen ist, die oberste Militärverwaltungsbehörde des Kontingents (für die Marine die oberste Marineverwaltungsbehörde, für die Schutztruppen die Kolonialzentralverwaltung) ausschließlich und endgültig. S. § 43 Abs. 1 Nr. 1, §§ 60, 72.

d) „Der Lauf der Fristen für die Anmeldung von Versorgungsansprüchen beginnt mit dem auf den Tag des Ausscheidens aus der Verpflegung des Truppenteils oder des Lazaretts folgenden Tage." „Zusammenstellung" S. 97 Z. 3.

3. Zu Nr. 1.

a) Die Frist für die Geltendmachung eines Versorgungsanspruchs auf Grund einer Friedensdienstbeschädigung ist dem Bedürfnis entsprechend auf zwei Jahre erweitert. Die Erfahrung hat gelehrt, daß für manche Fälle die bisherige Frist von einem Jahre zu kurz bemessen ist. Begr. S. 26.

Ist bei Friedensdienstbeschädigungen der Anspruch auf Rente nicht vor der Entlassung angemeldet, so ist die nachträgliche Anmeldung binnen der Frist von zwei Jahren nach der Entlassung der Regel nach nur unter der Voraussetzung noch zulässig, daß die Dienstbeschädigung vor der Entlassung festgestellt ist. Wer also erst nach seiner Entlassung mit der Behauptung auftritt, er habe im Militärdienst eine Dienstbeschädigung erlitten, hat regelmäßig keine Aussicht auf Bewilligung einer Rente.

Über die Feststellung der Dienstbeschädigung enthält die Pension.-Vorschrift im 3. Teil Z. 1 bis 14 (S. 19 ff.) nähere Bestimmungen. S. auch § 3 Anm. 7.

Daß die Dienstbeschädigung vor der Entlassung auch anerkannt sei, ist nach dem Gesetz nicht notwendige Voraussetzung für die Zulassung der nachträglichen Anmeldung des Anspruchs auf Rente.

b) Nur wenn einer der in Abs. 2 vorgesehenen Ausnahmefälle vorliegt, ist die Zulässigkeit der nachträglichen Anmeldung des Rentenanspruchs nicht davon abhängig, daß die Dienstbeschädigung vor der Entlassung festgestellt sei. Vielmehr ist alsdann noch eine nachträgliche Feststellung innerhalb der dort näher bezeichneten Dreimonatsfrist gestattet.

Bezüglich der Schutztruppen s. noch die Sondervorschrift in § 64.

c) Wegen Feststellung der Dienstbeschädigung nach der Entlassung s. die Bestimmungen in der Preuß. Pension.-Vorschrift Teil 3 Z. 53 ff. (S. 40 ff.) In Z. 53 heißt es:

„Bei Prüfung der nach der Entlassung neu angemeldeten Versorgungsansprüche ist zunächst festzustellen, ob vor der Entlassung aus dem aktiven Dienste eine Dienstbeschädigung festgestellt worden ist.

Durch die Bestimmungen Z. 1 bis 14 ist Vorsorge getroffen, daß jede Schädigung, die der Mann im Dienste erleidet, tunlichst schon vor der Entlassung festgestellt wird.

Es können aber Fälle vorkommen, in denen die Prüfung der Dienstbeschädigungsfrage noch nach der Entlassung nötig wird. Besonders werden dies Fälle sein, in denen Schädigungen aus den letzten Tagen des aktiven Dienstes, namentlich aus den letzten Manövertagen oder aus einer kurzen militärischen Übung zur Sprache gebracht werden, deren Folgen vor der Entlassung noch gar nicht oder nur in so geringem Grade hervortraten, daß der Mann sie nicht mehr zur Sprache brachte.

Ferner können Fälle vorkommen, in denen Verletzungen während der Dienstzeit so unbedeutend waren, daß eine nähere

Feststellung der Dienstbeschädigung damals nicht erfolgte, von denen schädliche Folgen aber in späterer Zeit doch zu Tage traten (Z. 4).

Die Bezirkskommandos werden daher zu beurteilen haben ob es nach den Angaben des Mannes oder nach der Art des angegebenen Leidens nötig ist, noch nachträglich in eine Prüfung der Dienstbeschädigungsfrage einzutreten; hierüber wird häufig der Arzt des Bezirkskommandos sein Urteil abgeben müssen."

4. Zu Nr. 2 u. 3.

a) Hinsichtlich der Geltendmachung von Versorgungsansprüchen auf Grund von Kriegsdienstbeschädigungen muß, nachdem die Unterscheidung zwischen äußerer und innerer Dienstbeschädigung fortgefallen ist (s. § 3 Anm. 2), für alle Beschädigungen die Frist gleichmäßig festgesetzt werden und zwar wird eine solche von zehn Jahren nach den gemachten Erfahrungen als äußerste Grenze erachtet. Die Frist ganz fortfallen zu lassen, kann nicht empfohlen werden, weil nach einer längeren Reihe von Jahren seit dem Eintritte der Beschädigung es erfahrungsmäßig in vielen Fällen nicht mehr möglich ist, festzustellen, daß ein in die Erscheinung getretenes neueres Leiden mit einer solchen Beschädigung ursächlich zusammenhängt.

Bei Verwundungen soll auch fernerhin die Anmeldung von Ansprüchen ohne jede Fristbeschränkung erfolgen können. Begr. S. 26, 27.

b) Ob eine Verwundung und Dienstbeschädigung als „Kriegs-Verwundung und als „Kriegs"-Dienstbeschädigung anzusehen sind, richtet sich in erster Linie danach, ob die militärische Unternehmung, durch welche die Verwundung oder Dienstbeschädigung herbeigeführt ist, nach der Bestimmung des Kaisers als „Krieg" zu gelten hat. S. § 7.

c) Die Kriegsverwundung ist nur eine besondere Art der Dienstbeschädigung. Als Kriegsverwundung ist jede während eines Krieges im Dienste durch die feindlichen Waffen erlittene Verletzung anzusehen. Hierbei ist der Begriff „Waffe" im weitesten Sinne aufzufassen. Es fallen darunter nicht bloß die Waffen im technischen Sinne dieses Wortes (die eigentlichen Schuß-, Hieb-, Stich- und Stoßwaffen), vielmehr ist darunter jedes Angriffs- oder Verteidigungsmittel zu verstehen, das geeignet ist, durch mechanische Einwirkung auf den Körper eines andern diesem eine Verletzung beizubringen (gleichviel, was seine eigentliche Bestimmung oder gewöhnliche Verwendung ist). Im übrigen macht es für den Begriff „Kriegsverwundung" keinen Unterschied, ob die Verletzung eine äußere oder innere, ob sie durch unmittelbare oder mittelbare Einwirkung der feindlichen Waffen herbeigeführt ist. Die im Granatfeuer durch einen abgerissenen Zweig erzeugte Verletzung ist daher ebensosehr wie eine Kriegsverwundung anzusehen, wie die durch das Anschlagen einer feindlichen Kugel veranlaßte Kontusion, die, ohne äußere Spuren zurückzulassen, durch die stattgehabte Erschütterung eine Verletzung innerer Organe zur Folge gehabt hat. Best. d. Preuß. Kriegsm., Abt. f. d. Invalidenwesen v. 21. Dez. 1867.

d) Die übrigen im Kriege erlittenen, nicht durch Waffenwirkung verursachten Dienstbeschädigungen fallen unter die in Nr. 3 angeführten „sonstigen Kriegsdienstbeschädigungen". Hierbei ist aber einschränkend hervorzuheben, daß als Kriegsdienstbeschädigung nicht ohne weiteres jede auf dem Kriegsschauplatz oder überhaupt während der Dauer des Krieges entstandene Dienstbeschädigung anzusehen ist. Vielmehr muß die Dienstbeschädigung, um als Kriegsdienstbeschädigung gelten zu können, „durch den Krieg herbeigeführt" (§ 14), „durch den Krieg erlitten" (§ 43 Abs. 1 Nr. 2) sein,

d. h. die Dienstbeschädigung muß unmittelbar oder mittelbar auf die durch den Krieg geschaffenen besonderen Verhältnisse und Fährlichkeiten und die in ihm geforderten außerordentlichen Anstrengungen und Entbehrungen zurückzuführen sein. Als solche kommen z. B. in Betracht: Marschstrapazen, Biwacks, ungünstige Verpflegungs- und Witterungsverhältnisse, epidemische Krankheiten usw. „Es muß erwiesen sein, daß bei den Beschädigungen Einflüsse zur Geltung gekommen sind, die dem Kriege ihre Entstehung verdanken, daß also die Beschädigten der durch den Krieg gesteigerten Möglichkeit der Beschädigung erlegen sind. Demnach werden die während der Dauer eines Krieges entstandenen Dienstbeschädigungen, von denen nach Lage der Verhältnisse angenommen werden muß, daß sie während des Friedens und bei gewöhnlichen Friedensdienstübungen auch eingetreten wären, nicht als Kriegsdienstbeschädigungen angesehen werden können.“ Best. d. Preuß. Kriegsm. v. 30. Dez. 1871 und der Abt. f. d. Invalidenwesen v. 6. Sept. 1871.

e) Die Feststellung, ob Kriegsdienstbeschädigung vorliegt, hat gemäß Z. 50 (S. 23) des Nachtr. I z. Dienstanw. z. Beurt. d. Militärdienstf. nach den Bestimmungen in § 25 der Dienstanw. (S. 40) zu erfolgen.

Im Falle der gerichtlichen Geltendmachung der Ansprüche ist für die Frage, ob eine Dienstbeschädigung als Kriegsverwundung oder sonstige Kriegsdienstbeschädigung anzusehen ist, die Entscheidung der obersten Militärverwaltungsbehörde des Kontingents maßgebend (s. § 43 Abs. 1 Nr. 2 und Abs. 2, §§ 60, 72).

f) Daß die Kriegsverwundungen oder sonstigen Kriegsdienstbeschädigungen vor dem Ausscheiden festgestellt seien, ist nicht notwendig. Das in Nr. 1 für Friedensdienstbeschädigungen aufgestellte diesbezügliche Erfordernis ist für die Fälle der Nr. 2 und 3 nicht vorgeschrieben.

5. Zu Abs. 2.

a) Wird der Anspruch auf Rente nicht vor der Entlassung oder in den Ausnahmefällen des Abs. 1 Nr. 1 und 3 nicht innerhalb der dort bestimmten Fristen angemeldet, so geht er regelmäßig verloren. Ein Rechtsanspruch besteht nicht mehr. Diese Regel erleidet in den Fällen des Abs. 1 Nr. 1 und 3 eine Ausnahme, wenn nachgewiesen wird, daß die Folgen einer Dienstbeschädigung erst nach der Entlassung bemerkbar geworden sind, oder daß der Verletzte durch außerhalb seines Willens liegende Verhältnisse an der Anmeldung seines Anspruches gehindert worden ist. In diesen Fällen ist die Anmeldung mit einem Rechtsanspruche auf Prüfung noch zulässig bis zum Ablauf von 3 Monaten, nachdem die Folgen der Dienstbeschädigung bemerkbar geworden sind oder das Hindernis für die Anmeldung fortgefallen ist.

Die Führung jenes Nachweises ist an eine bestimmte Form nicht gebunden; der Nachweis kann auf jede Art erbracht werden.

Bei Führung des Nachweises kommen als „außerhalb des Willens liegende Verhältnisse“, durch die der Verletzte von der Anmeldung seines Anspruchs abgehalten worden ist, nur unverschuldete Hinderungsgründe tatsächlicher Natur — schwere Erkrankung, Geisteskrankheit, Freiheitsberaubung oder ähnliche Umstände („Zusammenstellung“ S. 98) — in Betracht. Unkenntnis der gesetzlichen Bestimmungen kann nicht als „Hindernis für die Anmeldung“, nicht als ein „außerhalb des Willens liegender“ Umstand gelten.

b) Die Nichtinnehaltung der in Abs. 2 für die nachträgliche Anmeldung des Anspruchs gewährten Frist von 3 Monaten hat den endgültigen Verlust des Anspruches zur Folge.

6. a) Die Bestimmungen des § 2 finden nach § 45 Abs. 1 Nr. 1 auf alle seit dem 1. April 1905 aus dem aktiven Militärdienst entlassenen Personen Anwendung; für die vor dem 1. April 1905 entlassenen gelten die bisherigen Vorschriften.

b) In der zweiten Kommissionslesung wurde die Frage gestellt, wie es mit denjenigen gehalten werden solle, auf die wegen der Versäumnis der Präklusivfrist das Gesetz von 1871 keine Anwendung gefunden habe, die aber später durch den Gnadenerlaß von 1884 berücksichtigt worden seien. Der Wunsch der Betreffenden sei, nachträglich noch als Kriegsinvalide anerkannt zu werden. Da die große Majorität der Kommission der Durchführung der rückwirkenden Kraft ablehnend gegenüberstehe, so sei nur noch zu fragen, ob die Heeresverwaltung bereit sei, im Falle der Notlage die Unterstützungen der betreffenden Personen zu erhöhen. Hierauf erklärte ein Vertreter des Kriegsministeriums, solche Gnadenunterstützungen würden nach wie vor gewährt werden. Eine Erhöhung der zugebilligten Unterstützung sei angängig, wenn das Leiden, auf Grund dessen die Unterstützung bewilligt worden sei, sich gesteigert hätte und eine vermehrte Notlage eingetreten sei. KomBer. S. 100.

Der Allerh. Gnadenerlaß v. 22. Juli 1884 findet also nach wie vor Anwendung. Dieser bestimmt:

„Um denjenigen Teilnehmern an dem Kriege von 1870/71, welche infolge erlittener innerer Dienstbeschädigung invalide geworden, wegen Ablaufs der gesetzlichen Präklusivfrist aber zur Geltendmachung von Versorgungsansprüchen nicht berechtigt sind, durch Gnadenbewilligungen zu Hilfe zu kommen, bestimme Ich, daß die Unterstützungsgesuche der bezeichneten Invaliden einer wohlwollenden Prüfung unterzogen und Mir zur Gnadenbewilligung aus Meinem Dispositionsfonds bei der Reichshauptkasse unterbreitet werden, sofern Tatsachen nachgewiesen sind, welche die Überzeugung von dem ursächlichen

Zusammenhang der Krankheit mit der im Kriege erlittenen Dienstbeschädigung zu begründen vermögen. Sie haben hiernach das Weitere zu veranlassen."

7. Wegen der Marine und der Schutztruppen s. noch die Sondervorschriften in §§ 58 und 64.

Dienstbeschädigung.

§ 3.

Als Dienstbeschädigungen gelten Gesundheitsstörungen, welche infolge einer Dienstverrichtung oder durch einen Unfall während der Ausübung des Dienstes eingetreten oder durch die dem Militärdienst eigentümlichen Verhältnisse verursacht oder verschlimmert sind.

Eine von dem Verletzten vorsätzlich herbeigeführte Gesundheitsstörung gilt nicht als Dienstbeschädigung.

Begr. S. 27. KomBer. S. 101 ff.

1. Zu Abs. 1.

Schon bei der Beratung des Entwurfes vom Jahre 1904 wurde in der Kommission hervorgehoben, „daß es sehr schwer sei, eine auf alle Fälle passende Formulierung des Begriffes „Dienstbeschädigung" zu geben" (KomBer. S. 29, 30). Nach dem Gesetze hat man als eine solche anzusehen jede Störung der Gesundheit oder Verschlimmerung einer Gesundheitsstörung, die mit einer Dienstverrichtung oder einem während der Ausübung des Dienstes erlittenen Unfall oder mit den dem Militärdienst eigentümlichen Verhältnissen unmittelbar oder mittelbar in ursächlichem Zusammenhange steht.

2. Ob die Ursache der Dienstbeschädigung in einer äußeren Verletzung oder in einer inneren Erkrankung beruht, ist gleichgültig. In der Begründung des Entwurfes heißt es hierzu (S. 27): „Der bisher notwendigen Unterscheidung zwischen „äußerer“ und „innerer“ Dienstbeschädigung, je nach der Entstehungsursache, bedarf es jetzt nicht mehr, da allein der Grad der Erwerbsunfähigkeit in Betracht kommt. Wird infolge einer Schädigung im Dienste die Erwerbsfähigkeit eingeschränkt, so ist es belanglos, ob die Ursache in einer äußereren Verletzung oder in einer inneren Erkrankung liegt“.

Für die vor dem 1. April 1905 aus dem aktiven Militärdienst entlassenen Personen gilt aber die in § 59 des Ges. v. 27. Juni 1871 aufgestellte Unterscheidung zwischen äußerer und innerer Dienstbeschädigung weiter. § 45 Abs. 1 Z. 1. Vgl. hierzu „Zusammenstellung“ S. 60, 61.

3. Zu den „dem Militärdienst eigentümlichen Verhältnissen“ gehören auch Witterungseinflüsse, außergewöhnliche Anstrengungen oder Ansteckungen (Begr. S. 22), ferner die epidemischen und endemischen Krankheiten sowie die besonders bei der Marine und bei den Schutztruppen vorkommenden Schädigungen durch klimatische Einflüsse (Begr. S. 28). Zu den dem Marinedienst eigentümlichen Verhältnissen sind auch zu rechnen die zeitweise ungenügende und unbekömmliche Beköstigung von Offizieren und Mannschaften bei Blockaden oder längerem Aufenthalt in Gegenden, die ohne Verbindung mit der Außenwelt sind (KomBer. S. 30). Wegen der dem Schutztruppendienste eigentümlichen Verhältnisse s. noch § 64 Anm. 4.

In der Begründung des Entwurfs ist zu diesem Punkte noch ausgeführt: Einer besonderen Erwähnung der epidemischen und endemischen Krankheiten bedurfte es nicht mehr, da diese bei denjenigen Gesundheitsstörungen mit einbegriffen sind, welche durch die dem Militärdienst eigentümlichen Verhältnisse verursacht werden. Dasselbe ist der Fall bezüglich der klimatischen Schädigungen, welche besonders den Dienstverhältnissen der Marine und der Schutztruppen eigentümlich sind.

4. In der Kommission wurde die Frage aufgeworfen, ob die Folgen von Mißhandlungen immer als Dienstbeschädigungen anerkannt würden. Wie stehe es bei solchen mit der Beweislast? Könne etwa dem Verletzten vorgeworfen werden, daß er die Schuld trage oder könne er auf Geltendmachung eines zivilrechtlichen Anspruches gegenüber dem Mißhandelnden verwiesen werden? Hierauf erwiderte der Vertreter des Kriegsministeriums, daß Mißhandlungen grundsätzlich als Dienstbeschädigungen angesehen würden. Man gehe hierin sehr weit, ohne eine besondere Schuld des Gemißhandelten in Frage zu ziehen (KomBer. S. 103).

In der „Zusammenstellung" heißt es zu dieser Frage (S. 61 Z. 8): „Mißhandlung im Dienst oder in bezug auf ein dienstliches Verhältnis gilt als Dienstbeschädigung".

5. In der Kommission wurde ausführlich die Frage erörtert, in welchem Falle ein Unterleibsbruch als militärische Dienstbeschädigung anzusehen ist. Die Dienstanw. z. Beurt. d. Militärdienstf. bestimmt (S. 32 § 20 Z. 8):

„Bezüglich der Entstehung von Unterleibsbrüchen lehrt die Erfahrung, daß in der größten Mehrzahl der Fälle die Bruchbildung allmählich auf Grund angeborener körperlicher Verhältnisse vor sich geht. Dienstbeschädigung wird nur dann angenommen werden können, wenn entweder durch ganz außergewöhnliche schwere Gewalteinwirkungen nachweisbare Verletzungen der an der Bildung des Bruchkanals beteiligten Gewebe stattgefunden haben (Gewaltbrüche), oder wenn der Nachweis eines frisch entstandenen ausgebildeten Bruches im Zusammenhange mit einer bestimmten dienstlichen Einwirkung, welche an sich geeignet ist, durch ungewöhnliche Wirkung der

Bauchpresse den erstmaligen Eintritt von Baucheingeweideteilen in den Leistenkanal zu begünstigen, erbracht werden kann. Dienstbeschädigung bei Unterleibsbrüchen wird in der Regel als äußere anzuerkennen sein."

Zu dieser Bestimmung war ausgeführt worden, daß nur dann eine Dienstbeschädigung anerkannt werden solle, wenn der Bruch kurz nach dem Ereignis, das starke Anstrengungen der Bauchpresse mit sich brachte, als solcher festgestellt sei; das wurde in der Kommission bemängelt. Hierauf wurde seitens eines Vertreters der Militärverwaltung folgende Erklärung abgegeben: Wenn gesagt worden ist, daß der Bruch „kurz nach dem schädigenden Ereignisse festgestellt sein soll", so sind damit die Fälle nicht ausgeschlossen, in denen aus äußeren Gründen eine ärztliche Untersuchung nicht kurz nach dem schädigenden Ereignisse stattfand, z. B. wenn die Betroffenen eine sofortige Meldung aus Unkenntnis oder aus Anlaß eines Urlaubsantritts usw. unterlassen haben. In solchen Fällen pflegen Zeugenvernehmungen und weitere Erhebungen stattzufinden. Bestätigen diese die Angaben des Mannes, und spricht der Verlauf und der spätere Befund für die Annahme eines Bruchaustritts im Zusammenhang mit der behaupteten Beschädigung im Dienst, so wird auch in solchen Fällen Dienstbeschädigung angenommen. Dagegen kann die Angabe des Mannes allein, er habe sich vor Wochen bei diesem oder jenem Dienst einen Bruch zugezogen, nicht als zum Beweise der Dienstbeschädigung ausreichend erachtet werden, weil sonst jeder Bruch bei Soldaten von vornherein als die Folge einer Dienstbeschädigung ausgesprochen werden müßte .... Man könne zusagen, daß man in weitest zulässigem Maße Rücksicht nehmen werde, man könne aber nicht jeden Leistenbruch, der erkannt werde, sogleich als Grund für eine Rente anerkennen. Auch wenn ein Bruch nicht sofort erkannt werde, würde es zugelassen werden, daß durch Zeugenaussagen und andere Beweismittel festgestellt werde, ob der Bruch infolge einer Dienstbeschädigung eingetreten sei. (KomBer. S. 102, 103).

6. Zu dem Begriff der Dienstbeschädigung gibt die Dienstanw. z. Beurt. d. Militärdienstf. eine ausführliche Erläuterung. Dort heißt es (Nachtr. 1 S. 27 Z. 60, S. 9 ff. Z. 7—9):

7. a) Zu den Dienstbeschädigungen, welche infolge einer Dienstverrichtung eingetreten sind, zählen alle Gesundheitsstörungen, die mit einer nach Zeit und Ort bestimmten dienstlichen Veranlassung in ursächlichem Zusammenhange stehen. Hierbei ist es nicht erforderlich, daß das schädigende Ereignis ein solches ist, welches auf jeden Betroffenen gesundheitsschädigend einwirken muß. Es genügt vielmehr, wenn der Nachweis erbracht ist, daß es auf den einzelnen seine schädigende Wirkung ausgeübt hat. Es ist ferner nicht erforderlich, daß die Dienstverrichtung an sich in regelwidriger Weise abgelaufen ist. Eine in völlig regelmäßiger Weise vor sich gegangene Dienstverrichtung kann, wenn sie im Einzelfalle zu Gesundheitsschädigungen Veranlassung gegeben hat, ebenfalls als Dienstbeschädigung angesehen werden.

So können z. B. einerseits die Einwirkungen großer Hitze oder Kälte, Durchnässungen usw., außerordentlicher Marschanstrengungen bei einzelnen Leuten zu Krankheiten (z. B. Hitzschlag, Lungenentzündungen, Störungen der Herztätigkeit) führen und damit zu Dienstbeschädigungen werden, auch wenn zahlreiche andere Leute, die den gleichen Schädlichkeiten ausgesetzt waren, von denselben Einwirkungen gesundheitlich unberührt geblieben sind. Andererseits können bei einzelnen Leuten durch regelmäßige laufende Dienstverrichtungen, die der Soldat tagtäglich ohne Schaden auszuführen pflegt, Dienstbeschädigungen erzeugt werden, z. B. durch gewöhnliche Exerzierübungen bei nicht an Anstrengung gewöhnten Leuten Störungen der Herztätigkeit, Entzündungen von Knochen oder Sehnen (entzündlicher Plattfuß); auch Schädigungen infolge unzweckmäßiger Bewegungen beim gewöhnlichen Turnen und Reiten,

z. B. Muskelrisse, sog. Spontanknochenbrüche infolge übermäßigen Muskelzugs, kommen hier in Betracht.

b) Unfälle während der Ausübung des Dienstes. Hierunter fallen alle durch äußere Verletzungen (Wunden) und durch sonstige äußere, mechanische Einwirkungen (Stoß, Schlag, Sturz, Fall) entstandenen Schädigungen, welche plötzlich, zeitig bestimmbar und in einem scharf begrenzten Zeitabschnitte zur Einwirkung auf den Beschädigten gelangt sind. In der Regel werden solche Unfälle in Ereignissen bestehen, welche nicht in der Dienstverrichtung selbst ihren Grund haben, sondern neben ihr, vielfach sogar dienststörend, einhergehen. Es ist für den Versorgungs(Pensions-)anspruch nicht erforderlich, daß das schädigende Ereignis mit dem Dienste zusammenhängt, vielmehr nur nötig, daß es den Beschädigten während der Ausübung des Dienstes betroffen hat.

c) Zu den Dienstbeschädigungen, welche durch die dem Militärdienste eigentümlichen Verhältnisse bedingt sind, zählen die Schädigungen, deren Entstehung zwar nicht nach Ort und Zeit bestimmbar ist, welche aber erfahrungsgemäß auf die Sonderverhältnisse des militärischen Dienstes zurückgeführt werden müssen, vgl. § 20 Z. 7 b und § 22 Z. 3 Abs. 2 und 3 Dienstanw. z. Beurt. d. Militärdienstf.

8. Dienstbeschädigung liegt ferner vor, wenn ein vorhandenes, nicht durch den Dienst entstandenes Leiden durch die unter Z. 7 a—c aufgeführten Einflüsse bis zu dem Grade verschlimmert wurde, daß eine einen Versorgungs(Pensions-)anspruch begründende Erwerbsbeeinträchtigung (Dienstunfähigkeit) eingetreten ist.

9. Die Entscheidung, ob eine Krankheit epidemisch oder endemisch an dem den Soldaten zum dienstlichen Aufenthalt angewiesenen Orte geherrscht hat, steht nach Anhören des Korps-Generalarztes dem Generalkommando zu.

In zweifelhaften Fällen entscheidet das Kriegsministerium, Versorgungs- und Justiz-Departement. (Dienstanw. S. 33 Z. 11.)

7. Über die Feststellung von Dienstbeschädigungen enthält die Preuß. Pension.=Vorschrift S. 19 ff. nähere Bestimmungen. Angeführt sei hier die folgende:

1. Die Feststellung einer Dienstbeschädigung ist für den Anspruch auf Versorgung von besonderer Wichtigkeit.

Den Vorgesetzten — besonders dem Kompagniechef (Eskadron-Batteriechef oder in ähnlicher Stellung befindlichem Vorgesetzten) — liegt die Verpflichtung ob, den Tatbestand jeder Dienstbeschädigung, welche zu ihrer Kenntnis gelangt, baldmöglichst klar zu legen und festzustellen. Andererseits muß auch der Soldat grundsätzlich eine Dienstbeschädigung selbst und zwar möglichst unmittelbar nach dem Eintritte der Beschädigung, spätestens aber vor Anerkennung der Stammrolle anmelden.

S. auch § 27 Anm. 4.

Ein Muster für Dienstbeschädigungslisten enthält die Preuß. Pension.=Vorschrift in Anl. 6.

8. **Zu Abs. 2.**

a) Der Abs. 2 wurde — aus dem § 4 des Entwurfs übernommen — von der Kommission an dieser Stelle eingefügt.

Nur die von dem Verletzten selbst vorsätzlich herbeigeführte Gesundheitsstörung gilt nicht als Dienstbeschädigung. Dagegen sind auch solche Gesundheitsstörungen, die auf grobe Fahrlässigkeit des Verletzten zurückzuführen sind, als Dienstbeschädigung anzusehen. Nach dem Entwurf (§ 4) sollte der Anspruch auf Rente auch dann versagt sein, wenn der Verletzte sich die Gesundheitsstörung, die den Verlust oder die Minderung der Erwerbsfähigkeit bedingt, durch grobe Fahrlässigkeit zugezogen hat. Diese Bestimmung wurde aber in der Kommission gestrichen. KomBer. S. 101, 103.

b) Die durch Selbstmordversuch verursachte Gesundheitsstörung ist als „vom Verletzten vorsätzlich herbeigeführte“ anzusehen und gilt daher nicht als Dienstbeschädigung. Anders liegt freilich die Sache, wenn der Selbstmordversuch begangen wurde in einem Zustande von Bewußtlosigkeit oder einem die freie Willensbestimmung ausschließenden Zustande krankhafter Störung der Geistestätigkeit; hier kann von einer „vorsätzlich" herbeigeführten Gesundheitsstörung nicht die Rede sein.

c) Eine Gesundheitsstörung, die infolge eines Zweikampfes eingetreten ist, gilt nicht als Dienstbeschädigung. Das ist im Offizierpensionsgesetz (§ 5) ausdrücklich bestimmt worden. Für das Mannschaftsversorgungsgesetz hat man davon abgesehen, eine gleiche Vorschrift ausdrücklich aufzunehmen, weil in den Unterklassen Zweikämpfe nur sehr selten vorkämen. Es herrschte aber zwischen Reichstag und Regierung Einverständnis dahin, daß gegebenenfalls auch hier der gleiche Grundsatz wie der im Offizierpensionsgesetz ausgesprochene zu gelten habe. S. die Ausführungen der Abgg. Itschert und Graf Oriola sowie des Kriegsministers v. Einem in der Reichstagssitzung v. 22. Mai 1906. StenBer. zu 3423 B, 3424 D, 3425 C.

9. Für die Frage, ob eine Gesundheitsstörung als Dienstbeschädigung anzusehen ist, sind gemäß §§ 43 Abs. 1 Z. 1, 60 und 72 im Falle der gerichtlichen Geltendmachung von Ansprüchen aus diesem Gesetze die Entscheidungen der obersten Militärverwaltungsbehörden des Kontingents, der obersten Marineverwaltungsbehörde und der Kolonialzentralverwaltung maßgebend. Die Entscheidung erfolgt durch ein aus 3 Offizieren oder Beamten gebildetes Kollegium. Eine Anfechtung dieser Entscheidung oder Nachprüfung durch die Gerichte ist ausgeschlossen. S. § 43 Anm. 1 b, c u. 2 b.

10. Die Vorschriften des § 3 gelten auch für die Kaiserliche Marine (§ 49) und nach § 63 auch für die dort angeführten Personen der Unterklassen der Kaiserlichen Schutztruppen.

Erwerbsunfähigkeit.

§ 4.

Bei der Beurteilung des Grades der Erwerbsunfähigkeit ist der von dem Verletzten vor seiner Einstellung in den Militärdienst ausgeübte Beruf zu berücksichtigen. Hat der Verletzte keinen besonderen Beruf ausgeübt, so erfolgt die Beurteilung nach der allgemeinen Erwerbsfähigkeit.

Der Besitz des Zivilversorgungsscheins gemäß § 15 oder der Bezug der laufenden Geldentschädigung (§ 19) oder die Abfindung mit der einmaligen Geldentschädigung für den Zivilversorgungsschein (§ 21) schließt die Berücksichtigung der beruflichen Erwerbsunfähigkeit aus. Das Gleiche gilt bei dem Besitze des Zivilversorgungsscheins gemäß § 16 oder des Anstellungsscheins (§ 17) mit dem Beginne der Anstellung oder Beschäftigung im Zivildienste (§ 36).

1. a) § 4 stellt die rechtlichen Grundsätze über die Beurteilung der Erwerbsunfähigkeit auf. Das Gesetz unterscheidet zwei Arten von Erwerbsunfähigkeit: die besondere berufliche und die allgemeine. In der Begründung des Entwurfes (§ 5) heißt es hierzu: „Die Beurteilung der Erwerbsunfähigkeit geschieht im Gebiete der Militärpensionsgesetzgebung bisher lediglich unter dem Gesichtspunkte der allgemeinen Erwerbsfähigkeit; eine Berücksichtigung der Erwerbsfähigkeit in dem eine besondere Vorbildung erfordernden Berufe findet dagegen nicht statt". Dies Verfahren führt erfahrungsmäßig dann zu Härten, wenn durch die Verletzung die allgemeine Erwerbsfähigkeit gar nicht oder nur unbedeutend vermindert, dagegen eine erhebliche Beeinträchtigung der beruflichen Erwerbsfähigkeit bewirkt wird. Ein Feinmechaniker oder Uhrmacher z. B., der durch eine unerhebliche Fingerverletzung an der rechten Hand die Fähigkeit verloren hat, die feineren Arbeiten seines Berufs auszuführen, wird dadurch in der Regel eine beträchtliche Schmälerung seines Verdienstes erleiden, unter Umständen sogar zur Aufgabe seines Berufes gezwungen sein; ein gewöhnlicher Arbeiter wird durch die gleiche Verletzung in seiner Erwerbsfähigkeit nicht einmal in geringem Grade gehindert sein.

In derartigen Fällen erfordert es die Billigkeit, vorwiegend die berufliche Erwerbsunfähigkeit zu berücksichtigen. Ganz besonders kommen hier diejenigen Personen in Betracht, welche ihren früheren Beruf im Militärdienste weiter ausüben und dabei zu Schaden kommen. Namentlich im Marinedienst übt eine erhebliche Zahl von Professionisten ihre frühere Tätigkeit weiter aus, z. B. Maschinen- und Heizerpersonal, Elektrotechniker, Mechaniker, Segelmacher, Taucher, Böttcher, Zimmerleute, Maler, Mannschaftsköche, Kellner als Stewardsmaate.

b) Nach dem Gesetz ist bei der Frage, in welchem Grade Erwerbsunfähigkeit besteht, in erster Linie die besondere berufliche Erwerbsfähigkeit des Verletzten zu berücksichtigen, d. i. diejenige körperliche oder geistige Befähigung, die zu dem von ihm vor der Einstellung in den Militärdienst ausgeübten Berufe notwendig ist. Hatte der Verletzte vor seiner Einstellung in den Militärdienst keinen besonderen Beruf, so ist für die Beurteilung der Erwerbsunfähigkeit die allgemeine Erwerbsfähigkeit, d. i. „die zur gewöhnlichen auf Erwerb gerichteten Arbeit erforderliche körperliche und geistige Befähigung" (Entwurf) zugrunde zu legen. Nach dem Entwurfe (§ 5) sollte bei der Beurteilung, ob und in welchem Grade Erwerbsunfähigkeit besteht, regelmäßig nur die allgemeine Erwerbsfähigkeit als Maßstab dienen; nur „ausnahmsweise" und „nach der Entscheidung der Militärbehörde" sollte der Einbuße an beruflicher Erwerbsfähigkeit Rechnung getragen werden können. Die abweichende Fassung des Gesetzes, wonach in erster Linie die berufliche Erwerbsunfähigkeit berücksichtigt werden muß, beruht auf den Abänderungsvorschlägen der Kommission. S. KomBer. S. 103 ff., 111, 233, 234. Nach dem Gesetze von 1871 wurde nur die allgemeine Erwerbsunfähigkeit berücksichtigt. Daneben bestand dann das Unfallfürsorgegesetz v. 18. Juni 1901. Dieses Gesetz ist für die Militärpersonen der Unterklassen und deren Hinterbliebenen durch § 76 Abs. 2 Nr. 3 ausdrücklich außer Kraft gesetzt worden. S. dort und § 41 Anm. 2a.

c) Die berufliche Erwerbsunfähigkeit kommt nur für diejenigen in Betracht, die den Beruf vor ihrer Einstellung in den Militärdienst tatsächlich „ausgeübt" haben. Bei denjenigen, die vor ihrer Einstellung noch keinen Beruf „ausgeübt" haben, z. B. Studenten, erfolgt die Beurteilung nach der allgemeinen Erwerbsunfähigkeit.

Erleiden Personen, die zu einer Übung einberufen sind, während dieser Übung durch Dienstbeschädigung eine Beeinträchtigung ihrer Erwerbsfähigkeit, so ist bei Beurteilung des Grades der Erwerbsunfähigkeit der von ihnen vor der Einziehung ausgeübte Beruf in Betracht zu ziehen.

Ebenso Preuß. Pension.-Vorschrift S. 27 Z. 21 Abs. 6:

> „Bei der Beurteilung des Grades der Erwerbsunfähigkeit ist der von dem Verletzten . . . . vor der Einberufung zu einer Übung ausgeübte Beruf zu berücksichtigen."

Als der vor der Einstellung oder Einberufung zur Übung tatsächlich ausgeübte Beruf, der bei der Beurteilung des Grades der Erwerbsunfähigkeit zu berücksichtigen ist, kommt nicht immer nur der zuletzt ausgeübte Beruf in Betracht, vielmehr kann unter Umständen auch der frühere berücksichtigt werden.

„Die Feststellung des Berufs erfolgt nach der Eintragung in der Truppenstammrolle. Zweifel über die letzte Berufstätigkeit sind durch Ermittlungen bei den letzten Arbeits- usw. Stellen des Verletzten aufzuklären." Preuß. Pension.-Vorschrift S. 27 Z. 21 Abs. 6.

2. **Zu Abs. 2.**

a) Eine Ausnahme von der Vorschrift des Abs. 1 enthält Abs. 2. In den dort angegebenen Fällen kommt nur die allgemeine Erwerbsunfähigkeit in Betracht und ist die Berücksichtigung der beruflichen Erwerbsunfähigkeit ausgeschlossen. In der Begründung des Entwurfes (§ 5) heißt es hierzu (S. 28): „Zu einer derartigen besonderen Berücksichtigung liegt bei denjenigen Kapitulanten kein Grund mehr vor, welche durch zwölfjährige Dienstzeit in den Besitz des Zivilversorgungsscheins oder der für diesen Schein gewährten laufenden oder einmaligen Geldentschädigung gelangt sind, oder welche durch den Zivilversorgungsschein eine Versorgung im Zivildienst erreicht haben. Dies letztere gilt auch für die Inhaber des Anstellungsscheins".

Abs. 2 fand in der Kommission unveränderte Annahme (KomBer. S. 234).

b) Was als „Zivildienst" zu gelten hat, ist in § 36 Abs. 2 bestimmt. S. dort. Als „Beginn" der Anstellung oder Beschäftigung ist der Tag der Vereidigung oder des Dienstantritts anzusehen.

3. Die Feststellung des Grades der Erwerbsunfähigkeit erfolgt zunächst durch die dazu verordneten Militärbehörden. S. § 28. Gegen deren Entscheidung ist aber der Rechtsweg gemäß § 42 zulässig. § 43 kommt nicht in Betracht.

4. **a)** Bezüglich der Grundsätze für die Beurteilung der Erwerbsunfähigkeit heißt es in

der AusfBest. des Preuß. Kriegsminist. vom 19. Juni 1906:

„Die Grundsätze für die Beurteilung der Erwerbsunfähigkeit sind in dem Nachtrage I zur Dienstanweisung zur Beurteilung der Militärdienstfähigkeit und zur Ausstellung von militärärztlichen Zeugnissen v. 13. Okt. 1904 enthalten."

Hier ist — in Übereinstimmung mit den bereits in der Kommission bekannt gegebenen Grundsätzen, KomBer. S. 104 ff. — bestimmt (S. 12 ff.):

15. Bei der Beurteilung, ob und in welchem Grade Erwerbsunfähigkeit besteht, ist unter Berücksichtigung des von dem Verletzten vor seiner Einstellung in den Militärdienst ausgeübten Berufes festzustellen, ob und inwieweit der Verletzte nach seinem nunmehrigen Zustande fähig ist, sich in seinem früheren Beruf und, falls er diesen aufgeben muß, auf den seiner Vorbildung und seinen bisherigen Lebensverhältnissen entsprechenden Gebieten des wirtschaftlichen Lebens Erwerb zu schaffen.

16. Hat der Verletzte vor seiner Einstellung keinen besonderen Beruf ausgeübt, so erfolgt die Beurteilung nach der allgemeinen Erwerbsunfähigkeit. In diesem Falle ist festzustellen, um wieviel die körperliche und geistige Befähigung zur gewöhnlichen auf Erwerb gerichteten Arbeit und deren Ausnutzung im wirtschaftlichen Leben beeinträchtigt ist.

17. Für die Annahme voller Erwerbsfähigkeit ist in allen Fällen (Z. 15, 16) erforderlich, daß der Beschädigte seine Arbeitsfähigkeit, sei es im Beruf, sei es allgemein, auf dem Arbeitsmarkte voll ausnutzen kann. Der wirtschaftliche Schaden, welcher dem einzelnen durch die Beschränkung in der Ausnutzung seiner Arbeitskraft und Arbeitsbefähigung erwächst, ist bei der Beurteilung der Erwerbsunfähigkeit ebenso zu berücksichtigen wie die eigentliche Einbuße an der rohen Arbeitskraft. Augenfällige Entstellungen, Beschränkungen in der Wahl der Arbeitsgelegenheit, dadurch bedingte Herabsetzung der Fähigkeit zum wirtschaftlichen Wettbewerb mit anderen

Arbeitnehmern usw. sind in Betracht zu ziehen. Die Tatsache, daß der Verletzte seinen besonders erlernten Beruf infolge der Gesundheitsstörung nicht mehr ausüben kann, begründet nicht ohne weiteres die Annahme völliger Erwerbsunfähigkeit, aber sie ist bei Feststellung des Grades der Erwerbsunfähigkeit zu berücksichtigen. Falls die körperlichen Anforderungen, welche hierfür in Betracht kommen, nicht genügend bekannt und offenkundig sind, ist die Anhörung geeigneter Sachverständiger durch die Truppenkommandos usw. herbeizuführen. Je mehr eine Gesundheitsstörung die Verwertung besonders erlernter und wirtschaftlich wertvoller Fertigkeiten behindert und je beschränkter das Arbeitsgebiet des Verletzten durch die Gesundheitsstörung geworden ist, um so höher wird der Grad der Erwerbsunfähigkeit zu bemessen sein. Unter Berücksichtigung dieser beruflichen Erwerbsunfähigkeit ist ein Gesamturteil darüber abzugeben, um wie viel die Erwerbsfähigkeit des Verletzten auf dem gesamten wirtschaftlichen Arbeitsmarkte, der ihm nach Maßgabe seiner Geistes- und Körperkräfte offen steht, Einbuße erlitten hat.

18. Eine Berücksichtigung des früheren Berufes ist bei Kapitulanten von zwölfjähriger Dienstzeit überhaupt nicht, bei Inhabern des Zivilversorgungsscheines von kürzerer Dienstzeit sowie bei Inhabern des Anstellungsscheins nur so lange zulässig, als sie eine Anstellung oder Beschäftigung im Zivildienste nicht gefunden haben; in den letzteren beiden Fällen ist in den Zeugnissen neben dem Grade der beruflichen stets auch der Grad der allgemeinen Erwerbsunfähigkeit anzugeben (§ 4 Abs. 2 MVGes. 06). Im übrigen ist bei Kapitulanten das ihnen entsprechend der Länge ihrer Dienstzeit und Ausbildung offenstehende erweiterte Feld der Erwerbsfähigkeit zu berücksichtigen.

19. Als erwerbsfähig gelten alle Personen, welche in ihrer Erwerbsfähigkeit nicht beschränkt sind.

Körperliche Fehler oder Gebrechen, die allein die Militärdienstfähigkeit beeinträchtigen, z. B. Zustände, welche nur das Tragen der militärischen Kleidung, Ausrüstung usw. verhindern oder nur die **militärische** Ausbildung unmöglich machen, bedingen an sich nicht Versorgungsberechtigung. Gleiches gilt von Leiden, welche nur gewisse Unbequemlichkeiten mit sich bringen, ohne die Erwerbsfähigkeit zu beeinträchtigen. Endlich kann Versorgungsberechtigung nicht anerkannt werden, wenn die Einbuße an Erwerbsfähigkeit weniger als 10 Prozent der vollen beträgt, weil solche kleinen Schäden im wirtschaftlichen Leben nicht zur Geltung kommen.

20. **Teilweise Erwerbsunfähigkeit** liegt bei denjenigen Personen vor, welche in ihrer Erwerbsfähigkeit um 10 bis 90 Prozent beeinträchtigt sind.

21. Bei der Festsetzung des Grades der teilweisen Erwerbsunfähigkeit sind alle Abstufungen der Schätzung zulässig, doch ist dabei an gewissen Abrundungen festzuhalten. Die Abstufungen sollen in der Regel durch fünf teilbar sein, außerdem sind noch Stufen von 33⅓ und 66⅔ Prozent zulässig. Unterschiede in der Schätzung von nur 5 Prozent oder weniger sollen im allgemeinen für die prüfenden Stellen und bei Nachuntersuchungen keinen Anlaß zur Änderung der vorgeschlagenen oder bestehenden Rentenfestsetzung abgeben.

22. **Völlige Erwerbsunfähigkeit** liegt vor:

a) bei Personen, welche auch nach Abschluß der ärztlichen Behandlung körperlich um mehr als 90 Prozent in ihrer Erwerbstätigkeit beeinträchtigt oder überhaupt zu jeder Arbeit unfähig sind, sowie
b) wenn mit der Wiederaufnahme der Erwerbstätigkeit auch bei Beobachtung der erforderlichen Vorsicht eine unmittelbare Gefahr für den Körperzustand verbunden oder eine Verschlimmerung des Leidens zu erwarten ist;
c) bei Personen, welche geisteskrank sind und dabei ständiger Überwachung bedürfen.

23. Völlige Erwerbsunfähigkeit wird nicht ohne weiteres durch Verstümmelung infolge des Verlustes usw. von Gliedmaßen und Sinneswerkzeugen — Z. 45 — wohl aber durch die Notwendigkeit fremder Pflege und Wartung bedingt.

Bei Festsetzung des Grades der Erwerbsbeeinträchtigung

nach Verstümmelung ist die Wirkung künstlicher Hilfsmittel (künstlicher Glieder usw.) mit in Betracht zu ziehen.

24. Eine Anleitung für die Schätzung der Erwerbsbeeinträchtigung auf Grund von Gesundheitsstörungen enthält die Anl. 2 Teil II der Dienstanw. z. Beurt. der Militärdienstf. S. 164 ff.

25. Erfahrungsgemäß bedürfen Personen nach Abschluß der ärztlichen Behandlung, namentlich nach inneren Krankheiten, zunächst noch gewisser Schonung. In anderen Fällen, z. B. nach Handverletzungen, kommt die Notwendigkeit der Gewöhnung und Einarbeitung hinzu. Diesen Verhältnissen ist bei der erstmaligen Schätzung besonders dann Rechnung zu tragen, wenn die Entlassung der Beschädigten aus dem aktiven Dienste unmittelbar nach Abschluß der militärärztlichen oder ärztlichen Behandlung erfolgt. Bei den außerhalb der militärärztlichen oder der ärztlichen Behandlung zur Entlassung Kommenden werden diese Voraussetzungen nur ausnahmsweise zutreffen.

26. In den militärärztlichen Zeugnissen ist in den unter 25 erwähnten Fällen zu erörtern, inwieweit und für welche Zeit die Rücksichtnahme auf die Schonungsbedürftigkeit bei der Beurteilung von Einfluß gewesen ist.

b) In Bayern kommen nach den AusfBest. d. Bayer. Kriegsminist. vom 5. Juli 1906 für die Beurteilung der Erwerbsunfähigkeit die Grundsätze in dem Nachtrage I zur Dienstanw. z. Beurt. d. Militärdienstf. usw. vom 26. Okt. 1905 in Betracht.

Für d. Sächs. Kontingent gilt nach d. Verordn. des Sächs. Kriegsminist. v. 30. Juni 1906 die AusfBest. d. Preuß. Kriegsminist. (s. oben).

AusfBest. d. Württemb. Kriegsminist. v. 10. Juli 1906:

„Die Grundsätze für die Beurteilung der Erwerbsunfähigkeit sind in dem Nachtrage I zur Dienstanw. z. Beurt. d. Militärdienstf. und zur Ausstellung von militärärztlichen Zeugnissen v. 13. Okt. 1904 enthalten."

Für die Marine finden nach der AusfBest. des Reichs-Marine-Amts v. 18. Aug. 1906 die für Preußen gegebenen, oben (S. 56 ff.) angeführten Grundsätze sinngemäße Anwendung.

5. Bei denjenigen Invaliden, auf welche die neuen Gesetzesvorschriften keine Anwendung finden (s. § 45), erfolgt die Beurteilung des Grades der Erwerbsunfähigkeit nach den bisherigen Grundsätzen. Vgl. hierzu „Zusammenstellung“ S. 67 Z. 3ff.

Berechnung der Dienstzeit.

§ 5.

Die Dienstzeit wird vom Tage des Eintritts in den aktiven Militärdienst bis zum Ablaufe des Tages gerechnet, an welchem die Entlassung erfolgt.

Mit Genehmigung der obersten Militärverwaltungsbehörde des Kontingents kann auch die Zeit angerechnet werden, welche im Militärdienst eines dem Reiche nicht angehörenden Staates zugebracht ist.

Die Dienstzeit vor dem Beginne des achtzehnten Lebensjahrs wird nicht angerechnet; nur im Kriegsfalle wird die Dienstzeit vom Beginne des Krieges, beim Eintritt in den Militärdienst während des Krieges vom Tage des Eintritts ab gerechnet.

Als Kriegszeit gilt die Zeit vom Tage der Mobilmachung, auf welche ein Krieg folgt, bis zum Tage der Demobilmachung.

1. § 5 (im Entwurf § 6) wurde von der Kommission mit einer unwesentlichen redaktionellen Ab-

änderung in beiden Lesungen ohne Erörterung angenommen. KomBer. S. 111, 234.

2. **Zu Abs. 1.**

a) Entscheidend für die Berechnung der Dienstzeit ist der Tag des wirklichen Eintritts in den aktiven Militärdienst. Die Bestimmungen in § 7 der Wehrordnung bleiben hier außer Betracht. Wegen des Zeitpunktes der Entlassung s. § 1 Anm. 3 b.

b) Der Dienst in einer Unteroffizierschule gilt als aktive Militärdienstzeit, der in einer Unteroffiziervorschule (als Zögling) dagegen nicht. „Zusammenstellung" S. 61 Bem. 11. Pension.-Vorschrift. S. 10 Z. 10.

„Die nach der Entlassung aus dem aktiven Militärdienst, aber im unmittelbaren Anschluß an denselben in einem Lazarett als „Zugeteilt" verbrachte Zeit wird als pensionsfähige Dienstzeit berechnet." „Zusammenstellung" S. 62 Bem. 12.

c) Auf die Berechnung der Dienstzeit gemäß Abs. 1 besteht ein Rechtsanspruch. Über die richtige Berechnung ist der Rechtsweg zulässig. S. § 42 Anm. 1a und b.

3. **Zu Abs. 2.**

a) Auf die Anrechnung der in einem, nicht dem Reiche angehörenden Staate zugebrachten Militärdienstzeit besteht kein Rechtsanspruch; die Anrechnung ist vielmehr nur für zulässig erklärt worden, sie „kann" mit Genehmigung der obersten Militärverwaltungsbehörde des Kontingents bewilligt werden. Wird die Anrechnung abgelehnt, so gibt es dagegen keinerlei Rechtsmittel.

b) Die obersten Militärverwaltungsbehörden des Kontingents sind die Preußischen, Bayerischen, Sächsischen, Württembergischen Kriegsministerien. Für den Bereich der Marine tritt nach § 60 an ihre Stelle die oberste Marineverwaltungsbehörde, d. i. das Reichs-

Marine-Amt, für den Bereich der Schutztruppen nach § 72 die Kolonialzentralverwaltung, d. i. jetzt das Reichskolonialamt.

c) Die im Zivildienste des Reichs oder eines Bundesstaates zugebrachte Zeit wird auf die Militärdienstzeit nicht mehr angerechnet (Anders nach § 20 des Ges. vom 27. Juni 1871.) Die Versorgungsansprüche sollen allein durch den Militärdienst selbst erworben werden. Begr. S. 28, 29.

4. Zu Abs. 3.

a) Während nach den §§ 22, 60 des Gesetzes vom 27. Juni 1871 die Dienstzeit vor dem Beginne des 18. Lebensjahres nur anzurechnen ist, soweit sie in die Dauer eines Krieges fällt, ist in Abs. 3 vorgeschrieben, daß sie im Kriegsfalle vom Beginne des Krieges ab angerechnet wird. Die Änderung bezweckt die Herbeiführung einer Gleichmäßigkeit mit der Vorschrift in § 53, nach welcher den Angehörigen der Kaiserlichen Marine die Dienstzeit vor Beginn des 18. Lebensjahres nicht für die Dauer des Aufenthalts an Bord, sondern vom Tage der Einschiffung an Bord ab zu rechnen ist. Begr. S. 28 zu §§ 6 bis 9 des Entwurfs.

Wegen der Schutztruppen s. § 65.

b) Welche militärische Unternehmung als ein „Krieg" im Sinne dieses Gesetzes anzusehen ist, bestimmt der Kaiser. S. § 7.

Beim Eintritt in den Militärdienst während des Krieges wird also auch die Dienstzeit vor Beginn des 18. Lebensjahres angerechnet.

„Die aus Anlaß eines Krieges bei einem mobilen oder Ersatztruppenteile vom Tage der Mobilmachung bis zum Tage der Demobilmachung zurückgelegte Dienstzeit kommt als Dienstzeit auch vor dem Beginne des 18. Lebensjahres in Anrechnung." „Zusammenstellung" I. S. 25 Bemerk. 7.

5. **Zu Abs. 4.**
Ist bei einer als Krieg anzusehenden militärischen Unternehmung (§ 7) eine Mobilmachung und Demobilmachung nicht erfolgt, so würde im Sinne des Abs. 4 als Mobilmachungstag der Tag des Beginns und als Demobilmachungstag der Tag der Beendigung der kriegerischen Unternehmungen anzunehmen sein. Begr. S. 29 zu §§ 6 bis 9 des Entwurfs. Vgl. im übrigen § 7 („welche Zeit als Kriegszeit zu rechnen ist, wenn keine Mobilmachung oder Demobilmachung stattgefunden hat, bestimmt der Kaiser").

6. Wegen der Hinzurechnung von Kriegsjahren und der Doppelrechnung von Dienstzeit s. § 6.

7. Die Vorschriften der §§ 5 ff. finden nach § 49 auch auf die Marine, nach § 63 auch auf die Personen der Unterklassen der Schutztruppen Anwendung. Außerdem aber gelten für die Marine die Sonderbestimmungen der §§ 53 bis 55, für die Schutztruppen die der §§ 65 und 66.

§ 6.

Für jeden Krieg, an welchem ein Unteroffizier oder Gemeiner im Reichsheere teilgenommen hat, wird zu der wirklichen Dauer der Dienstzeit ein Jahr (Kriegsjahr) hinzugerechnet; jedoch ist für mehrere in ein Kalenderjahr fallende Kriege die Anrechnung nur eines Kriegsjahrs zulässig.

Unteroffizieren und Gemeinen, die sich in außereuropäischen Ländern mindestens ein Jahr ohne Unterbrechung dienstlich aufgehalten haben, wird die dort zugebrachte Dienstzeit doppelt gerechnet, falls eine solche Doppelrechnung den Beamten des Auswärtigen Amtes bewilligt ist. Ausgenommen

von dieser Doppelrechnung ist die in solche Jahre fallende Dienstzeit, welche bereits als Kriegsjahre zu erhöhtem Ansatze kommen.

1. Der § 6 (im Entwurf § 7) behandelt die Anrechnung von Kriegsjahren und die Doppelrechnung von Dienstzeit. Er wird ergänzt durch die Vorschriften in § 7. Nach diesen bestimmt der Kaiser, welche militärische Unternehmung als Krieg und wer als Teilnehmer an einem Kriege anzusehen ist. Das Nähere s. § 7 und die Zusammenstellung der Allerh. Erlasse über die Anrechnung von Kriegsjahren und die Doppelrechnung von Dienstzeit in Anlage 4.

2. Um als „Teilnehmer" an einem Kriege zu gelten, wird nicht gefordert, daß der Betreffende wirklich vor den Feind gekommen ist. Die dahin gehende ausdrückliche Vorschrift in § 23 (und § 60) des Gesetzes vom 27. Juni 1871 und § 49 des Reichsbeamtengesetzes vom 31. März 1873 ist in das Gesetz nicht aufgenommen.

3. Zu Abs. 2.

a) Die Vorschrift in Abs. 2 entspricht der im Artikel II des Gesetzes vom 24. März 1887 für die Kaiserliche Marine gegebenen und ist in den ersten Teil eingefügt, weil es nicht ausgeschlossen ist, daß auch Unteroffiziere und Gemeine des Reichsheeres in außereuropäischen Ländern Verwendung finden. (Begr. S. 29.) In der Kommissionsberatung wurde hierzu bemerkt, daß es sich in Abs. 2 nur um ganz außergewöhnliche Verhältnisse handeln könne, z. B. um den Fall, daß in den Kolonien Militärbahnen gebaut würden, ohne daß die betreffenden Soldaten, die dabei beschäftigt seien, zur Schutztruppe gehörten. Als ein weiterer Fall wurde der der Schutzwache in Peking angeführt, und der eines Burschen, der einen Militärbevollmächtigten begleite. Es wurde ausdrücklich festgestellt, daß es sich hier nur um ganz seltene Ausnahmefälle handle. (KomBer. S. 111.)

b) Voraussetzung für die Doppelrechnung der in außereuropäischen Ländern zugebrachten Dienstzeit ist zunächst, daß der dienstliche Aufenthalt dort mindestens ein Jahr ohne Unterbrechung gedauert hat. Heimatsurlaub gilt nicht als Unterbrechung.

c) Wegen der Doppelrechnung der Dienstzeit bei Beamten des Auswärtigen Amtes bestimmt § 51 des Reichsbeamtengesetzes in der Fassung vom 18. Mai 1907 (RGBl. S. 256):

> Den Beamten, welche in außereuropäischen Ländern eine längere als einjährige Verwendung gefunden haben, wird die daselbst zugebrachte Dienstzeit bei Verwendung in Ost- und Mittelasien, Mittel- und Südamerika bei der Pensionierung doppelt in Anrechnung gebracht.
>
> Bei Verwendung von Beamten in anderen außereuropäischen Ländern als den vorbezeichneten ist es dem Beschlusse des Bundesrats vorbehalten, dem Vorstehenden entsprechende Bestimmungen zu treffen.

Gemäß Abs. 2 dieses § 51 hat der Bundesrat die Doppelrechnung auch bewilligt: für die besoldeten Konsulatsbeamten bei längerer als einjähriger Verwendung auf Inseln der Südsee durch Beschluß vom 18. Nov. 1880 (RZBl. 1880 S. 773); für die besoldeten, mit konsularischen Befugnissen angestellten Beamten bei längerer als einjähriger Dienstzeit in den deutschen Schutzgebieten durch Beschlüsse vom 21. Jan. 1886 und 22. Dez. 1891 (RZBl. 1886 S. 55. KolBl. 1892 S. 1).

4. Gemäß § 48 finden auf Unteroffiziere und Gemeine des Reichsheeres sowie die in § 44 bezeichneten Personen der freiwilligen Krankenpflege, wenn sie auf dienstlichen Seereisen oder in außereuropäischen Ländern verwendet werden, bezüglich der Berechnung der Dienstzeit die Vorschriften des § 54, auf solche, die gleich den Schutztruppen in den Schutzgebieten verwendet werden, die Vorschriften des § 65 entsprechende Anwendung.

5. Die Vorschriften des § 6 finden gemäß § 49 auf die Marine und gemäß § 63 auf die Schutztruppen in den afrikanischen Schutzgebieten entsprechende Anwendung. Fernere Fälle von Doppelrechnung sind vorgesehen für die Marine in § 54, für die Schutztruppen in § 65.

§ 7.

Der Kaiser bestimmt, wer als Teilnehmer an einem Kriege anzusehen ist, unter welchen Voraussetzungen bei Kriegen von längerer Dauer mehrere Kriegsjahre anzurechnen sind und ob denjenigen Unteroffizieren und Gemeinen Kriegsjahre anzurechnen sind, welche auf Befehl einem Kriege ausländischer Truppen beigewohnt haben; ferner welche militärische Unternehmung als ein Krieg im Sinne dieses Gesetzes anzusehen und welche Zeit als Kriegszeit zu rechnen ist, wenn keine Mobilmachung oder Demobilmachung stattgefunden hat. Für die Vergangenheit bewendet es bei den getroffenen Bestimmungen.

1. Diese Bestimmung hatte im Entwurf (§ 8) eine andere Fassung; die jetzige beruht auf einem Beschlusse der Kommission. (KomBer. S. 111.)

2. Wegen der als Krieg anzusehenden militärischen Unternehmungen und der Anrechnung von Kriegsjahren s. die Zusammenstellung der Allerhöchsten Erlasse in Anlage 4. Das Nähere der Bestim-

mungen über Doppelrechnung von Kriegsjahren für die Feldzüge 1864, 1866, 1870/71, sowie für die Beteiligung an militärischen Unternehmungen in Afrika usw. s. „Zusammenstellung" Teil II S. 115 ff. Anl. 15.

§ 8.

Von der Anrechnung als Dienstzeit ist die Zeit einer Freiheitsstrafe von mindestens einjähriger Dauer sowie die Zeit einer Kriegsgefangenschaft ausgeschlossen.

Unter besonderen Umständen kann die Zeit der Freiheitsstrafe mit Genehmigung des Kontingentsherrn, die Zeit der Kriegsgefangenschaft mit Genehmigung des Kaisers angerechnet werden.

1. Die Vorschriften des § 8 (im Entwurf § 9) bildeten in der Kommission den Gegenstand einer eingehenden Erörterung. In der ersten Lesung wurde der Antrag eingebracht: „im Abs. 1 die Worte „sowie die Zeit einer Kriegsgefangenschaft" zu streichen und den Abs. 2 in Fortfall zu bringen." Zur Begründung dieses Antrages wurde ausgeführt: Im Falle der Kriegsgefangenschaft seien an derselben alle einem höheren Befehlshaber untergeordneten Offiziere und Mannschaften in der Regel unschuldig; indem sie sich gefangen nehmen ließen, folgten sie in der Regel den Befehlen ihrer Vorgesetzten. Hierfür könnten sie unter keinen Umständen bezüglich der Anrechnung der Dienstzeit Nachteile erleiden. Man solle es nicht dem Ermessen des Kaisers überlassen, ob die Zeit der Kriegsgefangenschaft als Dienstzeit gerechnet werden solle. Hiergegen wurde von anderer Seite eingewendet, daß der Antrag auf Streichung des Abs. 2 für die in Betracht kommenden auch schädlich sein könne. Es gäbe

Fälle, in denen es eine große Härte wäre, den mit einer Freiheitsstrafe von einem Jahre Bedachten auch noch durch Nichtanrechnung dieses Jahres als Dienstzeit zu strafen. Man müsse an Fälle denken, in denen ein Mann in der Trunkenheit sich vergangen habe. Man solle hier das Begnadigungsrecht des Kontingentsherrn nicht ausschließen. Die Ausschließung der Kriegsgefangenschaft in dem Abs. 1 könne praktisch kaum Bedenken haben, da zweifellos die Mannschaften, die auf Befehl ihrer Vorgesetzten in die Gefangenschaft gingen, die Zeit der Gefangenschaft vom Kaiser als Dienstzeit angerechnet erhalten würden. Aber andererseits sei es doch auch richtig, einem Feigling, der, um sich den Gefahren des Krieges zu entziehen, sich gefangen gebe, die Zeit der Gefangenschaft nicht als Dienstzeit anzurechnen. Man könne deshalb nicht umhin, hier bei der Beurteilung der Sachlage im einzelnen Falle dem Kaiser die Entscheidung zu überlassen. Seitens eines Vertreters der Militärverwaltung wurde betont, daß man aus disziplinären Gründen es für dringend wünschenswert erklären müsse, die Fassung der Regierungsvorlage zu behalten. Es erscheine nicht zweifelhaft, daß in Fällen, in denen jemand unverschuldet in Gefangenschaft geraten sei, die Zeit der Gefangenschaft als Dienstzeit voll angerechnet werde. Unter Ablehnung des Abänderungsantrages wurde dann die Bestimmung des Entwurfes (mit einer unwesentlichen redaktionellen Änderung) angenommen. KomBer. S. 112.

2. Nur in den im § 8 vorgesehenen Fällen ist die Anrechnung als Dienstzeit ausgeschlossen. Die Vorschrift des § 8 ist eine Ausnahmevorschrift, die als solche die Annahme rechtfertigt, daß im allgemeinen eine Unterbrechung der Dienstleistung den Lauf der Dienstzeit nicht aufhebt. Entscheidung d. RG. in Zivilsachen Bd. 41 S. 112.

3. Zu Abs. 1.

a) Als Freiheitsstrafen kommen hier in Betracht Gefängnis und Festungshaft (§§ 16, 17 MilStrGB.), nicht aber die Zuchthausstrafe, da sie nach § 31 RStrGB. die dauernde Unfähigkeit zum Dienste im Heere und in der Marine und nach §§ 31, 32 Nr. 1 MilStrGB. Entfernung aus dem Heere oder der Marine sowie den Verlust aller durch den Militärdienst erworbenen Versorgungsansprüche von Rechts wegen zur Folge hat.

Untersuchungshaft fällt nicht unter „Freiheitsstrafe" und ist daher von der Anrechnung als Dienstzeit nicht ausgeschlossen.

b) Gefängnis oder Festungshaft unter einem Jahre sind ohne weiteres als Dienstzeit voll anzurechnen.

c) Für die Frage, ob die Freiheitsstrafe von der Anrechnung als Dienstzeit auszuschließen ist, kommt es auf die Dauer der verbüßten, nicht der erkannten Strafe an. Ist z. B. auf eine Freiheitsstrafe von 2 Jahren erkannt worden, erfolgt aber nach 9 Monaten im Gnadenwege Erlaß des Strafrestes, so ist doch eine Ausschließung der Strafzeit — da diese weniger als 1 Jahr beträgt — von der Anrechnung als Dienstzeit nicht statthaft; findet ein Erlaß des Strafrestes nach 15 Monaten statt, so sind auch nur diese verbüßten 15 Monate von der Anrechnung als Dienstzeit auszuschließen.

Wird bei einer Freiheitsstrafe von mehr als einjähriger Dauer eine erlittene Untersuchungshaft gemäß § 60 RStrGB., § 458 MilStrGO. u. § 482 StrPrO. auf die erkannte Strafe angerechnet und beträgt demgemäß etwa der danach weiter vollstreckte Rest der Strafe weniger als 1 Jahr, so ist dennoch die erkannte Freiheitsstrafe ihrer ganzen Dauer nach von der Anrechnung als Dienstzeit auszuschließen. Die angerechnete Untersuchungshaft gilt in diesem Falle als verbüßte Strafe. (§ 6 MilStrafvollstrVorschrift; Loewe, Kommentar zur StrPrO., 11. Aufl. S. 1009 Anm. 1c zu § 1 d. Ges. v. 20. Mai 1898; Herz-Ernst, Strafr. d. Militärpersonen S. 29 Anm. 1 zu § 18 MilStrGB.)

Der Aufenthalt in einer Kranken- oder Irrenanstalt nach Beginn der Strafvollstreckung ist, wenn keine Unterbrechung des Strafvollzugs angeordnet ist, in die Strafverbüßung einzurechnen. S. § 460 MilStrGO.

4. Zu Abs. 2.

a) Ein Anspruch auf Anrechnung der Zeit einer Freiheitsstrafe von einjähriger oder längerer Dauer oder der Zeit einer Kriegsgefangenschaft als Dienstzeit besteht niemals. Die Anrechnung ist nur für zulässig erklärt worden. Sie erfolgt bei Freiheitsstrafen durch den Kontingentsherrn, dem der Verurteilte untersteht, bei Kriegsgefangenschaft stets durch den Kaiser.

Wegen unverschuldeter Kriegsgefangenschaft s. auch Anm. 1.

b) Die Zeit der Kriegsgefangenschaft wird, wenn sie überhaupt angerechnet wird, der Regel nach nur als einfache Dienstzeit, nicht als Kriegsdienstzeit doppelt angerechnet.

Hinsichtlich der Anrechnung von Kriegsgefangenschaft während des Feldzuges 1870/71 ist durch Allerh. KabO. v. 18. Mai 1871, 17. Mai 1872 u. 14. Juli 1874 bestimmt worden („Zusammenstellung" S. 25 Anm. **):

a) daß die Zeit unverschuldeter Kriegsgefangenschaft als Dienstzeit angerechnet, aber bei Feststellung von Kriegsjahren nicht in Betracht gezogen werden darf;

b) daß denjenigen Mitgliedern des Sanitätspersonals, welche in Ausübung ihres Berufes in Kriegsgefangenschaft geraten sind, diese Zeit bei Feststellung der Dienstzeit und der Kriegsjahre mit anzurechnen ist.

c) Die Zeit der Freiheitsstrafe oder Kriegsgefangenschaft kann ganz oder teilweise angerechnet werden. Das wurde in der Kommissionsberatung von einem Vertreter des Kriegsministeriums ausdrücklich anerkannt. KomBer. S. 112.

5. Die Vorschriften des § 8 finden nach §§ 49, 63 auch auf die Marine und Schutztruppen Anwendung. Hier ist aber nach §§ 55, 66 auch zur Anrechnung von Freiheitsstrafen die Genehmigung des Kaisers erforderlich.

Betrag der Rente.

§ 9.

Die Rente beträgt jährlich für die Dauer völliger Erwerbsunfähigkeit für:

Feldwebel	900	Mark	(Vollrente),
Sergeanten	720	"	"
Unteroffiziere	600	"	"
Gemeine	540	"	" .

Für den Anspruch ist der Dienstgrad maßgebend, dessen Gebührnisse der Versorgungsberechtigte zuletzt bezogen hat.

Die Rente beträgt für die Dauer teilweiser Erwerbsunfähigkeit denjenigen in Hundertsteln auszudrückenden Teil der Vollrente, welcher dem Maße der Einbuße an Erwerbsfähigkeit entspricht (Teilrente).

1. Die Vorschriften des Gesetzes bildeten im Entwurf Abs. 1, 2 und 5 des § 10. Sie wurden von der Kommission als § 9 zusammengefaßt und — nach Ablehnung eines Antrages auf Erhöhung der Sätze für die

Vollrente — unverändert angenommen. KomBer. S. 113, 116.

2. a) Das Gesetz unterscheidet, je nachdem völlige oder teilweise Erwerbsunfähigkeit vorliegt, „Vollrente“ und „Teilrente“. Bei völliger Erwerbsunfähigkeit wird, so lange sie dauert, eine der Höhe nach ein für allemal bestimmte Rente, die Vollrente, gewährt, bei teilweiser Erwerbsunfähigkeit eine Teilrente, bestehend in einem, dem Maße der Minderung der Erwerbsfähigkeit entsprechenden Teilbetrage der Vollrente. Hervorzuheben ist hierbei aber, daß bei einer Minderung der Erwerbsfähigkeit um weniger als 10 % eine Entschädigung überhaupt nicht gewährt wird. S. § 1 Anm. 3d.

b) Darüber, wann völlige und wann teilweise Erwerbsunfähigkeit als vorliegend anzusehen ist, s. Anm. 4a zu § 4. Der bisherige Grundsatz, daß die als einfach verstümmelt anerkannten Invaliden stets als gänzlich erwerbsunfähig anzusehen sind, ist vom Gesetz verlassen worden. Begr. S. 30; s. auch § 13 Anm. 1.

3. Zu Abs. 1.

a) Die Vollrentensätze sind für die Friedensinvaliden die gleichen, wie für die Kriegsinvaliden. In der Begründung des Entwurfes heißt es hierzu (Allgem. Teil I S. 22): „Die Vollrentensätze entsprechen den bei gänzlicher Erwerbsunfähigkeit zuständigen Pensionssätzen der 2. Klasse des Kriegsinvalidengesetzes vom 31. Mai 1901. Es kann nicht bestritten werden, daß der wirtschaftliche Schaden, welchen ein Soldat durch Schädigungen des Friedensdienstes erleidet, der gleiche ist wie der durch Schädigungen des Kriegsdienstes. Die besondere Entschädigung für die letzteren erfolgt durch die Kriegszulage. Hiernach ist es begründet, die gleichen Pensionssätze der Abfindung sowohl der Friedens- wie der Kriegsinvaliden zugrunde zu legen.“

b) Welche Personen zum Dienstgrade der Feldwebel, Sergeanten, Unteroffiziere und Gemeinen gehören, darüber s. die Dienstgradeinteilung der Militärpersonen vom Feldwebel abwärts in Anlagen 1 und 1a.

Für die zur Klasse der Unteroffiziere gehörenden Gehaltsempfänger mit Einschluß der im Range der Unteroffiziere stehenden Verwalter bei dem Kadettenkorps s. die Sondervorschrift in § 10 Abs. 2.

Unteroffiziere des Beurlaubtenstandes, die auf Grund einer während einer Übung erlittenen Dienstbeschädigung versorgungsberechtigt werden, rechnen zum Dienstgrade der Unteroffiziere.

Die auf dem Kriegsschauplatze verwendeten Personen der freiwilligen Krankenpflege erhalten, soweit ihnen nicht ein höherer militärischer Rang verliehen ist, die Rente der Gemeinen. S. § 44.

Schiffsjungen, deren Erwerbsfähigkeit durch Krieg oder Dienstbeschädigung auf einer Seereise aufgehoben oder gemindert ist, werden wie Gemeine (Nichtkapitulanten) versorgt. S. § 52.

4. Zu Abs. 2.

Welcher der im Abs. 1 angeführten Sätze dem Versorgungsberechtigten zusteht, richtet sich nicht danach, welchen Dienstgrad er zuletzt bekleidet hat, sondern danach, von welchem Dienstgrade er die Gebührnisse zuletzt bezogen hat. Hat er bei Eintritt der Versorgungsberechtigung die Gebührnisse eines höheren Dienstgrades als des von ihm bekleideten bezogen, so hat er auch Anspruch auf den Rentensatz für diesen höheren Dienstgrad. Hierbei kommt es nicht darauf an, wie lange er die höheren Gebührnisse bezogen hat.

5. Zu Abs. 3.

a) Bei teilweiser Erwerbsunfähigkeit wird die Rente, gemäß dem Grundsatze der bürgerlichen Unfallversicherungsgesetze, im Einzelfalle prozentual nach dem

Grade der Erwerbsbeschränkung bemessen. Hierdurch ist die Möglichkeit geschaffen, in jedem Falle eine der tatsächlichen Einbuße an Erwerbsfähigkeit entsprechende Entschädigung zu gewähren. Maßgebend für diese Bestimmung war, wie es in der Begründung S. 23 heißt, der Übelstand, daß für die Bemessung des Grades der Erwerbsbeschränkung im bisherigen Gesetze nur 3 Stufen — teilweise, größtenteils, gänzlich — festgestellt sind. Durch eine erweiterte Klasseneinteilung war dieser Übelstand auch nicht zu beseitigen; eine solche hätte leicht zu einer Schematisierung der einzelnen Leiden geführt und damit die freie Beurteilung des einzelnen Falles durch die Ärzte beeinträchtigt. S. auch § 1 Anm. 1.

b) Während bei der Vollrente der Beruf des Geschädigten gar nicht in Betracht kommt, ist bei der Teilrente für die Beurteilung des Grades der Erwerbsunfähigkeit zuerst auf den Beruf, den der Verletzte vor seiner Einstellung in den Militärdienst ausgeübt hat, Rücksicht zu nehmen. Hat der Verletzte keinen besonderen Beruf ausgeübt, so erfolgt die Beurteilung nach der allgemeinen Erwerbsfähigkeit. Vgl. hierzu § 4 Anm. 1a—c.

c) Eine Zusammenstellung der Höhe der Teilrenten nach dem Grade der Verminderung der Erwerbsfähigkeit s. Anlage 2 unter B.

6. Der Grad der Erwerbsunfähigkeit wird von den Militärbehörden festgestellt (§ 28), gegen deren Entscheidung nach § 29 Einspruch eingelegt werden kann. Auch ist über diese Frage der Rechtsweg (gerichtliche Klageweg) zulässig, aber erst, nachdem zuvor die oberste Militär(Marine-)verwaltungsbehörde darüber entschieden hat. §§ 42, 43.

7. Die Feststellung und Anweisung der Renten erfolgt durch die Generalkommandos. S. § 27 und die dort angegebenen Ausführungsbestimmungen. Wegen Zahlung der Rente s. § 32.

Wenn in den Verhältnissen, die für die Bewilligung der Rente maßgebend gewesen sind, eine wesentliche Veränderung eintritt, wird die Rente auf Antrag oder von Amts wegen anders festgesetzt, je nach der Zunahme oder der Verminderung der Erwerbsfähigkeit im Laufe der Zeit ermäßigt oder erhöht oder entzogen. S. §§ 30, 31.

8. **a)** Für diejenigen Personen, die im Etat als pensionsfähig bezeichnete Löhnungszuschüsse oder Zulagen beziehen, erhöht sich die Vollrente um $^{75}/_{100}$ der zuletzt bezogenen Löhnungszuschüsse oder Zulagen. § 10 Abs. 1.

b) Kapitulanten kann neben der Teilrente unter bestimmten Voraussetzungen ein Rentenzuschuß bis zur Erreichung der Vollrente ihres Dienstgrades gewährt werden. S. § 24.

c) Neben dem Anspruch auf Rente besteht im Falle schwerer Schädigung an der Gesundheit durch Dienstbeschädigung ein Anspruch auf Verstümmelungszulage. § 13.

Die Verstümmelungszulage wird nicht nur neben der Vollrente, sondern auch neben einer Teilrente gewährt. Auch ist die Zahl der Verstümmelungszulagen, die ein Verunglückter erhalten kann, durch das Gesetz nicht beschränkt. Es ist vielmehr möglich, dem Leidenden mehrere Verstümmelungszulagen gleichzeitig nebeneinander zu gewähren. KomBer. S. 114, 117. S. § 13 Anm. 2b und 10b.

d) Im Falle der Aufhebung oder Minderung der Erwerbsfähigkeit durch Kriegsdienstbeschädigung besteht neben dem Anspruch auf Rente (Voll- oder Teilrente) noch ein besonderer Anspruch auf Kriegszulage. § 14. S. auch Anm. 3

9. Wegen der Marine und der Schutztruppen s. noch die Sondervorschriften in §§ 56, 57, 67.

§ 10.

Die Vollrente erhöht sich für diejenigen Personen, welche im Etat als pensionsfähig bezeichnete Löhnungszuschüsse oder Zulagen beziehen, um $^{75}/_{100}$ der zuletzt bezogenen Löhnungszuschüsse oder Zulagen.

Für die zur Klasse der Unteroffiziere gehörenden Gehaltsempfänger, mit Einschluß der im Range der Unteroffiziere stehenden Verwalter bei dem Kadettenkorps, beträgt die Vollrente $^{75}/_{100}$ des nach Maßgabe der Vorschriften des Gesetzes über die Rechtsverhältnisse der Reichsbeamten vom 31. März 1873 festzustellenden pensionsfähigen Diensteinkommens. Ist die Vollrente für Löhnungsempfänger desselben Dienstgrads höher, so wird diese gewährt.

1. § 10 ist entstanden aus Abs. 3 und 4 des § 10 des Entwurfs. KomBer. S. 116, 117, 235.

2. **Zu Abs. 1.**

a) Abs. 1 hatte im Entwurf (Abs. 3) folgende Fassung:

> Die Vollrente erhöht sich für
>
> die Stabshoboisten, Stabshornisten und Stabstrompeter um $^{75}/_{100}$ des zuletzt bezogenen Löhnungszuschusses,
>
> die zur Klasse der Unteroffiziere gehörenden Registratoren um $^{75}/_{100}$ der zuletzt bezogenen Dienstzulage,

die Büchsenmacherunteroffiziere der Maschinengewehrabteilungen um $^{75}/_{100}$ der zuletzt bezogenen pensionsfähigen Zulage.

In der Begründung heißt es hierzu (S. 29): Die Löhnungszuschüsse der Stabshoboisten, Stabshornisten und Stabstrompeter sowie die Dienstzulagen der zur Klasse der Unteroffiziere gehörenden Registratoren werden schon jetzt bei der Bemessung der Pension zugrunde gelegt. Bei Feststellung der Vollrente dieser Personen müssen die genannten Gebührnisse daher mit berücksichtigt werden.

In der Kommission wurde die jetzige allgemeinere Fassung beantragt. Der Antrag wurde damit begründet, daß man bei seiner Annahme außer den im Gesetzentwurfe jetzt angeführten Zuschüssen usw. der Stabshoboisten, Registratoren, Büchsenmacherunteroffiziere usw. künftig auch solche Zulagen berücksichtigen könne, welche durch den Etat als pensionsfähig bezeichnet werden würden, wie dies z. B. bei den Handwerksmeistern in Frage kommen könne. Der Antrag fand einstimmige Annahme. KomBer. S. 116, 235.

b) Nur die im Etat als pensionsfähig bezeichneten Löhnungszuschüsse und Zulagen kommen für die Erhöhung in Betracht.

Ausf.-Best. d. Preuß. Kriegsm. vom 19. Juni 1906:

2. Als pensionsfähig gelten bis jetzt die nach der Dienstzeit abgestufte Zulage von 1 500 bis 2 400 M. der zur Klasse der Unteroffiziere gehörenden Registratoren bei den Generalkommandos usw., der Löhnungszuschuß der Büchsenmacherunteroffiziere der Maschinengewehr-Abteilungen und der Löhnungszuschuß der Stabshoboisten und Stabstrompeter.

Die Ausf.-Best. für Bayern, Sachsen, Württemberg lauten entsprechend. Auf die Marine findet nach der Ausf.-Best. vom 18. Aug. 1906 die Ausf.-Best.

d. Preuß. Kriegsm. mit folgender Maßgabe entsprechende Anwendung:

2. Statt der Registratoren bei den Generalkommandos usw. kommen bis auf weiteres die Registratoren bei den Marine-Stationskommandos, bei der Inspektion des Bildungswesens der Marine und bei dem Kommando der aktiven Schlachtflotte in Betracht.

3. Als pensionsfähig gelten auch die Dienstalters-, Seefahr- und Fachzulagen (§§ 44, 45 und 49 der Besoldungsvorschrift für die Kaiserliche Marine im Frieden).

c) Auf die Erhöhung der Vollrente nach Abs. 1 besteht ein klagbarer Rechtsanspruch. S. § 42.

d) Die Bestimmung des Abs. 1 gilt auch für die Marine und die Schutztruppen (§§ 49, 63). Für die Marine kommen bezüglich der Erhöhung außerdem die Sonderbestimmungen der §§ 56 bis 58, für die Schutztruppen die Bestimmungen der §§ 67 bis 69 in Betracht.

3. Zu Abs. 2.

a) Die zur Klasse der Unteroffiziere gehörenden Gehaltsempfänger stehen hier im Gegensatze zu den Löhnungsempfängern. Gehaltsempfänger sind nach § 49 der Besoldungsvorschrift für das Preußische Heer im Frieden vom 10. März 1898 die Zeugfeldwebel und Zeugsergeanten, die Oberfeuerwerker und Feuerwerker, die Wallmeister — einschließlich derjenigen als Schirrmeister bei den Pionier-Bataillonen —, die Feldwebel und die Sergeanten bei den Kadettenanstalten. Hierzu kommen gemäß der A. K. O. vom 1. Juni 1906 noch die Unterzahlmeister (etatsmäßige Zahlmeister-Aspiranten); s. Nachtr. VIII z. Fried.-Besold.-Vorschr. § 48a.

Diese Personen sind aber, trotzdem sie Gehalt empfangen, nicht als Beamte anzusehen, sondern sie bleiben Personen des Soldatenstandes.

b) In die zur Klasse der Unteroffiziere gehörenden Gehaltsempfänger schließt das Gesetz ein die im Range der Unteroffiziere stehenden Verwalter bei dem Kadettenkorps. Die im Offizierrang stehenden Verwalter des Kadettenkorps (Feldwebelleutnants) und die Feldwebelleutnants der Besatzungsarmee sind bezüglich ihrer Versorgungsansprüche als Offiziere nach dem Offizierpensionsgesetz vom 31. Mai 1906 zu behandeln. Schon in Art. 16 des Gesetzes vom 22. Mai 1893 (RGBl. S. 180) ist angeordnet, daß auf sie hinsichtlich der Pensionierung die Bestimmungen des I. Teiles des MilPensGes. vom 27. Juni 1871 nebst Ergänzungen (also die für die Offiziere gegebenen Vorschriften) mit der dort näher bezeichneten Maßgabe Anwendung finden sollen. Und in dem Gesetz betr. die Versorgung der Kriegsinvaliden usw. vom 31. Mai 1901 (RGBl. S. 193) werden sie in demselben Abschnitt (I) wie die Offiziere, Sanitätsoffiziere, Ingenieure der Marine aufgeführt und als Offiziere behandelt. In der Kriegsbesoldungs-Vorschrift vom 29. Dez. 1887 heißt es über die Dienstverhältnisse der Feldwebelleutnants (S. 89 Anl. 2):

1. Zur Besetzung der Leutnantsstellen bei den Ersatztruppen, den Landwehr- und Landsturmformationen können diensterfahrene ehemalige Unteroffiziere des Friedensstandes, welche bei der Mobilmachung zur Einziehung gelangen oder freiwillig eintreten, in Aussicht genommen werden.

4. Die Feldwebelleutnants gehören zu den Subalternoffizieren im Range der Sekondleutenants (Leutnants), hinter denen sie rangieren. Auf sie finden sinngemäß alle auf die Offiziere bezüglichen gesetzlichen und sonstigen Vorschriften Anwendung. Ausgenommen hiervon sind nur die Bestimmungen über die Ehrengerichte und über die Wahl der Offiziere, und sollen Feldwebelleutnants an den Ehrengerichten und der Offizierwahl weder teilnehmen noch ihnen unterworfen sein.

An Stelle von Patenten erhalten sie Bestallungen nach Art solcher der Feldwebel der Garde.

5. Die Feldwebelleutnants erhalten die Gebühren eines Sekondlieutenants (Leutnants). Usw.

9. Der Pensionsanspruch derselben regelt sich nach den für die Offiziere des Beurlaubtenstandes gültigen Vorschriften. Usw.

S. auch „Zusammenstellung" S. 5 Z. 4 u. S. 11 Bem. zu § 10 Z. 2.

S. auch § 1 Anm. 3a.

c) Die genannten „Gehaltsempfänger" erhalten also in erster Linie als Vollrente 75 % des nach dem Reichsbeamtengesetz festzustellenden pensionsfähigen Diensteinkommens. Ist aber für Löhnungsempfänger desselben Dienstgrades die Vollrente höher, so steht ihnen diese höhere Rente zu.

Das für die Feststellung des pensionsfähigen Diensteinkommens anzuwendende Gesetz über die Rechtsverhältnisse der Reichsbeamten vom 31. März 1873 ist durch Gesetz vom 17. Mai 1907 (RGBl. S. 201 ff.) in wesentlichen Punkten abgeändert und gemäß Art. 3 dieses Gesetzes unterm 18. Mai 1907 in neuer Fassung als „Reichsbeamtengesetz" vom Reichskanzler bekannt gemacht worden (RGBl. S. 245 ff.). Die Vorschriften dieses Reichsbeamtengesetzes sind jetzt maßgebend (Art. 3).

S. dort §§ 34 ff. (RGBl. 1907 S. 252 ff.).

d) Durch Verfügung des Preuß. Kriegsministeriums, Armee-Verwaltungs-Departement (Nr. 2. Sept. 06 B 5) ist „zur Behebung von Zweifeln in Erläuterung des § 42 des Reichsbeamtengesetzes bestimmt, daß nach Wegfall der Servisklassen A und II bis IV vom 1. April 1906 ab der Naturalquartierservis der früheren Servisklasse I (für dauerndes Quartier) in die Rentenberechnung einzustellen ist."

§ 11.

Die Rente beträgt für Kapitulanten bei vollendeter achtzehnjähriger Dienstzeit (§ 1), unbeschadet des auf Grund der §§ 9, 10 etwa zustehenden höheren Anspruchs, $^{50}/_{100}$ der Vollrente und steigt mit jedem weiteren Dienstjahr um $^{3}/_{100}$ der Vollrente bis auf ihren vollen Betrag.

1. Eine besondere Regelung mußte bezüglich der Kapitulanten mit 18jähriger und längerer Dienstzeit erfolgen. Diese haben nach § 1 Abs. 3 beim Ausscheiden aus dem Dienste Anspruch auf eine lebenslängliche Rente ohne den Nachweis verminderter Erwerbsfähigkeit, schon allein auf Grund ihrer Dienstzeit.

In der Begründung heißt es hierzu (S. 29): Den Kapitulanten, welche 18 Jahre und länger im Militärdienste verblieben sind, gelingt es wegen ihres vorgeschrittenen Lebensalters meist nicht mehr, Unterkommen im Zivildienst und dadurch eine gesicherte Lebensstellung zu finden. Aber auch diejenigen, welche noch eine Beamtenstellung erlangen, bleiben in ihrem Diensteinkommen wesentlich hinter den gleichaltrigen ehemaligen Kameraden zurück, welche mehrere Jahre früher aus dem Militärdienst in eine solche übergetreten sind. Meist erreichen sie nicht mehr das Höchstgehalt ihrer Stelle und infolgedessen auch nicht die Höchstpension. Es besteht daher das Bedürfnis, diese Unteroffiziere, die ihre Kräfte so lange Jahre dem aufreibenden Militärdienste gewidmet haben, ausreichend zu entschädigen und die Rente höher zu bemessen, als die nach dem bisherigen Gesetze gewährte Pension. Bei Bewilligung von $^{50}/_{100}$ der Vollrente nach vollendetem 18. Dienstjahr und Steigerung dieser Rente um $^{3}/_{100}$ der Vollrente für jedes weitere Dienstjahr wird die letztere mit 35 Dienstjahren erreicht.

Von der Kommission wurde die Bestimmung in erster und zweiter Lesung ohne Erörterung angenommen. KomBer. S. 117.

2. Wegen des Begriffes „Kapitulanten" s. § 1 Abs. 4.

3. Für die Berechnung der Dienstzeit sind die Vorschriften der §§ 5 bis 8 maßgebend. Im Falle der Doppelrechnung von Dienstjahren muß aber nach § 1 Abs. 3 deren wirkliche Dauer mindestens 12 Jahre betragen.

4. Der Anspruch auf die Rente aus § 11 wird begründet durch bloße Ablegung der 18jährigen Dienstzeit. Erwerbsunfähigkeit kommt hierbei nicht in Frage. Ist aber die Erwerbsfähigkeit aufgehoben oder gemindert (s. § 4), so steht die höhere Voll- oder Teilrente nach dem Grade der Erwerbsunfähigkeit gemäß §§ 9 und 10 zu. Vgl. hierzu Preuß. Pension-Vorschr. S. 28 Abs. 3.

5. Eine Zusammenstellung der Rentenbeträge nach der Länge der Dienstzeit s. Anl. 2 unter A.

§ 12.

Die Rente ist in Monatsbeträgen zuzuerkennen.

Die Monatsbeträge sind auf volle fünf Pfennig nach oben abzurunden.

Die Bestimmung des § 12 wurde von der Kommission in erster und zweiter Lesung ohne Erörterung angenommen. (KomBer. S. 117.)

Verstümmelungszulage.

§ 13.

Unteroffiziere und Gemeine, die durch Dienstbeschädigung in der nachstehenden Weise an der Gesundheit schwer geschädigt worden sind, haben für die Dauer dieses Zustandes neben dem Anspruch auf Rente Anspruch auf Verstümmelungszulage.

Die Verstümmelungszulage beträgt bei dem Verlust einer Hand, eines Fußes, der Sprache, des Gehörs auf beiden Ohren monatlich je 27 Mark und bei Verlust oder Erblindung beider Augen monatlich je 54 Mark.

Die Verstümmelungszulage von je 27 Mark kann ferner bewilligt werden bei Störung der Bewegungs- und Gebrauchsfähigkeit einer Hand, eines Armes, eines Fußes oder eines Beines, wenn die Störung so hochgradig ist, daß sie dem Verluste des Gliedes gleich zu achten ist, bei Verlust oder Erblindung eines Auges im Falle nicht völliger Gebrauchsfähigkeit des anderen Auges, bei anderen schweren Gesundheitsstörungen, wenn sie fremde Pflege und Wartung nötig machen.

Wird durch eine der vorstehend angegebenen Gesundheitsschädigungen schweres Siechtum verursacht in dem Grade, daß der Verletzte dauernd an das Krankenlager gefesselt ist, oder besteht die Gesundheitsschädigung in Geisteskrankheit, so kann die einfache Verstümmelungszulage bis zum Betrage von 54 Mark monatlich erhöht werden.

Die Verstümmelungszulage ist kein Bezug im Sinne des § 48 Abs. 1 Nr. 2 des Invalidenversicherungsgesetzes vom 13. Juli 1899.

1. In der Begründung heißt es zu dieser Vorschrift (S. 29):

Die in der Verstümmelungszulage liegende besondere Entschädigung für solche Invaliden, welche durch Verwundung oder Schädigungen aller Art im Kriege oder Frieden so schwer betroffen sind, daß sie des Gebrauchs einzelner Körperteile beraubt oder besonderer Pflege bedürftig sind, ist der Militärpensionsgesetzgebung seit mehreren Gesetzesperioden eigen.

Nachdem das Kriegsinvalidengesetz vom 31. Mai 1901 diese besondere Abfindung unter Erhöhung der Sätze und neben den gleichfalls erhöhten Pensionen beibehalten hat, mußten diese höheren Sätze der Verstümmelungszulage auch in den Entwurf übernommen werden, da es keineswegs gerechtfertigt erscheint, einen Unterschied zwischen Kriegs- oder Friedensverstümmelung zu machen.

Der bisherige Grundsatz, daß die als einfach verstümmelt anerkannten Invaliden stets als gänzlich erwerbsunfähig anzusehen sind, ist verlassen worden. Dies erschien jedoch nur neben der Erhöhung des Betrags der Verstümmelungszulage möglich, da die Beibehaltung dieser Zulage in der bisherigen Höhe oder das gänzliche Fallenlassen derselben zu einer Schlechterstellung der Verstümmelten führen würde.

Gleichzeitig ist durch den Entwurf die bisher vorhandene Härte beseitigt worden, daß der pflegebedürftige Invalide geringere Bezüge erhielt, als der einfach verstümmelte Invalide.

2. Zu Abs. 1.

a) Erste Voraussetzung für den Anspruch auf die Verstümmelungszulage ist, daß die schwere Schädigung an der Gesundheit durch Dienstbeschädigung verursacht worden ist. Was als Dienstbeschädigung anzusehen ist, bestimmt § 3. (S. dort Anm. 1 und 6.)

Im Falle der gerichtlichen Geltendmachung von Ansprüchen aus diesem Gesetze entscheidet darüber, ob eine Gesundheitsstörung als Dienstbeschädigung anzusehen ist, endgültig die oberste Militärverwaltungsbehörde. Das Nähere s. § 43.

Gleichgültig ist es, ob die Dienstbeschädigung im Kriege oder im Frieden entstanden ist. S. auch Anm. 1 Abs. 3.

b) Ein Anspruch auf die Verstümmelungszulage besteht ferner nur dann, wenn ein Anspruch auf Rente besteht (— „neben" dem Anspruch auf Rente —). Ist dies nicht der Fall, so kann auch keine Verstümmelungszulage verlangt werden. Aber nicht nur neben der Vollrente, sondern auch neben einer Teilrente (§ 9) kann eine Verstümmelungszulage gewährt werden. Das wurde in der Kommission bei Beratung des § 13 besonders hervorgehoben. KomBer. S. 117.

3. Die Verstümmelungszulagen sind je nach Umständen dauernd oder, so lange noch Besserung zu erwarten ist, auf Zeit zu gewähren. (Dienstanw. z. Beurt. d. Militärdienstf. Nachtr. I S. 22 Z. 49.)

4. Auf die Gewährung der Verstümmelungszulage besteht, abgesehen von den Fällen der Abs. 3 und 4, ein Rechtsanspruch, der nach Maßgabe der §§ 42 und 43 im Rechtswege geltend gemacht werden kann. Um dieses noch bestimmter zum Ausdruck zu bringen, wurde die ursprüngliche Fassung des Entwurfs: „erhalten eine Verstümmelungszulage" in der Kommission ersetzt durch die Worte: „haben Anspruch auf Verstümmelungszulage." KomBer. S. 236.

5. Die Geltendmachung des Anspruchs auf die Verstümmelungszulage ist an eine Frist nicht gebunden.

6. Die Verstümmelungszulage ist gemäß § 40 unpfändbar und gänzlich steuerfrei. S. dort.

7. Das Recht auf den Bezug der Verstümmelungszulage „erlischt", d. h. geht dauernd verloren in den Fällen des § 33, es „ruht" vorübergehend in den

Fällen des § 35; zu den dort angeführten „Versorgungsgebührnissen“ gehört auch die Verstümmelungszulage. Die Vorschriften des § 36 kommen aber bezüglich der Verstümmelungszulage nicht in Betracht. Diese wird also, auch wenn der Rentenberechtigte sich in einem Invalideninstitut oder in einer militärischen Kranken-, Heil- oder Pflegeanstalt befindet usw. (s. § 36 Abs. 1 Nr. 1 bis 4) voll weiter gewährt.

8. Die Verstümmelungszulage ist monatlich im voraus zahlbar. Das Nähere s. § 32. Wegen des Beginnes der Zahlungseinstellung beim Erlöschen oder Ruhen des Rechtes auf den Bezug der Verstümmelungszulage und wegen des Zeitpunktes der Zahlung beim Wiederaufleben des Bezugsrechtes s. § 38.

9. Die Vorschriften des § 13 haben rückwirkende Kraft. Nach § 45 Nr. 5 erhalten die als verstümmelt oder pflegebedürftig anerkannten Invaliden Verstümmelungszulage nach den Vorschriften dieses Gesetzes. Neben dieser Zulage ist jedoch nur die nach den bisherigen Gesetzen für gänzliche Erwerbsunfähigkeit zustehende Pension zu gewähren. S. § 45 Anm. 6d.

10. Zu Abs. 2.

a) Abs. 2 setzt die Höhe der Verstümmelungszulage fest. Es wird unterschieden zwischen einfacher Verstümmelungszulage (27 M.) und doppelter (54 M.). Eine einfache Verstümmelungszulage wird gewährt beim Verlust je einer Hand oder je eines Fußes, beim Verlust der Sprache, beim Verlust des Gehörs auf beiden Ohren, die doppelte Zulage bei Verlust oder Erblindung beider Augen.

b) Liegen mehrere der hier vorgesehenen Verlustfälle nebeneinander vor, so kann die Verstümmelungszulage auch mehrfach gefordert werden. Das Gesetz sagt: „je“ 27, „je“ 54 M., d. h. jedesmal, für jeden einzelnen Fall. In der Kommissionsberatung wurde hierzu besonders hervorgehoben, „daß die Zahl der im einzelnen Falle zu gewährenden Verstümmelungszulagen durch das Gesetz nicht beschränkt werde". KomBer. S. 114, 117.

II. a) Voraussetzung für das Bestehen eines Rechtsanspruches (s. Anm. 4) auf die Verstümmelungszulage ist immer der „Verlust" des betreffenden Gliedes oder Sinnes. Bei einem Gliede (Hand, Fuß) kann man nach dem natürlichen und allgemeinen Sprachgebrauche unter „Verlust" nur den tatsächlichen, physischen Verlust desselben als eines Teiles des menschlichen Körpers verstehen. Er umfaßt daher nicht den Fall, wenn dieses Glied als ein Teil des menschlichen Körpers physisch dauernd vorhanden, jedoch zu seinen Funktionen, sei es völlig oder in erheblicher Weise, unbrauchbar ist. Entsch. des RG. in Straff. Bd. 3 S. 34. Bleibt das Glied selbst erhalten und ist nur seine Gebrauchs- oder Bewegungsfähigkeit aufgehoben oder gemindert, so kommt die Vorschrift des Abs. 3 in Frage, wonach die Verstümmelungszulage gewährt werden kann, ohne daß aber ein Anspruch darauf besteht.

Im einzelnen ist hierzu folgendes zu bemerken:

b) Bei dem Verlust „einer Hand" ist es gleichgültig, ob es sich um die rechte oder linke handelt. „Der Verlust eines Fingers oder einiger Finger ist noch nicht als Verstümmelung im Sinne des Gesetzes anzusehen. Aus dem Wortlaute des letzteren geht vielmehr hervor, daß die Hand als ganzes aufgefaßt werden muß. Vom gleichen Gesichtspunkte aus sind Zehenverluste zu beurteilen." Dienstanw. z. Beurt. d. Militärdienstf. § 29 Nr. 4.

c) „Der Begriff des Verlustes der Sprache setzt die Aufhebung des Sprachvermögens voraus, ist also durch Vorhandensein von Heiserkeit oder Stimmlosigkeit allein noch nicht erfüllt." Ebendort Nr. 5.

d) Nur der Verlust des Gehöres auf beiden Ohren begründet den Anspruch auf die (einfache) Verstümmelungszulage; der Verlust des Gehöres auf nur einem Ohre kommt für ihre Gewährung nicht in Betracht. „Dem Verluste des Gehörs ist hochgradige Schwerhörigkeit dann gleichzuachten, wenn einzelne, in gewöhnlicher Umgangssprache unmittelbar vor dem besser hörenden Ohr gesprochene Worte nicht mehr verstanden werden.“ Nachtr. I z. Dienstanw. Z. 42

e) Nur bei Verlust oder Erblindung beider Augen besteht ein Rechtsanspruch auf die Verstümmelungszulage (und zwar in Höhe von 54 M.); bei Verlust oder Erblindung eines Auges kann sie (in Höhe von 27 M.) gewährt werden, ohne daß aber ein Anspruch darauf besteht. S. Abs. 3. „Als erblindet im Sinne des Gesetzes ist ein Auge dann anzusehen, wenn mit ihm nach Ausgleich etwaiger Brechungsfehler nur große Gegenstände in allernächster Nähe wahrgenommen werden können, oder nur hell von dunkel unterschieden wird oder wenn das Gesichtsfeld so beschränkt ist, daß bei dem Sehen nur mit diesem Auge ein Zurechtfinden ohne fremde Hilfe auf der Straße nicht möglich ist.“ Dienstanw. z. Beurt. d. Militärdienstf. § 29 Nr. 2 und Nachtr. I Z. 44. S. auch Anm. 13 b.

12. Zu Abs. 3.

Während in den Fällen des Abs. 2 ein klagbarer Rechtsanspruch auf die Verstümmelungszulage besteht (s. Anm. 4), ist ihre Gewährung in den Fällen des Abs. 3 nur für zulässig erklärt worden. Der in der Kommission gestellte und eingehend erörterte Antrag, auch in den Fällen des Abs. 3 die Gewährung der Verstümmelungszulagen obligatorisch zu machen, wurde schließlich abgelehnt. S. KomBer. S. 118—121.

Zuständig für die Entscheidung, ob die Verstümmelungszulage gewährt werden soll oder nicht, ist ausschließlich die oberste Militärverwaltungsbehörde des Kontingents (s. § 5 Anm. 3 b). Im Ablehnungsfalle ist der Rechtsweg ausgeschlossen. Auch hier kann, wenn mehrere der in Abs. 3 vorgesehenen Fälle nebeneinander vorliegen, die Verstümmelungszulage mehrfach gewährt werden. S. Anm. 10 b.

13. a) Für die Beurteilung der Frage, wann die in Abs. 3 vorgesehenen Zustände als vorliegend anzusehen sind, stellt die Dienstanw. z. Beurt. d. Militärdienstf. folgende Grundsätze auf (§ 29 Nr. 6 bis 9 und Nachtr. I S. 43 ff.):

6. Störung der Bewegungs- und Gebrauchsfähigkeit einer Hand, eines Armes, Fußes oder Beines, so hochgradig, daß sie dem Verluste des Gliedes gleichsteht, ist im allgemeinen dann anzunehmen, wenn der Gebrauch des betreffenden Gliedes infolge von Lähmung, Gelenksteifigkeit, Gelenkverwachsung, Schlottergelenk usw. in so hohem Grade beschränkt ist, daß dem Invaliden aus dem Vorhandensein des Gliedes kein Nutzen erwächst.

7. Zur Annahme der dem Verluste gleich zu achtenden Gebrauchsunfähigkeit des Armes genügt eine Unbeweglichkeit im Schulter-, Ellenbogen- oder Handgelenk allein nicht.

8. Für die Beurteilung einer etwaigen Verstümmelung an den unteren Gliedmaßen ist immer ausschlaggebend, ob und in welchem Grade der Fuß gebrauchsfähig geblieben ist; Störungen in der Gebrauchsfähigkeit des Ober- und des Unterschenkels sind dem Verluste des Fußes dann gleich zu achten, wenn durch ein falsches Gelenk (Pseudarthrose) des Oberschenkels, starke Winkelstellung im Knie, hochgradige Spitzfußstellung und ähnliche Zustände der Fuß zum Gehen unbrauchbar geworden ist. Verkürzung der Untergliedmaßen bis zu 5 cm, in Streckstellung gemessen, genügt zur Erfüllung des Begriffs der Verstümmelung im allgemeinen allein noch nicht, da in der Regel eine derartige Verkürzung noch durch Beckenverschiebung und einen um etwa 1,5 cm erhöhten Absatz genügend ausgeglichen

wird. Wird das Gehen hierdurch nicht ermöglicht, sind besondere Stützen oder Hilfsmittel nötig oder handelt es sich um ausgedehntere Verkürzungen, so ist die Annahme einer Verkürzung zulässig. Einfache Gelenksteifigkeit im Knie- oder Fußgelenke bedingt keine Verstümmelung.

9. Bei der Beurteilung, ob eine Verstümmelung vorliegt, bleibt die durch etwaige künstliche Hilfen (mit Ausnahme der unter 8 erwähnten hohen Absätze und Sohlen) erzielte Besserung außer Betracht. Die Gebrauchs- und Leistungsfähigkeit des Gliedes ist so zu bewerten, wie sie sich darstellt, wenn der Betreffende auf die Benutzung des Gliedes ohne Hilfsmittel angewiesen wäre. Die Benutzung eines Stockes beim Gehen rechnet nicht ohne weiteres zum Gebrauche künstlicher Hilfsmittel.

b) Zu dem Verlust und der Erblindung e i n e s Auges heißt es e b e n d o r t Z. 3:

Verstümmelung (einfache) bei Erblindung e i n e s Auges liegt in der Regel erst dann vor, wenn die Sehleistung auch des anderen Auges nur die Hälfte der normalen oder weniger beträgt oder wenn andere Zustände, auch nervöser Art, die Gebrauchsfähigkeit des nicht erblindeten Auges nachweisbar erheblich und dauernd beeinträchtigen.

Bei vorübergehenden Krankheitszuständen der Augenschutzorgane, wie Katarrhen der Bindehäute, deren baldige Heilung zu erwarten ist, ist eine Beeinträchtigung der Gebrauchsfähigkeit des Auges im Sinne obiger Ausführungen als vorliegend nicht anzunehmen.

Für die Anerkennung der Verstümmelung ist es nicht erforderlich, daß die Störung der Gebrauchsfähigkeit des nicht erblindeten Auges mit der die Blindheit des anderen Auges bedingenden Ursache zusammenhängt oder durch eine andere Dienstbeschädigung hervorgerufen ist. — S. auch Anm. 11 e zu Abs. 2.

c) Bezüglich der im Gesetz erwähnten „a n d e r e n s c h w e r e n G e s u n d h e i t s s t ö r u n g e n“, wegen deren die einfache Verstümmelungszulage (je 27 M.) bewilligt werden kann und unter denen namentlich auch innere Leiden zu verstehen sind, heißt es im Nachtr. 1 z. Dienstanw. unter Z. 45—47:

45. Die im Gesetz angeführten „anderen schweren Gesundheitsstörungen" bedingen nur dann eine Verstümmelung, wenn sie an anderen als den bisher im Abs. 3 genannten Körperteilen vorhanden sind und wenn sie andauernde Krankenpflege und Abwartung durch dritte Personen erforderlich machen, besonders wenn die natürlichen Körperverrichtungen versagen und durch künstliche Hilfe herbeigeführt werden müssen. Hierher gehören Verletzungen des Unterkiefers, die das Kauen aufheben und künstliche Ernährung mittelst Instrumente nötig machen, Fisteln der Luftröhre, der Brusthöhle, des Darmes, der Blase, Lähmung der Blase, des Mastdarms usw. Vorübergehende Krankenpflege und Abwartung, einfache Hilfeleistungen beim An- und Auskleiden, die Notwendigkeit des Gebrauches einer bestimmten Kost bedingen noch keine Verstümmelung.

Geisteskrankheit bedingt nur dann eine Verstümmelung, wenn der Zustand des Geisteskranken Anstaltspflege oder besondere Beaufsichtigung und Abwartung erforderlich macht.

46. Es ist nicht erforderlich, daß ein bestimmtes Leiden für sich allein die fremde Pflege und Wartung bedingt. Beim Vorhandensein mehrerer Gebrechen, die zwar nicht jedes einzeln, aber in ihrer Gesamtheit die Voraussetzungen des Gesetzes (Notwendigkeit fremder Pflege und Wartung infolge schwerer Gesundheitsstörung) erfüllen, kann ebenfalls Verstümmelungszulage gewährt werden.

47. Bedingt ein Grundleiden, wie z. B. chronische Hirn- und Rückenmarkkrankheit, durch schwere gesundheitstörende Folgezustände allgemeiner Art die Notwendigkeit fremder Wartung und Pflege, so ist nur die Anerkennung einfacher Verstümmelung zulässig. Bei schwerem Siechtum kann doppelte Verstümmelung anerkannt werden. Folgezustände, die sich als

Störungen der Bewegungs- und Gebrauchsfähigkeit eines Armes, eines Fußes oder eines Beines in dem Grade, daß die Störungen dem Verluste gleichzuachten sind, oder als Verlust oder Erblindung beider Augen oder eines Auges im Falle nicht völliger Gebrauchsfähigkeit des anderen Auges oder als Verlust des Gehörs oder der Sprache darstellen, begründen die Anerkennung je einer Verstümmelung für jeden einzelnen derartigen Folgezustand. Neben mehreren hiernach anerkannten Verstümmelungen ist jedoch die Anerkennung einer weiteren Verstümmelung im Sinne des Abs. 4 (Erhöhung einer Verstümmelungszulage bis zum doppelten Betrage) nicht zulässig.

Die Bezeichnung „fremde Wartung und Pflege" soll nur den Gegensatz bilden zur eigenen. Auch die von Familien- und Hausangehörigen geleistete Wartung und Pflege ist als „fremde" anzusehen.

In der Kommission wurde noch die Frage aufgeworfen, ob man bei Gewährung des klagbaren Anspruchs auf die Verstümmelungszulage wegen der „anderen schweren Gesundheitsstörungen" nur „dauernde Krankheitszustände" im Auge habe, oder ob man sie auch für vorübergehende Krankheiten gewähren wolle. Von einem Mitgliede der Kommission wurde angeregt, die Verstümmelungszulage nur bei „verhältnismäßig lange andauernden Gesundheitsstörungen" zu gewähren. Der Kriegsminister erklärte hierauf: Auch nach dem bisherigen Gesetze werde die Erhöhung der Pension für Pflegebedürftigkeit nicht immer gleich dauernd gegeben. Die Militärverwaltung behalte sich das Recht der Nachprüfung vor. Sie habe aber von ihrem Rechte nie einen schlechten Gebrauch gemacht. Er glaube, daß man unter diesen Umständen es sehr wohl bei der Fassung der Regierungsvorlage belassen könne. Die Verstümmelungszulage für Pflegebedürftigkeit werde auch in Zukunft überall da gewährt werden, wo sie für längere

Zeit erforderlich erscheine. KomBer. S. 119. Unter Ablehnung aller Abänderungsanträge beließ man es denn auch bei der Fassung des Entwurfs. KomBer. S. 121.

14. Zu Abs. 4.

a) Die Verstümmelungszulage kann bis zum doppelten Betrage (54 M.) erhöht werden, wenn durch eine der in Abs. 2 und 3 angegebenen Gesundheitsschädigungen gleichzeitig schweres Siechtum verursacht wird, wodurch der Verletzte dauernd an das Krankenlager gefesselt ist, und ferner bei Geisteskrankheit. In der Begründung zur entsprechenden Vorschrift im Entwurf des Offizierpensionsgesetzes heißt es (S. 31): Es erscheint gerechtfertigt, in denjenigen Fällen, in welchen schweres Siechtum oder Geisteskrankheit vorliegt, in der Fürsorge über den einfachen Betrag der Verstümmelungszulage hinausgehen zu können. Ist z. B. die Unterbringung eines Geisteskranken, welcher der Ernährer einer Familie war, in einer Pflege-, Heil- oder Irrenanstalt erforderlich, so müssen von den Pensionsgebührnissen die Unterhaltungskosten in der Anstalt und der Lebensunterhalt für die Familie bestritten werden. Reichen in derartigen Fällen die gesetzlich zuständigen Gebührnisse nicht aus, so soll die oberste Militärverwaltungsbehörde des Kontingents (s. § 5 Anm. 3b) berechtigt sein, nach ihrem Ermessen, unter Berücksichtigung des im Einzelfalle bestehenden Bedürfnisses, die einfache Verstümmelungszulage bis zu dem doppelten Betrage zu erhöhen.

b) Auch in den Fällen des Abs. 4 besteht kein Rechtsanspruch. Die Erhöhung bis zum doppelten Betrage ist nur für zulässig erklärt worden. Die Entscheidung wird von der obersten Militärverwaltungsbehörde endgültig getroffen. Im Ablehnungsfalle ist der Klageweg ausgeschlossen (s. Anm. 12 zu Abs. 3).

c) In der (gleichlautenden) AusfBest. d. Preuß., Bayer., Sächs. und Württemb. Kriegsm. und des Reichs-Marine-Amts heißt es zu Abs. 4:

Die Erhöhung der einfachen Verstümmelungszulage bei schwerem Siechtum oder bei Geisteskrankheit ist in jedem Einzelfalle nach dem Grade des außergewöhnlichen Pflegebedürfnisses infolge Siechtums und dem tatsächlichen Bedürfnis bis zu dem doppelten Betrage festzusetzen. (Nachtr. I z. Beurt. d. Militärdienstf.).

d) Über den Begriff des „Siechtums“ äußert sich das Reichsgericht (Entsch. in Straff. Bd. 12 S. 127) folgendermaßen: „Der Begriff des Verfallens in Siechtum erfordert einen chronischen Krankheitszustand, welcher, den gesamten Organismus des Verletzten ergreifend, eine erhebliche Beeinträchtigung des Allgemeinbefindens, ein Schwinden der Körperkräfte, Hinfälligkeit zur Folge hat, welcher nicht unheilbar zu sein braucht, dessen Heilung aber überhaupt oder doch der Zeit nach sich nicht bestimmen läßt.“

Für die Beurteilung der Frage, ob die im Abs. 4 für die Erhöhung der Verstümmelungszulage geforderten Zustände vorliegen, sind im Nachtr. I z. Dienstanw. z. Beurt. d. Militärdienstf., Z. 48, folgende Grundsätze aufgestellt:

In den Fällen des Abs. 1 ist zu erörtern, ob schweres Siechtum vorliegt, welches den Verletzten dauernd an das Krankenlager fesselt. Der Begriff des an das Krankenlager Gefesseltseins umfaßt auch solche Zustände, bei denen ein Kranker zeitweise das Bett mit dem Fahrstuhl vertauscht. Es ist ferner bei den in Abs. 2 und 3 genannten Zuständen zu erörtern, welcher besondere Grad außergewöhnlichen Pflegebedürfnisses (Siechtumspflege) vorliegt und bei den in Abs. 3 genannten „anderen schweren Gesundheitsstörungen“, inwieweit das besondere Pflegebedürfnis (Siechtumspflege) über die in Abs. 3 bezeichnete Krankenpflege und Abwartung hinausgeht. Der Grad des außergewöhnlichen Pflegebedürfnisses (Siechtumspflege) ist nach der Schwere des Siechtums und den besonderen, für diese Pflege erforderlichen Aufwendungen zu beurteilen. Völliges Pflegebedürfnis und völliges schweres Siechtum sind dann anzunehmen, wenn der dauernd an das Krankenlager gefesselte Verletzte gleichzeitig wegen schwerer Krankheitserscheinungen, z. B. teilweiser Gebrauchsunfähigkeit der Hände, Schwerbeweglichkeit selbst im Bett, unwillkürlichen Abgangs der körperlichen Ausscheidungen aus Blase oder Mastdarm oder wegen ähnlicher Zustände, die mit schwerem Siechtum verbunden sind) bei Tag und bei Nacht unausgesetzter Abwartung bedarf. Hierher können auch Geisteskranke, welche der Anstaltspflege oder sonstiger Überwachung bedürfen, gehören, sofern der Betrag der einfachen Verstümmelungszulage neben der Rente zur Deckung der Anstaltspflegekosten nicht ausreicht.

Liegt ein völliges außergewöhnliches Pflegebedürfnis wegen schweren Siechtums im Sinne des Abs. 4 nicht vor, bedarf der Verletzte in seinem siechen Zustande nur in bestimmter Richtung z. B. durch Handreichungen bei der Nahrungsaufnahme, durch die Notwendigkeit der Anlegung von Verbänden (z. B. Amputationsstumpf mit Fistelbildungen) oder nur zu bestimmten Tageszeiten einer Siechtumspflege, so ist das Maß des Pflegebedürfnisses im Urteil in Abrundungen von $1/3$, $1/2$, $2/3$ anzugeben.

e) Wegen des Falles der „Geisteskrankheit" s. auch Anm. 13 c. Unheilbarkeit der Geisteskrankheit ist für die Gewährung oder Erhöhung der Verstümmelungszulage nicht erforderlich.

15. Zu Abs. 5.

a) Die Vorschrift befand sich nicht im Entwurf und wurde — ebenso wie Abs. 3 in § 14 bezüglich der Kriegszulage — von der Kommission eingefügt. Es wurde ausgeführt, daß einem Soldaten, der infolge des Militärdienstes verletzt worden sei und eine Verstümmelungszulage erhalten habe, der nachher aber doch noch in der Lage gewesen sei, eine Invalidenrente zu verdienen, diese gekürzt werden müsse gemäß § 48 Abs. 1 Nr. 2 des Invalidenversicherungsgesetzes vom 13. Juli 1899. Dieses wünsche man zu vermeiden. Dasselbe wurde bezüglich der Kriegszulage ausgeführt und darauf hingewiesen, daß bei der Alterszulage (§ 26) die Regierung selbst die Möglichkeit einer Kürzung gemäß § 48 Abs. 1 Nr. 2 des Invalidenversicherungsgesetzes ausschließen wolle. Diesen Ausführungen trat die Kommission bei. KomBer. S. 118, 121.

b) Nach § 48 Abs. 1 Nr. 2 des Invalidenversicherungsgesetzes vom 13. Juli 1899 (RGBl. S. 483) ruht das Recht auf Bezug der Invalidenrente für Beamte des Reiches und andere dort bezeichnete Personen, solange und soweit die denselben gewährten Pensionen, Wartegelder oder ähnliche Bezüge unter Hinzurechnung der ihnen nach jenem Gesetze zugesprochenen Rente den in Z. 1 des § 48 bezeichneten Höchstbetrag übersteigen. Zu den hier erwähnten „ähnlichen Bezügen“ sind nun nach der Bestimmung in Abs. 5, § 14 Abs. 3 und § 26 Abs. 2 Verstümmelungs-, Kriegs- und Alterszulagen, ferner nach § 58 Abs. 3 die Rentenerhöhung für die Marine und nach § 67 Abs. 4 die Tropenzulage für die Schutztruppen nicht zu rechnen, sie dürfen daher bei Prüfung der Frage, ob und inwieweit das Recht auf Bezug der Invalidenrente wegen anderer Bezüge ruhen soll, nicht in Ansatz gebracht werden.

Für die Unterbeamten des Reichsheeres (sowie der Marine und der Schutztruppen) befindet sich die gleiche Vorschrift in § 32 Abs. 9, §§ 45, 62 des Offizierpensionsgesetzes.

Wegen der rückwirkenden Kraft dieser Bestimmung s. Anm. 9.

Kriegszulage.

§ 14.

Unteroffiziere und Gemeine, deren Erwerbsfähigkeit infolge einer durch den Krieg herbeigeführten Dienstbeschädigung aufgehoben oder gemindert ist, haben neben dem Anspruch auf Rente Anspruch auf eine Kriegszulage. Diese beträgt monatlich 15 Mark.

Auf die Gewährung der Kriegszulage finden die Vorschriften des § 2 entsprechende Anwendung.

Die Kriegszulage ist kein Bezug im Sinne des § 48 Abs. 1 Nr. 2 des Invalidenversicherungsgesetzes vom 13. Juli 1899.

1. Einer besonderen Fürsorge bedarf es für diejenigen Unteroffiziere und Gemeinen, die durch Verwundung oder sonstige Beschädigung im Kriege in ihrer Erwerbsfähigkeit beschränkt sind. Begr. S. 30.

2. Ein Anspruch auf Gewährung der Kriegszulage besteht zunächst nur dann, wenn ein Anspruch auf Rente, Voll- oder Teilrente, besteht (— „neben dem Anspruch auf Rente" —). Ist dies nicht der Fall, so kann auch keine Kriegszulage verlangt werden. Fernere Voraussetzung für den Anspruch auf Kriegszulage ist, daß die Dienstbeschädigung, durch welche die Erwerbsfähigkeit aufgehoben oder um wenigstens zehn Prozent gemindert ist, durch den Krieg herbeigeführt ist. Wegen des Begriffes „Dienstbeschädigung" s. § 3. Ob eine Dienstbeschädigung als durch den Krieg herbeigeführt anzusehen ist, richtet sich in erster Linie danach, ob die militärische Unternehmung, durch welche die Dienstbeschädigung verursacht worden ist, nach der Bestimmung

des Kaisers als „Krieg“ zu gelten hat. S. § 7. Zum Begriffe „Kriegsdienstbeschädigung“ s. § 2 Anm. 4c u. d. Im übrigen muß die Erwerbsunfähigkeit in ursächlichem Zusammenhange mit der Kriegsdienstbeschädigung stehen. Dieser Zusammenhang, so heißt es in § 25 der Dienstanw. z. Beurt. d. Militärdienstf. in Verbindung mit Z. 50 des Nachtr. I hierzu, ist dann vorhanden, wenn entweder das die Erwerbsunfähigkeit bedingende Leiden durch den Krieg erst hervorgerufen oder wenn ein vor dem Feldzuge vorhandenes geringeres Leiden, welches nach ärztlichem Ermessen im Friedensdienste voraussichtlich in längerer Zeit noch nicht erwerbsunfähig gemacht haben würde, durch den Krieg nachweisbar bis zur Erwerbsunfähigkeit verschlimmert worden ist. Ferner heißt es in § 25 Z. 3:

> Folgezustände einer erstmalig im Kriege aufgetretenen oder durch Kriegseinwirkungen nachweislich verschlimmerten kontagiösen Augenentzündung gelten, wenn sie Erwerbsunfähigkeit bedingen, stets als Kriegsbeschädigung. Bei allen Erkrankungen während eines Krieges, auch bei inneren, wird ohne weiteres Dienstbeschädigung angenommen werden können, sofern nicht in einzelnen Fällen ein eigenes Verschulden des Mannes bekannt geworden ist.

3. Auf Gewährung der Kriegszulage besteht ein klagbarer Anspruch. Um in dieser Beziehung jeden Zweifel auszuschließen, wurde die Fassung des Entwurfs „erhalten eine Kriegszulage“ von der Kommission ersetzt durch die Worte: „haben Anspruch auf eine Kriegszulage“. KomBer. S. 122, 236. Wegen des Rechtsweges s. § 42. Im Falle der gerichtlichen Geltendmachung von Ansprüchen aus diesem Gesetze entscheidet über die Frage, ob eine Dienstbeschädigung als durch den Krieg erlitten anzusehen ist, endgültig und unter Ausschluß des Rechtsweges die oberste Militärverwaltungsbehörde des Kontingents, für die Marine die oberste Marineverwaltungsbehörde, für die Schutztruppen die

Kolonialzentralverwaltung und zwar überall das bei diesen Behörden aus 3 Offizieren oder 3 Beamten ihrer Verwaltung gebildete Kollegium. §§ 43 Nr. 2 und Abs. 2, 49, 60, 63, 72. S. auch Anm. 3 b zu § 5.

4. Die Kriegszulage beträgt jetzt allgemein und einheitlich monatlich 15 M. (früher für die Ganzinvaliden 15 M., für die Halbinvaliden 10 M., § 7 des Gesetzes vom 31. Mai 1901), ohne Rücksicht auf den Dienstgrad und den Grad der Erwerbsunfähigkeit. Im Entwurf war eine Staffelung der Kriegszulage vorgesehen in der Weise, daß diese neben einem Rentenbetrage von mehr als $^{20}/_{100}$ der Vollrente 15 M. monatlich, neben einem Rentenbetrage von $^{10}/_{100}$ bis $^{20}/_{100}$ der Vollrente 10 M. monatlich betragen sollte. Schon bei der 2. Lesung des Offizierpensionsgesetzes war beschlossen worden, die Kriegszulage für Offiziere in der Höhe, die das Gesetz von 1901 vorsieht, bestehen zu lassen, gleichzeitig aber die Kriegszulage für Personen der Unterklassen allgemein, ohne auf die Höhe des zu zahlenden Prozentsatzes der Vollrente Rücksicht zu nehmen, auf 15 M. monatlich festzusetzen. Dieser Beschluß wurde auch von der Kommission bei der 2. Lesung des Mannschaftsversorgungsgesetzes aufrecht erhalten. KomBer. S. 46—48, 121, 122.

5. Die Vorschrift wegen Erhöhung der Kriegszulage hat rückwirkende Kraft. Nach § 45 Abs. 1 Nr. 3 haben auf die erhöhte Kriegszulage von 15 M. auch alle vor dem Inkrafttreten dieses Gesetzes (1. Juli 1906) aus dem aktiven Militärdienst entlassenen Personen, insbesondere auch die als Halbinvalide anerkannten Kriegsinvaliden Anspruch. S. auch Anm. 4.

6. a) Der Anspruch auf die Kriegszulage „erlischt" d. h. geht dauernd verloren in den Fällen des § 33, er „ruht" vorübergehend in den Fällen des § 35. Zu den dort angeführten Versorgungsgebührnissen gehört auch die Kriegszulage. Die Vorschriften des § 36 betreffen aber nur das Ruhen des Rechtes auf den Be-

zug der Rente, der bedingten Renten und Rentenzuschüsse, für den Bezug der Kriegszulage kommen sie nicht in Betracht. Diese wird also, auch wenn der Rentenberechtigte sich in einem Invalideninstitut oder in einer militärischen Kranken-, Heil- oder Pflegeanstalt befindet usw. (s. § 36 Abs. 1 Nr. 1 bis 4) voll weiter gewährt.

b) Die Verstümmelungszulage ist monatlich im voraus zahlbar. Das Nähere s. § 32. Wegen des Beginnes der Zahlungseinstellung beim Erlöschen oder Ruhen des Rechtes auf den Bezug der Kriegszulage und wegen des Zeitpunktes der Zahlung beim Wiederaufleben des Bezugsrechtes s. § 38.

7. Die Kriegszulage ist unpfändbar und gänzlich steuerfrei. Das Nähere hierzu s. § 40.

8. Wenn das jährliche Gesamteinkommen eines Empfängers der Kriegszulage 600 M. nicht erreicht, so kann ihm eine Alterszulage bis zur Erreichung dieses Betrages gewährt werden. Das Nähere s. § 26.

9. Zu Abs. 2.

Durch die Vorschrift des Abs. 2 ist bestimmt, daß die Anmeldung des Anspruchs auf die Kriegszulage innerhalb der in § 2 vorgesehenen Fristen zu erfolgen hat. In Betracht kommen hierbei Abs. 1 Nr. 2 und 3 und Abs. 2. S. die Ausführungen zu § 2, insbesondere Anm. 4a und 5a, b.

10. Zu Abs. 3.

Diese Vorschrift ist von der Kommission (ebenso wie Abs. 5 zu § 13) hinzugefügt worden. KomBer. S. 118, 122. Hiernach ist also die Gewährung der Kriegszulage auf den Fortbezug einer Invalidenrente ohne jede Einwirkung. Für die Unterbeamten befindet sich die gleiche Bestimmung in § 32 Abs. 9 des Offizierpensionsgesetzes. Das Nähere s. § 13 Anm. 15a und b.

II. Bezüglich der Marine und der Schutztruppen ist noch besonders hervorzuheben, daß Kriegszulage, Rentenerhöhung und Tropenzulage nicht nebeneinander gewährt werden. S. § 57 Abs. 3 und § 67 Abs. 3.

Zivilversorgung.

§ 15.

Kapitulanten erwerben durch zwölfjährige Dienstzeit den Anspruch auf den Zivilversorgungsschein, wenn sie zum Beamten würdig und brauchbar erscheinen.

Eine Hinzurechnung von Kriegsjahren und eine Doppelrechnung von Dienstzeit (§ 6) findet hierbei nicht statt.

1. Nach dem Gesetze von 1871 erhielten alle Ganzinvaliden den Zivilversorgungsschein, also nicht nur die Kapitulanten, sondern auch die Mannschaften. Nach dem neuen Gesetz bekommen nur noch Kapitulanten den Zivilversorgungsschein. In der Begründung heißt es hierzu (S. 23 unter II): Nur für die Kapitulanten muß der Zivilversorgungsschein beibehalten werden. Denn die Aussicht auf Erlangung einer Anstellung im Zivildienste gibt den Hauptanreiz zur Kapitulation und ist somit das wesentlichste Mittel zur Gewinnung eines ausreichenden und geeigneten Unteroffiziersatzes.

Nichtkapitulanten kann ein „Anstellungsschein für den Unterbeamtendienst" verliehen werden. § 17.

Die Personen der freiwilligen Krankenpflege im Kriege (§ 44) kommen für die Erteilung des Zivilversorgungsscheines nicht in Betracht.

Die unteren Militärbeamten haben auf den Zivilversorgungsschein keinen Anspruch. S. § 1 Anm. 10.

§ 15 wurde von der Kommission in 1. und 2. Lesung unverändert angenommen. KomBer. S. 125, 236.

2. Das Gesetz unterscheidet bei der Erwerbung des Anspruchs auf den Zivilversorgungsschein zwischen Kapitulanten von zwölfjähriger und längerer Dienstzeit (§ 15) und solchen mit kürzerer als zwölfjähriger Dienstzeit (§ 16). Die ersteren erhalten — unter der Voraussetzung der Würdigkeit und Brauchbarkeit zum Beamten — den Zivilversorgungsschein schon allein durch Ableistung der zwölfjährigen Dienstzeit. Den Kapitulanten mit einer Dienstzeit von weniger als 12 Jahren wird — ebenfalls unter der Voraussetzung der Würdigkeit und Brauchbarkeit zum Beamten — der Zivilversorgungsschein nur dann gewährt, wenn sie wegen körperlicher Gebrechen im aktiven Dienste nicht mehr verwendet werden können und deshalb von der Militärbehörde entlassen werden.

3. **Zu Abs. 1.**

a) Wegen des Begriffes „Kapitulanten" s. § 1 Abs. 4.

b) Für die Berechnung der zwölfjährigen Dienstzeit sind die Vorschriften in §§ 5 ff. maßgebend. Zu bemerken ist aber besonders, daß nach Abs. 2 bei der Berechnung eine Hinzurechnung von Kriegsjahren und eine Doppelrechnung von Dienstzeit ausgeschlossen sind. S. Abs. 2.

Ausf.Best. der Preuß., Bayer., Sächs. und Württemb. Kriegsm. (Z. 4) sowie des Reichs-Marine-Amtes:

Der Anspruch auf den Zivilversorgungsschein nach § 15 wird mit dem Tage erworben, an welchem die zwölfjährige Dienstzeit zurückgelegt ist. Der Zivilversorgungsschein muß die Bezeichnung dieses Tages tragen und ist dem Berechtigten an diesem Tage auszuhändigen. (Frühere Aushändigung ist unzulässig.)

c) Außer der zwölfjährigen Dienstzeit verlangt das Gesetz für die Erwerbung des Anspruchs auf den Zivilversorgungsschein Würdigkeit und Brauchbarkeit zum Beamten. Dieses Erfordernisses bedurfte es, um moralisch schlechte Elemente und körperlich unbrauchbare Personen von der Beamtenlaufbahn ausschließen zu können.

Nach den bisherigen Gesetzen war „gute Führung" Vorbedingung für die Erteilung des Zivilversorgungsscheines. Jetzt ist die allgemeinere Fassung „würdig zum Beamten" gewählt worden, um einen weiteren Spielraum bei der Gewährung zu bekommen. KomBer. S. 124. Bei Prüfung der Frage der Würdigkeit ist das gesamte dienstliche und außerdienstliche Verhalten des Betreffenden, besonders in moralischer Beziehung in Betracht zu ziehen. Kleinere Bestrafungen brauchen nicht immer notwendig zur Verneinung der Frage der Würdigkeit zu führen. Der Kriegsminister erklärte in dieser Beziehung in der Kommission, „man wolle nicht mehr so weit gehen, jemanden von der Beamtenlaufbahn auszuschließen, der sich im Militärdienst kleinere Disziplinarstrafen habe zu schulden kommen lassen". KomBer. S. 124. Dieser Grundsatz wird aber nicht bloß von kleineren Disziplinarstrafen, sondern auch von gerichtlichen Strafen zu gelten haben und zwar namentlich dann, wenn nach dem Charakter der Straftat und der Strafe eine Schädigung der Ehre und des öffentlichen Ansehens des Bestraften nicht vorliegt.

Unter der „Brauchbarkeit" ist hier nur die körperliche, physische Brauchbarkeit, nicht auch die geistige Befähigung, zu verstehen. Das wurde in der Kommissionsberatung mehrfach betont. KomBer. S. 124.

Über das Erfordernis der Würdigkeit und Brauchbarkeit heißt es in den AusfBest. der

Preuß., Bayer., Sächs. und Württemb. Kriegsm. (Z. 5 und 6):

> Bei Beurteilung der Würdigkeit zur Verwendung als Beamter ist nicht allein die dienstliche und außerdienstliche Führung während der aktiven Militärdienstzeit zu berücksichtigen, sondern es sind auch etwaige vor der Einstellung in den Militärdienst und, wenn die Gewährung des Zivilversorgungsscheins oder des Anstellungsscheins nach der Entlassung in Frage kommt, auch die nach der Entlassung erlittenen Bestrafungen in Betracht zu ziehen.
>
> Würdigkeit zum Beamten ist bei solchen Personen nicht anzuerkennen, welche nach ihrem Gesamtverhalten die für einen Beamten erforderlichen moralischen Eigenschaften nicht besitzen.
>
> Über die Würdigkeit zum Beamten entscheiden in erster Stelle die Generalkommandos.
>
> Bei Beurteilung der Brauchbarkeit zum Beamten kommt allein der Körperzustand in Frage.

Diese Bestimmungen gelten auch für die Marine. Über die Brauchbarkeit und Würdigkeit zum Beamten entscheiden hier in erster Stelle die Marine-Stationskommandos (AusfBest. des Reichs-Marine-Amtes).

d) Gegen die Entscheidungen der Generalkommandos und der Marine-Stationskommandos ist Einspruch bei den Kriegsministerien und dem Reichs-Marine-Amt zulässig. Näheres s. § 29 Anm. 1.

Die Entscheidungen der Kriegsministerien und des Reichs-Marine-Amtes (durch das bei ihnen gebildete Kollegium) darüber, ob Brauchbarkeit und Würdigkeit zum Beamten besteht, sind gemäß § 43 Abs. 1 Nr. 3 endgültig. Hierüber ist der Rechtsweg ausgeschlossen.

e) Die Ausfertigung der Zivilversorgungsscheine erfolgt durch dasjenige Generalkommando (bei der Marine durch dasjenige Marine-Stationskommando), welches über den Versorgungsanspruch zu entscheiden hat. AusfBest. der Preuß., Bayer., Sächs. und Württemb. Kriegsm. Z. 9, des Reichs-Marine-Amtes Z. 5.

f) Bei mangelnder (körperlicher) Brauchbarkeit zum Beamten steht statt des Zivilversorgungsscheines eine laufende Geldentschädigung (Zivilversorgungsentschädigung) von 12 M. monatlich zu (§ 19 Abs. 1); wird der Zivilversorgungsschein wegen mangelnder Würdigkeit versagt, so kann die Zivilversorgungsentschädigung bewilligt werden (§ 19 Abs. 2). S. auch § 20.

4. Zu Abs. 2.

Die Vorschrift des Abs. 2, daß bei der Berechnung der zwölfjährigen Dienstzeit keine Hinzurechnung von Kriegsjahren und keine Doppelrechnung von Dienstzeit stattfinden, wird für die Marine noch ergänzt durch § 54 Abs. 5, wonach die sonst für die Marine nach Abs. 1 bis 3 daselbst gewährte Doppelrechnung ausgeschlossen ist bei Berechnung der Dienstzeit zwecks Erlangung des Anspruchs auf den Zivilversorgungsschein.

5. Der in § 15 gewährte „Anspruch" auf den Zivilversorgungsschein ist ein Rechtsanspruch, der durch gerichtliche Klage erstritten werden kann. Bezüglich des Rechtsweges s. § 42. Im Falle der gerichtlichen Geltendmachung des Anspruchs ist aber für die Frage, ob Brauchbarkeit und Würdigkeit zum Beamten besteht, die Entscheidung der obersten Militärverwaltungsbehörde des Kontingents (s. § 5 Anm. 3 b) und für die Marine die der obersten Marineverwaltungsbehörde (Reichs-Marine-Amt) maßgebend. Hierüber haben die Gerichte nicht zu entscheiden.

6. Über das Erlöschen des Zivilversorgungsscheines und seine Verwirkung s. §§ 33, 34.

7. Die Inhaber des Zivilversorgungsscheines haben Anspruch auf mittlere, Kanzlei- und Unterbeamtenstellen, die diesen Anwärtern vorbehalten sind. Die Inhaber des Anstellungsscheines (§ 17) können nur Unterbeamtenstellen erhalten.

Der Zivilversorgungsschein gibt aber seinem Inhaber kein Recht auf eine bestimmte Dienststelle.

Das Nähere s. „Grundsätze für die Besetzung der mittleren, Kanzlei- und Unterbeamtenstellen bei den Reichs- und Staatsbehörden sowie bei den Kommunalbehörden usw. mit Militäranwärtern und Inhabern des Anstellungsscheines v. 20. Juni 1907" (ZBl. f. d. Deutsche Reich, 1907, S. 309 ff.).

§ 16.

Kapitulanten mit kürzerer als zwölfjähriger Dienstzeit, die wegen körperlicher Gebrechen im aktiven Dienste nicht mehr verwendet werden können und deshalb von der Militärbehörde entlassen werden, haben Anspruch auf den Zivilversorgungsschein, wenn sie zum Beamten würdig und brauchbar erscheinen.

1. Diejenigen Kapitulanten, die vor Vollendung einer zwölfjährigen Dienstzeit wegen körperlicher Gebrechen nicht mehr im aktiven Dienste, also auch nicht in Stellen des Garnisondienstes verwendet werden können und deshalb entlassen werden müssen, sollen ebenfalls den Zivilversorgungsschein erhalten. Begr. S. 23.

Von der Kommission wurde § 16 unverändert angenommen. KomBer. S. 125.

2. Wegen des Begriffes „Kapitulanten" s. § 1 Abs. 4. Personen der freiwilligen Krankenpflege im Kriege

(§ 44) kommen für die Erteilung des Zivilversorgungsscheines nicht in Betracht.

3. **a)** Voraussetzung für die Erwerbung des Anspruchs auf den Zivilversorgungsschein im Falle des § 16 ist, daß die Kapitulanten:

1. wegen körperlicher Gebrechen im aktiven Dienste nicht mehr verwendet werden können;
2. daß sie wegen dieser Unverwendbarkeit infolge körperlicher Gebrechen aus dem aktiven Dienste entlassen werden;
3. daß sie zum Beamten würdig und brauchbar sind.

b) Unter „aktivem Dienste" ist hier auch Garnisondienst zu verstehen. Das ist in der Begründung ausdrücklich hervorgehoben (s. Anm. 1) und wurde auch in der Kommission betont. Hier wurde seitens der Heeresverwaltung ausgeführt (Kom.-Ber. S. 123): „Als aktiver Dienst im Sinne der Vorschrift rechnet auch der Garnisondienst. Es haben daher Kapitulanten mit geringen Körperschäden (die bisherigen Halbinvaliden) keinen Anspruch auf Entlassung mit dem Zivilversorgungsschein, wenn sie nach ihrem Körperzustande noch in Stellen des Garnisondienstes verwendet werden können. Sie werden dann, wie bisher, in die Halbinvalidenabteilungen eingestellt und können dort nach vollendeter zwölfjähriger Dienstzeit den Anspruch auf den Zivilversorgungsschein nach § 15 erwerben." Über das Nähere bezüglich der Einstellung in die Halbinvalidenabteilungen s. Best. d. Preuß. Kriegsm. vom 19. Juni 1906 (Armee-Verordnungsblatt Nr. 18 vom 28. Juni 1906 S. 231).

c) Erfolgt die Entlassung aus einem anderen Grunde als wegen Unverwendbarkeit infolge körperlicher Gebrechen, so besteht ein Anspruch auf den Zivilversorgungsschein nicht.

d) Wegen des Erfordernisses der „Würdigkeit und Brauchbarkeit zum Beamten“ s. die Ausführungen in Anm. 3c zu § 15.

Wegen der Frage, wer über die Würdigkeit und Brauchbarkeit zu entscheiden hat und inwieweit diese Entscheidung anfechtbar ist, s. die AusfBest. der Kriegsm. und des Reichs-Marine-Amtes in § 15 Anm. 3c am Schluß und ferner dort Anm. 3d.

Darüber, wer den Zivilversorgungsschein ausstellt, s. § 15 Anm. 3e.

4. Der Anspruch auf Erteilung des Zivilversorgungsscheines ist ein Rechtsanspruch. Bei Versagung ist der Rechtsweg zulässig. Es gilt durchweg das in Anm. 5 zu § 15 Gesagte.

5. AusfBest. der Preuß., Bayer., Sächs. und Württemb. Kriegsm. (Z. 7) und des Reichs-Marine-Amtes:

Für den Anspruch auf den Zivilversorgungsschein nach § 16 ist es ohne Einfluß, ob das die Entlassung bedingende körperliche Leiden einen Anspruch auf Rente begründet oder nicht.

Ein Anspruch auf die Erteilung des Zivilversorgungsscheins vor vollendeter zwölfjähriger Dienstzeit besteht nur dann, wenn die Entlassung des Kapitulanten wegen zeitiger oder dauernder Unbrauchbarkeit zum aktiven Dienste erfolgen muß. Als aktiver Dienst gilt hierbei auch der Garnisondienst.

Unteroffizier-Kapitulanten, welche trotz ihrer körperlichen Gebrechen noch für Stellen des Garnisondienstes geeignet sind, können in diesem Dienste verwendet werden, wenn ihre Verwendung in solchen Stellen möglich ist. Verzichten sie auf eine solche Verwendung, scheiden sie also freiwillig aus, so haben sie bei ihrer Entlassung keinen Anspruch auf den Zivilversorgungsschein.

6. Über Erlöschen und Verwirkung des Zivilversorgungsscheines s. §§ 33, 34.

7. Die Inhaber des Zivilversorgungsscheines haben Anspruch auf mittlere und Unterbeamtenstellen. S. auch § 15 Anm. 7.

Das Nähere bezüglich der Anstellung s. „Grundsätze für die Besetzung der mittleren, Kanzlei- und Unterbeamtenstellen bei den Reichs- und Staatsbehörden sowie bei den Kommunalbehörden usw. mit Militäranwärtern und Inhabern des Anstellungsscheins" vom 20. Juni 1907 (ZBl. f. d. Deutsche Reich 1907, S. 309 ff.).

8. Nach § 1 Z. 4 der Anstellungsgrundsätze (s. Anm. 7) kann der Zivilversorgungsschein auch ehemaligen Unteroffizieren erteilt werden, die nach mindestens neunjährigem aktiven Dienst im Heere oder in der Marine, in militärisch organisierte Gendarmerien (Landjägerkorps) oder Schutzmannschaften eingetreten und dort als dienstunbrauchbar ausgeschieden sind oder unter Einrechnung der im Heere oder in der Marine zugebrachten Dienstzeit eine gesamte aktive Dienstzeit von 12 Jahren zurückgelegt haben. Der Zivilversorgungsschein ist in diesem Falle nach Anlage C auszustellen und hat nur Gültigkeit für den Reichsdienst und den Zivildienst des betreffenden Staates.

Sind in eine militärisch organisierte Gendarmerie (Landjägerkorps) oder Schutzmannschaft, in Ermangelung geeigneter Unteroffiziere von mindestens neunjähriger aktiver Militärdienstzeit, Unteroffiziere von geringerer, aber mindestens sechsjähriger aktiver Militärdienstzeit aufgenommen worden, so darf ihnen der Zivilversorgungsschein nach Anlage D verliehen werden, wenn sie entweder eine gesamte aktive Dienstzeit von 15 Jahren zurückgelegt haben oder nach ihrem Übertritt in die Gendarmerie oder Schutzmannschaft durch Dienstbeschädigung oder nach einer gesamten aktiven Dienstzeit von acht Jahren dienstunbrauchbar geworden sind. Dieser Schein hat nur Gültigkeit für den Zivildienst des betreffenden Staates (Z. 5 daselbst).

Die Erteilung des Zivilversorgungsscheins und des Anstellungsscheins erfolgt in allen Fällen durch die Militärbehörde, die über den Anspruch auf die Versorgung zu entscheiden hat (Z. 6 daselbst).

Dem Eintritt in eine militärisch organisierte Gendarmerie oder Schutzmannschaft steht der Eintritt in eine der in den deutschen Schutzgebieten durch das Reich oder die Landesverwaltung errichteten Schutz- oder Polizeitruppen oder die Anstellung als Grenz- oder Zollaufsichtsbeamter in den Schutzgebieten gleich. Ein auf Grund dieser Bestimmung ausgestellter Zivilversorgungsschein hat für den Reichsdienst sowie für den Zivildienst aller Bundesstaaten Gültigkeit; er wird nach dem anliegenden Muster E durch den Reichskanzler (Reichs-Kolonialamt oder Reichs-Marine-Amt) ausgestellt. Diejenigen, die auf Grund der vorstehenden Bestimmung den Zivilversorgungsschein erhalten haben, stehen in bezug auf die Reihenfolge der Einberufung von Stellenanwärtern den in § 18 unter Nr. 4 (der „Grundsätze“) bezeichneten Unteroffizieren gleich, insoweit sie im stehenden Heere oder in der Kaiserlichen Marine unter Hinzurechnung der Dienstzeit in den Schutzgebieten eine Gesamtdienstzeit von mindestens 8 Jahren erreicht haben (Z. 7 daselbst).

Wegen der in bezug genommenen Anlagen C, D, E s. ZBl. f. d. Deutsche Reich S. 328, 329, 330.

9. Die Vorschriften der §§ 19—21 (Geldentschädigung anstatt des Zivilversorgungsscheines und Geldabfindung gegen Verzicht) finden auf die im § 16 bezeichneten Kapitulanten keine Anwendung.

Wegen der Gewährung einer bedingten Rente oder eines Rentenzuschusses an die in § 16 bezeichneten Kapitulanten, die mit dem Zivilversorgungsscheine entlassen werden, aber nicht alsbald im Zivildienst Anstellung oder Beschäftigung finden, s. § 24.

§ 17.

Den nicht zu den Kapitulanten gehörenden Unteroffizieren und Gemeinen kann auf ihren Antrag neben der Rente ein Anstellungsschein für den Unterbeamtendienst verliehen werden, wenn sie zum Beamten würdig und brauchbar erscheinen.

1. In der Begründung des Entwurfs heißt es zu dieser Bestimmung (II S. 24): Unter den Nichtkapitulanten, auch wenn sie durch die Rente als entsprechend versorgt zu betrachten sind, werden sich Persönlichkeiten befinden, welche wegen der im Militärdienst erlittenen Beschädigung ihren früheren Beruf nur schwer oder überhaupt nicht wieder aufnehmen können oder für Unterbeamtenstellen besonders geeignet erscheinen. Ihnen soll durch die Gewährung des Anstellungsscheines die Erlangung einer Unterkunft im Unterbeamtendienst erleichtert werden. Diese Maßregel erscheint im allgemeinen Staatsinteresse erwünscht, um besonders brauchbare und tüchtige Personen für den Unterbeamtendienst zu gewinnen.

In der Kommission wurde § 17 unverändert angenommen. KomBer. S. 125.

2. Wer als Kapitulant zu gelten hat, ist in § 1 Abs. 4 bestimmt. Die dort nicht aufgeführten Unteroffiziere und Gemeinen fallen unter § 17.

3. Ein Rechtsanspruch auf Verleihung des Anstellungsscheines besteht nicht. Diese ist vielmehr nur für zulässig erklärt (— „kann" verliehen werden —) und hängt von dem freien Ermessen der Militärbehörde ab. Gegen die Versagung gibt es zwar den Einspruch bei der nächsthöheren Behörde gemäß § 29,

aber keine gerichtliche Klage. Diese ist nach § 42 immer nur da zulässig, wo das Gesetz einen Anspruch, d. h. ein Recht zu fordern, gewährt.

4. Die Nichtkapitulanten können nur einen Anstellungsschein für den Unterbeamtendienst erhalten, dagegen nicht den Zivilversorgungsschein. S. auch § 15 Anm. 1 und Anm. 7.

5. Wegen des Erfordernisses der „Würdigkeit und Brauchbarkeit zum Beamten“ s. die Ausführungen in Anm. 3c zu § 15; diese finden auch hier sinngemäße Anwendung.

Wegen der Frage, wer über die Würdigkeit und Brauchbarkeit zu entscheiden hat und inwieweit diese Entscheidung anfechtbar ist, s. die AusfBest. d. Kriegsm. und des Reichs-Marine-Amtes in § 15 Anm. 3c am Schluß und ferner dort Anm. 3d.

6. Über die Verleihung des Anstellungsscheines heißt es in den AusfBest. d. Preuß., Bayer., Sächs. und Württemb. Kriegsm. (Z. 8) und des Reichs-Marine-Amtes:

> Die Verleihung des Anstellungsscheins für den Unterbeamtendienst nach § 17 kommt auf ausdrücklichen Antrag für diejenigen Nichtkapitulanten in Frage, welche infolge ihrer Gesundheitsstörung die frühere oder eine dieser ähnliche Erwerbstätigkeit nicht wieder aufnehmen können oder welche für den Unterbeamtendienst besonders geeignet sind und sich sowohl während ihrer aktiven Dienstzeit als auch im Zivilverhältnis so geführt haben, daß sie der besonderen Berücksichtigung würdig erscheinen.
>
> Für die Verleihung des Anstellungsscheins ist es ohne Einfluß, ob die Rente dauernd oder auf Zeit zuerkannt worden ist.

Die Ausfertigung des Anstellungsscheines erfolgt durch dasjenige Generalkommando (bei der

Marine durch dasjenige Marine-Stationskommando), welches über den Versorgungsanspruch zu entscheiden hat. AusfBest. der oben genannten Kriegsm. (Z. 9) und des Reichs-Marine-Amtes, Z. 5.

7. Der Anstellungsschein gibt seinem Inhaber kein Recht auf eine bestimmte Dienststelle. (Erläuterungen zu § 1 der „Anstellungsgrundsätze". S. § 18 Anm. 5.

Die Inhaber des Anstellungsscheines für den Unterbeamtendienst, denen dieser Schein neben der Rente auf Antrag gegeben ist, sollen bei der Bewerbung um die Unterbeamtenstellen hinter den Militäranwärtern (Inhabern des Zivilversorgungsscheines) zurückstehen. (Erklärungen der Preuß. Heeresverwaltung in der Kommission. KomBer. S. 123.) S. auch § 18 Anm. 1.

8. Für Nichtbenutzung des Anstellungsscheines wird eine Entschädigung nicht gewährt. Anders beim Zivilversorgungsschein, s. § 20. Auch die Bestimmung des § 21 über die einmalige Geldabfindung kommt für den Anstellungsschein nicht in Betracht.

9. Den Personen der freiwilligen Krankenpflege im Kriege (§ 44) kann der Anstellungsschein für den Unterbeamtendienst verliehen werden.

10. Über Erlöschen und Verwirkung des Anstellungsscheines s. §§ 33, 34.

§ 18.

Die mittleren, Kanzlei- und Unterbeamtenstellen bei den Reichs-, Staats- und Kommunalbehörden, bei den Versicherungsanstalten für die Invalidenversicherung sowie bei ständischen oder solchen Instituten, welche ganz oder zum Teil aus Mitteln des Reichs, Staates oder der Gemeinden unter-

halten werden, jedoch mit Ausschluß des Forstdienstes, sollen nach Maßgabe der vom Bundesrate festzusetzenden allgemeinen Grundsätze vorzugsweise mit Inhabern des Zivilversorgungsscheins (Militäranwärter) und Inhabern des Anstellungsscheins besetzt werden.

Diese Grundsätze sind dem Reichstage zur Kenntnisnahme vorzulegen.

1. Das Gesetz unterscheidet scharf zwischen den Inhabern des Zivilversorgungsscheines (Kapitulanten §§ 15, 16) und den Inhabern des Anstellungsscheines (§ 17). Nur die ersteren sind als „Militäranwärter" anzusehen, die letzteren bilden eine besondere Klasse von Anwärtern. Während jene Anspruch auf mittlere, Kanzlei- und Unterbeamtenstellen haben, ist den Inhabern des Anstellungsscheines lediglich der Unterbeamtendienst vorbehalten, in bezug auf die Beförderung in mittlere oder Kanzleibeamtenstellen werden sie wie nichtversorgungsberechtigte Zivilpersonen behandelt.

2. Die getrennte Aufführung der Kanzleibeamten (neben den mittleren Beamten, zu denen sie gehören) hat man für notwendig erachtet, um der Auffassung vorzubeugen, daß diese Stellen den Militäranwärtern nicht mehr vorbehalten seien. Eine Schädigung dieser Beamten ist mit ihrer besonderen Hervorhebung neben den mittleren Beamten nicht beabsichtigt. In der Kommission wurde hierzu seitens eines Vertreters des Reichsschatzamtes bemerkt, es läge durchaus nicht in der Absicht der Regierung, die Kanzleibeamten zukünftig anders zu behandeln, als sie jetzt behandelt würden, nämlich als mittlere Beamte. Wenn man das Wort „Kanzlei" eingefügt habe, so beruhe dies darauf, daß die Trennung der Beamten in mittlere, Kanzlei- und

Unterbeamten sich seit Jahren schon an sehr vielen Stellen des Etats vorfände. Jede Zurücksetzung der Kanzleibeamten läge den verbündeten Regierungen durchaus fern, besonders sei eine solche auch nicht bei der Regelung des Wohnungsgeldzuschusses beabsichtigt. Kom.-Ber. S. 128, 130, 132.

3. Unter den Kommunalbehörden sind sowohl die Gemeinde-, wie auch die Kreis- und Provinzialbehörden zu verstehen.

In Preußen gehören zu den Kommunalverbänden nicht nur die Land- und Stadtgemeinden, die Kreise und Provinzen, sondern namentlich auch die in den alten Provinzen noch bestehenden kommunalständischen Verbände und die landschaftlichen Verbände in der Provinz Hannover, die hohenzollernschen Amtsverbände, die Bezirksverbände der Regierungsbezirke Cassel und Wiesbaden, der hohenzollernsche und der lauenburgische Landeskommunalverband, ferner die aus Gemeinden bezw. aus Gemeinden und Gutsbezirken für bestimmte kommunale Zwecke gebildeten Verbände, die Gesamtarmen- und Wegeverbände, die Bürgermeistereien in der Rheinprovinz, die Ämter in Westfalen, die auf Grund der Kreisordnung vom 13. Dez. 1872 bestehenden Amtsverbände (Min. d. J. vom 23. Mai 1893, MBl. f. d. i. V. S. 129), die Zweckverbände im Sinne der §§ 128 ff. der Landgemeindeordnung vom 3. Juli 1891, nicht dagegen die landschaftlichen Kreditverbände (Min. d. J. vom 30. Sept. 1892 Nr. 2).

4. Zu den Instituten, die ganz oder zum Teil aus Mitteln des Reichs oder Staates unterhalten werden, gehören z. B. die Reichsbank, die Preußische Seehandlung, die Preußische Zentral-Genossenschafts-Kasse, die Zentral-Landschaft für die Preußischen Staaten in Berlin.

5. Als Grundsätze für die Anstellung sind jetzt maßgebend die vom Bundesrate am 20. Juni 1907 fest-

gesetzten „Grundsätze für die Besetzung der mittleren, Kanzlei- und Unterbeamtenstellen bei den Reichs- und Staatsbehörden sowie bei den Kommunalbehörden usw. mit Militäranwärtern und Inhabern des Anstellungsscheines" („Anstellungsgrundsätze"), veröffentlicht im ZBl. f. d. Deutsche Reich 1907 S. 309 ff. Hierdurch sind die Anstellungsgrundsätze vom 7./21. März 1882 (für den Reichs- und Staatsdienst) und vom 25. Juli 1899 (für den Kommunaldienst) außer Kraft gesetzt.

Aus diesen „Grundsätzen" sei hier folgendes angeführt:

A. betr. den Reichs- oder Staatsdienst:

Der Zivilversorgungs- und der Anstellungsschein geben ihren Inhabern kein Recht auf eine bestimmte Stelle (Erläuterungen zu § 1).

§ 12. (1.) Die Militäranwärter usw. haben sich um die von ihnen begehrten Stellen zu bewerben.

(2.) Die Bewerbungen sind an die für die Anstellung zuständigen Reichs- oder Staats-Anstellungsbehörden zu richten und zwar:

1. von den noch im aktiven Militärdienste befindlichen Militäranwärtern durch Vermittlung der vorgesetzten Militärbehörde;
2. von den Angehörigen einer militärisch organisierten Gendarmerie oder Schutzmannschaft durch Vermittlung der vorgesetzten Dienstbehörde;
3. von den übrigen Militäranwärtern usw. entweder unmittelbar oder durch Vermittlung des heimatlichen Bezirkskommandos, das jede eingehende Bewerbung sofort der zuständigen Anstellungsbehörde mitteilt.

§ 13. Die Militäranwärter usw. sind zu den in Rede stehenden Bewerbungen vor oder nach dem Eintritt der Stellenerledigung so lange berechtigt, bis sie eine etatsmäßige Stelle erlangt und angetreten haben, mit der Anspruch oder Aussicht auf Ruhegehalt oder dauernde Unterstützung verbunden ist.

§ 14. (1.) Die Anstellungsbehörden sind zur Annahme von Bewerbungen nur dann verpflichtet, wenn die Bewerber eine genügende Qualifikation für die fragliche Stelle oder den fraglichen Dienstzweig nachweisen.

(5.) Für „qualifiziert" befundene Bewerber werden Stellenanwärter.

§ 15. (2.) Die Stellenanwärter müssen, so lange sie keine Zivilversorgung gefunden haben, ihre Meldung jährlich zum 1. Dezember wiederholen. Bewerber, die dies unterlassen, sind in dem Verzeichnisse zu streichen; sie können demnächst auf erneuertes Ansuchen mit dem Datum des Eingangs der neuen Meldung wieder eingetragen werden.

§ 19. (1.) Die Anstellung eines einberufenen Stellenanwärters kann zunächst auf Probe erfolgen oder von einer Probedienstleistung abhängig gemacht werden. . . . . .

§ 20. Stellenanwärter, die sich noch im aktiven Militärdienste befinden, werden auf Veranlassung der Anstellungsbehörde durch die vorgesetzte Militärbehörde auf die Dauer der Probezeit abkommandiert. . . . . . .

§ 21. Den Stellenanwärtern ist während der Anstellung auf Probe das volle Stelleneinkommen, während der Probedienstleistung eine fortlaufende Remuneration von nicht weniger als drei Viertel des Stelleneinkommens zu gewähren.

B. betr. den Dienst bei den Kommunalbehörden usw.

§ 1 (4). Die Anstellungsberechtigung eines Militäranwärters usw. beschränkt sich auf den Bundesstaat, dessen Staatsangehörigkeit er seit zwei Jahren besitzt. Versicherungsanstalten für die Invalidenversicherung sowie ständische Institute usw., deren Wirksamkeit sich auf mehrere Bundesstaaten erstreckt, sind zur Anstellung nur solcher Militäranwärter usw. verpflichtet, die in einem dieser Staaten die Staatsangehörigkeit besitzen.

(5.) Die Rechte der Inhaber des Anstellungsscheines beschränken sich auf die Stellen des Unterbeamtendienstes.

Erläuterung zu § 1:

Der Zivilversorgungsschein und der Anstellungsschein geben ihren Inhabern kein Recht auf eine bestimmte Dienststelle.

§ 10. (1.) Die Militäranwärter usw. haben sich um die von ihnen begehrten Stellen bei den Anstellungsbehörden zu bewerben. Die Bewerbungen haben zu erfolgen:

a) seitens der noch im aktiven Militärdienste befindlichen Militäranwärter durch Vermittlung der vorgesetzten Militärbehörde;

b) seitens der übrigen Militäranwärter usw. entweder unmittelbar oder durch Vermittlung des heimatlichen Bezirkskommandos, das jede eingehende Bewerbung sofort der zuständigen Anstellungsbehörde mitteilt.

(2.) Militäranwärter usw. sind zu Bewerbungen vor oder nach dem Eintritt der Stellenerledigung so lange berechtigt, bis sie eine etatsmäßige Stelle erlangt und angetreten haben, mit der Anspruch oder Aussicht auf Ruhegehalt oder dauernde Unterstützung verbunden ist. Bewerbungen um Stellen, die nur im Wege des Aufrückens zu erlangen sind, werden jedoch hierdurch nicht ausgeschlossen.

6. Über die Reihenfolge, in der die Einberufung der Stellenanwärter zu erfolgen hat, ist in § 18 der Anstellungsgrundsätze folgendes bestimmt:

1. Bei Einberufungen für den Dienst eines Bundesstaates kann den diesem Staate angehörenden oder aus dessen Kontingent hervorgegangenen Stellenanwärtern vor allen übrigen der Vorzug gegeben werden.

2. Bei Einberufungen für den See-, Küsten- und Seehafendienst sind Unteroffiziere der Marine vor den Unteroffizieren des Landheeres zu berücksichtigen.

3. Wo nicht etwa die Bestimmungen unter Nr. 1 und 2 ein Vorzugsrecht begründen, dürfen Inhaber des An-

stellungsscheines nur dann einberufen werden, wenn keine Militäranwärter vorgemerkt sind, oder wenn sich keiner der vorgemerkten zivilversorgungsberechtigten Stellenanwärter zur Annahme der zu besetzenden Stelle (Unterbeamtenstelle) bereit findet.

4. Insoweit die Grundsätze unter Nr. 1, 2 und 3 keinen Vorzug begründen, sind in erster Reihe Unteroffiziere einzuberufen, die mindestens acht Jahre im Heere oder in der Marine aktiv gedient haben. Abweichungen hiervon sind nur in Ausnahmefällen und nur insoweit zulässig, als sie durch ein dringendes dienstliches Interesse bedingt werden.

5. Innerhalb der einzelnen Klassen von Stellenanwärtern ist bei der Einberufung die Reihenfolge in dem Verzeichnis (§ 15) in Betracht zu ziehen.

6. Die Reichs-, Post- und Telegraphenverwaltung wird bei ihren Anstellungen vorzugsweise die Stellenanwärter des Staates berücksichtigen, in dem die Vakanz entstanden ist.

7. Vor der Einberufung eines Militäranwärters usw. haben sich die Anstellungsbehörden die Urschrift des Zivilversorgungsscheines oder des Anstellungsscheines vorlegen zu lassen.

7. Ein Verzeichnis der den Militäranwärtern usw. zur Zeit im Reichsdienst vorbehaltenen Stellen enthält Anl. F der Anstellungsgrundsätze. S. ZBl. f. d. Deutsche Reich S. 331 ff.

Die Verzeichnisse bezüglich des Staatsdienstes werden von den einzelnen Landesregierungen aufgestellt und dem Reichskanzler mitgeteilt. Letzterer wird von etwaigen Ausstellungen gegen diese Verzeichnisse den beteiligten Landesregierungen Kenntnis geben.

Die Verzeichnisse sowie etwaige Nachträge dazu werden durch das ZBl. f. d. Deutsche Reich veröffentlicht. (§ 8 der Grundsätze für die Besetzung der mittleren, Kanzlei- und Unterbeamtenstellen bei den Reichs- und Staatsbehörden usw.)

8. **Zu Abs. 2.**

Die Vorschrift ist von der Kommission hinzugefügt worden.

Die Grundsätze sind dem Reichstage nur „zur Kenntnisnahme“ vorzulegen. Ein Recht bei der Aufstellung der Grundsätze mitzuwirken, diese zu genehmigen oder abzulehnen oder abzuändern, steht dem Reichstage nach dem Gesetze nicht zu. In der Kommission war der Antrag gestellt worden, den Abs. 2 folgendermaßen zu fassen: „Diese Grundsätze sind dem Reichstag mitzuteilen. Sie treten außer Kraft, wenn der Reichstag die Genehmigung derselben versagt“. Der Antrag wurde in erster Lesung angenommen. In der 2. Lesung aber wurde der Satz: „sie treten außer Kraft, wenn der Reichstag die Genehmigung versagt“, nach lebhaften Erörterungen wieder gestrichen, nachdem insbesondere auch mehrfach betont worden war, daß der Vorbehalt der Genehmigung des Reichstages einen Eingriff in die Befugnisse der Einzelstaaten bedeuten würde. KomBer. S. 125, 128 bis 132. Hiernach ist also die Feststellung der Grundsätze ausschließliches Recht des Bundesrates. Selbstredend ist dem Reichstag aber das Recht, seinen Wünschen auf Abänderung in Form von Resolutionen Ausdruck zu geben, ungeschmälert verblieben.

Natürlich sind dem Reichstag auch etwaige spätere Abänderungen der Grundsätze mitzuteilen. KomBer. S. 128.

§ 19.

Die im § 15 bezeichneten Kapitulanten, denen der Zivilversorgungsschein wegen mangelnder Brauchbarkeit zum Beamten nicht erteilt wird, erhalten bei der Entlassung aus dem aktiven Dienste eine laufende Geldentschädigung (Zivilversorgungsentschädigung) von 12 Mark monatlich.

Wird ihnen der Anspruch auf den Zivilversorgungsschein wegen mangelnder Würdigkeit zum Beamten nicht zuerkannt, so kann die Zivilversorgungsentschädigung bewilligt werden, sofern sie nicht durch ihr Verhalten einen Mangel an ehrliebender Gesinnung bekundet haben.

Von der Kommission wurde § 19 in erster und zweiter Lesung ohne Erörterung unverändert angenommen. KomBer. S. 132.

1. Zu Abs. 1.

a) Wegen des Begriffes „Kapitulanten" s. § 1 Abs. 4. Nur die im § 15 bezeichneten Kapitulanten (mit zwölf- und mehrjähriger Dienstzeit) kommen für die Zivilversorgungsentschädigung in Betracht, nicht auch die in § 16 bezeichneten (mit kürzerer als zwölfjähriger Dienstzeit). S. auch § 16 Anm. 9.

b) Unter der mangelnden Brauchbarkeit ist die mangelnde körperliche Brauchbarkeit zu verstehen. S. § 15 Anm. 3c.

c) Wegen der „Entlassung aus dem aktiven Dienste" s. § 1 Anm. 3b.

d) Wird der Zivilversorgungsschein wegen mangelnder körperlicher Brauchbarkeit zum Beamten nicht erteilt, so besteht auf die Bewilligung der laufenden Geldentschädigung ein Rechtsanspruch. Im Versagungsfalle ist der Rechtsweg zulässig. S. § 42.

2. Zu Abs. 2.

a) In der Begründung wird hierzu ausgeführt (S. 30): Die Vorschrift im letzten Absatze des § 19 liegt in der Billigkeit und berücksichtigt diejenigen Kapitulanten, bei welchen wegen erlittener Strafen, mangelhafter dienstlicher Führung oder nicht vorwurfsfreien Lebenswandels die **Würdigkeit** zum Beamten nicht anerkannt werden kann, ohne daß sie durch ihr Verhalten an ihrer Ehre geschädigt sind. Diese Kapitulanten mit zwölfjähriger und längerer Dienstzeit würden über Gebühr hart gestraft werden, wenn ihnen grundsätzlich auch die Zivilversorgungsentschädigung verweigert werden sollte. Ist jedoch der Anspruch auf den Zivilversorgungsschein wegen Mangels an ehrliebender Gesinnung nicht zuerkannt worden, so soll die Zivilversorgungsentschädigung versagt werden.

b) Wegen des Begriffes „mangelnde Würdigkeit" s. § 15 Anm. 3c.

c) Wird der Zivilversorgungsschein versagt wegen mangelnder **Würdigkeit** zum Beamten, so besteht **kein Rechtsanspruch** auf Bewilligung der Entschädigung; sie „**kann**" bewilligt werden. Die Militärbehörde entscheidet nach freiem Ermessen. Der Rechtsweg ist gegen die Entscheidung nicht zulässig. (Darüber, inwieweit gegen die Versagung des Zivilversorgungsscheines selbst der Rechtsweg möglich ist, s. § 15 Anm. 5.)

Auch darüber, ob der Kapitulant durch sein Verhalten einen **Mangel an ehrliebender Gesinnung** bekundet hat, entscheidet ausschließlich die Militärbehörde. Daß strafrechtlich auf Verlust der bürgerlichen Ehrenrechte erkannt sei, ist für die Annahme eines Mangels an ehrliebender Gesinnung nicht erforderlich. Dieser kann vielmehr auch angenommen werden, ohne daß gerichtlich auf die angeführte Ehrenstrafe erkannt ist.

3. Wegen des **Ruhens** des Rechtes auf den Bezug der Zivilversorgungsentschädigung s. § 37.

4. Die Zivilversorgungsentschädigung ist (als „Versorgungsgebührnis) nach § 40 **unpfändbar**.

§ 20.

Die im § 15 bezeichneten Kapitulanten können bei der Entlassung und bis zum Ablaufe von vier Jahren nach der Entlassung aus dem aktiven Militärdienst an Stelle des Scheines die Zivilversorgungsentschädigung von 12 Mark monatlich wählen, sofern sie nicht in einer Stelle des Zivildienstes (§ 36) schon endgültig angestellt worden sind. Eine spätere Wahl der Zivilversorgungsentschädigung ist zulässig, sofern der Kapitulant wegen Unbrauchbarkeit aus dem Zivildienst ohne Zivilpension ausgeschieden ist.

Die einmalige Wiederwahl des Zivilversorgungsscheins ist zulässig.

Das Wahlrecht erlischt mit dem Verluste der Würdigkeit zum Beamten.

1. Die §§ 20, 21 handeln von dem Rechte der Kapitulanten, anstatt des Zivilversorgungsscheines eine Entschädigung in Geld zu wählen und zwar regelt § 20 den Fall der Bewilligung einer fortlaufenden monatlichen Entschädigung, § 21 den Fall der einmaligen Abfindung durch Geld. In der Begründung des Entwurfs (Allgemeines II S. 24) heißt es hierzu: Kapitulanten, die den Zivilversorgungsschein durch zwölfjährige Dienstzeit erworben haben, soll die Möglichkeit geboten werden, an Stelle des Scheines eine Geldentschädigung zu erlangen. Denn wenn es einzelnen dieser Kapitulanten gelingt, im Privatdienst ein Unterkommen zu finden und sie daher auf die Benutzung des Zivilversorgungsscheines verzichten können oder wenn andere aus sonstigen zwingenden Gründen auf die Benutzung des

Scheines verzichten, so würde es ungerecht sein, sie für die dem Staate geleisteten langjährigen Dienste ganz ohne Entschädigung zu lassen.

Von der Kommission wurde dem Abs. 1 des Schlußsatz betr. Zulässigkeit einer späteren Wahl der Zivilversorgungsentschädigung hinzugefügt, im übrigen § 20 ohne Änderung in erster und zweiter Lesung angenommen. KomBer. S. 132, 237.

2. Die Vorschrift des § 20 bezieht sich nur auf die in § 15 bezeichneten Kapitulanten (mit Dienstzeit von 12 Jahren und mehr) nicht auch auf die in § 16 bezeichneten (mit kürzerer als zwölfjähriger Dienstzeit).

3. Zu Abs. 1.

a) Wegen des Begriffes „Kapitulanten" s. § 1 Abs. 4.

b) Das Recht, an Stelle des Scheines die monatliche Geldentschädigung zu wählen, besteht regelmäßig 4 Jahre von der Entlassung aus dem aktiven Militärdienst ab (vgl. hierzu § 1 Anm. 3b). Es erlischt mit der endgültigen Anstellung im Zivildienste. Bei einer bloß vorübergehenden Beschäftigung bleibt das Wahlrecht bestehen.

„Als endgültige Anstellung ist die Übernahme des Militäranwärters in eine etatsmäßige mit pensionsfähigem Diensteinkommen verbundene Stelle des Zivildienstes zu verstehen, mag die Anstellung auf Lebenszeit oder unter dem Vorbehalte der Kündigung erfolgt sein." AusfBest. der Preuß., Bayer., Sächs. und Württemb. Kriegsm. und des Reichs-Marine-Amtes.

Was als Zivildienst gilt, ist in § 36 Abs. 2 bestimmt.

c) Ausnahmsweise ist eine spätere Wahl noch zugelassen für den Fall, daß der Kapitulant wegen Unbrauchbarkeit aus dem Zivildienst ohne Zivilpension ausgeschieden ist. Diese Bestimmung ist von der Kommission eingefügt (s. Anm. 1). Sie wurde damit begründet, daß man für die Leute Vorsorge treffen wolle, die wegen ihres körperlichen Leidens nur ganz kurze Zeit in einer Zivilstellung hätten bleiben können. KomBer. S. 132. Unter der Unbrauchbarkeit ist auch hier die körperliche Unbrauchbarkeit zu verstehen. Es gilt das zu § 15 Anm. 3 c und d Gesagte.

Ob die Ausscheidung wegen Unbrauchbarkeit freiwillig oder unfreiwillig erfolgte, ist gleichgültig.

d) AusfBest. d. Bundesrats (Nr. 2):

Stellenanwärter, die statt des Zivilversorgungsscheines nachträglich die Zivilversorgungsentschädigung wählen, haben hiervon den Anstellungsbehörden, bei denen sie vorgemerkt sind, Anzeige zu erstatten und sind in den Bewerberverzeichnissen zu streichen.

4. Zu Abs. 2.

Das Recht der einmaligen Wiederwahl ist nicht durch eine Frist beschränkt.

5. Zu Abs. 3.

a) Durch die Vorschrift soll verhindert werden, daß Inhaber des Zivilversorgungsscheines, die zum Beamten unwürdig geworden sind, so daß sie keine Aussicht haben, von einer Anstellungsbehörde angenommen zu werden, alsdann noch in den Genuß der Zivilversorgungsentschädigung gelangen. Begr. S. 31.

b) Darüber, ob „Würdigkeit zum Beamten" besteht oder verloren gegangen ist, entscheidet nach § 43 Abs. 1 Nr. 3 die oberste Militärverwaltungsbehörde des Kontingents (oberste Marineverwaltungsbehörde § 60, Kolonial-Zentralverwaltung § 72) ausschließlich und endgültig. Der Rechtsweg ist hierüber nicht zulässig.

5. Über das Verfahren im Falle des § 20 s. Preuß. Pension.-Vorschrift, III. Teil, Z. 31 und 62.

§ 21.

Den im § 15 bezeichneten Kapitulanten, welche auf den Zivilversorgungsschein oder auf die Zivilversorgungsentschädigung Anspruch haben, kann bei der Entlassung und bis zum Ablauf eines Jahres nach der Entlassung aus dem aktiven Militärdienst auf ihren Antrag, gegen Verzicht auf den Schein und auf die Zivilversorgungsentschädigung, durch die oberste Militärverwaltungsbehörde des Kontingents eine einmalige Geldabfindung von 1500 Mark bewilligt werden, wenn sie für eine nützliche Verwendung des Geldes Gewähr bieten.

Soweit die Zivilversorgungsentschädigung schon bezogen ist, sind die gezahlten Beträge auf die einmalige Abfindung anzurechnen.

1. Die einmalige Geldabfindung von 1500 *M* soll denjenigen Kapitulanten zum besseren Fortkommen im bürgerlichen Leben gewährt werden können, welche genötigt sind oder für die es vorteilhafter ist, auf die Zivilversorgung zu verzichten. Die Bewilligung soll nur erfolgen dürfen, wenn der Kapitulant in seiner Persönlichkeit für eine nützliche Verwendung des Kapitals die Gewähr bietet. Ein Anspruch auf diese Bewilligung soll nicht gewährt werden. Begr. S. 31.

§ 21 wurde von der Kommission in erster und zweiter Lesung ohne Erörterung angenommen. KomBer. S. 132.

2. Die Vorschrift des § 21 bezieht sich nur auf die in § 15 bezeichneten Kapitulanten (mit zwölfjähriger oder längerer Dienstzeit), nicht auch auf die in § 16 bezeichneten (mit kürzerer als zwölfjähriger Dienstzeit).

Wegen des Begriffes „Kapitulanten“ s. § 1 Abs. 4.

3. Ein Rechtsanspruch auf die Bewilligung der einmaligen Geldabfindung ist vom Gesetze nicht gewährt, jene ist vielmehr nur für zulässig erklärt worden („kann“ bewilligt werden). Die oberste Militärverwaltungsbehörde des Kontingents (§ 5 Anm. 3 b) entscheidet nach freiem Ermessen. Gegen die Entscheidung ist der Rechtsweg nicht zulässig.

4. Nach Ablauf eines Jahres seit der Entlassung aus dem aktiven Militärdienst (§ 1 Anm. 3 c) ist die Bewilligung der einmaligen Geldabfindung nicht mehr zulässig.

5. Eine besondere Form ist für den Verzicht nicht vorgeschrieben.

6. Über die Frage, ob der Kapitulant für eine nützliche Verwendung des Geldes die nötige Gewähr bietet, entscheidet endgültig die oberste Militärverwaltungsbehörde des Kontingents (§ 5 Anm. 3 b). Der Rechtsweg ist hierüber nicht zulässig.

7. AusfBest. d. Bundesrats (Nr. 2):

Stellenanwärter, die statt des Zivilversorgungsscheines nachträglich die einmalige Geldabfindung wählen, haben hiervon den Anstellungsbehörden, bei denen sie vorgemerkt sind, Anzeige zu erstatten und sind in den Bewerberverzeichnissen zu streichen.

8. Über die Behandlung der Anträge auf Bewilligung der einmaligen Geldabfindung schreibt die Preuß. Pension.-Vorschrift vor:

Anträge auf Bewilligung der einmaligen Geldabfindung von 1500 *M* für den Zivilversorgungsschein sind dem Kriegsministerium (Versorgungs- und Justizdepartement) unter Beifügung der Vorgänge zur Entscheidung vorzulegen.

In den Anträgen ist darzulegen, in welcher Weise für die nützliche Verwendung des Geldes Gewähr geboten wird.

Die Feststellung erfolgt durch das Generalkommando.

Das Nähere s. Pension.-Vorschrift, III. Teil, Z. 32 und 63.

9. Bezüglich der Pfändbarkeit der einmaligen Geldabfindung bestimmt das Gesetz in § 40 Abs. 1, daß „ein der einmaligen Geldabfindung für den Zivilversorgungsschein gleichkommender Geldbetrag bis zum Ablauf von drei Monaten nach Auszahlung dieses Betrages der Pfändung nicht unterworfen ist".

§ 22.

Kapitulanten, welche die einmalige Geldabfindung gemäß § 21 erhalten haben, sind zur Rückzahlung des Betrags verpflichtet, wenn sie in einer Stelle des Zivildienstes (§ 36) angestellt oder ohne Unterbrechung länger als sechs Monate beschäftigt werden.

Ein Anspruch auf Aushändigung des Zivilversorgungsscheins entsteht erst nach völliger Rückzahlung der einmaligen Geldentschädigung.

1. Durch diese Vorschrift soll etwaigen Umgehungen des Gesetzes vorgebeugt werden. Sie ist erforderlich, weil anderenfalls die Kapitulanten, welche die einmalige Geldabfindung erhalten haben, gegenüber den Inhabern des Zivilversorgungsscheines und den Empfängern der Zivilversorgungsentschädigung eine unberechtigte Bevorzugung erfahren würden. Begr. S. 31.

In der Kommission wurde die Bestimmung des Entwurfs — nach Hinzufügung des Abs. 2, s. Anm. 4 —, in erster und zweiter Lesung unverändert angenommen. KomBer. S. 132.

2. Die Verpflichtung zur Rückzahlung der Geldabfindung entsteht mit der endgültigen Anstellung im Zivildienste (s. § 36 Abs. 2) oder bei nicht endgültiger

Anstellung, sobald feststeht, daß die Beschäftigung ununterbrochen länger als 6 Monate dauert. Auch bei einer Beschäftigung „auf Probe“ oder „aushilfsweise“ muß, wenn sie ununterbrochen länger als 6 Monate dauert, die Rückzahlung erfolgen. Diese kann in Teilbeträgen gestattet werden (s. die AusfBest. d. Bundesrats, Z. 5 in Anm. 3). Bei Weigerung oder Verzögerung der Rückzahlung kann diese durch gerichtliche Klage erzwungen werden. Wegen des Pfändungsrechtes des Militärfiskus s. § 40 Abs. 2.

3. AusfBest. d. Bundesrats:

3. Bei Rückzahlung von Versorgungsgebührnissen erfolgt die Regelung durch die Pensionsregelungsbehörden (s. Anl. 3 und § 27 Anm. 3, S. 145).

4. Den Pensionsregelungsbehörden ist von allen Veränderungen in den persönlichen Verhältnissen eines Invaliden oder Rentenempfängers, welche die Rückzahlung von Versorgungsgebührnissen zur Folge haben können, insbesondere von allen Anstellungen oder Beschäftigungen im ... Zivildienste seitens der dem Invaliden oder Rentenempfänger vorgesetzten Behörde Mitteilung zu machen.

5. Die Bewilligung der einmaligen Geldabfindung von 1500 ℳ an Kapitulanten ist aus dem Militärpaß zu ersehen.

Die vorgesetzte Behörde hat den Angestellten oder Beschäftigten auf seine gesetzliche Verpflichtung zur Rückzahlung des Betrags besonders hinzuweisen. Die Rückzahlung kann mit Genehmigung der Pensionsregelungsbehörde in angemessenen Teilbeträgen erfolgen.

4. **Zu Abs. 2.**

a) Die Vorschrift ist von der Kommission hinzugefügt worden. Man erachtete es für unrichtig, einem Kapitulanten seinen Zivilversorgungsschein zurückzugeben, ehe derselbe nicht die ihm bezahlte Geldabfindung für den Schein seinerseits wieder ausgehändigt hatte. KomBer. S. 132.

b) Ist die Geldabfindung völlig zurückgezahlt — aber auch erst dann —, so besteht ein klagbarer **Rechtsanspruch** auf Aushändigung des Zivilversorgungsscheines.

§ 23.

Den im Zivilstaatsdienste sowie im Kommunal- und Institutendienst usw. angestellten Militäranwärtern und forstversorgungsberechtigten Personen des Jägerkorps wird die Militärdienstzeit bei Ermittelung der Pension als pensionsfähige Dienstzeit nach Maßgabe des Reichsbeamtengesetzes oder doch mindestens soweit angerechnet, als die Zivildienstzeit nach den Vorschriften des Landesrechts angerechnet wird.

Landesrechtliche Vorschriften, welche hinsichtlich der Anrechnung der Militärdienstzeit günstiger sind, bleiben unberührt.

1. Durch die Vorschrift des § 23 soll verhütet werden, daß in den einzelnen Bundesstaaten die Militäranwärter bei der Pensionierung in bezug auf die Anrechnung der Militärdienstzeit ungünstiger behandelt werden, als die Zivilanwärter. In erster Linie soll den im Zivilstaatsdienste, im Kommunal- und Institutendienst usw. angestellten Militäranwärtern und forstversorgungsberechtigten Personen des Jägerkorps bei Festsetzung der Pension die Militärdienstzeit angerechnet werden nach den Vorschriften des Reichsbeamtengesetzes über die Anrechnung der Militärdienstzeit. Zum wenigsten aber muß ihnen in jedem Bundesstaate von der Militärdienstzeit soviel angerechnet werden, wie nach der dortigen Landesgesetzgebung von der Zivildienstzeit angerechnet wird.

Die Fassung des Gesetzes weicht von dem Entwurf nicht unwesentlich ab. Sie beruht auf den Beschlüssen der Kommission in erster und zweiter Lesung. S. Kom.-Ber. S. 131, 135, 136.

2. Als „Kommunaldienst" ist sowohl der Dienst bei den Gemeindebehörden, wie auch der bei den Kreis- und Provinzialbehörden anzusehen. S. auch § 18 Anm. 3.

Unter dem „Institutendienst" ist der Dienst bei den in § 18 bezeichneten „Instituten" zu verstehen.

Mit dem Zusatz „usw." ist der Dienst bei den übrigen in § 18 bezeichneten Behörden und Anstalten gemeint.

3. Als Anstellung ist die Anstellung „als Beamter oder in der Eigenschaft eines Beamten" anzusehen. S. § 36 Anm. 4c u. 6a.

4. Als „Militäranwärter" gelten nur die Inhaber des Zivilversorgungsscheines, nicht auch die in § 17 behandelten Inhaber des Anstellungsscheines. Vgl. hierzu § 18 Anm. 1. Nur auf die ersteren bezieht sich die Vorschrift des § 23.

5. Den Reichsbeamten wird bei Berechnung der Dienstzeit zu der Zivildienstzeit die Zeit des aktiven Militärdienstes hinzugerechnet. Jedoch bleibt die Dienstzeit, welche vor den Beginn des achtzehnten Lebensjahres fällt, außer Berechnung. Nur im Kriegsfalle wird die Militärdienstzeit vom Beginne des Krieges, beim Eintritt in den Militärdienst während des Krieges vom Tage des Eintritts ab gerechnet. (Reichsbeamtengesetz in der Fassung vom 18. Mai 1907, §§ 47, 48, RGBl. S. 255.) Diese reichsgesetzlichen Bestimmungen über die Anrechnung der Militärdienstzeit sollen auch auf die im Staats-, Kommunal-, Institutendienst usw. angestellten Militäranwärter und forstversorgungsberechtigten Personen des Jägerkorps angewendet werden. Jedoch ist ihre Anwendung nicht für unbedingt obligatorisch erklärt worden, vielmehr nach wie vor in das Belieben

der einzelnen Behörden usw. gestellt. Zum wenigsten muß in jedem Bundesstaate den Militäranwärtern usw. die Militärdienstzeit soweit angerechnet werden, als dort die Zivildienstzeit angerechnet wird. S. auch Anm. 1.

6. Unter der Militärdienstzeit ist die Zeit des aktiven Dienstes zu verstehen. Vgl. hierzu § 1 Anm. 3b u. 6b.

7. Die Vorschrift des § 23 über die Anrechnung der Militärdienstzeit ist nur anwendbar bei Festsetzung der Pension, nicht auch bei Festsetzung des Besoldungs-Dienstalters.

8. Darauf, daß die Militärdienstzeit mindestens soweit angerechnet wird, als die Zivildienstzeit nach den Vorschriften des Landesrechts anzurechnen ist, besteht ein klagbarer Rechtsanspruch. Wegen des Rechtsweges s. § 42.

9. Für das Königreich Bayern gilt die Vorschrift des § 23 zunächst noch nicht. Hier tritt sie vielmehr nach der ausdrücklichen Bestimmung in § 76 Abs. 3 erst mit dem Erlaß eines neuen Beamtenpensionsgesetzes in Kraft. Bis dahin bleiben für Bayern die bisherigen Vorschriften maßgebend.

Bedingte Rente und Rentenzuschüsse.

§ 24.

Den im § 16 bezeichneten Kapitulanten, welche mit dem Zivilversorgungsschein entlassen werden, aber nicht alsbald im Zivildienst (§ 36) Anstellung oder Beschäftigung finden, kann im Falle des Bedürfnisses eine Rente oder, falls sie eine solche beziehen, ein Rentenzuschuß bis zur Erreichung der Vollrente ihres Dienstgrades (§ 9 Abs. 1) gewährt werden, jedoch längstens auf die Dauer eines Jahres von der Entlassung ab.

1. Durch diese Vorschrift soll der wirtschaftlichen Notlage abgeholfen werden, in die erfahrungsmäßig diejenigen Kapitulanten häufig geraten, welche vor Erreichung der zwölfjährigen Dienstzeit wegen körperlicher Gebrechen mit dem Zivilversorgungsschein ausscheiden, aber nicht sofort Unterkommen im Zivildienste finden. Durch die Gewährung einer Rente oder eines Zuschusses längstens auf die Dauer eines Jahres von der Entlassung ab wird dem Bedürfnisse hinreichend Rechnung getragen sein. Begr. S. 31.

Von der Kommission wurde § 24 in erster und zweiter Lesung ohne Erörterung angenommen. KomBer. S. 136, 238.

2. Die Vorschrift des § 24 erstreckt sich nur auf die in § 16 bezeichneten Kapitulanten (mit kürzerer als zwölfjähriger Dienstzeit und wegen körperlicher Gebrechen entlassen), die Inhaber des Zivilversorgungsscheines (Militäranwärter) sind, nicht auch auf die in § 15 bezeichneten (mit zwölfjähriger und längerer Dienstzeit), ferner nicht auf die Inhaber des Anstellungsscheines für den Unterbeamtendienst (§ 17).

Wegen des Begriffes „Kapitulanten" s. § 1 Abs. 4.

3. Die Gewährung der Rente oder des Rentenzuschusses soll nur bedingungsweise, nämlich nur dann erfolgen, wenn der Inhaber des Zivilversorgungsscheines erstens nicht alsbald eine endgültige Anstellung oder eine Beschäftigung im Zivildienst findet und zweitens, wenn er bedürftig ist.

Was als Zivildienst zu gelten hat, ist in § 36 Abs. 2 bestimmt.

Als „Beschäftigung" ist auch eine bloß vorübergehende oder aushilfsweise anzusehen.

Ob Bedürfnis (Bedürftigkeit) vorliegt, entscheidet die Militärbehörde nach freiem Ermessen. In den

AusfBest. d. Preuß., Bayer., Sächs. und Württemb. Kriegsm. und des Reichs-Marine-Amtes heißt es hierzu:

Die bedingte Rente oder der Rentenzuschuß ist zur Unterstützung derjenigen Kapitulanten bestimmt, welche nach ihrer Entlassung aus dem aktiven Militärdienste nicht alsbald eine Anstellung oder Beschäftigung zu finden vermögen und infolge Fehlens eines anderen Lebensunterhalts ohne diese Zuwendung in eine wirtschaftliche Notlage geraten würden.

Die Rente sowie der Rentenzuschuß ist zunächst nur für einen Zeitraum von 3 bis 6 Monaten zu bewilligen. Die Bewilligung ist auf Antrag nach Bedürfnis zu verlängern (jedoch längstens für ein Jahr von der Entlassung ab).

4. Nach der Preuß. Pension.-Vorschrift (III. Teil Z. 33) sind Anträge auf Gewährung einer Rente nach § 24 mit Rentenliste, solche auf Gewährung eines Rentenzuschusses mit Renten-Nachliste dem Generalkommando vorzulegen. Näheres s. Z. 33 und 64.

5. Auf die Gewährung der bedingten Rente oder des Rentenzuschusses besteht kein Anspruch, sie ist vielmehr nur für zulässig erklärt worden: „kann" gewährt werden. Die oberste Militärverwaltungsbehörde entscheidet nach freiem Ermessen Gegen die Versagung ist der Rechtsweg nicht zulässig.

6. Die bedingte Rente und der Rentenzuschuß sind unpfändbar (§ 40 Abs. 1; s. aber auch Abs. 2).

§ 25.

Unteroffizieren und Gemeinen, die wegen körperlicher Gebrechen aus dem aktiven Dienste entlassen werden und auf Rente keinen Anspruch haben, kann eine solche im Falle dringender Bedürftigkeit vorübergehend bis zum Betrage von $^{50}/_{100}$ der Vollrente ihres Dienstgrads (§ 9 Abs. 1) gewährt werden.

Die erstmalige Gewährung ist nur bis zum Ablaufe von zwei Jahren nach der Entlassung zulässig.

1. In der Begründung zu § 25 heißt es (S. 32): Für diejenigen Unteroffiziere und Gemeinen, welche mit erheblich geminderter Erwerbsfähigkeit aus dem Dienste entlassen werden, ist es erfahrungsmäßig mit Schwierigkeit verknüpft, im bürgerlichen Leben wieder Arbeit und Erwerb zu finden. Haben sie auf Rente keinen Anspruch und stehen ihnen Privatmittel nicht zur Verfügung, so fehlt ihnen häufig das Nötigste zum Lebensunterhalte. In derartigen Fällen soll die Vorschrift die Möglichkeit gewähren, eine dem Grade der Hilfsbedürftigkeit angemessene Rente vorübergehend bewilligen zu können, wie solches schon nach den bisherigen gesetzlichen Vorschriften (§ 110 d. Ges. v. 27. Juni 1871) geschieht. Die Vorschrift wurde von der Kommission in erster und zweiter Lesung unverändert angenommen. KomBer. S. 136, 238.

2. Für die Gewährung einer Rente an Unteroffiziere und Gemeine, die keinen Rechtsanspruch auf eine solche haben, — weil ihre Erwerbsfähigkeit nicht infolge einer Dienstbeschädigung aufgehoben oder um wenigstens 10 Prozent gemindert ist (§ 1) und weil sie nicht zu den nach Abs. 2 und 3 daselbst versorgungsberechtigten Kapitulanten gehören — ist Voraussetzung:

a) Entlassung aus dem aktiven Dienst wegen körperlicher Gebrechen;

b) dringende Bedürftigkeit.

Ist die Entlassung aus anderen Gründen erfolgt, so ist die Gewährung einer Rente nach § 25 unzulässig. Ebenso, wenn keine dringende Bedürftigkeit vorliegt. Wann diese angenommen werden kann oder muß, ist Tatfrage. In den AusfBest. d. Preuß., Bayer., Sächs.

und Württemb. Kriegsm. und des Reichs-Marine-Amtes heißt es hierzu:

Bei Beurteilung der dringenden Bedürftigkeit und bei Bemessung der Höhe der bedingten Rente sind sowohl der Grad der Erwerbsunfähigkeit als auch die sonstigen Verhältnisse des Betreffenden in Betracht zu ziehen. Dringende Bedürftigkeit wird im allgemeinen erst anzuerkennen sein, wenn die Erwerbsfähigkeit um wenigstens 30% beeinträchtigt ist; jedoch vermögen außergewöhnliche ungünstige häusliche Verhältnisse eine Abweichung hiervon zu begründen.

Diese Rente tritt an die Stelle der Unterstützung nach § 110 Ges. 71. Sie wird in der Regel auf die Hälfte der Rentensätze bei Dienstbeschädigung zu bemessen sein und ist nur vorübergehend auf ein oder mehrere Jahre zu bewilligen. Vor ihrer Weiterbewilligung ist die Bedürftigkeit erneut festzustellen.

S. auch Preuß. Pension.-Vorschrift Z. 67, 68.

3. Aber selbst wenn die Voraussetzungen für die Gewährung — Entlassung wegen körperlicher Gebrechen und dringende Bedürftigkeit — vorliegen, so besteht doch kein Rechtsanspruch auf die Gewährung der Rente nach § 25, vielmehr ist jene nur für zulässig erklärt worden: „kann" gewährt werden. Die Militärbehörde entscheidet nach freiem Ermessen. Gegen die Versagung ist der Rechtsweg nicht zulässig. Die Höhe der Rente richtet sich nach den Verhältnissen des Bedürftigen, jedoch mit der Maßgabe, daß sie niemals die Hälfte der Vollrente des entsprechenden Dienstgrades (§ 9 Abs. 1) übersteigen darf.

4. Die Gewährung erfolgt immer nur vorübergehend, nicht dauernd (s. die AusfBest. in Anm. 2). Die Rente kann auch jederzeit wegen veränderter Verhältnisse wieder entzogen oder anders festgesetzt werden.

5. Auch in dem Falle des Abs. 2 ist die wiederholte Gewährung immer zeitlich auf eine bestimmte Zahl von

Jahren zu beschränken, sie kann nicht auf Lebenszeit erfolgen.

6. Die auf Grund des § 25 gewährte Rente ist ebenfalls nach § 40 der Pfändung nicht unterworfen (s. aber Abs. 2 dort).

Alterszulage.

§ 26.

Erreicht das jährliche Gesamteinkommen eines Empfängers der Kriegszulage (§ 14) nicht 600 Mark, so kann ihm vom ersten Tage des Monats ab, in welchem er das fünfundfünfzigste Lebensjahr vollendet, eine Zulage (Alterszulage) bis zur Erreichung dieses Betrags gewährt werden. Die Zulage kann bereits früher gewährt werden, wenn dauernde völlige Erwerbsunfähigkeit festgestellt worden ist.

Die Alterszulage ist kein Bezug im Sinne des § 48 Abs. 1 Nr. 2 des Invalidenversicherungsgesetzes vom 13. Juli 1899.

1. Die Vorschrift des Abs. 1 entspricht dem § 10 des Gesetzes betr. Versorgung der Kriegsinvaliden und der Kriegshinterbliebenen vom 31. Mai 1901. Während dort aber die Gewährung der Alterszulage obligatorisch, als Rechtsanspruch geschaffen ist, hat das Gesetz hier die Gewährung nur für *zulässig* erklärt „im Hinblick auf mehrfache Unzuträglichkeiten, die infolge der bisher obligatorischen Gewährung zu Tage getreten sind". Begr. S. 32. Der in der Kommission gestellte Antrag, im ersten Satz das Wort „*kann*" durch „*muß*" zu ersetzen, wurde mit großer Mehrheit abgelehnt. KomBer. S. 136, 137. Bei Nichtgewährung der Zulage ist also der *Rechtsweg ausgeschlossen*. In der Kommission

wurde aber ausdrücklich erklärt, „es sei zu erwarten, daß die Heeresverwaltung, wo es irgend angängig sei, die Alterszulage nach wie vor gewähren würde."

2. Für die Gewährung der Alterszulage kommen im Reichsheere (wegen der Marine s. Anm. 12) von vornherein nur Empfänger der Kriegszulage, d. h. nach § 14 nur diejenigen Unteroffiziere und Gemeine in Betracht, deren Erwerbsfähigkeit durch eine im Kriege erlittene Dienstbeschädigung aufgehoben oder gemindert ist. Vgl. hierzu § 14 Anm. 2, 3 und 5.

3. Auch für die Gewährung der Alterszulage ist, wie bei der Verstümmelungs- und Kriegszulage, das Bestehen des Anspruchs auf Rente — Voll- oder Teilrente — Voraussetzung. Ist ein solcher nicht vorhanden, so kann auch keine Alterszulage verlangt werden. Das geht schon daraus hervor, daß die allein in Betracht kommenden „Empfänger der Kriegszulage" diese nur bei gleichzeitig bestehendem Anspruch auf Rente erhalten. S. § 14 Anm. 2.

4. Nur wenn das „jährliche Gesamteinkommen" 600 M. nicht erreicht, wird eine Alterszulage gewährt. Unter „Gesamteinkommen" soll „jede Art von Einkommen des Rentenberechtigten verstanden sein ohne Rücksicht auf die Quelle, aus der es fließt". Begr. S. 32. Als jährliches Einkommen sind hiernach anzusehen die gesamten Einkünfte des Rentenberechtigten in Geld und Geldeswert für den Zeitraum von einem Jahre, ohne Rücksicht darauf, ob auf diese Einkünfte ein gesetzlicher Anspruch besteht oder nicht, ob sie auf staatlicher oder privater Gewährung beruhen, ob sie als Pensionen, Renten, Zulagen, Unterstützung oder sonstwie bezogen werden. Außer den baren Einnahmen ist auch der Geldwert der etwaigen Naturalbezüge einschließlich des Mietswertes der freien Wohnung zu berücksichtigen. In der Pension.-Vorschrift f. d. Preuß. Heer heißt es (S. 47 Nr. 66): Bei Berechnung des Gesamteinkommens sind

außer den Versorgungsgebührnissen und sonstigen amtlichen sowie privaten Einnahmen an barem Gelde auch etwaige Naturalbezüge, Wohnung usw., soweit ihr durchschnittlicher Geldwert festzustellen ist, in Anrechnung zu bringen. Gelegentlicher geringer Nebenverdienst ist nicht anzurechnen. S. auch § 45 Anm. zu Nr. 3.

5. Die Alterszulage wird nur soweit gewährt, bis das Gesamteinkommen einschließlich der Zulage den Betrag von 600 M. erreicht. Über diesen Betrag hinaus wird überhaupt keine Alterszulage gewährt.

6. **a)** Der Regel nach kann die Alterszulage erst gewährt werden vom ersten Tage des Monats, in dem der Empfänger der Kriegszulage das 55. Lebensjahr vollendet. Nur in einem Falle kann sie ausnahmsweise schon früher gewährt werden, wenn nämlich „dauernde völlige Erwerbsunfähigkeit" festgestellt worden ist. Bei der Beratung der gleichlautenden Bestimmung des Offizierpensionsgesetzes (§ 13) in der Kommission wurde darauf hingewiesen, daß die Vorschrift im Schlußsatz, wonach die Zulage schon früher gewährt werden könne, wenn dauernde völlige Erwerbsunfähigkeit festgestellt sei, wohl zu vielen Härten führen könne. Demgegenüber wurde seitens der Militärverwaltung erklärt, völlige Erwerbsunfähigkeit würde in Übereinstimmung mit der Auslegung des Gesetzes von 1901 dann anzunehmen sein, wenn der Kriegspensionär infolge körperlicher und geistiger Gebrechen nicht imstande sei, einem Erwerbe nachzugehen. (KomBer. S. 51). In gleicher Weise drückt sich die Dienstanw. f. d. Beurt. d. Militärdienstf. § 25 Nr. 7 aus.

b) Bezüglich der Beurteilung der Erwerbsunfähigkeit heißt es in der Preuß. Pension.-Vorschrift S. 47 Nr. 66:

Für die Beurteilung der Erwerbsunfähigkeit ist neben dem Lebensalter nicht nur das den Versorgungsanspruch begründende Leiden, sondern der Gesamtkörperzustand unter Berücksichtigung der bisherigen oder früheren beruflichen Erwerbstätigkeit des Antragstellers in Betracht zu ziehen.

Sofern nach den vorstehenden Gesichtspunkten durch die beigebrachten Beweismittel die Annahme dauernder völliger Erwerbsunfähigkeit ausreichend begründet ist, bedarf es einer militärärztlichen Untersuchung nicht.

c) Die dauernde völlige Erwerbsunfähigkeit muß ausdrücklich festgestellt worden sein. In dem Regierungsentwurfe hieß es: „wenn dauernde völlige Erwerbsunfähigkeit vorhanden ist". In der Kommission wurde aber die jetzt Gesetz gewordene Fassung beschlossen. (KomBer. S. 238.) Wegen der Feststellung s. § 28.

7. Zuständig für die Gewährung der Alterszulage ist die oberste Militärverwaltungsbehörde des Kontingents (s. § 5 Anm. 3a), für die Marine die oberste Marineverwaltungsbehörde (s. § 60). Nach der Pension.-Vorschrift f. d. Preuß. Heer S. 47 Nr. 66 sind Anträge auf Gewährung dem Generalkommando vorzulegen. Den Anträgen sind beizufügen: 1. nach Vollendung des 55. Lebensjahres amtliche Ausweise über das jährliche Gesamteinkommen; 2. vor Vollendung des 55. Lebensjahres die unter 1 geforderten Ausweise und eine amtliche Bescheinigung über diejenigen Tatsachen, welche die Annahme dauernder völliger Erwerbsunfähigkeit begründen sollen.

Ein Muster für Anträge auf Bewilligung von Alterszulage und für die Anerkennungsverfügung enthält die Pension.-Vorschrift in Anl. 9.

8. Die Alterszulage ist unpfändbar und gänzlich steuerfrei. Das Nähere s. § 40.

9. Die Vorschriften der §§ 33 und 35 über das Erlöschen und Ruhen des Rechtes auf den Bezug der

„Versorgungsgebührnisse" beziehen sich auch auf die Alterszulage. § 36 kommt nicht in Betracht.

10. Zu Abs. 2.

Die Vorschrift des Abs. 2 ist notwendig, um zu verhindern, daß infolge Bewilligung der Alterszulage eine bis dahin bezogene Invalidenrente gemäß § 48 Abs. 1 Nr. 2 des Invalidenversicherungsgesetzes vom 13. Juli 1899 entsprechend gekürzt werden kann. Begr. S. 32. Die Gewährung der Alterszulage kann also niemals zu einer Kürzung der Invaliden-(oder Alters-)rente führen. Das Nähere s. § 13 Anm. 15a und b.

11. Die Vorschrift des § 26 hat rückwirkende Kraft. In § 45 Nr. 3 heißt es: Den als Halbinvaliden anerkannten Kriegsinvaliden kann unter den Voraussetzungen des § 26 die Alterszulage gewährt werden.

12. Nach §§ 49 und 63 findet die Vorschrift des § 26 auch auf die Marine und die Schutztruppen Anwendung. Für die Marine kommt außerdem noch die Sondervorschrift des § 59 in Betracht. Hiernach kann auch denjenigen Personen der Unterklassen der Marine, die durch einen im Dienste erlittenen Schiffbruch oder infolge einer militärischen Unternehmung auf einer dienstlichen Seereise rentenberechtigt geworden sind, die Alterszulage gewährt werden, sofern im übrigen die Voraussetzungen des § 26 vorliegen. Das Nähere hierzu s. §§ 59 und 57.

Verfahren.

§ 27.

Die Feststellung und Anweisung der Versorgungsgebührnisse erfolgt durch die oberste Militärverwaltungsbehörde des Kontingents; diese kann ihre Befugnisse auf andere Behörden übertragen, wenn sie ihr nicht durch dieses Gesetz ausdrücklich vorbehalten sind.

1. In den §§ 27 bis 31 wird das Verfahren bei Feststellung und Anweisung der Versorgungsgebührnisse geregelt. „Im bisherigen Gesetze waren solche Vorschriften nicht enthalten. Es ist aber erwünscht, dahingehende allgemeine Vorschriften in das Gesetz aufzunehmen." Begr. S. 32.

§ 27 wurde von der Kommission in beiden Lesungen mit einer unbedeutenden redaktionellen Änderung ohne Erörterung angenommen. KomBer. S. 138, 239.

2. a) Unter den „Versorgungsgebührnissen" sind hier wie überall, wo das Gesetz allgemein von solchen spricht, die sämtlichen als Rechtsanspruch zustehenden oder sonstwie auf Grund des Gesetzes zugebilligten Leistungen zu verstehen, also nicht bloß die Rente selbst (Voll- und Teilrente) — § 9 —, sondern auch die Rentenerhöhung (§ 10), der Rentenzuschuß (§ 24), die bedingte Rente (§§ 24, 25), die Verstümmelungs-, Kriegs- und Alterszulagen (§§ 13, 14 u. 26, 59), der Zivilversorgungsschein (§§ 15, 16), die Zivilversorgungsentschädigung (§§ 19, 20), der Anstellungsschein (§ 17), die einmalige Geldabfindung nach § 21, bei der Marine noch die Rentenerhöhung nach §§ 56, 57, bei den Schutztruppen noch die Tropenzulage nach §§ 67 ff.

b) Oberste Militärverwaltungsbehörden des Kontingents sind die Preußischen, Bayerischen, Sächsischen und Württembergischen Kriegsministerien. An ihre Stelle tritt nach § 60 für die Marine die oberste Marineverwaltungsbehörde, d. i. das Reichs-Marine-Amt, für die Schutztruppen nach § 72 die Kolonial-Zentralverwaltung, d. i. das Reichs-Kolonialamt.

3. Die Feststellung und Anweisung der Versorgungsgebührnisse hat nach den Bestimmungen der Pension.-Vorschrift für das preußische (bayerische, sächsische) Heer durch die daselbst bezeichneten Dienststellen zu erfolgen. AusfBest. d. Preuß., Bayer. und Sächs. Kriegsm.

Ebenso nach der AusfBest. des Reichs-Marine-Amtes vom 18 Aug. 1906, Z. 6, für die Marine.

Die Feststellung und Anweisung der Versorgungsgebührnisse erfolgt durch das Generalkommando.

In der Pension.-Vorschrift f. d. Preuß. Heer heißt es S. 27 Z. 22 und 23:

22. „Das Generalkommando entscheidet, nachdem der Korpsarzt das Zeugnis auf den sachlichen Inhalt und auf das ärztliche Urteil, insbesondere auch hinsichtlich der Frage des ursächlichen Zusammenhanges des Leidens mit einer Dienstbeschädigung geprüft und dies unter dem Zeugnisse vermerkt hat.

Die Annahme von Dienstbeschädigung durch den Truppenteil ist für das Generalkommando nicht von ausschlaggebender Bedeutung, hat vielmehr nur für die Beurteilung und Entscheidung als Unterlage zu dienen.

Bei Feststellung des Versorgungsanspruchs muß die Entscheidung des Generalkommandos (S. 4 der Rentenliste) folgende Angaben enthalten:

a) Grund der Anerkennung (Dienstbeschädigung oder Dienstzeit);
b) Grad und Dauer der Erwerbsunfähigkeit in Prozenten der Verstümmelung und der Pflegebedürftigkeit;
c) die festgestellten Versorgungsgebührnisse (Rente, Verstümmelungszulage, Kriegszulage, Zivilversorgungsschein, Anstellungsschein, Zivilversorgungsentschädigung);
d) den Zeitpunkt, von welchem ab die Zahlung der Gebührnisse erfolgen soll (§ 32 d. Ges.);
e) bei zeitiger Anerkennung, bis zu welchem Zeitpunkte die Zahlung der Gebührnisse vorläufig erfolgen soll, mit folgendem Wortlaute: „bis auf weiteres, aber längstens bis . . . . ." (s. auch Z. 69 letzter Abs. und Z. 86 Abs. 2 der Pension.-Vorschrift).

Die Angabe in dem ärztlichen Zeugnisse „zeitig auf ein (zwei) Jahr" hat nicht die Bedeutung, daß die Anerkennung sich mindestens auf ein (zwei) Jahr erstrecken muß. Dem Generalkommando bleibt es vielmehr überlassen, den Endtermin der Zahlung — je nach dem Zeitpunkt der Anerkennung — zweckentsprechend festzusetzen. (Z. 79 der Pension.-Vorschrift).

Liegt bei achtzehnjähriger und längerer Dienstzeit erhebliche Erwerbsunfähigkeit vor, und stellt sich bei ihrer Berücksichtigung die Rente höher als solche nach der Länge der Dienstzeit, so ist die Rente nach dem Grade der Erwerbsunfähigkeit zu bemessen (§ 11 d. Ges.). In diesem Falle ist die höhere Rente jedoch nur dann dauernd zu bewilligen, wenn eine Minderung der Erwerbsunfähigkeit mit Sicherheit ausgeschlossen werden kann.

Eine zweite Ausfertigung oder beglaubigte Abschrift der Rentenfeststellung (Z. 21 Abs. 3 der Pension.-Vorschrift) — ohne Liste — ist als Rentenanweisung an die Pensionsregelungsbehörde (s. Anl. 3) zu senden.

Über die Entlassung als dienstunbrauchbar ist besonders zu verfügen."

23. „Die Rentenliste geht mit der Entscheidung des Generalkommandos auf S. 4 und mit sämtlichen Anlagen an das Regiment zurück. Dieses gibt dem Manne von dem Inhalte der Entscheidung durch schriftlichen Bescheid gegen Empfangsbescheinigung Kenntnis unter Bezeichnung der Einspruchsfristen usw. (Z. 91 der Pension.-Vorschrift) und veranlaßt gleichzeitig seine Entlassung und die Überweisung an das Bezirkskommando durch Übersendung aller entstandenen Schriftstücke möglichst in Urschrift.

In dem Militärpaß ist außer der Entscheidung über die Dienstunbrauchbarkeit lediglich zu vermerken, welche Versorgungsgebührnisse bewilligt worden sind.

Wird gegen die Entscheidung des Generalkommandos noch vor oder bei der Entlassung Einspruch eingelegt, so ist nach Z. 93 b der Pension.-Vorschrift zu verfahren."

Das Nähere s. Pension.-Vorschrift Z. 24 ff.

Muster für $\frac{\text{Rentenlisten,}}{\text{Invalidenlisten,}}$ $\frac{\text{Rentenfeststellung,}}{\text{Anerkennungsverfügung,}}$

Renten-/Invaliden-Nachlisten, enthält die Pension.-Vorschrift in Anl. 7 und 8.

Pensionsregelungsbehörden sind für Sachsen die Korpsintendanturen (für die sich außerhalb des Königreichs aufhaltenden Invaliden die Intendantur des XII. Armeekorps), für Württemberg ebenfalls die Korpsintendantur.

4. Von einem Mitgliede der Kommission wurde die Frage an den Kriegsminister gerichtet, ob eine Verpflichtung vorliege, jeden während des Militärdienstes erfolgenden Unfall zur Anzeige zu bringen. Der Kriegsminister bejahte dieses. KomBer. S. 138. Der gleiche Grundsatz ist auch in der Preuß. Pension.-Vorschrift S. 19 ausgesprochen; s. S. 50 § 3 Anm. 7.

5. Die Bestimmung des § 27 hat rückwirkende Kraft; sie findet nach § 45 Nr. 4 auf die vor dem Inkrafttreten des Gesetzes (1. Juli 1906) aus dem aktiven Militärdienste bereits entlassenen Personen entsprechende Anwendung.

6. Die Vorschrift des § 27 findet nach § 49 auf die Marine und nach § 63 auf die Schutztruppen entsprechende Anwendung.

7. Wegen nachträglicher anderer Festsetzung oder Entziehung der Versorgungsgebührnisse infolge wesentlicher Veränderung der für ihre Bewilligung maßgebend gewesenen Verhältnisse usw. s. §§ 30, 31.

8. Betreffs Zahlung der Versorgungsgebührnisse s. § 32 und wegen der Schutztruppen § 71.

§ 28.

Der Grad der Erwerbsunfähigkeit (§ 4) wird sowohl für sich, als in seinem ursächlichen Zusammenhange mit einer erlittenen Dienstbeschädigung

durch die dazu verordneten Militärbehörden festgestellt. Dem Verletzten steht es frei, Beweismittel beizubringen.

Die auf Grund der Feststellungen getroffene Entscheidung ist dem Verletzten schriftlich mitzuteilen.

1. Zu Abs. 1.

a) Die mit der Feststellung des Grades der Erwerbsfähigkeit beauftragten Militärbehörden sind bei der Feststellung an militärärztliche Gutachten nicht gebunden; ebensowenig ist der Verletzte auf Beibringung solcher beschränkt. Nach dem Entwurf sollte — wie auch nach § 62 des Ges. vom 27. Juni 1871 — die Feststellung erfolgen „auf Grund militärärztlichen Gutachtens". Hierzu führte in der Kommissionsberatung ein Kommissionsmitglied aus, diese Worte seien eigentlich überflüssig, ja sie könnten sogar fälschlicherweise so verstanden werden, als ob die Militärverwaltung durch ein solches Gutachten in ihrer Entscheidung gebunden sei, was sicherlich nicht der Fall sein solle. Die Kommission trat dieser Ausführung bei, strich jene Worte und nahm an ihrer Stelle die Vorschrift auf: „Dem Verletzten steht es frei, Beweismittel zu erbringen". KomBer. S. 138, 239.

Bezüglich der Art der Beweisführung ist dem Verletzten durch das Gesetz keinerlei Beschränkung auferlegt, er kann jedes ihm geeignet erscheinende Beweismittel beibringen. Außer den Gutachten der Militärärzte werden z. B. Zeugnisse und Gutachten von Zivilärzten, Arbeitgebern, gewerblichen Sachverständigen usw. in Betracht kommen. Auch in der Kommission war die Frage aufgeworfen, welche Beweismittel zugelassen sein sollten. Hierzu wurde ausgeführt: Daß in erster Linie die Gutachten der Militärärzte in Betracht kämen, sei zweifellos. Daneben aber müsse der Verletzte das Recht haben, andere Beweismittel beizubringen und es dürfe, wenn er solche beschaffe, ihm hieraus nicht der Vorwurf gemacht werden, daß er gegen die Disziplin verstoße. Es könne für die Beurteilung des einzelnen Falles z. B. von großer Bedeutung sein, daß die Lohnlisten des Betreffenden vorgelegt würden und eventuell auch noch das Gutachten eines Zivilarztes zur Kenntnis käme. Gegen diese Ausführungen wurden seitens der Heeresverwaltung keine Einwendungen gemacht (KomBer. S. 137, 138).

b) Wegen der mit der Feststellung beauftragten Behörden s. § 29 Anm. 1.

c) Bezüglich der Grundsätze, nach denen die Feststellung des Grades der Erwerbsunfähigkeit erfolgen soll, s. § 4 Anm. 4a.

2. Zu Abs. 2.

a) Die Vorschrift des Abs. 2 wurde von der Kommission auf Anregung der Redaktionskommission eingefügt. Diese hielt es für erforderlich, daß die auf Grund der Feststellungen getroffene Entscheidung dem Verletzten nicht mündlich, sondern schriftlich mitgeteilt werde. KomBer. S. 138.

Die Entscheidung muß mitgeteilt werden („ist mitzuteilen") und zwar durch Zustellung (§ 29 Abs. 3). Wegen der Form der Zustellung s. Anm. 4b zu § 29.

b) Gegen die Entscheidung ist Einspruch zulässig. § 29.

c) Über die Feststellung des Grades der Erwerbsfähigkeit ist nach Erschöpfung der militärischen Instanzen auch der Rechtsweg zulässig. § 42.

§ 29.

Gegen die Entscheidung einer niederen Behörde kann bei der nächsthöheren zuständigen Behörde, an letzter Stelle bei der obersten Militärverwaltungsbehörde des Kontingents, Einspruch eingelegt werden.

Für das geschäftliche Verfahren sind die von der obersten Militärverwaltungsbehörde des Kontingents zu erlassenden Vorschriften maßgebend.

Der Einspruch muß bis zum Ablaufe von drei Monaten nach Zustellung der Vorentscheidung eingelegt werden.

Die Form der Zustellung bestimmt die oberste Militärverwaltungsbehörde des Kontingents.

Jede Entscheidung muß die Bezeichnung der für den Einspruch zuständigen Behörde sowie die Belehrung über die einzuhaltende Frist enthalten.

1. § 29 regelt den Instanzenzug. Zur Erteilung von Bescheiden sind befugt (Preuß. Pension.-Vorschrift, III. Teil, Z. 89):

a) in erster Stelle
  - vor und bei der Entlassung aus dem aktiven Militärdienste die Regimenter (vgl. hierzu Pension.-Vorschrift Z. 27, 28 und 30),
  - nach der Entlassung aus dem aktiven Militärdienste die Bezirkskommandos (vgl. hierzu Pension.-Vorschrift Z. 51, 57, 61, 85 und 95);

b) in zweiter Stelle die Generalkommandos;

c) in dritter („letzter") Stelle das Kriegsministerium, Pensionsabteilung.

Bei der Marine sind zur Erteilung von Bescheiden befugt:

a) in erster Stelle
  - vor und bei der Entlassung aus dem aktiven Marinedienste die Marineteile (Abteilungen),
  - nach der Entlassung aus dem aktiven Marinedienste die Bezirkskommandos;

b) in zweiter Stelle die Stationskommandos;
c) in dritter (letzter) Stelle das Reichs-Marineamt.

Gegen die Bescheide der unter a und b genannten Behörden steht der Einspruch an die nächsthöhere Stelle offen. Der Einspruch muß innerhalb 3 Monaten nach Zustellung der Vorentscheidung eingelegt werden, s. Abs. 3. Gegen die Bescheide der dritten Stelle, Kriegsministerium, Pensionsabteilung (bei der Marine: Reichs-Marineamt), gibt es keinen weiteren Einspruch. Gegen sie kann nur noch gemäß § 42 der gerichtliche Klageweg beschritten werden. Das Klagerecht geht verloren, wenn gegen eine Entscheidung der vorgenannten Militärbehörden nicht binnen 3 Monaten nach ihrer Zustellung Einspruch eingelegt oder wenn die Klage nicht innerhalb 6 Monaten nach Zustellung der Entscheidung des Kriegsministeriums oder Reichs-Marineamtes erhoben wird. S. § 42 Abs. 1 Nr. 2.

2. Für die Form des Einspruchs sind bestimmte Vorschriften nicht gegeben. Der Einspruch ist daher an keine Form gebunden. Es genügt, wenn der Berechtigte innerhalb der Frist bei der zuständigen Behörde seinen Willen, Einspruch einzulegen, erkennbar kundgibt.

3. Zu Abs. 2.

Nach den zu Abs. 2 von dem Preußischen, Bayerischen, Sächsischen und Württembergischen Kriegsministerium (oberste Verwaltungsbehörden des Kontingents) und dem Reichs-Marine-Amt (oberste Marineverwaltungsbehörde) erlassenen Ausführungs-Bestimmungen sind für das geschäftliche Verfahren die Bestimmungen der Pensionierungs-Vorschrift maßgebend. Das Nähere über diese Bestimmungen s. Preuß. Pension.-Vorschrift Z. 91 ff.

Darüber, an welcher Stelle der Einspruch anzubringen ist, enthält das Gesetz keine Vorschrift. Die an einer unzuständigen Stelle eingelegten Gesuche und Einsprüche sind, um den Betreffenden vor Schaden zu schützen, unverzüglich an die zuständige Stelle abzugeben. Die Pension.-Vorschrift bestimmt hierzu: Z. 98. Die Einlegung des Einspruchs gegen die Versagung von Versorgungsgebührnissen oder gegen ihre Art und Höhe nach der Entlassung aus dem aktiven Militärdienste hat stets bei dem zuständigen Bezirksfeldwebel zu erfolgen; jedoch gilt die gesetzliche Frist für die Einlegung des Einspruchs auch dann als gewahrt, wenn innerhalb derselben der Einspruch abweichend von dem vorgeschriebenen Dienstwege bei einer militärischen oder anderen inländischen Behörde eingegangen ist.

Ist der Einspruch gegen die Anordnung einer Zahlung, Rückzahlung oder Kürzung der Versorgungsgebührnisse gerichtet, so ist er an erster Stelle bei der Pensionsregelungsbehörde (s. Anl. 3 und § 27 Anm. 3 S. 145) anzubringen. (Anl. 12 zur Pension.-Vorschrift Z. 13.)

Z. 100. Gesuche und Einsprüche in Versorgungsangelegenheiten, die unmittelbar an das Generalkommando oder an das Kriegsministerium oder an andere Stellen gelangen, werden an das zuständige Bezirkskommando zur weiteren Behandlung abgegeben. Auf dem Schriftstück ist der Tag des Eingangs und die Stelle mit einem deutlichen Vermerk zu bezeichnen.

Z. 101. Gesuche, die unmittelbar an Seine Majestät den Kaiser und König gerichtet sind und auf Allerhöchsten Befehl an das Kriegsministerium oder an das Generalkommando abgegeben werden, sind zur Prüfung und Bescheidung an diejenige Stelle zu bringen, welche nach den vorstehenden Bestimmungen hierfür zuständig ist.

Z. 103. Mannschaften, die noch dem aktiven Dienststand oder dem Beurlaubtenstand angehören, dürfen Gesuche an Seine Majestät den Kaiser und König nicht unmittelbar, sondern nur durch Vermittlung ihrer Vorgesetzten einreichen. Von den Generalkommandos werden solche Gesuche unter Beifügung der Vorgänge unmittelbar an Seine Majestät vorgelegt.

4. **Zu Abs. 3 und 4.**

a) In der Begründung heißt es hierzu (S. 32): Im bisherigen Gesetze war nur eine Frist für die Erhebung der Klage gegen die endgültige Entscheidung der obersten Militärverwaltungsbehörde festgesetzt. Es hat sich jedoch das Bedürfnis herausgestellt, eine solche Frist auch für die Einlegung des Einspruchs gegen die Vorentscheidung der niederen Behörden festzusetzen, damit der Einspruch nicht erst nach einer Reihe von Jahren erfolgt, wenn der Tatbestand durch die bereits verflossene Zeit verdunkelt wird.

Da für die Innehaltung von Fristen der Beginn ihres Laufes von Bedeutung ist, so wird die Bekanntgabe der Vorentscheidungen durch Zustellungen erfolgen, deren Form durch die oberste Militärverwaltungsbehörde festgesetzt werden soll.

b) Über den Beginn der Fristen für die Einlegung eines Einspruchs und über die Form der Zustellung sind von den obersten Militärverwaltungsbehörden (Kriegsministerien) und der obersten Marineverwaltungsbehörde (Reichs-Marine-Amt) folgende Bestimmungen erlassen:

Der Lauf der gesetzlichen Fristen für die Einlegung eines Einspruchs gegen eine Vorentscheidung beginnt mit dem Tage der Zustellung dieser Entscheidung.

Die Zustellung der schriftlichen Bescheide hat gegen Empfangsbescheinigung zu erfolgen, entweder durch die Post oder durch Vermittlung der Orts- und Polizeibehörden oder auf anderem geeigneten Wege.

Personen, die sich nicht im Inlande aufhalten, haben dem Bezirkskommando einen Zustellungsbevollmächtigten namhaft zu machen.

c) Die Einspruchsfrist ist eine sogen. Präklusiv-(Ausschluß-)frist. Ihre Nichtinnehaltung hat den Verlust des Einspruchsrechtes und demnächst auch des Klagerechtes zur Folge. Das Nähere s. § 42 Anm. 3e u. g. In der Preuß. Pension.-Vorschrift heißt es hierzu Z. 52:

> Wenn die im § 29 festgesetzte Einspruchsfrist nach Zustellung eines Vorbescheides verstrichen ist, hat eine sachliche Prüfung eines Versorgungsanspruchs in keinem Falle stattzufinden; die Behandlung solcher Einsprüche hat nach Z. 96 zu erfolgen.
>
> (Nach Z. 96 sind sie ohne erneute Prüfung der für die weitere Bescheiderteilung zuständigen Stelle vorzulegen und von dieser durch einen an den Mann zu erteilenden ablehnenden schriftlichen Bescheid zu erledigen. Das Nähere s. Z. 96.)

Wegen der Behandlung eines an einer unrichtigen Stelle angebrachten Einspruchs s. Anm. 3.

5. Zu Abs. 5.

Die Vorschrift wurde von der Kommission eingefügt. Es erscheine wünschenswert, daß, wie auch bei anderen Verwaltungen üblich sei, dem von einer Behörde Beschiedenen ausdrücklich mitgeteilt werde, in welcher Zeit, bei welcher Behörde er einen Einspruch gegen den ihm gewordenen Bescheid erheben könne. Hierbei wurde aber in der Kommission ausdrücklich festgelegt, daß sich die Vorschrift des Abs. 5 „nur auf das Einspruchsverfahren beziehen solle, eine Belehrung über die weiteren Rechtsmittel aber in diesem Paragraphen nicht gefordert werde". KomBer. S. 139, 141.

Die Nichterfüllung der Mußvorschrift des Abs. 5 würde zur Folge haben, daß die dreimonatige Einspruchsfrist nicht zu laufen beginnt und daß eine Verwerfung des Einspruchs aus dem formalen Grunde der nicht rechtzeitigen Einlegung des Einspruchs unzulässig und, wenn trotzdem erfolgt, für das weitere Verfahren unwirksam und unschädlich wäre. Nach der Preuß. Pension.-Vorschrift Z. 91 Abs. 3 soll in jedem Bescheide auch noch der Hinweis enthalten sein, daß der Einspruch in jedem Falle durch Vermittlung des Bezirksfeldwebels einzureichen ist.

6. Die Vorschriften des § 29 finden gemäß § 45 Nr. 4 auch auf die vor dem Inkrafttreten des Gesetzes (1. Juli 1906) aus dem aktiven Militärdienst bereits entlassenen Personen entsprechende Anwendung.

§ 30.

Die Versorgungsgebührnisse werden auf Antrag oder von Amts wegen anders festgesetzt oder entzogen, wenn in den Verhältnissen, welche für die Bewilligung maßgebend gewesen sind, eine wesentliche Veränderung eintritt.

Die Prüfung von Anträgen auf andere Festsetzung der Versorgungsgebührnisse findet alljährlich nur einmal statt. Die Militärbehörde kann bei Anmeldung eines höheren Anspruchs sowie in den Fällen der §§ 24, 25 von dieser Einschränkung absehen.

1. In der Begründung (S. 32, 33) heißt es zu dieser Vorschrift: Wenn in den Verhältnissen, insbesondere in dem Körperzustande, von welchem die Versorgungsberechtigung oder die Höhe der zuerkannten Versorgungsgebührnisse abhängt, eine wesentliche Änderung eintritt, muß sowohl dem Versorgungsberechtigten wie der Militärverwaltung die Möglichkeit der Aufnahme eines erneuten Prüfungsverfahrens gegeben werden, damit die Versorgungsgebührnisse in ihrer Höhe und Art jederzeit

dem tatsächlich bestehenden Grade der Beschränkung der Erwerbsfähigkeit entsprechen.

2. Zu Abs. 1.

a) Wegen des Begriffes „Versorgungsgebührnisse" s. § 27 Anm. 2a.

b) Das Recht, die Versorgungsgebührnisse „anders" festzusetzen, enthält sowohl das Recht der Erhöhung wie das der Ermäßigung in sich, je nach der Art der Änderung der für ihre Bewilligung maßgebend gewesenen Verhältnisse.

c) Für die Schätzung der Erwerbsunfähigkeit bei dem Prüfungsgeschäft sind im Nachtr. I zur Dienstanw. z. Beurt. d. Militärdienstf., Z. 28 bis 33 folgende Grundsätze aufgestellt:

28. Als wesentliche Veränderungen gelten nur Änderungen im Grade der Erwerbsunfähigkeit von 10 Prozent und darüber.

29. Bei der Beurteilung der Änderung der Verhältnisse hat der Sanitätsoffizier die vom Bezirkskommando gemachten Erhebungen nach Z. 68 Pension.-Vorschrift zu berücksichtigen. Diese Feststellungen werden ihm besonders wichtige Hinweise geben, in welchen Arbeiten und Leistungen der Rentenempfänger tatsächlich noch beeinträchtigt gewesen ist.

30. Für die Schätzung des Grades der Erwerbsbeeinträchtigung kann die Höhe des Arbeitsverdienstes einen Anhalt bieten, darf aber allein und an sich nicht dafür maßgebend sein. Ebensowenig kommt für die Schätzung des Grades der Erwerbsunfähigkeit in Betracht, ob es dem Verletzten etwa an Arbeitsgelegenheit gefehlt hat. Nicht die Erwerbslosigkeit, sondern lediglich die Erwerbsunfähigkeit ist für den Versorgungsanspruch maßgebend.

31. Behinderungen in der Ausnutzung der verbliebenen Erwerbsfähigkeit durch hauswirtschaftliche oder Familienrücksichten begründen ebenfalls nicht die Annahme höherer Erwerbsbeeinträchtigung.

32. Gewöhnung und Einarbeitung, besonders z. B. Wiedererlangung der Geschicklichkeit an den Händen, kann als wesentliche Veränderung der Verhältnisse gelten.

33. Bei wechselnder Erwerbsunfähigkeit während der verschiedenen Jahreszeiten infolge der bestehenden Gesundheitsstörungen ist die durchschnittliche Gesamtminderung für ein Jahr der Beurteilung zu grunde zu legen. Hierbei sind Rückfälle von Krankheiten zu berücksichtigen.

3. Zu Abs. 2.

a) Der Abs. 2 lautete im Entwurfe anders. Die jetzige Fassung, insbesondere die Einfügung der Worte „bei Anmeldung eines höheren Anspruches, sowie in den Fällen der §§ 24, 25" beruht auf einem Beschlusse der Kommission. S. KomBer. S. 141, 239.

b) Regel ist, daß die Prüfung von Anträgen auf andere Festsetzung der Versorgungsgebührnisse jährlich nur einmal stattfinden soll. Der Militärbehörde steht aber frei, Anträge auf Erhöhung des Versorgungsanspruchs, sowie auf Gewährung einer bedingten Rente oder eines Rentenzuschusses im Falle der Bedürftigkeit (§§ 24, 25) ausnahmsweise auch außerhalb des allgemeinen Termins zu prüfen. In der Begründung heißt es (S. 33): „Für die Aufrechterhaltung eines geregelten Dienstbetriebes bei den mit der Prüfung der Versorgungsansprüche beauftragten Militärbehörden mußte eine Vorschrift dahin getroffen werden, daß die Prüfung solcher Gesuche von den Behörden alljährlich nur einmal vorzunehmen ist. Eine Abweichung hiervon wird wie bisher in besonderen Fällen eintreten können".

Die Preuß. Pension.-Vorschrift bestimmt hierzu (III. Teil, Z. 59, 60):

59. Die Ansprüche anerkannter Invaliden und Rentenempfänger auf andere Gebührnisse sind im allgemeinen gelegentlich des Prüfungsgeschäfts zu prüfen.

In gleicher Weise sind auch die Ansprüche derjenigen Leute zu behandeln, welche bereits früher als Invalide oder zum Bezuge einer Rente anerkannt, aber nach Wiedererlangung der Felddienstfähigkeit oder der vollen Erwerbsfähigkeit nicht mehr versorgungsberechtigt gewesen waren und nun wegen Wiederhervortretens des früheren Leidens erneut Anspruch auf Versorgung erheben.

60. Die Untersuchung kann bei Anmeldung eines höheren Anspruchs auch außerterminlich erfolgen.

Eine solche außerterminliche Untersuchung hat jedoch nur dann stattzufinden, wenn das Bezirkskommando aus dem persönlichen Eindrucke des Mannes bei seiner Vernehmung, den beigebrachten ärztlichen Zeugnissen oder aus den Ergebnissen der Feststellungen nach Z. 68 Pension.-Vorschrift die Überzeugung von einer erheblichen Verschlimmerung des Leidens gewonnen hat, sodaß es im Interesse des Mannes erwünscht erscheint, ihm höhere Gebührnisse möglichst bald zuzuwenden.

Ausführliche Bestimmungen über das Prüfungsgeschäft enthält die Pension.-Vorschrift noch in Z. 67 ff.

d) Von Amts wegen kann die Militärbehörde eine andere Festsetzung oder Entziehung jederzeit vornehmen, wenn die Voraussetzungen des Abs. 1 oder des § 31 vorliegen.

In der Kommission war beantragt, eine besondere Prüfung und andere Festsetzung außerhalb des regelmäßigen Jahrestermines nur „zu Gunsten des Verletzten“ zuzulassen. Dieser Vorschlag fand aber keine Zustimmung. Es wurde dagegen betont, es sei doch nicht richtig, wenn hier in besonderen Fällen nur zu Gunsten des Verletzten vorgegangen werden könne; man müsse doch auch an Fälle denken, in denen ein Rentenempfänger eine Krankheit erdichtet habe und gänzlich gesund sei. Derartigen Schwindeleien sofort entgegenzutreten, erscheine geboten. Diesen Ausführungen wurde von einem anderen Kommissionsmitgliede noch hinzugefügt: Stelle sich bei einer vom Verletzten beantragten außergewöhnlichen Untersuchung das Gegenteil von dem heraus, was von ihm behauptet worden sei, zeige es sich, daß der Gesundheitszustand desselben sich nicht verschlimmert, sondern im Gegenteil gegen früher verbessert habe, so würde es doch ganz unbegreiflich sein, wenn man mit einer Kürzung der Rente dann bis zu der regelmäßigen, alljährlich nur einmal stattfindenden Prüfung warten müsse. KomBer. S. 140.

Wegen der anderen Festsetzung oder Entziehung der Gebührnisse in dem Falle, daß ihre Gewährung erfolgt auf Grund eines rechtskräftigen richterlichen Urteiles, s. § 31 Anm. 6.

4. Die Entscheidung über die andere Festsetzung oder Entziehung der Versorgungsgebührnisse ist zuzustellen, §§ 29, 32 Abs. 4. Gegen die Entscheidung ist Einspruch und nach Erschöpfung des Instanzenzuges der Rechtsweg zulässig. §§ 29, 42.

5. Bei Erhöhung der Versorgungsgebührnisse beginnt die Zahlung der erhöhten Gebührnisse mit dem Monat, in welchem die Leistungen für ihre Gewährung erfüllt sind, frühestens mit dem Monat, in welchem der Antrag auf Erhöhung gestellt ist. Eine Minderung oder Entziehung der Versorgungsgebührnisse tritt mit Ablauf des Monats, in dem der die Veränderung aussprechende Bescheid zugestellt worden ist, in Wirksamkeit. § 32 Abs. 3 und 4. Anders im Falle des § 31; s. dort Anm. 5 und § 32 Anm. 6.

6. Gemäß § 45 Nr. 4 haben die Vorschriften des § 30 rückwirkende Kraft.

7. Wegen Rückforderung zu Unrecht erhobener Gebührnisse s. § 31 Anm. 7, § 32 Anm. 8.

§ 31.

Die Versorgungsgebührnisse werden von Amts wegen anders festgesetzt oder entzogen, sobald erwiesen ist, daß die Voraussetzungen, unter denen sie bewilligt worden waren, den tatsächlichen Verhältnissen nicht entsprochen haben. Die Vorschriften über die Anfechtung gerichtlicher Urteile bleiben unberührt.

1. Die Vorschrift des § 31 sieht eine Regelung des Falles vor, wenn die Militärbehörde bei Bewilligung der Versorgungsgebührnisse getäuscht worden ist oder sonstwie sich in einem Irrtum befunden hat. In der Begründung heißt es zu dieser Bestimmung (S. 33): Es kommen erfahrungsmäßig Fälle vor, in denen es Militärpersonen gelingt, die Vorgesetzten und den untersuchenden Arzt über ihren Körperzustand zu täuschen und auf diese Weise unberechtigt in den Genuß einer zu hohen Versorgung oder überhaupt zu einer Versorgung zu gelangen. Es muß ferner mit dem Falle gerechnet werden, daß die Bewilligung der Gebührnisse durch einen Irrtum oder ein Versehen der Militärbehörde nicht den gesetzlichen Vorschriften gemäß stattgefunden hat. Für derartige Fälle soll die Vorschrift der Militärverwaltung die Handhabe geben, die zuerkannten Versorgungsgebührnisse anderweit festsetzen oder entziehen zu können.

§ 31 wurde von der Kommission mit einer unwesentlichen Änderung in erster und zweiter Lesung ohne Erörterung angenommen. KomBer. S. 141, 239.

2. Unter den „Versorgungsgebührnissen" sind die sämtlichen auf Grund dieses Gesetzes gewährten Leistungen zu verstehen. Das Nähere hierzu s. § 27 Anm. 2a.

3. Eine andere Festsetzung oder Entziehung der Gebührnisse von Amts wegen kann nach § 31 nur und erst dann erfolgen, wenn erwiesen ist, daß die Voraussetzungen, unter denen die Bewilligung erfolgt war, tatsächlich nicht richtig gewesen sind. Bloßer Verdacht oder bloße Vermutung der Unrichtigkeit reicht zur Änderung oder Entziehung nicht aus. Liegt aber Verdacht vor, so kann eine neue Prüfung jederzeit vorgenommen werden; ebenso kann nach erwiesener Unrichtigkeit die anderweite Festsetzung oder Entziehung jederzeit erfolgen. S. auch Anm. 3d zu § 30.

4. Die Entscheidung über die andere Festsetzung oder Entziehung der Gebührnisse muß dem Beteiligten schriftlich mitgeteilt werden (durch Aushändigung oder Zustellung). Gegen die Entscheidung ist Einspruch gemäß § 29 und schließlich der Rechtsweg (§ 42) zulässig.

5. Eine Minderung oder Entziehung der Gebührnisse auf Grund des § 31 tritt sofort in Wirksamkeit. Die Vorschrift des Abs. 4 in § 32 bezieht sich, wie im Gesetz besonders hervorgehoben ist, nur auf die Fälle des § 30. Das ist auch in der Begründung zu § 32 ausdrücklich betont (s. § 32 Anm. 6).

6. Ist die Militärbehörde im Wege der Klage rechtskräftig zur Gewährung der Gebührnisse verurteilt, so kann sie ihre andere Festsetzung oder Entziehung nur durch Anfechtung des gerichtlichen Urteiles herbeiführen.

Als „Vorschriften über die Anfechtung gerichtlicher Urteile, die unberührt bleiben" kommen hier in erster Linie die Vorschriften der §§ 578, 580 ff. ZPO. über die die Restitutionsklage in Betracht.

7. Die zu Unrecht empfangenen Gebührnisse können nach den Grundsätzen des bürgerlichen Rechtes zurückgefordert werden. Vgl. hierzu BGB. §§ 812, 819, 823 ff. Wegen der Unzulässigkeit der Aufrechnung s. § 393 BGB.

8. Die Vorschrift des § 31 hat rückwirkende Kraft. S. § 45 Anm. 5a zu Nr. 4.

Zahlung der Versorgungsgebührnisse.

§ 32.

Die Versorgungsgebührnisse werden monatlich im voraus gezahlt.

Die Zahlung beginnt, wenn der Anspruch vor der Entlassung aus dem Dienste angemeldet worden ist, mit dem ersten Tage des auf die Entlassung folgenden Monats und bei den Empfängern von Gnadengehalt mit dessen Wegfall.

Ist der Anspruch erst nach der Entlassung aus dem Dienste angemeldet worden, so beginnt die Zahlung mit dem Monat, in welchem die Bedingungen für die Gewährung der Versorgungsgebührnisse erfüllt sind, frühestens mit dem Monat, in welchem die Anmeldung erfolgt ist. Das Gleiche gilt bei Anmeldung eines höheren Anspruchs.

Eine Minderung oder Entziehung der Versorgungsgebührnisse (§ 30) tritt mit dem Ablaufe des Monats .in Wirksamkeit, in welchem der die Veränderung aussprechende Bescheid zugestellt worden ist.

1. § 32 wurde von der Kommission mit einigen unerheblichen redaktionellen Änderungen ohne Erörterung in erster und zweiter Lesung angenommen. KomBer. S. 141, 239, 240.

Die Vorschriften entsprechen im wesentlichen den bisherigen Festsetzungen, jedoch mit der Änderung, daß, wenn der Versorgungsanspruch nach der Entlassung aus dem Dienste geltend gemacht wird, die Gebührnisse nicht erst vom ersten des auf die Anmeldung des Anspruchs folgenden Monats, sondern schon vom ersten des Monats gezahlt werden sollen, in welchem die Anmeldung des Anspruchs erfolgt ist. Das Gleiche gilt bei der Anmeldung eines höheren Anspruchs, dieses Verfahren wird den Verhältnissen besser gerecht. Begr. S. 33.

2. Zu Abs. 1.

Unter den „Versorgungsgebührnissen" sind sämtliche auf Grund dieses Gesetzes zustehenden Leistungen zu verstehen. S. § 27 Anm. 2a.

Die Rente ist nach § 12 in Monatsbeträgen zuzuerkennen.

3. Zu Abs. 2 und 3.

a) Wegen der „Entlassung aus dem Dienste" s. § 1 Anm. 3b.

b) Als „Empfänger von Gnadengehalt" kommen in Betracht die in § 10 Abs. 2 angeführten „zur Klasse der Unteroffiziere gehörenden Gehaltsempfänger mit Einschluß der im Range der Unteroffiziere stehenden Verwalter bei dem Kadettenkorps". Darüber, wer zu diesen „Gehaltsempfängern" rechnet, s. § 10 Anm. 3a u. b. Darüber, inwieweit diese Personen ein Gnadengehalt empfangen, s. insbesondere Preuß. Friedensbesoldungsvorschrift v. 10. März 1898 §§ 49 Z. 2, 48a Z. 2 (Nachtr. IX Nr. 285, Nachtr. VIII Nr. 221) in Verbindung mit § 10 Z. 1 bis 3.

c) Die Anmeldung des Anspruchs auf Erhöhung der Gebührnisse ist zulässig, wenn sich das Leiden des Rentenempfängers im Laufe der Zeit verschlimmert und dadurch die Erwerbsfähigkeit verringert. Eine andere Festsetzung erfolgt aber nur, wenn eine wesentliche Veränderung eintritt. Vgl. hierzu und bezüglich des Termines zur Prüfung der Anträge auf Neufestsetzung § 30 Anm. 1, 2 c, 3 b.

4. Rückständige Rentenbeträge verjähren in 4 Jahren. §§ 197, 201 BGB. Das Nähere hierüber s. § 33 Anm. 8 a u. b.

5. AusfBest. des Bundesrats Z. 9:

Invaliden oder Rentenempfänger, die sich im Ausland aufhalten, müssen ihre Versorgungsgebührnisse im Inland entweder in eigener Person oder durch Bevollmächtigte erheben und den Nachweis der Reichsangehörigkeit beibringen, sowie den Nachweis des Lebens, falls sie ihre Gebührnisse nicht persönlich erheben; ausnahmsweise kann mit Einverständnis des Auswärtigen Amtes die Zahlung durch das zuständige Konsulat erfolgen.

Vorübergehend, z. B. zum Kurgebrauch im Ausland sich aufhaltende, aber im Inland wohnhafte Invaliden und Rentenempfänger sind von dem Nachweis der Reichsangehörigkeit befreit.

6. Zu Abs. 4.

Da die Renten monatlich im voraus gezahlt werden, so kann die Herabsetzung oder Einstellung der Zahlung von Versorgungsgebührnissen nur mit dem Ablaufe des Monats eintreten, in welchem der entsprechende Bescheid zugestellt worden ist. Dieses Verfahren beseitigt auch die überall schwer empfundenen wirtschaftlichen Nachteile der Rückzahlung einmal empfangener Beträge; es soll sich jedoch nicht auf diejenigen Fälle des § 31 erstrecken, in denen von einer Rückzahlung zu Unrecht erhobener Beträge nicht abgesehen werden kann. Begr. S. 33. In den Fällen des § 31 tritt also die Minderung oder Entziehung der Versorgungsgebührnisse sofort in Kraft.

Bezüglich der „Zustellung“ s. § 29.

7. Die Vorschriften des § 32 finden gemäß § 49 auf die Marine und gemäß § 63 auf die Schutztruppen entsprechende Anwendung. Bezüglich des Abs. 2 ist aber für die Schutztruppen die Ausnahmevorschrift in § 71 besonders zu beachten.

8. Die zu Unrecht erhobenen Gebührnisse können nach den Grundsätzen des bürgerlichen Rechtes zurückgefordert werden. Vgl. hierzu BGB. §§ 812, 819, 823 ff.

(§ 812: Wer durch die Leistung eines andern oder in sonstiger Weise auf dessen Kosten etwas ohne rechtlichen Grund erlangt, ist ihm zur Herausgabe verpflichtet. Diese Verpflichtung besteht auch dann, wenn der rechtliche Grund später wegfällt oder der mit einer Leistung nach dem Inhalte des Rechtsgeschäfts bezweckte Erfolg nicht eintritt.

Als Leistung gilt auch die durch Vertrag erfolgte Anerkennung des Bestehens oder des Nichtbestehens eines Schuldverhältnisses.)

Über die Unzulässigkeit der Aufrechnung s. § 393 BGB.

9. Die Vorschriften des § 32 haben rückwirkende Kraft. S. § 45 Anm. 5a.

Erlöschen und Ruhen des Rechtes auf den Bezug der Versorgungsgebührnisse.

§ 33.

Das Recht auf den Bezug der Versorgungsgebührnisse erlischt:

1. mit dem Wiedereintritt in den aktiven Militärdienst;

2. durch rechtskräftige Verurteilung zu Zuchthausstrafe wegen Hochverrats, Landesverrats, Kriegsverrats oder wegen Verrats militärischer Geheimnisse.

Das Recht auf den Bezug der Zivilversorgungsentschädigung erlischt außerdem in den Fällen des § 34.

1. Die Bestimmungen des § 33 wurden von der Kommission in erster und zweiter Lesung und auch vom Reichstag unverändert angenommen. KomBer. S. 142, 240.

2. Das Gesetz unterscheidet zwischen „Erlöschen" (§§ 33, 34) und „Ruhen" (§§ 35, 36, 37) des Rechtes auf den Bezug der Versorgungsgebührnisse. Beim „Erlöschen" geht das erworbene Recht dauernd ganz verloren, während es beim „Ruhen" nur zeitweilig aufhört und nach Fortfall der das Ruhen begründenden Tatsachen „wiederauflebt" (§ 38 Abs. 3).

3. a) Im Falle des § 33 erlischt das Recht auf den Bezug sämtlicher Versorgungsgebührnisse. Wegen des Begriffes „Versorgungsgebührnisse" s. § 27 Anm. 2a; darunter fallen insbesondere auch der Zivilversorgungsschein (§§ 15, 16) und der Anstellungsschein. Diese beiden letzteren gehen außerdem verloren in den Fällen des § 34. S. dort.

b) Zu Nr. 1.
Nach § 101 des Ges. v. 27. Juni 1871 / 22. Mai 1893 hatte die Wiederanstellung im aktiven Militärdienste während ihrer Dauer das Ruhen des Rechtes auf den Bezug der Invalidenpension einschließlich sämtlicher Zulagen in Höhe des gewährten Diensteinkommens zur Folge.

Nach dem neuen Gesetz erlöschen bei dem Wiedereintritt in den aktiven Militärdienst die Versorgungsansprüche, weil in diesem Falle der Grund für eine Versorgung nicht mehr besteht. Bei Wiederausscheiden ist hinsichtlich der Versorgung von neuem Entscheidung zu treffen. Begr. S. 33 und 34.

Im Falle vorübergehender Heranziehung zum aktiven Militärdienst ruht nur das Recht auf den Bezug der Rente (§§ 9 bis 11) und der Gebührnisse aus den §§ 24, 25 in Höhe des gewährten Diensteinkommens, § 36 Abs. 1 Nr. 2.

c) Der Wiedereintritt eines Rentenempfängers in den aktiven Militärdienst ist der Pensionsregelungsbehörde (s. Anl. 3 u. § 27 Anm. 3 S. 145) seitens des Truppen- oder Marineteiles anzuzeigen. Die Mitteilung muß alle für die Regelung des Bezuges der Versorgungsgebührnisse erforderlichen Angaben enthalten; das Renten-(Pensions-)Quittungsbuch ist der Mitteilung beizufügen. Ausf.-Best. des Bundesrats Nr. 4. Das Nähere hierzu s. § 38 Anm. 4.

4. Zu Nr. 2.

a) Gegen die Bestimmung der Nr. 2 wurden in der Kommission von einer Seite rechtliche Bedenken geltend gemacht. Wenn auch die Verwerflichkeit der aufgeführten Straftaten von allen Seiten anerkannt werden müsse, und wenn man es auch als durchaus richtig ansehe, daß dem Betreffenden der Zivilversorgungsschein aberkannt werde, so erscheine es doch zweifelhaft, ob man hier durch Fortnahme der Rente eine zweifache Bestrafung eintreten lassen könne. Die Rente werde gegeben auf Grund der Erwerbsunfähigkeit des Betreffenden, die dieser sich im Militärdienst zugezogen habe. Diese Rente ihm auch für die Zeit nach der Verbüßung der Strafe seines Verbrechens zu nehmen, erscheine äußerst bedenklich. Auch beim Unfallversicherungsgesetze werde die Unfallrente dem Bestraften weiter gewährt, ganz ohne Rücksicht auf die Art der Straftat. Demgegenüber wurde von anderer Seite darauf hingewiesen, daß im Offizierpensionsgesetze die gleichen Bestimmungen enthalten seien. Man müsse zwar zugeben, daß man einen Unterschied zwischen Offizieren und Mannschaften hier anerkennen müsse, da die Offiziere ihre Pension auf Grund der Länge ihrer Dienstzeit erhielten, die Mannschaften dagegen die Rente auf Grund des Grades ihrer Erwerbsunfähigkeit. Aber es sei doch geradezu undenkbar, daß man einem Deutschen, der sich so schwer gegen das Reich vergangen habe, von Reichswegen auch noch eine Rente weiter bezahle; es sei durchaus gerecht, daß das Reich demjenigen die Rente entzöge, der versucht habe, dasselbe auf das schwerste zu schädigen. Die Bestimmung wurde darauf, wie bereits erwähnt (Anm. 1) in der Fassung der Regierungsvorlage angenommen. KomBer. S. 141, 142.

b) Die Ausdrücke „*Hochverrat*", „*Landesverrat*", „*Kriegsverrat*" umfassen die in den §§ 80—92 RStrGB. und §§ 56—60 MilStrGB. vorgesehenen Handlungen. Es *fallen* also auch diejenigen darunter, die dort als *vorbereitende* bezeichnet sind oder sich als solche charakterisieren. *Versuch* und *Teilnahme* (Anstiftung, Beihilfe) *stehen* hinsichtlich der Anwendung des § 33 der vollendeten *Begehung der Verbrechen gleich*. Wegen des „*Verrates militärischer Geheimnisse*" kommen die §§ 1 und 3 des Ges. gegen den Verrat militärischer Geheimnisse vom 3. Juli 1893 (RGBl. S. 205) in Betracht.

c) *Nur* wenn wegen der genannten Verbrechen auf *Zuchthaus* erkannt worden ist, tritt der Verlust der Versorgungsgebührnisse ein, *nicht* aber wenn das Urteil auf eine *geringere* Strafe (Festungshaft, Gefängnis — Ges. v. 3. Juli 1893) lautet.

Andererseits aber muß es als selbstverständlich gelten, daß das *Bezugsrecht* auch dann *verloren* geht, wenn rechtskräftig auf Todesstrafe erkannt ist und diese im Gnadenwege in Zuchthaus oder eine andere Strafart umgewandelt wird. Dies ist zwar im Gesetz nicht ausdrücklich hervorgehoben, ergibt sich aber von selbst aus seinem inneren Grunde und Zwecke. Was von der Verurteilung zu Zuchthausstrafe gilt, muß natürlich auch von der Verurteilung zu der noch schwereren Strafe gelten.

d) Das Bezugsrecht erlischt erst mit der Rechtskraft des Strafurteils. Rechtskräftig ist ein Strafurteil, wenn es nicht mehr durch ein ordentliches Rechtsmittel angefochten werden kann. (Als solches kommen für das militärgerichtliche Strafverfahren Berufung und Revision, für das bürgerliche Strafverfahren — sofern nicht gemäß § 136 GVG. und § 12 des Ges. v. 3. Juli 1893 das Reichsgericht in erster und letzter Instanz ausschließlich zuständig ist — nur die Revision in Betracht.) Die Wiederaufnahme des Verfahrens gemäß §§ 436 ff. MilStrGO. und §§ 399 ff. StrPO. ist kein ordentliches Rechtsmittel.

Inwieweit das Bezugsrecht schon nach Einleitung der Strafverfolgung wegen eines der angeführten Verbrechen und vor Rechtskraft des Urteils „ruht", bestimmt § 35 Nr. 2. S. dort Anm. 4a.

e) Daß nach Rechtskraft des Urteiles die erkannte Zuchthausstrafe ganz oder zum Teil verbüßt sei, ist für das Erlöschen des Rechtes auf den Bezug der Versorgungsgebührnisse nicht erforderlich. Hierzu genügt vielmehr die Tatsache der rechtskräftigen „Verurteilung".

f) Das Bezugsrecht erlischt auch dann, wenn die erkannte Zuchthausstrafe durch Begnadigung ganz fortfällt oder in eine andere Strafe umgewandelt wird. Fortfall der Zuchthausstrafe infolge von Begnadigung hat nicht auch ohne weiteres den Wiedereintritt des Bezugsrechtes zur Folge. Denn die Tatsache der rechtskräftigen Verurteilung begründet an sich das Erlöschen des Bezugsrechtes. Es bedarf, wenn das erloschene Bezugsrecht wiedergewährt werden soll, eines ausdrücklichen diesbezüglichen Gnadenaktes.

g) In den Fällen der Nr. 2 ist nach Nr. 4 der Ausf.-Best. des Bundesrats von jeder rechtskräftigen Verurteilung den Pensionsregelungsbehörden seitens der zuständigen Gerichte oder Staatsanwaltschaften Mitteilung zu machen. S. auch § 38 Anm. 4 Z. 4, § 34 Anm. 4d.

5. Das Recht auf den Bezug der Versorgungsgebührnisse erlischt natürlich auch durch den Tod des Versorgungsberechtigten. Das war in den Gesetzen vom 27. Juni 1871 (§ 100 Nr. 1) und vom 22. Mai 1893 (Art. 11) ausdrücklich bestimmt. Im neuen Gesetz ist die Bestimmung als unnötig fortgelassen, da nach § 1 die Rente nur für die Dauer der Aufhebung oder der Minderung der Erwerbsfähigkeit (Abs. 1 und 2) oder nur lebenslänglich gewährt wird. Dies gilt auch für die Zuschüsse und Zulagen, die immer nur neben der Rente gewährt werden.

Wegen des Anspruches der Hinterbliebenen auf die Versorgungsgebührnisse für das Gnadenvierteljahr s. § 39. Wegen der übrigen Ansprüche der Hinterbliebenen von Militärpersonen der Unterklassen s. das Militärhinterbliebenengesetz vom 17. Mai 1907, §§ 12 ff. S. Anhang.

6. Im übrigen aber erlischt das Bezugsrecht nur aus den hier angeführten Gründen. Aus anderen Gründen kann der gemäß den Vorschriften dieses Gesetzes einmal erworbene Anspruch auf Versorgungsgebührnisse weder im gerichtlichen noch im Disziplinarverfahren entzogen werden.

7. Wegen der „Zivilversorgungsentschädigung“ s. § 19.

8. **a)** Bezüglich der Verjährung des Anspruches auf rückständige Versorgungsgebührnisse bestimmt das BGB.:

§ 197. In vier Jahren verjähren . . . . . die Ansprüche auf Rückstände von Renten . . . ., Ruhegehalten, Unterhaltsbeiträgen und allen anderen regelmäßig wiederkehrenden Leistungen.

§ 198. Die Verjährung beginnt mit der Entstehung des Anspruchs . . . .

§ 201. Die Verjährung der in den §§ . . 197 bezeichneten Ansprüche beginnt mit dem Schlusse des Jahres, in welchem der nach den §§ 198 . . . maßgebende Zeitpunkt eintritt. . . .

b) Unterbrochen wird die Verjährung nach den Vorschriften des BGB., wenn die verpflichtete Militärbehörde dem Berechtigten gegenüber den Anspruch durch Abschlagzahlung, Zinszahlung, Sicherheitsleistung oder in anderer Weise anerkennt (§ 208), wenn der Berechtigte auf Befriedigung oder auf Feststellung des Anspruchs Klage erhebt (§ 209); ferner (nach § 210) durch Einreichung des Gesuchs um „Entscheidung" bei der zuständigen Militärbehörde gemäß § 42, wenn die Klage binnen 3 Monaten nach der Erledigung des Gesuchs erhoben wird. Auf diese Frist finden die Vorschriften der §§ 203, 206, 207 BGB. entsprechende Anwendung.

9. Wegen des Zeitpunktes der Zahlungseinstellung beim Erlöschen des Rechtes auf den Bezug der Versorgungsgebührnisse s. § 38 Abs. 1.

10. Die Vorschrift des § 33 hat rückwirkende Kraft; sie findet nach § 45 Nr. 4 auf die vor dem Inkrafttreten des Gesetzes (1. Juli 1906) auf die aus dem aktiven Militärdienste bereits entlassenen Personen entsprechende Anwendung.

11. Auf die Marine und die Schutztruppen findet § 33 nach §§ 49 und 63 entsprechende Anwendung.

§ 34.

Der Zivilversorgungsschein erlischt, sobald der Inhaber aus dem Zivildienste (§ 36) mit einer Pension in den Ruhestand tritt. Er ist verwirkt, wenn gegen den Inhaber rechtskräftig auf eine Strafe erkannt worden ist, welche die dauernde Unfähigkeit zur Bekleidung öffentlicher Ämter von Rechts wegen zur Folge hat.

Das Gleiche gilt von dem Anstellungsscheine.

§ 34 wurde von der Kommission in erster und zweiter Lesung ohne Erörterung (mit einer unbedeutenden redaktionellen Änderung) angenommen. KomBer. S. 142, 240.

1. In § 33 ist festgesetzt, in welchen Fällen das Recht auf den Bezug des Zivilversorgungsscheines und des Anstellungsscheines verloren geht. § 34 bestimmt, in welchen Fällen außerdem der schon erworbene Zivilversorgungs- und Anstellungsschein erlischt oder verwirkt ist, so daß kein Anspruch mehr daraus hergeleitet werden kann. Die Vorschriften des § 34 gelten übrigens nach § 33 Abs. 2 auch bezüglich der Zivilversorgungsentschädigung (§ 19).

2. Wegen des Zivilversorgungsscheines s. das Nähere in §§ 15 ff., wegen des Anstellungsscheines in § 17.

3. Was als „Zivildienst" zu gelten hat, ist in § 36 Abs. 2 bestimmt.

4. a) Nur wenn auf eine Strafe erkannt ist, welche die dauernde Unfähigkeit zur Bekleidung öffentlicher Ämter von Rechts wegen zur Folge hat, sind Zivilversorgungs- und Anstellungsschein verwirkt. Nach § 31 des RStrGB. tritt diese Rechtsfolge dauernd nur bei Verurteilung zur Zuchthausstrafe ein. Die bloße

Aberkennung der bürgerlichen Ehrenrechte bewirkt zwar den dauernden Verlust der bekleideten Ämter von Rechts wegen (§ 33), nicht aber die dauernde, sondern nur die zeitige Unfähigkeit zur Erlangung öffentlicher Ämter („während der im Urteile bestimmten Zeit", bei Gefängnisstrafe höchstens 5 Jahre, berechnet von dem Tage, an dem die Gefängnisstrafe verbüßt, verjährt oder erlassen ist). §§ 33, 34 Nr. 3, 36 RStrGB. Hiernach sind die genannten Scheine erst verwirkt bei Verurteilung zur Zuchthausstrafe.

b) Sie sind ferner erst verwirkt durch rechtskräftige Verurteilung, nicht früher. Das Nähere hierzu s. § 33 Anm. 4d.

c) Andererseits aber ist für die Verwirkung der Scheine keineswegs Voraussetzung, daß die erkannte Strafe, welche die dauernde Unfähigkeit zur Bekleidung öffentlicher Ämter von Rechts wegen zur Folge hat, ganz oder zum Teil verbüßt sei. Es genügt die rechtskräftige „Verurteilung". Die Ausführungen in Anm. 4e und f zu § 33 finden entsprechende Anwendung.

d) Nach Z. 4 der AusfBest. des Bundesrats vom 19. Juni 1906 ist, wenn ein Fall rechtskräftiger Verurteilung im Sinne des § 34 Abs. 1 Satz 2 vorliegt, seitens der zuständigen Gerichte oder Staatsanwaltschaften den Pensionsregelungsbehörden (s. Anl. 3 und § 27 Anm. 3 S. 145) Mitteilung zu machen. S. auch § 38 Anm. 4 Z. 4.

In den Anstellungsgrundsätzen (s. § 18 Anm. 5) ist hierzu weiter bestimmt:

§ 25. Im Falle der Eröffnung einer gerichtlichen Untersuchung gegen einen Militäranwärter usw. ist der Zivilversorgungsschein oder der Anstellungsschein zu den Untersuchungsakten einzufordern. Führt die Untersuchung zu einem rechtskräftigen Urteil, das auf zeitige Unfähigkeit zur Bekleidung öffentlicher Ämter oder auf eine Strafe lautet, welche die dauernde oder zeitige Unfähigkeit zur Bekleidung öffentlicher Ämter von Rechts wegen zur Folge hat, so ist der Zivilversorgungsschein usw. unter Mitteilung der Urteilsformel der Militärbehörde zu übersenden, die den Schein erteilt hat (§ 1 Abs. 6). Andernfalls ist der Zivilversorgungsschein oder der Anstellungsschein der Behörde zu übersenden, bei welcher der Militäranwärter usw. angestellt oder beschäftigt ist, Militäranwärtern usw. aber, die im Zivildienste noch nicht angestellt oder beschäftigt sind, zurückzugeben.

§ 26. . . . (2.) Lautet das rechtskräftige Urteil nur auf zeitige Unfähigkeit zur Bekleidung öffentlicher Ämter oder auf eine Strafe, welche die zeitige Unfähigkeit zur Bekleidung öffentlicher Ämter zur Folge hat, so wird der Zivilversorgungsschein usw. nach Ablauf der Zeit, auf die sich die Wirkung des Urteils erstreckt, zurückgegeben, zuvor jedoch von der Militärbehörde (§ 25) mit einem den wesentlichen Inhalt des Urteils wiedergebenden Vermerke versehen. Die Anstellung des Inhabers in einer den Militäranwärtern usw. vorbehaltenen Stelle ist lediglich dem freien Ermessen der beteiligten Behörden überlassen.

5. Die Vorschrift des § 34 hat rückwirkende Kraft; sie findet nach § 45 Nr. 4 auf die bei dem Inkrafttreten des Gesetzes (1. Juli 1906) aus dem aktiven Militärdienste bereits entlassenen Personen entsprechende Anwendung.

§ 35.

Das Recht auf den Bezug der Versorgungsgebührnisse ruht:

1. solange der Versorgungsberechtigte nicht Reichsangehöriger ist;
2. wenn gegen den Versorgungsberechtigten wegen Hochverrats, Landesverrats, Kriegsverrats

oder wegen Verrats militärischer Geheimnisse vor einem Zivilgerichte die öffentliche Klage erhoben oder im militärgerichtlichen Verfahren die Einleitung der Strafverfolgung angeordnet worden ist, solange der Versorgungsberechtigte sich im Ausland aufhält oder sein Aufenthalt unbekannt ist. Die einbehaltenen Gebührnisse werden ausgezahlt, wenn der Versorgungsberechtigte rechtskräftig freigesprochen oder zu geringerer als Zuchthausstrafe verurteilt worden ist oder wenn dem strafgerichtlichen Verfahren wegen unzureichender Verdachtsgründe oder wegen mangelnder Strafbarkeit keine weitere Folge gegeben wird.

Die Vorschrift wurde von der Kommission in erster und zweiter Lesung ohne Erörterung angenommen. KomBer. S. 142.

1. Während § 33 bestimmt, in welchen Fällen das Recht auf den Bezug der Versorgungsgebührnisse *erlischt*, d. h. dauernd verloren geht, setzt § 35 fest, unter welchen Voraussetzungen jenes Recht *zeitweilig ruht*. Vgl. hierzu § 33 Anm. 2.

2. Der Begriff „*Versorgungsgebührnisse*" umfaßt die *sämtlichen* dem Versorgungsberechtigten nach diesem Gesetz zustehenden Ansprüche. Das Nähere s. § 27 Anm. 2a.

3. Zu Nr. 1.

a) Nach Nr. 1 ist stillschweigende *Voraussetzung* für den **Bezug** der Versorgungsgebührnisse, daß der Versorgungsberechtigte **Reichsangehöriger** ist. Geht die Reichsangehörigkeit *verloren*, so ruht das Bezugsrecht so lange, bis der Versorgungsberechtigte die Reichsangehörigkeit wieder erlangt hat.

b) Für die Frage, ob der Versorgungsberechtigte „Reichsangehöriger" ist, sind maßgebend die Bestimmungen des Gesetzes über die Erwerbung und den Verlust der Bundes- und Staatsangehörigkeit vom 1. Juni 1870 (BGBl. S. 355) — zum Reichsgesetz erklärt durch § 2 des Gesetzes betr. die Verfassung des Deutschen Reiches vom 16. April 1871 (BGBl. 1871 S. 63). In Betracht kommen hier insbesondere:

§ 1. Die Bundesangehörigkeit (Reichsangehörigkeit) wird durch die Staatsangehörigkeit in einem Bundesstaate erworben und erlischt mit deren Verlust.

§ 2. Die Staatsangehörigkeit in einem Bundesstaate wird begründet:

1. durch Abstammung;
2. durch Legitimation;
4. für einen Deutschen durch Aufnahme;
5. für einen Ausländer durch Naturalisation.

Die Adoption hat für sich allein die Wirkung nicht.

§ 12. Der Wohnsitz innerhalb eines Bundesstaates begründet für sich allein die Staatsangehörigkeit nicht.

§ 13. Die Staatsangehörigkeit geht verloren:

1. durch Entlassung auf Antrag;
2. durch Ausspruch der Behörde;
3. durch zehnjährigen (ununterbrochenen) Aufenthalt im Auslande.

§ 21. . . . . . Die vorbezeichnete (zehnjährige) Frist — § 13 Z. 3 — wird von dem Zeitpunkt des Austritts aus dem Bundes-(Reichs-)gebiete, oder wenn der Austretende sich im Besitze eines Reisepapiers oder Heimatsscheines befindet, von dem Zeitpunkte des Ablaufs dieser Papiere an gerechnet. Sie wird unterbrochen durch die Eintragung in die Matrikel eines Bundes-(Reichs-)konsulats. Ihr Lauf beginnt von neuem mit dem auf die Löschung in der Matrikel folgenden Tage.

Bezüglich des näheren s. §§ 3, 6, 7, 9, 20 und 21 des oben erwähnten Gesetzes.

Zu bemerken ist noch, daß durch Aufenthalt in den Schutzgebieten die Reichsangehörigkeit nicht verloren geht. Nach § 9 Abs. 3 des Schutzgebietsgesetzes vom 25. Juli 1900 (RGBl. S. 815) gelten die Schutzgebiete im Sinne des Ges. vom 1. Juni 1870 als Inland.

c) Bloßer Wohnsitz oder Aufenthalt im Auslande (außerhalb des Reichsgebiets), ohne daß dadurch die Reichsangehörigkeit verloren geht, bewirkt nicht das Ruhen des Bezugsrechtes. Dem Versorgungsberechtigten steht die Wahl seines Wohn- oder Aufenthaltsortes völlig frei.

AusfBest. des Bundesrats Z. 9:

Invaliden oder Rentenempfänger, die sich im Ausland aufhalten, müssen ihre Versorgungsgebührnisse im Inland entweder in eigener Person oder durch Bevollmächtigte erheben und den Nachweis der Reichsangehörigkeit beibringen, sowie den Nachweis des Lebens, falls sie ihre Gebührnisse nicht persönlich erheben; ausnahmsweise kann mit Einverständnis des Auswärtigen Amtes die Zahlung durch das zuständige Konsulat erfolgen.

Vorübergehend, z. B. zum Kurgebrauch, im Ausland sich aufhaltende, aber im Inland wohnhafte Invaliden und Rentenempfänger sind von dem Nachweis der Reichsangehörigkeit befreit.

4. Zu Nr. 2.

a) Die Bestimmung in Nr. 2 entspricht der durch Ges. vom 22. Mai 1893 (RGBl. S. 171) in das Pensionsgesetz vom 27. Juni 1871 eingefügten Vorschrift in §§ 33 d, 101 c. In der Begründung des Entwurfes des Ges. von 1893 heißt es hierzu (Drucks. d. Reichst., 8. Legisl.-Periode, II. Sess. 1892/93, Bd. II Nr. 112 S. 15): „Die zu § 32 vorgeschlagene Änderung (Erlöschen des Rechts auf den Bezug der Pension durch rechtskräftige Verurteilung wegen Hochverrats, Landesverrats, Kriegsverrats oder wegen Verrats militärischer Geheimnisse) würde diejenigen des Hochverrats usw. angeschuldigten Pensionäre nicht treffen, welche sich durch die Flucht ins Ausland dem Arme der Gerechtigkeit zu entziehen wissen. Es erscheint daher gerechtfertigt, in Fällen dieser Art den Anspruch auf den Pensionsbezug so lange ruhen zu lassen, wie das der Gerechtigkeitspflege bereitete Hindernis dauert."

b) Betreffs der wegen Hochverrats, Landesverrats usw. in Betracht kommenden Strafgesetze s. § 33 Anm. 4b. Zu bemerken ist hierbei, daß das Bezugsrecht nur dann ruht, wenn die öffentliche Klage erhoben ist wegen einer mit Zuchthaus bedrohten Straftat der angeführten Art, nicht aber, wenn die öffentliche Klage erhoben (oder im militärgerichtlichen Verfahren die Einleitung der Strafverfolgung angeordnet) ist wegen einer im Gesetze gegen den Verrat militärischer Geheimnisse vom 3. Juli 1893 (§§ 2, 4, 5, 7, 9) mit Gefängnis oder Festungshaft oder Haft bedrohten Straftat. Im Entwurfe des Gesetzes von 1893 — dem die Vorschrift entlehnt ist — war dies durch Anführung der §§ 1 und 3 ausdrücklich hervorgehoben. Die Paragraphen wurden aber in der Kommissionsberatung gestrichen, indessen erkennbar nicht, um damit auch alle übrigen in dem Entwurfe des Ges. von 1893 vorgesehenen Straftaten in dieses Gesetz hineinzuziehen und so die Vorschriften über das Ruhen der Pensionsgebührnisse zu verschärfen, sondern lediglich deshalb, wie auch im § 32b jenes Gesetzes, weil zur Zeit der Kommissionsberatung erst der Entwurf zum späteren Gesetze vom 3. Juli 1893 vorlag und daher eine zuverlässige Anführung einzelner Paragraphen noch nicht möglich war. In dem Kommissionsbericht (Drucks. d. Reichst., 8. Legisl.-Periode, II. Sess. 1892/93, Bd. III Nr. 226

S. 4) heißt es hierzu: „Bei der 2. Lesung wurde der Antrag gestellt, in Art. 2 des § 32 unter litt. b und gleichmäßig auch in dem § 33 litt. d § 100 und 101c statt der Worte: „wegen eines der in den §§ 1 und 3 des Gesetzes gegen den Verrat militärischer Geheimnisse bezeichneten Verbrechens“ zu setzen: „wegen Verrats militärischer Geheimnisse“. Der Antrag wurde damit begründet, daß es noch ungewiß sei, ob der Entwurf zu dem vorbezeichneten Gesetze zur Verabschiedung gelangen werde. Überdies aber genüge der vorgeschlagene Ausdruck vollkommen. Der Antrag wurde regierungsseitig nicht beanstandet und einstimmig angenommen.“

Es wäre auch gegenüber der Bestimmung in § 33 Nr. 2, daß das Bezugsrecht nur durch rechtskräftige Verurteilung zu Zuchthausstrafe wegen der bezeichneten Verbrechen erlischt, eine ungerechtfertigte Härte, wenn zum Ruhen des Bezugsrechtes schon die Erhebung der öffentlichen Klage wegen einer mit Festungshaft, Gefängnis oder Haft bedrohten Straftat genügen sollte.

c) Nur wenn „vor einem Zivilgerichte die öffentliche Klage erhoben“ oder „im militärgerichtlichen Verfahren die Einleitung der Strafverfolgung angeordnet“ ist, ruht das Bezugsrecht. Im bürgerlichen Strafverfahren erfolgt die Erhebung der öffentlichen Klage gemäß § 168 StrPO. durch einen Antrag auf gerichtliche Voruntersuchung oder durch Einreichung einer Anklageschrift bei dem Gerichte. Die Einleitung des bloßen Ermittlungsverfahrens (staatsanwaltlichen Vorverfahrens §§ 158 ff. StrPO.) bewirkt das Ruhen des Bezugsrechtes noch nicht. Wenn das Gesetz bezüglich des militärgerichtlichen Verfahrens von „Anordnung der Einleitung der Strafverfolgung“ spricht, so muß diese — aus dem Gesetze vom 22. Mai 1893 § 33d übernommene — Ausdrucksweise als ungenau und nicht der jetzt geltenden

Militärstrafgerichtsordnung entsprechend bezeichnet werden. Sie läßt nicht klar erkennen, ob darunter auch schon die Anordnung des „Ermittlungsverfahrens“ gemäß §§ 156 ff. MilStrGO. zu verstehen ist oder vielmehr nur die „Verfügung der Anklage“ gemäß § 250 MilStrGO. Da ein innerer Grund, das militärgerichtliche Verfahren in diesem Punkte anders zu berücksichtigen als das bürgerliche Strafverfahren, nicht erkennbar ist, wird man auch im militärgerichtlichen Verfahren erst die Verfügung der Anklage durch den Gerichtsherrn (die ihrem Wesen nach der Erhebung der öffentlichen Klage gemäß § 168 StrPO. im bürgerlichen Verfahren gleichsteht), als gesetzlichen Grund für das Ruhen des Bezugsrechtes ansehen können. Danach begründet auch im militärgerichtlichen Strafverfahren die Einleitung des bloßen Ermittlungsverfahrens (§§ 156 ff. MilStrGO.) das Ruhen des Bezugsrechtes noch nicht.

d) Das Bezugsrecht ruht im Falle der Nr. 2 nur so lange, als der Versorgungsberechtigte sich im Ausland aufhält oder sein Aufenthalt unbekannt ist. Ausland ist jedes nicht zum Deutschen Reiche gehörige Gebiet. Die Schutzgebiete gelten aber im Sinne dieser gesetzlichen Bestimmung als Inland. Vgl. hierzu besonders Meyer, Die staatsrechtliche Stellung der deutschen Schutzgebiete (Leipzig 1885) S. 88 ff., 103; v. Stengel, Rechtsverhältnisse der deutschen Schutzgebiete (Tübingen 1901) S. 35 ff.; Pieper, Reichsbeamtengesetz S. 168 Anm. 8, S. 174 Anm. 4, S. 198 Anm. 5.

e) Die Auszahlung der einbehaltenen Gebührnisse erfolgt im Falle der Freisprechung oder Verurteilung zu einer geringeren Strafe als Zuchthaus (nur Festungshaft kommt in Frage) erst nach Rechtskraft des Urteils.

Der Freisprechung steht hier gleich der Fall, wenn das Urteil lautet auf Unzulässigkeit der Strafverfolgung oder Einstellung des Verfahrens (z. B. wenn die Straftat verjährt ist oder der Einwand der rechtskräftig entschiedenen Sache Platz greift). Vgl. hierzu Loewe, Strafprozeßordnung, 12. Aufl., § 259 Anm. 4.

f) Auch in den Fällen, wenn dem Strafverfahren aus tatsächlichen oder rechtlichen Gründen, mangels genügender Verdachtsgründe oder wegen mangelnder Strafbarkeit (z. B. weil die Tat unter kein Strafgesetz fällt, oder weil ein Schuldausschließungsgrund — Unzurechnungsfähigkeit des Täters, Notwehr usw. — vorliegt) „keine weitere Folge gegeben wird", sind die einbehaltenen Gebührnisse erst zu zahlen nach Rechtskraft des Beschlusses auf Außerverfolgsetzung. (§§ 202, 209 Abs. 2 StrPO.) Für das militärgerichtliche Verfahren wird nur der Fall des § 272 MilStrGO. in Betracht zu ziehen sein. Der Fall, daß dem Verfahren keine weitere Folge gegeben wird, „wegen mangelnder Strafbarkeit" ist nach dem Sinne des Gesetzes auch dann als vorliegend zu erachten, wenn ein Strafaufhebungsgrund (z. B. Verjährung) die weitere Strafverfolgung ausschließt.

g) Im übrigen siehe wegen des Zeitpunktes der Einstellung der Zahlung und ihres Wiederbeginns § 38 Abs. 1 u. 3.

h) Die Wiederaufnahme der Klage auf Grund neuer Tatsachen oder Beweismittel gemäß § 210 StrPO. und die Wiederverfügung der zurückgenommenen Anklage durch den Gerichtsherrn im militärgerichtlichen Verfahren bewirken von neuem das Ruhen des Bezugsrechtes, so lange der Pensionär sich im Auslande aufhält oder sein Aufenthalt unbekannt ist.

Dasselbe gilt von der Wiederaufnahme des Verfahrens gemäß § 402 StrPO., § 438 MilStrGO.

i) Da das Bezugsrecht nur **ruht**, solange der Versorgungsberechtigte sich im Auslande aufhält oder sein Aufenthalt unbekannt ist, hat die Auszahlung selbstverständlich auch dann zu erfolgen, wenn er ins Inland zurückkehrt und seinen Aufenthalt den Behörden anzeigt, so daß dem Verfahren Fortgang gegeben werden kann.

k) Von dem Eintreten eines der in Nr. 2 vorgesehenen Fälle ist nach Z. 4 der AusfBest. des Bundesrats den Pensionsregelungsbehörden seitens der zuständigen Gerichte oder Staatsanwaltschaften Mitteilung zu machen. Das Nähere hierzu s. § 38 Anm. 4.

5. Lebt das Bezugsrecht nach Fortfall der Gründe, die sein Ruhen bewirkt haben, wieder auf, so können Zinsen für die einbehaltenen Gebührnisse nicht etwa schon vom Tage der Einbehaltung ab gefordert werden, sondern erst von dem Tage ab, an dem die Auszahlung der Gebührnisse stattzufinden hat (s. § 38 Abs. 3, §§ 284 Abs. 2, 288 BGB.).

6. Die Vorschrift des § 35 hat gemäß § 45 Nr. 4 rückwirkende Kraft. Näheres s. dort.

§ 36.

Das Recht auf den Bezug der Rente (§§ 9 bis 11) und der Gebührnisse aus den §§ 24, 25 ruht:

1. solange der Rentenberechtigte sich in einem Invalideninstitut oder in einer militärischen Kranken-, Heil- oder Pflegeanstalt befindet.

   Bei dem Aufenthalt in einer Kranken-, Heil- oder Pflegeanstalt ist denjenigen Rentenberechtigten, welche die Ernährer von Familien sind, die Rente nach Bedürfnis ganz oder zum Teil zur Bestreitung des Unterhalts ihrer Familie zu gewähren;

2. bei vorübergehender Heranziehung zum aktiven Militärdienst in Höhe des gewährten Diensteinkommens;
3. während einer Anstellung oder Beschäftigung im Zivildienste nach Maßgabe folgender Vorschriften:
   a) es ruhen alle unter $^{21}/_{100}$ der Vollrente zuerkannten Rententeile;
   b) von höheren Renten ruhen außerdem alle $^{60}/_{100}$ der Vollrente übersteigenden Rententeile;
   c) Renten, die Kapitulanten lediglich auf Grund des § 1 Abs. 3 zuerkannt worden sind, ruhen, soweit als Zivildiensteinkommen und nach § 9 bemessene Rente zusammen den jährlichen Betrag von 2000 Mark übersteigen. Rententeile, die sich aus der Erhöhung der Vollrente gemäß §§ 10, 56 ergeben, bleiben hierbei außer Ansatz und ruhen nur nach der Vorschrift unter b;
4. neben dem Bezug einer im Zivildienst erdienten Pension, soweit als Zivilpension und zuerkannte Rente zusammen den in der zuletzt bekleideten Stelle erreichbaren Höchstpensionsbetrag oder, wenn es für den Pensionär günstiger ist, soweit als die tatsächlich erdiente Zivilpension und die nach Nr. 3 b nicht

ruhenden Rententeile zusammen den Betrag von 2000 Mark übersteigen. Der an den Pensionär nicht zu zahlende Rentenbetrag wird dem Zivilpensionsfonds erstattet.

Als Zivildienst gilt jede Anstellung oder Beschäftigung als Beamter oder in der Eigenschaft eines Beamten im Reichs-, Staats- oder Kommunaldienste, bei den Versicherungsanstalten für die Invalidenversicherung, bei ständischen oder solchen Instituten, welche ganz oder zum Teil aus Mitteln des Reichs, Staates oder der Gemeinden unterhalten werden, oder in solchen zu den vorbezeichneten nicht gehörenden Zivilstellen, welche ganz oder zum Teil den Militäranwärtern und den Inhabern des Anstellungsscheins vorbehalten sind, wenn und solange der Angestellte oder Beschäftigte durch diesen Dienst ein Einkommen bezieht.

Bei Berechnung des Zivildiensteinkommens sind diejenigen Beträge, welche für die Bestreitung eines Dienstaufwandes sowie zur Entschädigung für außergewöhnliche Teuerungsverhältnisse gewährt werden, nicht in Ansatz zu bringen; die Dienstwohnung ist mit dem pensionsfähigen oder sonst hierfür festgesetzten Werte, der Wohnungsgeldzuschuß oder eine dementsprechende Zulage mit dem pensionsfähigen Betrag oder, sofern er nicht pensionsfähig ist, mit dem Durchschnittssatz anzurechnen. Ist der wirkliche Betrag des Wohnungsgeldzuschusses oder der Zulage jedoch geringer, so ist nur dieser anzurechnen.

1. In den Fällen des § 36 ruht nicht das Recht auf den Bezug sämtlicher Versorgungsgebührnisse (s. § 27 Anm. 2a), sondern nur das Recht auf den Bezug der Rente und ihrer Erhöhung nach §§ 9, 10 und 11, der bedingten Rente und des Rentenzuschusses nach §§ 24, 25. Hiernach bleiben, auch wenn die in § 36 erörterten Verhältnisse vorliegen, zahlbar (und zwar so, daß ein Anspruch auf die Gewährung besteht) die Verstümmelungszulage (§ 13), die Kriegszulage (§ 14), die den Personen der Unterklassen der Marine nach §§ 57, 58 zustehende Rentenerhöhung und die den Schutztruppen nach §§ 67 ff. zustehende Tropenzulage. Die Alterszulage (§§ 26, 59) kommt überhaupt nicht in Betracht, weil auf ihren Bezug kein Recht, kein Anspruch besteht. Sie kann aber nach den angeführten Paragraphen auch in den Fällen des § 36 weiter gewährt werden.

Zu Abs. 1.

2. Zu Nr. 1.

a) In dem Entwurf hieß es „Invalidenhaus“ statt „Invalideninstitut“. Dieses Wort wurde von der Kommission gewählt, „da es Invalideninstitute gäbe, bei denen eine Aufnahme in ein Invalidenhaus nicht stattfände“. KomBer. S. 153.

b) Best. d. Preuß. Kriegsm. vom 19. Juni 1906 für die unter der Verwaltung des Kriegsministeriums stehenden Invalideninstitute (Invalidenhäuser in Berlin, Carlshafen und Stolp und die Großherzoglich Mecklenburgische Invalidenabteilung in Schwerin). Armee-Verordnungsbl. 1906 S. 232, 233:

1. Ein Rechtsanspruch auf Versorgung in einem Invalideninstitut besteht weder für Offiziere noch für Unteroffiziere und Mannschaften. 2. Die Aufnahme kann nur innerhalb der für diese Institute festgesetzten Etats erfolgen.

(Z. 3—7 betreffen Offiziere.)

8. Über die durch die Generalkommandos vorzulegenden Anträge von Unteroffizieren und Mannschaften um Aufnahme in die preußischen Invalidenhäuser sowie über die Anträge der Invalidenhäuser auf Wiederentlassung entscheidet das Versorgungs- und Justizdepartement des Kriegsministeriums. Für die Großherzoglich Mecklenburgische Invalidenabteilung trifft diese Entscheidungen das Bezirkskommando in Schwerin.

9. Es werden nur solche Unteroffiziere und Mannschaften aufgenommen, denen ein dauernder Rentenanspruch zuerkannt worden ist, und die für würdig, bedürftig und geeignet befunden werden.

10. Das Verbleiben in einem Invalideninstitute kann von keinem Invaliden beansprucht werden, wenn seine Verhältnisse ihn dazu nicht mehr geeignet erscheinen lassen.

11. Mit einer Stelle in einem Invalidenhause sind nach Maßgabe des Etats nachstehende Gebührnisse verbunden: Löhnung (Feldwebel jährlich 637 M. 20 Pf., Sergeanten 353 M. 20 Pf., Unteroffiziere 253 M. 20 Pf., Gemeine 133 M. 20 Pf.), Brot, niedriges Beköstigungsgeld, Beköstigungszuschuß, Bekleidung und Kleinbekleidungsgeld; außerdem freie Wohnung, Feuerung, Beleuchtung, ärztliche Behandlung und Arzneien auch für die Familie.

Die Unteroffiziere und Mannschaften der Großherzoglich Mecklenburgischen Invalidenabteilung sind nicht kaserniert und erhalten den zuständigen Servis.

12. Während des Aufenthalts eines Rentenempfängers in einem Invalidenhause ruht das Recht auf den Bezug der Rente. (§ 36, 1 d. Ges. über d. Versorg. der Pers. der Unterklassen des Reichsheeres usw. v. 31. Mai 1906.) Verstümmelungszulagen, Kriegszulage, Zivilversorgungsentschädigung und Alterszulage bleiben zahlbar.

Erfolgt die Aufnahme im Laufe eines Monats, so wird die Zahlung der Rente mit dem Ende des Monats eingestellt, erfolgt sie am ersten Tage eines Monats, so hört die Zahlung mit dem Beginne des Monats auf.

13. Durch die in einem Invalideninstitute zugebrachte Zeit wird ein Anspruch auf höhere Versorgungsgebührnisse sowie auf den Zivilversorgungsschein und die Dienstprämie nicht erworben; nach etwaigem Wiederausscheiden tritt der Rentenempfänger auf seine früheren Versorgungsgebührnisse zurück. Die Zahlung hebt mit dem Beginne des Monats an, für welchen das Recht auf den Bezug der Rente nach § 36 a. a. O. wieder auflebt.

c) In den Fällen des zweiten Absatzes (bei dem Aufenthalt in einer Kranken-, Heil- oder Pflegeanstalt) besteht ein Anspruch auf Weitergewährung der Rente in dem angegebenen Umfange, sofern ein Bedürfnis dazu vorliegt. In dem Entwurf hieß es an dieser Stelle: „kann gewährt werden". Von der Kommission wurde die jetzige Fassung „ist zu gewähren" gewählt. „Unter keinen Umständen dürften die Familien während des Aufenthalts in einer Kranken-, Heil- oder Pflegeanstalt mittellos gelassen werden; ganz oder teilweise müsse ihnen in dieser Zeit die Rente gewährt werden. Kom.-Ber. S. 142, 240, 241.

AusfBest. des Bundesrats Z. 6:

„Wird ein Invalide oder Rentenempfänger in eine der im § 36 Nr. 1 genannten Anstalten aufgenommen, so entscheiden die Militärbehörden (Generalkommandos) bezw. Marinebehörden (Stationskommandos) oder das Oberkommando der Schutztruppen darüber, ob die Invalidenpension oder Rente ganz oder zum Teil zur Bestreitung des Unterhalts der Familie zu gewähren ist.

Unter Familie im Sinne dieser Vorschrift sind außer der Ehefrau und der im § 39 Abs. 1 bezeichneten Nachkommenschaft auch Pflegekinder sowie die Eltern und Großeltern des Invaliden oder Rentenempfängers zu verstehen, sofern dieser ihr Ernährer ist".

Von der Aufnahme des Rentenberechtigten in ein Invalideninstitut oder eine der bezeichneten Anstalten ist den Pensionsregelungsbehörden (s. Anl. 3) seitens der Institute oder Anstalten Mitteilung zu machen. Die Mitteilung kann unterbleiben, wenn sich der Aufenthalt in einer der genannten Anstalten nicht auf einen vollen Kalendermonat erstreckt, da in diesem Falle nach § 38 das Recht auf den Bezug der Versorgungsgebührnisse nicht zu ruhen hat. AusfBest. des Bundesrats Z. 4. Das Nähere s. § 38 Anm. 4.

3. Zu Nr. 2.

Bei dem dauernden Wiedereintritt in den aktiven Militärdienst erlischt das Recht auf den Bezug sämtlicher Versorgungsgebührnisse (s. § 33 Anm. 3 b), während bei vorübergehender Heranziehung nur die Rente und ihre Erhöhung und die bedingte Rente und der Rentenzuschuß (§§ 9—11, 24, 25) ruhen und zwar in Höhe des gewährten Diensteinkommens.

Von der Heranziehung zum Dienste ist den Pensionsregelungsbehörden (s. Anl. 3 und § 27 Anm. 3, S. 145) seitens der Truppen- oder Marineteile Mitteilung zu machen. Die Mitteilung kann unterbleiben, wenn von vornherein feststeht, daß sich die vorübergehende Heranziehung zum aktiven Militärdienste nicht auf einen vollen Kalendermonat erstreckt, da in diesem Falle nach § 38 das Recht auf den Bezug der Versorgungsgebührnisse nicht zu ruhen hat. AusfBest. des Bundesrats Z. 4. Das Nähere s. § 38 Anm. 4.

4. Zu Nr. 3.

a) In der Begründung heißt es hierzu (Allgemeines, III. S. 24): Bei Anstellung von Invaliden im Reichs- und Staatsdienste hat nach den bisherigen Gesetzen die Pension soweit zu ruhen, als das Diensteinkommen zusammen mit der Pension ein für jeden Dienstgrad besonders bestimmtes Gesamteinkommen übersteigt. Dagegen beziehen die im Kommunal- und die im Reichsbankdienst angestellten Invaliden ihre

Pension ohne Rücksicht auf die Höhe des Diensteinkommens unbeschränkt weiter. Diese ungleiche Behandlung wird von den im Reichs- und Staatsdienste befindlichen Invaliden als ein Unrecht empfunden. In dem neuen Gesetz ist als Grundsatz aufgestellt (Begr. S. 34), daß jeder Rentenempfänger, welcher entweder in einer der im § 18 bezeichneten Stellen oder in einer dort nicht bezeichneten, aber durch die Fürsorge des Staates vorbehaltenen Stelle durch den Zivilversorgungsschein oder ohne den Schein Anstellung findet, sich eine Kürzung des Rentenbezugs gefallen lassen muß. Diesem Grundsatze trägt die Vorschrift in § 36 Nr. 3 in Verbindung mit der Erläuterung des 2. Absatzes des § 36 Rechnung. Es werden danach z. B. auch die Reichsbeamten, die Beamten der Zentralgenossenschaftskasse und die Beamten der Privateisenbahnen der Kürzung unterworfen. (S. auch § 18 Anm. 4).

b) Nur eine Anstellung oder Beschäftigung im Zivildienste kommt für die Kürzung der erwähnten Gebührnisse in Frage. Was als Zivildienst zu gelten hat, ist in Abs. 2 bestimmt.

Eine Anstellung oder Beschäftigung im Privatdienst kommt für die Frage der Kürzung der Gebührnisse nicht in Betracht. In der Begründung ist hierzu ausdrücklich gesagt (S. 34): „Eine Kürzung ist in solchen Stellen nicht beabsichtigt, welche ihrer Natur nach als rein private Beschäftigungsverhältnisse anzusehen sein werden."

c) Unter der Anstellung oder Beschäftigung ist ferner nach Abs. 2 nur eine Anstellung oder Beschäftigung als Beamter oder in der Eigenschaft eines Beamten zu verstehen. Handelt es sich aber um eine lediglich auf einem privatrechtlichen Vertragsverhältnis beruhende Tätigkeit, so findet keine Kürzung der Pension statt. Nach einem Schreiben des Preuß. Kriegsm. an den Preuß. Min. der öffentl. Arbeiten ist die Vorschrift in Nr. 3 nicht etwa dahin auszulegen, daß der Rentenempfänger sich schon eine Kürzung der Gebührnisse gefallen lassen müsse, wenn ihm die bloße Beschäftigung mit den Verrichtungen eines fehlenden Beamten oder in einer Beamtenstelle — ohne Übertragung der Beamteneigenschaft — zugewiesen, er also als nicht beamteter Stellvertreter oder Hilfsarbeiter tätig sei. Vielmehr müsse, wie es auch im zweiten Absatz des angegebenen Paragraphen zum Ausdruck gekommen sei, die Beschäftigung in der Eigenschaft eines Beamten stattfinden. Danach erscheine es selbstverständlich, daß bei privatrechtlichen Dienstverhältnissen eine Kürzung der Gebührnisse ausgeschlossen sei. (Das Schreiben bezieht sich zwar zunächst auf die Vorschrift in § 24 Nr. 3 des Offizierpensionsgesetzes über die Kürzung der Offizierspension, doch trifft es ebenso auf die Vorschrift in § 36 Nr. 3 des Mannschaftsversorgungsgesetzes zu.) S. auch Anm. 6a.

d) Nach der Vorschrift in Nr. 3 ist von einer Teilrente, die nur $^{20}/_{100}$ der Vollrente beträgt, nichts zu zahlen. Im übrigen wird von jeder Rente nebst Erhöhung und Zuschuß (s. Anm. 1) neben dem Zivildiensteinkommen nur der zwischen $^{21}/_{100}$ und $^{60}/_{100}$ der Vollrente liegende Betrag gezahlt.

e) Wegen des Begriffes „Kapitulanten" (in 3c) s. § 1 Abs. 4. Hier kommen nur solche mit einer Dienstzeit von mindestens 18 Jahren, die ohne Nachweis verminderter Erwerbsfähigkeit Anspruch auf eine lebenslängliche Rente haben (§ 1 Abs. 3), in Betracht. Bei der Berechnung des Zivildiensteinkommens ist die Vorschrift in Abs. 3 zu beachten, wonach gewisse Einkünfte nicht oder nur zu einem bestimmten Satze anzurechnen sind.

f) AusfBest. des Bundesrats:

7. Bei Anstellungen oder Beschäftigungen im Zivildienste (§ 36 Abs. 2) hat die vorgesetzte Behörde dem Invaliden oder

Rentenempfänger das Renten- (Pensions-) Quittungsbuch abzufordern und das Anstellungs- oder Beschäftigungsverhältnis einzutragen unter folgenden Angaben:

a) Art des Anstellungs- oder Beschäftigungsverhältnisses, im besonderen, ob der Invalide oder Rentenempfänger als Beamter angestellt ist oder in der Eigenschaft eines solchen beschäftigt wird oder ob er nur in ein privatrechtliches Vertragsverhältnis eines Dienstverpflichteten zu der Behörde tritt;
b) Tag des Beginns der Anstellung oder Beschäftigung;
c) Einkommen und Zeitpunkt, von welchem ab das Einkommen gewährt wird.

Demnächst ist das Quittungsbuch der Pensionsregelungsbehörde vorzulegen, welche wegen Fortgewährung oder teilweiser oder gänzlicher Einbehaltung der Invalidenpension oder Rente nach dem Gesetze zu entscheiden, die erforderliche Eintragung zu machen und die zuständige Kasse mit Zahlungsanweisung zu versehen hat.

Fällt der Zeitpunkt, mit welchem die Zahlung des Einkommens beginnt, nicht mit dem Zeitpunkte des Beginns der Anstellung oder Beschäftigung zusammen, so ist für den Fortbezug der Invalidenpension oder Rente der Zeitpunkt des Beginns der Zahlung des Einkommens als der maßgebende anzusehen.

Das Quittungsbuch wird sodann durch Vermittelung der vorgesetzten Behörde dem Invaliden oder Rentenempfänger wieder ausgehändigt, nachdem dieser durch Namensunterschrift die Regelungsverfügung anerkannt hat, ihm aber wieder abgenommen und von der vorgesetzten Behörde aufbewahrt, sobald er zur Erhebung von Versorgungsgebührnissen nicht mehr berechtigt ist.

Um den regelmäßigen Empfang der Versorgungsgebührnisse nicht zu stören, sollen die Quittungsbücher in der Zeit zwischen dem zweiten und letzten Tage eines und desselben Monats abgenommen und zurückgegeben werden.

Bei dem Ausscheiden aus dem Zivildienste mit oder ohne

Pension ist das Quittungsbuch der Pensionsregelungsbehörde zur anderen Regelung des Invalidenpensions- oder Rentenbezugs so zeitig vorzulegen, daß es an den Inhaber noch bis zum Entlassungstage ausgehändigt werden kann.

Die Quittungsbücher sind fortan nach dem (beiliegenden) Muster anzufertigen.

Für diejenigen Invaliden, deren Versorgungsgebührnisse nicht nach dem neuen Gesetze festgestellt sind, können die bisherigen Quittungsbücher noch weiter benutzt werden.

8. Die Frage, ob ein Invalide oder Rentenempfänger im Zivildienst als Beamter angestellt oder in der Eigenschaft eines solchen beschäftigt wird und ob demnach die Vorschrift des § 36 Nr. 3 auf ihn anzuwenden ist oder ob er sich nur in einem privatrechtlichen Vertrags-Verhältnis eines Dienstverpflichteten zu der Behörde befindet, ist schon bei Beginn der Dienstleistung klarzustellen. Zunächst entscheidet hierüber die dem Angestellten oder Beschäftigten vorgesetzte Behörde; die Entscheidung unterliegt jedoch der Nachprüfung durch die Pensionsregelungsbehörde. Ist diese nicht gleichzeitig oberste Militärverwaltungsbehörde des Kontingents bezw. oberste Marineverwaltungsbehörde oder die Kolonialzentralverwaltung, so ist noch deren Entscheidung herbeizuführen, wenn zwischen der dem Invaliden oder Rentenempfänger vorgesetzten Behörde und der Pensionsregelungsbehörde eine Meinungsverschiedenheit bestehen bleibt oder wenn bei der Pensionsregelungsbehörde Bedenken gegen die Entscheidung einer Zentralbehörde obwalten.

5. Zu Nr. 4.

a) Während in Nr. 3 bestimmt ist, inwieweit die Rente (usw. s. Anm. 1) gekürzt wird neben dem für die Dauer einer Anstellung oder Beschäftigung im Zivildienste zustehenden Diensteinkommen, wird in Nr. 4 festgesetzt, inwieweit die Rente ruht neben der durch den Zivildienst erworbenen Pension. Grundsatz ist, daß Zivilpension und Rente zusammen niemals die in der zuletzt bekleideten Zivildienststelle erreichbare höchste

Pension übersteigen sollen. Wenn aber die erreichbare höchste Pension weniger als 2000 ℳ beträgt, so darf von den nach 3 b nicht ruhenden Rententeilen soviel gezahlt werden, bis Pension und Rententeile zusammen den Betrag von 2000 ℳ erreichen.

Die Vorschrift lautete im Entwurf anders. Die jetzige Fassung beruht auf einem Beschlusse der Kommission. Hier wurde zur Begründung des Antrages ausgeführt (KomBer. S. 157): Es sei nicht ausgeschlossen, daß ein Kapitulant nur eine Unterbeamtenstelle erhalten habe und so nur eine geringe Höchstpension erreichen könne. Für einen solchen Beamten beabsichtige der Antragsteller eine ähnliche Berücksichtigung, wie sie unter Nr. 3 c für die im Zivildienst angestellten Kapitulanten, die 18 Jahre gedient hätten, beschlossen worden sei.

b) Als „Höchstpensionsbetrag" ist derjenige Pensionsbetrag anzusehen, der sich ergibt unter Zugrundelegung erstens des höchsten pensionsfähigen Einkommens der zuletzt bekleideten Stelle und zweitens der längsten pensionsfähigen Dienstzeit.

c) AusfBest. des Bundesrats Z. 10:

Die Zahlung der nach § 36 Nr. 4 Schlußsatz dem Zivilpensionsfonds zu erstattenden Invalidenpensions- und Rentenbeträge erfolgt auf Anweisung der Pensionsregelungsbehörde am Schlusse jedes Rechnungsjahrs.

d) Der Schlußsatz der Nr. 4 gilt nach § 76 Abs. 3 für Bayern zunächst noch nicht.

6 Wegen des Zeitpunktes der Einstellung der Zahlung in den Fällen der Nr. 1, 2 und 4 s. § 38 Abs. 1, wegen des Beginnes des Ruhens des Bezugsrechtes in den Fällen der Nr. 3 s. § 38 Abs. 2. Beim Wiederaufleben des Bezugsrechtes hebt die Zahlung mit dem Beginne des Monats an. (§ 38 Abs. 3).

7. Zu Abs. 2.

a) Nur eine Anstellung oder Beschäftigung „als Beamter oder in der Eigenschaft eines Beamten" gilt als Zivildienst, nicht also z. B. eine bloß vorübergehende Heranziehung zu mechanischen Dienstleistungen gegen tägliche Vergütung ohne Anwartschaft auf Anstellung oder sonstige Beibehaltung. S. auch Anm. 4b und c. Für die Anstellung oder Beschäftigung „als Beamter oder in der Eigenschaft eines Beamten" ist es gleichgiltig, ob ein Diensteid geleistet ist oder nicht, ebenso ob festes Gehalt oder Gebühren gewährt werden.

b) Unter „Kommunaldienst" ist sowohl der Dienst in der Gemeinde-, wie der in der Kreis- und Provinzialverwaltung zu verstehen. S. auch § 18 Anm. 3.

c) Zu den Instituten, die ganz oder zum Teil aus Mitteln des Reiches, Staates oder der Gemeinden unterhalten werden, gehören z. B. die Reichsbank, die Preußische Zentral-Genossenschafts-Kasse, die Preußische Seehandlung, die Zentral-Landschaft für die Preußischen Staaten in Berlin, die Privateisenbahnen.

d) Als „Militäranwärter" sind nur die Inhaber des Zivilversorgungsscheines anzusehen (s. § 18 Anm. 1); wegen des „Anstellungsscheines" s. § 17.

8. Zu Abs. 3.

Diese Vorschrift befand sich nicht im Entwurf und ist von der Kommission eingefügt worden. Sie entspricht dem Abs. 3 § 24 des Offizierpensionsgesetzes v. 31. Mai 1906. Dort heißt es in der Begründung (S. 33): „Durch die Vorschrift soll vermieden werden, daß die zum Ausgleiche der Teuerungsverhältnisse in den verschiedenen Orten bestimmten Gebührnisse den als Beamte angestellten Offizieren durch einen entsprechenden Abzug von der Pension wieder entzogen werden".

9. Inwieweit die Vorschriften des § 36 rückwirkende Kraft haben, darüber s. § 45 Nr. 4 und 6.

§ 37.

Das Recht auf den Bezug der Zivilversorgungsentschädigung (§ 19) ruht in den Fällen, in welchen nach § 36 Nr. 3 das Recht auf den Bezug der Rente im Zivildienste ganz oder teilweise zu ruhen hat.

1. Im § 33 Abs. 1 und 2 ist festgesetzt, wann das Recht auf den Bezug der Zivilversorgungsentschädigung „erlischt", d. h. dauernd verloren geht. Die Vorschrift des § 37 bestimmt, wann dieses Recht „ruht" d. h. nur zeitweilig nicht geltend gemacht werden kann, aber „wiederauflebt" (§ 38 Abs. 3) nach Fortfall der das Ruhen begründenden Tatsachen.

§ 37 wurde von der Kommission in der ersten Lesung unverändert, in der zweiten Lesung mit der von der Redaktionskommission vorgeschlagenen redaktionellen Änderung angenommen. KomBer. S. 157, 242.

2. Die Anwendbarkeit des § 37 hat zur Voraussetzung, daß überhaupt ein „Recht" d. h. ein Anspruch auf den Bezug der Zivilversorgungsentschädigung besteht. S. §§ 19, 20.

3. Nach § 36 Nr. 3 ruht das Recht auf den Bezug der Rente, ihrer Erhöhung und des Zuschusses nur während einer „Anstellung oder Beschäftigung" im Zivildienste und zwar als „Beamter oder in der Eigenschaft als Beamter". Das Gleiche muß im Falle des § 37 gelten. S. § 36 Anm. 4c.

Was als „Zivildienst" gilt, ist in § 36 Abs. 2 bestimmt.

4. Das Ruhen des Rechtes auf den Bezug der Zivilversorgungsentschädigung beginnt nach § 38 Abs. 2 mit dem Ablauf von sechs Monaten vom ersten Tage

des Monats der Anstellung oder Beschäftigung an gerechnet. Vgl. hierzu § 38 Anm. —. Lebt das Bezugsrecht wieder auf, so hebt die Zahlung mit dem Beginne des Monats an (§ 38 Abs. 3).

5. Nach der AusfBest. des Bundesrats (Z. 4) ist in dem Falle des § 37 von einer Anstellung oder Beschäftigung im Zivildienste seitens der dem Invaliden oder Rentenempfänger vorgesetzten Behörde, den Pensionsregelungsbehörden (s. Anl. 3 und § 27 Anm. 3 S. 145) Mitteilung zu machen. Näheres s. § 38 Anm. 4.

6. Nach § 45 Nr. 4 findet die Vorschrift des § 37 auf die vor dem Inkrafttreten des Gesetzes (1. Juli 1906) aus dem aktiven Militärdienste bereits entlassenen Personen entsprechende Anwendung.

§ 38.

Tritt das Erlöschen oder das Ruhen des Rechtes auf den Bezug der Versorgungsgebührnisse gemäß §§ 33, 35, 36 Nr. 1, 2, 4 im Laufe eines Monats ein, so wird die Zahlung mit dem Ende des Monats eingestellt; tritt es am ersten Tage eines Monats ein, so hört die Zahlung mit dem Beginne des Monats auf.

Das Ruhen des Rechtes auf den Bezug der Versorgungsgebührnisse gemäß § 36 Nr. 3, § 37 beginnt mit dem Ablaufe von sechs Monaten vom ersten Tage des Monats der Anstellung oder Beschäftigung an gerechnet.

Lebt das Recht auf den Bezug der Versorgungsgebührnisse nach den §§ 35 bis 37 wieder auf, so hebt die Zahlung mit dem Beginne des Monats an.

1. Die Vorschriften im ersten und letzten Absatz entsprechen dem Grundsatze, die Versorgungsgebührnisse bei Veränderungen nur in vollen Monatsbeträgen zu belassen oder wieder zu gewähren. Begr. S. 34.

Von der Kommission wurde § 38 mit einer unbedeutenden redaktionellen Änderung in der Fassung des Entwurfs angenommen. KomBer. S. 158, 242.

2. Der Begriff „Versorgungsgebührnisse" umfaßt die sämtlichen nach diesem Gesetze zustehenden Ansprüche. Das Nähere s. § 27 Anm. 2a.

3. **Zu Abs. 2.**

In den Fällen der §§ 36 Nr. 3 und 37 beginnt jetzt das Ruhen des Rechtes auf den Bezug der Versorgungsgebührnisse einen Monat früher als nach dem bisherigen Gesetz. In der Begründung des Entwurfes heißt es hierzu (S. 34): „Nach den bisherigen Gesetzen tritt das Ruhen des Rechtes auf den Bezug der Rente mit dem Ablaufe des sechsten Monats ein, welcher auf denjenigen Monat folgt, in welchem die Anstellung oder Beschäftigung begonnen hat. Es liegt jedoch ein triftiger Grund nicht vor, den Monat, in welchen der Beginn einer Anstellung oder Beschäftigung fällt, bei der Berechnung der ersten sechs Monate der Anstellung nicht mitzuzählen und ganz besonders dann nicht, wenn, wie es häufig der Fall ist, die Anstellung mit dem ersten Tage eines Monats begonnen hat. Es ist daher im zweiten Absatze bestimmt worden, daß das Ruhen des Rechtes auf den Bezug der Rente mit dem Ablaufe des sechsten Monats der Anstellung oder Beschäftigung eintreten soll. In der Kommisson war beantragt worden statt „6 Monate" „7 Monate" zu setzen. Der Antrag wurde aber abgelehnt, nachdem ihm seitens der Heeresverwaltung widersprochen war mit dem Hinweise darauf, daß bei den Offizieren das Ruhen des Rechtes auf den Bezug der Pension sofort mit dem Ende des

Monats, in dem die Anstellung erfolge, eintrete. Kom.-Ber. S. 157, 158.

4. AusfBest. des Bundesrats:

3. Bei Rückzahlung von Versorgungsgebührnissen oder beim Erlöschen, Ruhen oder Wiederaufleben des Rechtes auf deren Bezug erfolgt die Regelung durch die Behörden, welche von den Bundesstaaten hierzu bestimmt sind oder hierzu bestimmt werden (Pensionsregelungsbehörden).

Einwendungen des Invaliden oder Rentenempfängers gegen die Regelung sind — sofern er im Zivildienst angestellt ist, durch Vermittelung seiner vorgesetzten Dienstbehörde — an die Pensionsregelungsbehörde zu richten. Einsprüche gegen deren Bescheid sind auf demselben Wege anzubringen und von der Pensionsregelungsbehörde mit Begutachtung der obersten Militärverwaltungsbehörde des Kontingents bezw. der obersten Marineverwaltungsbehörde oder der Kolonialzentralverwaltung zur Entscheidung vorzulegen, sofern diese nicht schon als Pensionsregelungsbehörden entschieden haben.

4. Den Pensionsregelungsbehörden ist von allen Veränderungen in den persönlichen Verhältnissen eines Invaliden oder Rentenempfängers, welche die Rückzahlung von Versorgungsgebührnissen oder ein Erlöschen, Ruhen oder Wiederaufleben des Rechtes auf deren Bezug zur Folge haben können, insbesondere von allen Anstellungen oder Beschäftigungen im Militär- oder Zivildienste, bei Kapitulanten mit einer Dienstzeit von mindestens achtzehn Jahren auch von jeder Erhöhung des Diensteinkommens, bis zum Betrage von 2000 M. Mitteilung zu machen und zwar in den Fällen:

des § 22, § 36 Nr. 3, § 37 von der dem Invaliden oder Rentenempfänger vorgesetzten Behörde;

des § 33 Nr. 1, § 36 Nr. 2 von den Truppenteilen oder Marineteilen;

des § 33 Nr. 2, § 34 Abs. 1 Satz 2, § 35 Nr. 2 von den zuständigen Gerichten oder Staatsanwaltschaften;

des § 36 Nr. 1 von den daselbst genannten Anstalten oder Instituten;

des § 36 Nr. 4 von den die Zivilpension anweisenden Behörden.

Die Mitteilung muß alle für die Regelung des Bezugs der Versorgungsgebührnisse erforderlichen Angaben enthalten; das Renten- (Pensions-) Quittungsbuch ist der Mitteilung beizufügen. Wenn von vornherein feststeht, daß die Anstellung oder Beschäftigung im Zivildienst einen Zeitraum von sechs Monaten nicht überschreiten wird oder wenn sich der Aufenthalt in einer der im § 36 Nr. 1 genannten Anstalten oder die vorübergehende Heranziehung zum aktiven Militärdienste (§ 36 Nr. 2) nicht auf einen vollen Kalendermonat erstreckt, so kann die Mitteilung an die Pensionsregelungsbehörde unterbleiben, da in diesem Falle nach § 38 das Recht auf den Bezug der Versorgungsgebührnisse nicht zu ruhen hat.

5. Die Vorschriften des § 38 haben nach § 45 Nr. 4 rückwirkende Kraft.

Anspruch der Hinterbliebenen.

§ 39.

Hinterläßt ein Rentenempfänger eine Witwe oder eheliche oder legitimierte Abkömmlinge, so werden für die auf den Sterbemonat folgenden drei Monate (Gnadenvierteljahr) noch diejenigen Versorgungsgebührnisse gezahlt, welche dem Verstorbenen nach diesem Gesetze zu zahlen gewesen wären. Die Versorgungsgebührnisse werden im voraus in einer Summe gezahlt.

An wen die Zahlung erfolgen soll, bestimmt die oberste Militärverwaltungsbehörde des Kontingents;

die Befugnis zu solcher Bestimmung kann von ihr auf andere Behörden übertragen werden.

Die Zahlung kann mit Genehmigung dieser Behörden auch dann erfolgen, wenn der Verstorbene Verwandte der aufsteigenden Linie, Geschwister, Geschwisterkinder oder Pflegekinder, deren Ernährer er ganz oder überwiegend gewesen ist, in Bedürftigkeit hinterläßt, oder wenn und soweit der Nachlaß nicht ausreicht, um die Kosten der letzten Krankheit und der Beerdigung zu decken.

1. § 39 regelt nur den Anspruch der Hinterbliebenen eines Versorgungsberechtigten für das Gnadenvierteljahr. Wegen der sonstigen, daneben bestehenden Ansprüche der Hinterbliebenen s. das Militärhinterbliebenengesetz v. 17. Mai 1907 (im Anhang). Vgl. auch § 76 Anm. 3.

In der Begründung heißt es zu dieser Vorschrift (S. 35): die Gewährung der Versorgungsgebührnisse an Hinterbliebene für ein Vierteljahr statt wie bisher für einen Monat, soll der mißlichen Lage gerecht werden, in welche die Hinterbliebenen unmittelbar nach dem Tode des Ernährers infolge der erheblichen, meist sofort zu deckenden Kosten für Beerdigung, Arzt, Heilmittel, für Beschaffung von Trauerkleidern, für Auflösung der Mietsverbindlichkeiten, Umzug u. s. w. oft geraten.

2. **Zu Abs. 1.**

a) Nur der Witwe steht ein Anspruch auf die Versorgungsgebührnisse für das Gnadenvierteljahr zu. Auf den Zeitpunkt der Verheiratung des Versorgungsberechtigten kommt es nicht an; auch wenn die Ehe nach der Entlassung aus dem aktiven Dienste geschlossen ist, hat die Witwe Anspruch auf das Gnadenvierteljahr. Brandt,

RBeamtengesetz § 69 Anm. 4, Perels u. Spilling ebendort Anm. IV.

Die rechtskräftig geschiedene Frau hat nach dem Tode ihres früheren Ehemannes keinen Anspruch aus § 39, sie ist nicht „Witwe“; wohl aber die nur tatsächlich getrennt gewesene. „Zusammenstellung“ S. 42 Z. 5; Brandt, RBGes. § 7 Anm. 3, Perels u. Spilling, ebendort Anm. VIII.

b) Wegen des Begriffes „eheliche Abkömmlinge“ s. BGB. §§ 1591 ff. Enkelkinder sind zu den ehelichen Abkömmlingen zu rechnen. „Zusammenstellung“ S. 41, Brandt § 7 Anm. 3.

c) Unter den „legitimierten Abkömmlingen“ sind gemäß §§ 1719 ff., 1723 ff. BGB. sowohl die „durch nachfolgende Ehe“ als auch die „durch Ehelichkeitserklärung“ legitimierten unehelichen Kinder zu verstehen. Die in dem Entwurf enthaltene Einschränkung auf die Legitimation „durch nachfolgende Ehe“ wurde in der Kommission beseitigt. KomBer. S. 158, 242.

Uneheliche, nicht legitimierte Kinder, Adoptiv- und Stiefkinder haben keinen Anspruch nach Abs. 1. S. unten Anm. 4 b.

d) Sind eine Witwe und eheliche oder legitimierte Abkömmlinge vorhanden, so haben sie gemeinsam Anspruch auf das Gnadenvierteljahr. Brandt, RBGes. § 7 Anm. 3.

e) Auf die Todesursache kommt es nicht an. Auch wenn der Versorgungsberechtigte sich das Leben genommen hat, haben die erwähnten Hinterbliebenen für das Gnadenvierteljahr Anspruch auf seine Versorgungsgebührnisse. Brandt, RBGes. § 7 Anm. 2; Perels u. Spilling, ebendort Anm. IV.

f) Der Begriff „Versorgungsgebührnisse“ umfaßt die sämtlichen den Versorgungsberechtigten nach diesem Gesetze zustehenden Ansprüche. Das Nähere hierüber s. § 27 Anm. 2 a.

Aus der Begründung des Entwurfes ist hier noch anzuführen (S. 35):

Auf Grund des Abs. 1 würde bei dem Tode eines im Zivildienst angestellten Rentenempfängers den Hinterbliebenen neben dem aus der Zivilstelle etwa zahlbaren Gnadengehalte von der zuerkannten Rente nur der nach § 36 Nr. 3 sich ergebende Betrag zu zahlen sein; ebenso würde den Hinterbliebenen eines aus dem Zivildienst mit einer Zivilpension ausgeschiedenen Rentenempfängers neben der aus der Zivilstelle etwa zahlbaren Gnadenpension nur der nach § 36 Nr. 4 sich ergebende Rentenbetrag zustehen. Dagegen würde den Hinterbliebenen für diejenigen Monate des Gnadenvierteljahrs, für welche Gnadengehalt oder Gnadenpension aus einer Zivilstelle nicht gewährt wird, der volle Betrag der zuerkannten Rente zu zahlen sein.

g) Die in Abs. 1 benannten Personen haben für das Gnadenvierteljahr auf die Versorgungsgebührnisse in dem angegebenen Umfange einen gesetzlichen Anspruch, der nach Maßgabe der §§ 42, 43 im Rechtswege geltend gemacht werden kann. Anders im Falle des Abs. 3. S. Anm. 4a.

3. Zu Abs. 2.

AusfBest. d. Preuß. Kriegsm. (Z. 15):

Die Anweisung der Versorgungsgebührnisse für das Gnadenvierteljahr erfolgt durch die Pensionsregelungsbehörden. Diesen wird auch die in Absatz 2 und 3 der obersten Militärverwaltungsbehörde vorbehaltene Entscheidungsbefugnis übertragen.

Wegen der Pensionsregelungsbehörden s. Anl. 3.

In Bayern erfolgt nach d. AusfBest. des Bayer. Kriegsm. v. 5. 7. 06 (Z. 15) die Anweisung der Versorgungsgebührnisse für das Gnadenvierteljahr durch die Generalkommandos. Diesen ist auch die in Abs. 2 und 3 der obersten Militärverwaltungsbehörde vorbehaltene Entscheidungsbefugnis übertragen.

Für d. Sächs. Kontingent gilt nach d. Verordn. des Sächs. Kriegsmin. v. 30. 6. 06 die AusfBest. des Preuß. Kriegsm. (s. oben und § 27 Anm. 3 S. 145).

In Württemberg erfolgt die Anweisung durch Z. 15 d. AusfBest. v. 10. 7. 06 durch die Korpsintendantur. Dieser ist auch die im Abs. 2/3 der obersten Militärverwaltungsbehörde vorbehaltene Entscheidungsbefugnis übertragen.

Für die Marine tritt an die Stelle der obersten Militärverwaltungsbehörde gemäß § 60 die oberste Marineverwaltungsbehörde, d. i. das Reichs-Marine-Amt. Auch hier ist die in Abs. 2 und 3 erwähnte Entscheidungsbefugnis den Pensionsregelungsbehörden (s. Anl. 3) übertragen worden. AusfBest. d. Reichs-Marine-Amtes Z. 8.

Für die Schutztruppen tritt an die Stelle der obersten Militärverwaltungsbehörde nach § 72 die Kolonialzentralverwaltung d. i. das Reichs-Kolonialamt.

4. Zu Abs. 3.

a) Während es sich in den Fällen des Abs. 1 um einen gesetzlich zuständigen, im Rechtswege verfolgbaren Anspruch handelt, ist in den Fällen des Abs. 3 die Zahlung der Versorgungsgebührnisse für das Gnadenvierteljahr in das Ermessen der obersten Militärverwaltungsbehörde des Kontingents (§ 42 Anm. 2) gestellt (die Zahlung „kann" erfolgen); ein Rechtsanspruch besteht hier nicht.

b) Der Ausdruck „Pflegekinder" soll ebenso wie im früheren Gesetze kein rechtliches, sondern ein rein tatsächliches Verhältnis bezeichnen und umfaßt alle Personen, die Kindern gleich gehalten werden, ohne Rücksicht darauf, ob sie durch Verfügung der Staatsgewalt legitimiert, an Kindesstatt angenommen sind oder nicht. Begr. S. 35. Wie die Adoptivkinder, so stehen auch die Stiefkinder den Pflegekindern gleich. „Zusammenstellung" S. 41 unten Z. 2; Brandt, RVGes. § 7 Anm. 3, § 8 Anm. 2a; Perels u. Spilling, ebendort Anm. VIII. Wegen der Adoptivkinder s. auch BGB. § 1741. Auch uneheliche, nicht legitimierte Kinder zählen, wenn der Verstorbene ganz oder überwiegend ihr Ernährer gewesen ist, zu den „Pflegekindern".

c) Voraussetzung für die Gewährung der Versorgungsgebührnisse im Falle des Abs. 3 ist, daß entweder der Verstorbene die dort benannten Personen in Bedürftigkeit hinterläßt, oder daß sein Nachlaß nicht ausreicht zur Deckung der Kosten seiner letzten Krankheit oder seiner Beerdigung. Liegt nicht wenigstens eine dieser Voraussetzungen vor, so ist die Gewährung unzulässig. Als „Nachlaß" hat die Gesamtheit der einzelnen Stücke oder Bestandteile des Vermögens des Verstorbenen zu gelten, nicht etwa nur das nach Abzug der Schulden verbleibende Vermögen.

5. Die für das Gnadenvierteljahr an Hinterbliebene zu zahlenden Versorgungsgebührnisse sind nicht pfändbar und infolge dessen auch weder verpfändbar noch sonstwie übertragbar. Vgl. hierzu § 40 Anm. 1 c u. e.

6. Der Anspruch auf die für das Gnadenvierteljahr zu zahlenden Versorgungsgebührnisse verjährt in 4 Jahren. Vgl. hierzu und wegen Unterbrechung der Verjährung § 42 Anm. 6.

7. Darüber, in wie weit die Vorschriften des § 39 rückwirkende Kraft haben, s. § 45 Nr. 1 Abs. 2 und Nr. 7.

Ausschluß von der Pfändung und Besteuerung.

§ 40.

Die Versorgungsgebührnisse und der Anspruch der Kapitulanten auf die in den Dienstvorschriften der Militärverwaltung ausgesetzte Dienstprämie sind der Pfändung nicht unterworfen. Das Gleiche gilt für einen der Dienstprämie und der einmaligen Geldabfindung für den Zivilversorgungsschein (§ 21) gleichkommenden Geldbetrag bis zum Ablaufe von drei Monaten nach Auszahlung dieser Beträge. Die Vorschrift des § 850 Abs. 4 der Zivilprozeßordnung findet auf die Dienstprämie entsprechende Anwendung.

Wegen des Anspruchs des Militärfiskus auf Rückzahlung zu Unrecht erhobener Beträge ist die Pfändung von Versorgungsgebührnissen ohne Beschränkung zulässig; jedoch sind die für das Gnadenvierteljahr an Hinterbliebene zu zahlenden Versorgungsgebührnisse (§ 39) der Pfändung nicht unterworfen.

Die Verstümmelungszulage, die Kriegszulage und die Alterszulage bleiben bei der Veranlagung zu den Steuern und anderen öffentlichen Abgaben jeder Art außer Ansatz.

1. **Zu Abs. 1.**

a) Zu dieser Vorschrift heißt es in der Begründung (S. 35): In der Zivilprozeßordnung ist durch § 850 Nr. 5 bestimmt, daß die Invalidenpension der Unteroffiziere und Soldaten der Pfändung nicht unterworfen ist. Zu der Pension ist bisher auch die Kriegszulage, die Dienstzulage sowie die Zulage für Nichtbenutzung des Zivilversorgungsscheines und die Anstellungsentschädigung gerechnet worden. Diesen Zulagen tritt jetzt noch die Alterszulage hinzu. Die Verstümmelungszulage und die Dienstprämie der Unteroffiziere war nach Art. 18 des Ges. v. 22. Mai 1893 mit der Einschränkung von der Pfändung ausgenommen, daß eine solche durch die Ehefrau, Kinder usw. zulässig war.

b) Nach dem Gesetze sind jetzt unpfändbar die Versorgungsgebührnisse, die Dienstprämie der Kapitulanten, und ferner ein der Dienstprämie und der einmaligen Geldabfindung für den Zivilversorgungsschein (1500 ℳ) gleichkommender Geldbetrag bis zum Ablaufe von 3 Monaten nach Auszahlung dieser Beträge. Während aber die Versorgungsgebührnisse und die einmalige Geldabfindung jeglicher Pfändung (auch einer solchen durch die Ehefrau, Kinder usw.) entzogen sind, ist hinsichtlich der Pfändbarkeit der Dienstprämie eine Einschränkung zu Gunsten der Verwandten, Ehefrau, unehelichen Kinder usw. geschaffen. Das Nähere hierzu s. Anm. d S. 206.

c) Der Begriff „Versorgungsgebührnisse“ umfaßt die sämtlichen, nach diesem Gesetze zustehenden Gebührnisse (s. § 27 Anm. 2a), auch die den Hinterbliebenen (nach § 39 zustehenden); für die Marine und die Schutztruppen kommen hierbei nach §§ 58 Abs. 2 u. 68 Abs. 2 als unpfändbar noch besonders in Betracht die Rentenerhöhung und die Tropenzulage.

d) Wegen des Begriffes „Kapitulanten“ s. § 1 Abs. 4. Über den Anspruch der Kapitulanten auf die Dienstprämie bestimmt § 75 der Preuß. Friedens-Besoldungsvorschrift:

1. Unteroffiziere — auch überzählige —, die nach 12 jähriger aktiver Dienstzeit ausscheiden, empfangen eine Dienstprämie von 1000 *M*. Kriegsjahre werden nicht doppelt gerechnet. Die Dienstzeit als Einjährig-Freiwilliger zählt für 1 Jahr.

(Einem nach Vollendung des 12. Dienstjahres degradierten Unteroffizier, der als Gemeiner ausscheidet, steht die Dienstprämie nicht zu.)

2. Die Dienstprämie wird auch bei der Anstellung als Offizier oder als Beamter der Militärverwaltung sowie beim Übertritt zur Landgendarmerie oder Schutzmannschaft und bei der Einstellung in Invalidenhäuser gewährt, falls die Bedingung unter Ziffer 1 zutrifft. Auch erlangen nach 12 jähriger aktiver Gesamtdienstzeit die Unterzahlmeister, die Wallmeister, die Zeugfeldwebel und Zeugsergeanten, die Oberfeuerwerker und Feuerwerker, sowie die Feldwebel und Sergeanten der Kadettenanstalten bei ihrem Ausscheiden aus diesen Stellen Anspruch auf die Dienstprämie.

3. Beim Ausscheiden zum Zwecke des Wiedereintritts bei einem anderen Truppenteil ist die Dienstprämie nicht zuständig. Findet ein Wiedereintritt nach dem Ausscheiden und dem Empfang der Prämie statt, so ist eine nochmalige Zahlung ausgeschlossen.

4. Ist ein zum Empfang berechtigter Unteroffizier vor dem Ausscheiden verstorben, so wird die Dienstprämie an die gesetzlichen Erben gezahlt.

Nach § 850 Abs. 4 ZPO. ist die Pfändung von Pensionen, Renten usw. „ohne Rücksicht auf den Betrag zulässig, wenn sie wegen der den Verwandten, dem Ehegatten und dem früheren Ehegatten für die Zeit nach Erhebung der Klage und für das diesem Zeitpunkte vorausgehende letzte Vierteljahr kraft Gesetzes zu entrichtenden Unterhaltsbeiträge beantragt wird. Das Gleiche gilt in Ansehung der zu Gunsten eines unehelichen Kindes von dem Vater für den bezeichneten Zeitraum kraft Gesetzes zu entrichtenden Unterhaltsbeiträge; diese Vorschrift findet jedoch insoweit keine Anwendung, als der Schuldner zur Bestreitung seines notdürftigen Unterhalts und zur Erfüllung der ihm seinen Verwandten, seiner Ehefrau oder seiner früheren Ehefrau gegenüber gesetzlich obliegenden Unterhaltspflicht der Bezüge bedarf. Hierbei werden ausschließlich die Leistungen berücksichtigt, welche vermöge einer solchen Unterhaltspflicht für den nämlichen Zeitraum oder, falls die Klage zu Gunsten des unehelichen Kindes nach der Klage eines Unterhaltsberechtigten erhoben ist, für die Zeit von dem Beginne des der Klage dieses Berechtigten vorausgehenden letzten Vierteljahrs ab, zu entrichten sind. Diese Bestimmungen der Zivilprozeßordnung sollen nach der Vorschrift des Gesetzes auf die Dienstprämie entsprechende Anwendung finden, sodaß also die Dienstprämie zu Gunsten der Verwandten (Eltern, eheliche Kinder), der Ehefrau, früheren Ehefrau und eines unehelichen Kindes des betr. Unteroffiziers wegen der diesen Personen gesetzlich zustehenden Unterhaltsbeiträge in dem vorangegebenen Umfange gepfändet werden kann. Die Vorschrift befand sich nicht im Entwurfe, sie wurde von der Kommission eingefügt. KomBer. S. 158, 159, 242.

e) Die in Abs. 1 benannten Versorgungs- und sonstigen Gebührnisse sind, insoweit sie nicht pfändbar sind, auch weder verpfändbar noch sonstwie mit rechtlicher Wirkung übertragbar. Nichtpfändbarkeit bewirkt Nichtübertragbarkeit. Nach § 45 Abs. 2 des Reichsmilitärges. v. 2. Mai 1874 (RGBl. S. 45) können Militärpersonen den Anspruch auf Zahlung von Diensteinkünften, Wartegeldern und Pensionen mit rechtlicher Wirkung nur insoweit abtreten, verpfänden oder sonst übertragen, als eine Beschlagnahme im Wege der Zwangsvollstreckung zulässig gewesen wäre. Und nach § 400 BGB. „kann eine Forderung nicht abgetreten werden, soweit sie der Pfändung nicht unterworfen ist". Ferner ist auch nach § 394 BGB., soweit die Pfändung nicht stattfinden darf, die Aufrechnung ausgeschlossen. Wegen Benachrichtigung der auszahlenden Kasse von einer etwaigen Abtretung s. § 411 BGB.

2. **Zu Abs. 2.**

AusfBest. des Bundesrats (Z. 11):

Zu Unrecht erhobene Versorgungsgebührnisse, welche nicht alsbald zurückgezahlt werden können, sind durch Anrechnung auf die fälligen Gebührnisse von der Pensionsregelungsbehörde einzuziehen. Die Höhe der Abzüge ist nach Lage der Verhältnisse des Invaliden oder Rentenempfängers von der genannten Behörde festzusetzen. Dabei ist indes nicht außer acht zu lassen, daß die vollständige Rückzahlung des überhobenen Betrags nach Möglichkeit sichergestellt werden muß.

3. **Zu Abs. 3.**

Der Ausschluß der Verstümmelungszulage von der Besteuerung entspricht den bisherigen Vorschriften. Eine gleiche Berücksichtigung wird der für Dienstbeschädigungen vor dem Feinde gewährten Kriegszulage und der Alterszulage zuteil werden müssen. Begründ. S. 35, 36. Die Freiheit von Steuern (sowohl Staats- wie Kommunalsteuern) und anderen öffentlichen Abgaben erstreckt sich nach Abs. 3 nur auf die Verstümmelungs-, Kriegs- und Alterszulage, nicht auch auf die sonstigen Versorgungsgebührnisse. Durch § 58 Abs. 2 ist die Vorschrift der Steuerfreiheit auch auf die Rentenerhöhung (für die Marine s. § 57) und durch § 68 Abs. 2 auch auf die Tropenzulage (für die Schutztruppen s. § 67) ausgedehnt worden.

4. Die Vorschriften des § 40 über die Unpfändbarkeit und Steuerfreiheit haben nach § 45 Nr. 4 rückwirkende Kraft und zwar gemäß §§ 49, 63 auch für die Marine und die Schutztruppen. Das Nähere s. dort.

Schadensersatz.

§ 41.

Die nach Maßgabe dieses Gesetzes versorgungsberechtigten Personen haben aus dem Grunde einer Dienstbeschädigung gegen die Militärverwaltung nur die auf diesem Gesetze beruhenden Ansprüche.

Soweit den nach Maßgabe dieses Gesetzes versorgungsberechtigten Personen ein gesetzlicher Anspruch auf Ersatz des ihnen durch die Dienstbeschädigung verursachten Schadens gegen Dritte zusteht, geht dieser Anspruch im Umfange der durch dieses Gesetz begründeten Pflicht zur Gewährung von Versorgungsgebührnissen auf die Militärverwaltung über.

1. § 41 wurde von der Kommission in erster und zweiter Lesung mit einer unerheblichen redaktionellen Änderung in Abs. 2 („zusteht“ statt „erwachsen ist“) ohne Erörterung angenommen. KomBer. S. 159, 243.

2. **Zu Abs. 1.**

a) Nach Art. 20 des RG. v. 22. Mai 1893 betr. einige Abänderungen und Ergänzungen der Militärpensionsgesetze vom 27. Juni 1871 und vom 4. April 1874 usw. (RGBl. S. 171) hatten Militärpersonen, welche eine Dienstbeschädigung erlitten haben, oder deren Hinterbliebene gegen die Militär- und die Marineverwaltung nur die auf den Pensionsgesetzen oder dem Gesetze, betreffend die Fürsorge für Beamte und Personen des Soldatenstandes infolge von Betriebsunfällen, vom 15. März 1886 (spätere Fassung vom 18. Juni 1901, RGBl. S. 211) beruhenden Ansprüche. Nach dem jetzt geltenden Rechte haben sämtliche Personen, denen nach diesem Gesetze ein Anspruch auf Versorgung zusteht (Unteroffiziere und Gemeine des Soldatenstandes — s. § 1 —, die Personen der freiwilligen Krankenpflege im Kriege — § 44 —, bei der Marine die in den §§ 49, 51, 52 benannten Personen, bei den Schutztruppen die in § 63 benannten Personen, und deren Hinterbliebene — §§ 39, 44, 49, 63 —) aus dem Grunde einer Dienstbeschädigung gegen die Militär-(Marine-, Kolonialzentral-)Verwaltung nur die ihnen in diesem Gesetze gewährten Ansprüche, aber keinerlei weitere Schadensersatzansprüche.

Das Unfallfürsorgegesetz für Beamte und für Personen des Soldatenstandes vom 18. Juni 1901 ist, soweit es die Personen der Unterklassen und deren Hinterbliebene betrifft, durch § 76 Abs. 2 Nr. 3 ausdrücklich außer Kraft gesetzt worden.

b) Die unteren, d. h. die im Range der Mannschaften vom Feldwebel abwärts stehenden Militärbeamten — die nicht zu den „Personen des Soldatenstandes" gehören — fallen nicht unter die nach diesem Gesetze versorgungsberechtigten Personen. Ihre Versorgungsansprüche sind geregelt in § 32 des Offizierpensionsgesetzes vom 31. Mai 1906. S. auch § 1 Anm. 10.

c) Wegen des Begriffes „Dienstbeschädigung" s. § 3. Für die Frage, ob eine Gesundheitsstörung als Dienstbeschädigung anzusehen ist, sind im Falle der gerichtlichen Geltendmachung von Ansprüchen aus diesem Gesetze die Entscheidungen der obersten Militärverwaltungsbehörden des Kontingents (der obersten Marineverwaltungsbehörde und der Kolonialzentralverwaltung) maßgebend. S. auch § 3 Anm. 9, § 43 Anm. 1 b u. c.

3. Zu Abs. 2.

a) Die Vorschrift des Abs. 2 entspricht den Vorschriften im § 12 des Unfallfürsorgegesetzes vom 18. Juni 1901, § 140 des Gewerbe-Unfallversicherungsgesetzes,

§ 151 des Unfallversicherungsgesetzes für Land- und Forstwirtschaft, § 45 Abs. 2 des Bau-Unfallversicherungsgesetzes und § 138 Abs. 2 des See-Unfallversicherungsgesetzes in der Fassung vom 5. Juli 1900. Begr. S. 36.

b) Für die Frage, ob und inwieweit den versorgungsberechtigten Personen ein gesetzlicher Anspruch auf Ersatz des ihnen durch die Dienstbeschädigung verursachten Schadens gegen Dritte zusteht, kommen in erster Linie die Vorschriften des BGB. in §§ 823 ff. in Betracht, neben ihnen aber unter Umständen auch die anderer Gesetze, z. B. des Haftpflichtgesetzes vom 7. Juni 1871.

c) Den Ersatzanspruch erwirbt die Militär-(Marine-)verwaltung in dem vom Gesetz bestimmten Umfange gegen die gesetzlich ersatzpflichtigen Dritten ohne weiteres, einer Abtretung seitens der berechtigten Personen bedarf es nicht.

d) AusfBest. d. Preuß. Kriegsm. (Z. 16):

Die Verfolgung von Ersatzansprüchen aus Abs. 2 liegt den Korpsintendaturen ob, welche vor Erhebung der Klage dem Kriegsministerium, Versorgungs- und Justiz-Departement, von der Sachlage Mitteilung zu machen haben.

AusfBest. d. Bayer. Kriegsm. (Z. 16):

Die Verfolgung von Ersatzansprüchen aus Abs. 2 bleibt in jedem einzelnen Falle dem Kriegsministerium vorbehalten.

Für das Sächsische Kontingent gilt nach der Ausf.-Best. d. Sächs. Kriegsm. vom 30. Juni 1906 die Ausf.-Best. d. Preuß. Kriegsm. (s. oben), jedoch tritt an Stelle von „Kriegsministerium, Versorgungs- und Justiz-Departement" das „Kriegsministerium".

AusfBest. d. Württemb. Kriegsm. (Z. 16):

Die Verfolgung von Ersatzansprüchen aus Abs. 2 liegt der Korpsintendantur ob, welche vor Erhebung der Klage dem Kriegsministerium von der Sachlage Mitteilung zu machen hat.

AusfBest. d. Reichs-Marineamtes (Z. 9):

Die Verfolgung von Ersatzansprüchen aus Abs. 2 liegt den Marineintendanturen ob, welche vor Erhebung der Klage dem Reichs-Marineamt von der Sachlage Anzeige zu machen haben.

Rechtsweg.

§ 42.

Wegen der Ansprüche aus diesem Gesetz ist der Rechtsweg mit folgenden Maßgaben zulässig:

1. Der Militärfiskus wird durch die oberste Militärverwaltungsbehörde des Kontingents vertreten.
2. Die Entscheidung der obersten Militärverwaltungsbehörde des Kontingents muß der Klage vorhergehen; das Klagerecht geht verloren, wenn gegen die Entscheidung einer der im § 29 angeführten Behörden nicht rechtzeitig Einspruch eingelegt oder wenn die Klage nicht bis zum Ablaufe von sechs Monaten nach Zustellung der Entscheidung der obersten Militärverwaltungsbehörde des Kontingents erhoben wird.

   Auf die Frist von sechs Monaten finden die Vorschriften der §§ 203, 206 des Bürgerlichen Gesetzbuchs entsprechende Anwendung.

Für die Ansprüche aus diesem Gesetze sind die Landgerichte ohne Rücksicht auf den Wert des Streitgegenstandes ausschließlich zuständig.

§ 42 wurde von der Kommission in erster und zweiter Lesung mit einer unerheblichen redaktionellen Änderung ohne Erörterung angenommen. KomBer. S. 159, 243.

1. Zu Abs. 1.

a) Unter den Ansprüchen, wegen deren der Rechtsweg für zulässig erklärt worden ist, sind nur Rechtsansprüche zu verstehen, deren Erfüllung verlangt, gefordert werden kann. (§§ 194, 241 BGB.) In diesen Fällen sagt das Gesetz: „haben Anspruch", „erwerben Anspruch", „wird gewährt", „wird gezahlt", „wird bemessen", „sind anzurechnen", „werden angerechnet", „sind festzustellen" usw. Dagegen ist der Rechtsweg überall da ausgeschlossen, wo es sich um Bewilligungen oder um Zuwendungen handelt, die nicht auf einem Rechtstitel beruhen, sondern aus Billigkeits- oder Zweckmäßigkeitsgründen gewährt werden können, lediglich abhängig von dem freien Ermessen der obersten Militärverwaltungsbehörden oder der von ihnen beauftragten Behörden. Hier liegen keine Rechtsansprüche vor. Das Gesetz sagt in solchen Fällen: „kann gewährt werden", „kann erhöht werden", „kann mit Genehmigung der obersten Militärverwaltungsbehörden bewilligt werden", „kann mit Genehmigung des Kontingentsherrn, des Kaisers, angerechnet werden". (S. z. B. § 5 Abs. 2, § 8 Abs. 2, § 13 Abs. 3, 4, §§ 17, 19 Abs. 2, §§ 21, 24, 25, 26, § 39 Abs. 3, §§ 46, 54 Abs. 2, §§ 55, 59, 66.) Mit dieser Einschränkung sind zu den „Ansprüchen" nicht nur die Rente selbst, sondern die sämtlichen Versorgungsgebührnisse (§ 27 Anm. 2a) zu rechnen.

b) Der Rechtsweg ist nicht nur zulässig, wenn der Anspruch auf Versorgungsgebührnisse überhaupt abgelehnt wird, sondern auch wegen Streitigkeiten über ihre Höhe, wegen Berechnung der Dienstzeit, wegen der Frage, ob das Recht auf den Bezug der Versorgungsgebührnisse gesetzmäßig erloschen ist oder zur Zeit ruht, ob die Rente gekürzt werden darf usw., kurz, hinsichtlich *aller Streitigkeiten* aus dem Gesetz wegen der *Rechtsansprüche* auf Renten, Zulagen und Bewilligungen sowie hinsichtlich aller für die Gewährung dieser Bezüge in Betracht kommenden Fragen, soweit diese nicht vom Gesetz ausdrücklich der richterlichen Beurteilung entzogen sind. (Vgl. Entsch. d. RGZivils. Bd. 36 S. 78 bis 80, Bd. 31 S. 129.) *Ausgeschlossen* ist aber nach § 43 der Rechtsweg über die Fragen, ob eine Gesundheitsstörung als eine Dienstbeschädigung anzusehen ist, ob eine Dienstbeschädigung als durch den Krieg erlitten anzusehen ist, ob Brauchbarkeit und Würdigkeit zum Beamten besteht, ferner für die *Marine* nach § 61 auch darüber, ob die Voraussetzungen des § 57 Abs. 1 Nr. 1 und 2 für Gewährung der Rentenerhöhung erfüllt sind und für die *Schutztruppen* nach § 73 auch darüber, ob die Voraussetzungen des § 67 Abs. 1 für die Gewährung der Tropenzulage vorliegen. Über *diese* Fragen entscheidet die oberste Militärverwaltungsbehörde des Kontingents (die oberste Marineverwaltungsbehörde, die Kolonial-Zentralverwaltung) ausschließlich und endgültig. Das Nähere s. §§ 43, 61, 73.

c) *Die Beschreitung des Rechtsweges*, d. h. die Verfolgung des bestrittenen subjektiven Rechtes auf dem Wege des Zivilprozesses vor den ordentlichen Gerichten — Entsch. d. RGZivils. Bd. 12 S. 63 — *erfolgt* durch *Erhebung einer Klage* gemäß § 253 ZPO.

d) Der Rechtsweg steht nicht nur dem Versorgungsberechtigten selbst, sondern auch dessen Erben und sonstigen Rechtsnachfolgern zu. S. Entsch. d. RGZivils. Bd. 14 S. 366 ff.

2. Zu Nr. 1.

Die obersten Militärverwaltungsbehörden der Kontingente sind die Preußischen, Bayerischen, Sächsischen und Württembergischen *Kriegsministerien*. An ihre

Stelle treten für den Bereich der **Marine** nach § 60 die oberste Marineverwaltungsbehörde, d. i. das **Reichs-Marineamt**, für den Bereich der **Schutztruppen** nach § 72 die Kolonialzentralverwaltung, d. i. das **Reichs-Kolonialamt**. Gegen diese Behörden ist also die Klage zu richten und zwar bei demjenigen Landgericht (s. Abs. 2) in dessen Bezirk die Behörde ihren Sitz hat (Berlin I, München, Dresden, Stuttgart).

3. Zu Nr. 2 Abs. 1.

a) In allen Fällen darf die Klage erst erhoben werden, **nachdem** über den Anspruch, wegen dessen der Rechtsweg beschritten wird, **vorher** eine Entscheidung der obersten Militärverwaltungsbehörde (s. Anm. 2) ergangen ist. Die **gerichtliche** Verfolgung der Ansprüche ist also **gesetzlich** ausgeschlossen, so lange nicht die Entscheidung der bezeichneten Verwaltungsbehörde herbeigeführt ist. Der Rechtsweg ist vom Gesetz lediglich gewährt als **Anfechtung** der vorher zu erwirkenden Entscheidung der obersten Militärverwaltungsbehörde. Vgl. Entsch. d. RGZivils. Bd. 7 S. 65.

b) Über **Form** und **Inhalt** der Entscheidung hat das Gesetz **keine Vorschriften** gegeben. Als **Entscheidung** gilt **jede Äußerung** der obersten Militärverwaltungsbehörde, **in der sie ihre Stellungnahme** zu dem geltend gemachten Anspruch **in unzweideutiger Weise kundgibt**. Zum Begriffe der Entscheidung gehört es keineswegs, daß ein darauf gerichteter Antrag vorangegangen sei. Die einfache Benachrichtigung **ohne** Antrag ist ebenso wie eine Erklärung **auf** Antrag als „Entscheidung" anzusehen. Lehnt die oberste Militärverwaltungsbehörde es ab, eine Entscheidung zu treffen, so muß auch diese **Ablehnung** als **Entscheidung** im Sinne des § 39 und als Erfüllung der Voraussetzung für die Zulässigkeit des Rechtsweges gelten. Ebenso muß die völlige oder teilweise **Einstellung der Zahlung** einmal bewilligter Bezüge (wegen „Erlöschens“, „Ruhens“, Verjährung) als eine solche „*Entscheidung*“ angesehen werden. (Vgl. hierzu Entsch. d. RGZivilſ. Bd. 12 S. 62, Bd. 36 S. 81, 82, Bd. 42 S. 283.)

c) Für die Gültigkeit der Entscheidung ist es unerheblich, ob diese von dem Chef der obersten Militärverwaltungsbehörde selbst oder von einer Abteilung dieser Behörde erlassen und vorschriftsmäßig vollzogen ist. „Die vom Kriegsministerium, Departement für das Invalidenwesen (jetzt Versorgungs- und Justiz-Departement) erlassene Verfügung stellt nach außen hin eine Verfügung des Kriegsministeriums als der obersten Militärverwaltungsbehörde dar.“ Entsch. d. RGZivilſ. Bd. 36 S. 82.

d) *Liegt* die erforderliche *Entscheidung* der obersten Militärverwaltungsbehörde bei Erhebung der Klage *nicht vor*, so wäre damit zunächst die prozeßhindernde *Einrede der Unzulässigkeit* des Rechtsweges (§ 274 Abs. 2 Nr. 2 ZPO.) begründet. Es bedarf aber der Erhebung dieser Einrede seitens der beklagten Behörde gar nicht. *Die Frage, ob die gesetzlich vorgeschriebene Vorentscheidung vorliegt, ist vom Prozeßgericht*, unabhängig von dem Willen der Parteien, *von Amts wegen* vorab zu prüfen. Der *Mangel* der Vorentscheidung ist ebenfalls, ohne daß es einer Einrede des Beklagten bedarf, von Amts wegen zu berücksichtigen und kann nicht durch Vereinbarung der Parteien beseitigt werden, denn die Vorschrift gehört dem *öffentlichen* Rechte an. Liegt die Vorentscheidung der obersten Militärverwaltungsbehörde nicht vor, so ist die Klage mangels Erledigung des Vorverfahrens *zur Zeit* oder *wegen Unzulässigkeit des Rechtsweges abzuweisen* (ſ. Entsch. d. RGZivilſ. Bd. 7 S. 65, 66).

Die wegen Mangels der erforderlichen Vorentscheidung abgewiesene *Klage kann, sobald jenem Erfordernisse genügt ist, von neuem erhoben werden.*

e) Fernere Voraussetzungen für die Zulässigkeit der Klage sind erstens, daß gegen die der Entscheidung der obersten Militärverwaltungsbehörde voraufgegangenen Entscheidungen der niederen Behörden rechtzeitig, d. h. binnen drei Monaten nach ihrer Zustellung (§ 29 Abs. 3, s. dort) Einspruch eingelegt worden ist und zweitens, daß die Klage binnen sechs Monaten nach Zustellung der obersten Militärverwaltungsbehörden erhoben wird. Fehlt es an einer dieser beiden Voraussetzungen, so ist das Klagerecht verloren gegangen. Die dennoch erhobene Klage wäre aus diesem formalen Grunde ohne weiteres abzuweisen. S. auch Anm. 4 c.

Wird die ergangene „Entscheidung" im Verwaltungswege nochmals angegriffen, so wird, selbst wenn die oberste Militärverwaltungsbehörde eine nochmalige Prüfung des Anspruches vornimmt, dadurch nicht ohne weiteres der Ablauf der Frist gehindert und eine neue sechsmonatige Frist zur Beschreitung des Rechtsweges eröffnet. Nur wenn eine sachlich neue Entscheidung ergeht, sei es durch Aufhebung oder Abänderung, sei es durch Ergänzung der früheren, so beginnt mit Zustellung dieser neuen Entscheidung die Sechsmonatsfrist von neuem zu laufen. „Dem Beteiligten (Beamten) steht es nicht frei, den Beginn der Frist durch beliebig zurückzuhaltende oder bei der Reichsbehörde einzubringende, an keine Zeitschranke gebundene Bitten oder Anträge hinauszuschieben." Entsch. d. RG.-Zivils. Bd. 47 S. 46. „Aus dem bloßen Eingehen auf rneuerte Anträge darf noch nicht auf den Willen der engegangenen Behörde, ihre frühere Entscheidung zurückannehmen, geschlossen werden." Entsch. d. RGZivils. zBd. 26 S. 24; s. auch S. 247 und Bd. 31 S. 130.

f) Wegen der Form der Zustellung s. § 29 Abs. 4.

g) Die für die Erhebung der Klage vorgeschriebene Frist von 6 Monaten ist eine Ausschlußfrist im

Sinne des bürgerlichen Rechtes, keine Verjährungsfrist. Hat der Anspruchsberechtigte die Klage nicht innerhalb dieser Frist erhoben, so hat er seinen Anspruch endgültig verloren. Auf diese Wirkung des Fristablaufs kann seitens der beklagten Behörde nicht rechtsgültig verzichtet werden. „Ein Recht des Beklagten, die vom Gesetze gewollte Wirkung des Verlustes des Klagerechtes dadurch zu beseitigen, daß er die Einrede der Verjährung nicht erhebt, ist nicht anzuerkennen." (Entsch. d. RGZivils. Bd. 36 S. 82.)

Eine Verlängerung der Frist durch Vereinbarung der Parteien ist nicht möglich. Die Anwendung der prozessualen Vorschriften der ZPO. §§ 233 ff. über die Wiedereinsetzung in den vorigen Stand gegen die Versäumung von Notfristen ist ausgeschlossen. Das BGB. hat für das bürgerliche Recht die Wiedereinsetzung in den vorigen Stand überhaupt beseitigt. (Motive z. BGB. Bd. I S. 346.) Auch die vom BGB. (§§ 198 ff.) für die Verjährungsfristen über Beginn, Hemmung oder Unterbrechung gegebenen Vorschriften finden auf die Frist keine Anwendung.

4. Zu Nr. 2 Abs. 2.

a) Nur sollen nach der ausdrücklichen Bestimmung in Abs. 2 die Vorschriften der §§ 203, 206 BGB. entsprechende, d. h. sinngemäße, Anwendung finden.

(§ 203: „Die Verjährung ist gehemmt, so lange der Berechtigte durch Stillstand der Rechtspflege innerhalb der letzten sechs Monate der Verjährungsfrist an der Rechtsverfolgung verhindert ist.

Das Gleiche gilt, wenn eine solche Verhinderung in anderer Weise durch höhere Gewalt herbeigeführt wird."

§ 206: „Ist eine geschäftsunfähige oder in der Geschäftsfähigkeit beschränkte Person ohne gesetzlichen Vertreter, so wird die gegen sie laufende Verjährung nicht vor dem Ablaufe von sechs Monaten nach dem Zeitpunkte vollendet, in welchem die

Person unbeschränkt geschäftsfähig wird oder der Mangel der Vertretung aufhört. Ist die Verjährungsfrist kürzer als sechs Monate, so tritt der für die Verjährung bestimmte Zeitraum an die Stelle der sechs Monate.

Diese Vorschriften finden keine Anwendung, soweit eine in der Geschäftsfähigkeit beschränkte Person prozeßfähig ist.")

b) Der Lauf der sechsmonatigen Frist beginnt erst mit der Zustellung der Entscheidung in der vorgeschriebenen Form (s. § 29 Abs. 4), doch zählt der Tag der Zustellung selbst nicht mit (§ 187 Abs. 1 BGB.). Bei Berechnung des Ablaufes der Frist sind die Vorschriften in §§ 188 Abs. 2 und 193 BGB. zu berücksichtigen.

(§ 188 Abs. 2 u. 3:

„Eine Frist, die nach . . . Monaten bestimmt ist, endigt im Falle des § 187 Abs. 1 mit dem Ablaufe desjenigen Tages . . . . des letzten Monats, welcher durch seine . . . . Zahl dem Tage entspricht, in welchen das Ereignis oder der Zeitpunkt fällt . . . . .

Fehlt bei einer nach Monaten bestimmten Frist in dem letzten Monate der für ihren Ablauf maßgebende Tag, so endigt die Frist mit dem Ablaufe des letzten Tages dieses Monats."

§ 193: „Ist an einem bestimmten Tage oder innerhalb einer Frist eine Willenserklärung abzugeben oder eine Leistung zu bewirken und fällt der bestimmte Tag oder der letzte Tag der Frist auf einen Sonntag oder einen am Erklärungs- oder Leistungsorte staatlich anerkannten allgemeinen Feiertag, so tritt an die Stelle des Sonntags oder des Feiertags der nächstfolgende Werktag.")

c) Ob die Frist gewahrt und die Klage noch statthaft ist, hat der Richter von Amts wegen zu prüfen, ohne daß es eines Antrages (einer Einrede) der Beklagten bedarf. Ist die Frist fruchtlos verstrichen, so besteht kein Klagerecht mehr; die Klage ist abzuweisen wegen Verlustes des Klagerechtes, also wegen „Unzulässigkeit des Prozeß-(Klage-)weges (nicht wegen Unzulässigkeit des Rechtsweges", denn dieser ist an sich zulässig, es ist nur das Klagerecht erloschen.) Vgl. hierzu insbesondere Entsch. d. RGZivils. Bd. 36 S. 74 ff.

5. Mit der Klage können auch Verzugszinsen (4 vom Hundert für das Jahr, BGB. § 288, s. auch § 291), gefordert werden. Diese können auch selbständig nachgeklagt werden. Entsch. d. RGZivils. Bd. 42 S. 121.

6. a) Die Ansprüche auf Versorgungsgebührnisse verjähren nach §§ 197, 201 BGB. in 4 Jahren, beginnend mit dem Schlusse des Jahres, in dem der Anspruch auf die Gebührnisse entstanden ist. Ebenso verjährt in 4 Jahren der Anspruch auf die nach § 39 für das Gnadenvierteljahr zu zahlenden Versorgungsgebührnisse.

b) Unterbrochen wird die Verjährung nach den Vorschriften des BGB., wenn die verpflichtete Militärbehörde dem Berechtigten gegenüber den Anspruch durch Abschlagzahlung, Zinszahlung, Sicherheitsleistung oder in anderer Weise anerkennt (§ 208), wenn der Berechtigte auf Befriedigung oder auf Feststellung des Anspruchs Klage erhebt (§ 209); ferner (nach § 210) durch Einreichung des Gesuchs um „Entscheidung" bei der zuständigen Militärbehörde gemäß § 39, wenn die Klage binnen drei Monaten nach der Erledigung des Gesuchs erhoben wird. Auf diese Frist finden die Vorschriften der §§ 203, 206, 207 BGB. entsprechende Anwendung.

8. **Zu Abs. 2.**

a) Die Vorschrift bezweckt die Sicherung einer einheitlichen Rechtsprechung, sie entspricht der gleichartigen Vorschrift in § 70 des Gerichtsverfassungsgesetzes vom 27. Jan. 1877, 17. Mai 1898 für die Ansprüche auf Grund des Gesetzes über die Rechtsverhältnisse der Reichsbeamten vom 31. März 1873 gegen den Reichsfiskus. (Begr. S. 36.) Hierdurch wird erreicht, daß in allen Fällen das Reichsgericht in letzter Instanz angegangen und so auf eine gleichmäßige Anwendung der gesetzlichen Vorschriften hingewirkt werden kann.

b) Da für Klagen aus diesem Gesetz ein ausschließlicher Gerichtsstand begründet ist, so ist gemäß § 40 Abs. 2 ZPO. die Vereinbarung auf ein anderes Gericht (Amtsgericht) unzulässig.

c) Weil die Landgerichte ausschließlich zuständig sind, so liegt stets Anwaltszwang vor. § 78 ZPO.: „Vor den Landgerichten und vor allen Gerichten höherer Instanz müssen die Parteien sich durch einen bei dem Prozeßgerichte zugelassenen Rechtsanwalt als Bevollmächtigten vertreten lassen."

d) Aus der ausschließlichen Zuständigkeit der Landgerichte folgt, daß die Revision ohne Rücksicht auf den Wert des Beschwerdegegenstandes stattfindet. (§ 547 Z. 2 ZPO.) Zuständig hierfür ist das Reichsgericht. (§ 135 GVG.) S. auch oben Anm. a.

§ 43.

Für die Beurteilung der vor Gericht geltend gemachten Ansprüche sind die Entscheidungen der obersten Militärverwaltungsbehörde des Kontingents darüber maßgebend:

1. ob eine Gesundheitsstörung als eine Dienstbeschädigung anzusehen ist (§ 3);
2. ob eine Dienstbeschädigung als durch den Krieg erlitten anzusehen ist (§ 14);
3. ob Brauchbarkeit und Würdigkeit zum Beamten besteht (§§ 15 bis 17, 20).

Über die im Abs. 1 Nr. 1 bis 3 genannten Fragen entscheidet innerhalb der obersten Militärverwaltungsbehörde des Kontingents ein aus drei Offizieren oder Beamten der Heeresverwaltung gebildetes Kollegium endgültig.

1. Zu Abs. 1.

a) Wegen der „obersten Militärverwaltungsbehörde des Kontingents" s. § 42 Anm. 2.

b) „Maßgebend" heißt: die von der obersten Militärverwaltungsbehörde über die bezeichneten Fragen getroffenen Entscheidungen stehen mit der rechtlichen Folge unanfechtbar fest, daß sie als Grundlage für die richterliche Bestimmung des Umfanges der daraufhin geltend gemachten Ansprüche dienen müssen. Der Rechtsweg über diese Fragen ist ausgeschlossen. Den Gerichten ist jegliche Nachprüfung über die Rechtmäßigkeit dieser Entscheidungen der obersten Militärverwaltungsbehörden entzogen. Es handelt sich um Fragen, die hauptsächlich in das militärtechnische Gebiet fallen. Vgl. hierzu Entsch. d. RGZivils. Bd. 12 S. 71.

c) Zu Nr. 1.

Die oberste Militärverwaltungsbehörde hat bei ihrer Entscheidung die Vorschrift des § 3, was überhaupt als Dienstbeschädigung zu gelten hat, zu Grunde zu legen.

Auch über die Frage, ob ein späteres Leiden im ursächlichen Zusammenhang mit einer festgestellten Dienstbeschädigung steht, entscheidet unter Ausschluß der richterlichen Nachprüfung allein die oberste Militärverwaltungsbehörde. Entsch. d. RGZivils. Bd. 26 S. 26 unten und in Sachen Daßler wider Reichsfiskus v. 21. Okt. 1880 IV. 517. 80.

d) Zu Nr. 2.

Welche militärische Unternehmung als ein Krieg im Sinne dieses Gesetzes anzusehen ist, bestimmt der Kaiser (§ 7).

Zu der Frage, wann eine Dienstbeschädigung als „durch den Krieg erlitten“ anzusehen ist, vgl. die Ausführungen in Anm. 4 b, c, d und e zu § 2.

e) Zu Nr. 3.

In der Begründung heißt es hierzu (S. 36): Die Beurteilung über die Brauchbarkeit und Würdigkeit einer Militärperson zum Beamten muß der Militärbehörde endgültig überlassen bleiben, weil sie durch die meist langjährige Beobachtung des Betreffenden allein in der Lage ist, diese Frage zu entscheiden.

Unter der „Brauchbarkeit“ zum Beamten ist nur die körperliche Brauchbarkeit zu verstehen. Bei Prüfung der Frage der Würdigkeit ist das gesamte dienstliche und außerdienstliche Verhalten des Betreffenden in Betracht zu ziehen. Das Nähere hierüber s. § 15 Anm. 3c.

2. Zu Abs. 2.

a) Die Bestimmung war im Entwurf nicht enthalten und ist von der Kommission eingefügt worden, weil die gleiche Vorschrift auch in das Offizierpensionsgesetz (§ 40) aufgenommen war. KomBer. S. 159.

b) Die Entscheidung des Kollegiums ist unanfechtbar. Beschwerde dagegen, etwa an den vorgesetzten Kriegsminister oder Staatssekretär des Reichs-Marine-Amts oder an den Reichskanzler ist ausgeschlossen.

c) Die Vorschrift betreffs der Entscheidung durch ein Kollegium findet auch auf die Marine und die Schutztruppen entsprechende Anwendung. §§ 49, 60, 63, 72.

3. Die Bestimmungen des § 43 haben für die

Marine und die Schutztruppen noch eine Ausdehnung erfahren durch §§ 61 und 73. Hiernach ist für die Beurteilung der vor Gericht geltend gemachten Ansprüche die Entscheidung der obersten Marineverwaltungsbehörde auch darüber maßgebend, ob die Voraussetzungen des § 57 Abs. 1 Nr. 1, 2 (für den Anspruch auf eine Rentenerhöhung im Betrage der Kriegszulage) erfüllt sind, und die Entscheidung der Kolonialzentralverwaltung auch darüber, ob die Voraussetzungen des § 67 Abs. 1 (für den Anspruch auf eine Tropenzulage) erfüllt sind.

Personen der freiwilligen Krankenpflege im Kriege.

§ 44.

Die vorstehenden Vorschriften finden entsprechende Anwendung auf das auf dem Kriegsschauplatze verwendete Personal der freiwilligen Krankenpflege.

Soweit diesen Personen nicht ein höherer militärischer Rang verliehen ist, erhalten sie die Rente der Gemeinen.

1. Bezüglich der Gründe für eine gesetzliche Regelung der Versorgung des Personals der freiwilligen Krankenpflege im Kriege heißt es in der Begründung des Entwurfs (S. 25, Z. IV): Die Vorschriften über die Versorgung des Personals der freiwilligen Krankenpflege im Kriege sind aus dem Gesetze vom 31. Mai 1901 (§ 22 Nr. 3) übernommen worden. Die freiwillige Krankenpflege ist militärisch organisiert. Ihr Personal ist auf dem Kriegsschauplatze den Kriegsgesetzen und der Disziplinarstrafordnung für das Heer

unterworfen (vgl. hierzu MilStrGO. § 1 Nr. 8, MilStrGB. § 155, Dizipl.Strafordnung f. d. Heer § 2 Nr. 3, § 38) und es werden von demselben zum Teil Dienstverrichtungen gefordert, die mit erhöhter Gefahr für Leben und Gesundheit verbunden sind. Sowohl in Berücksichtigung dieser Verhältnisse, als auch in Anbetracht des hohen Wertes der freiwilligen Krankenpflege für das Heer im Kriege und wegen des Bedürfnisses nach einer gesteigerten Beteiligung von geeigneten Kräften an der Tätigkeit der freiwilligen Krankenpflege auf dem Kriegsschauplatze muß die gesetzliche Regelung der Versorgung dieser Personen geboten erscheinen. Vgl. auch Dienstvorschr. f. d. freiwillige Krankenpflege vom 12. März 1907 Nr. 73. Dort heißt es auch in Nr. 7: Die freiwillige Krankenpflege darf keinen selbständigen Körper neben der staatlichen bilden; es kann ihr eine Mitwirkung nur insoweit eingeräumt werden, als sie dem staatlichen Sanitätsdienst eingefügt und von den Militärbehörden geleitet werden kann. Andernfalls würde sie hemmend auf den Sanitätsdienst einwirken. Alle Angehörigen der freiwilligen Krankenpflege haben daher den Anordnungen der Militärbehörde und ihrer einzelnen zuständigen Vertreter unbedingt Folge zu leisten.

Zu Abs. 1.

2. Die „vorstehenden", d. h. in den §§ 1—43 gegebenen Vorschriften sollen „entsprechende" d. h. bei gleichliegenden Umständen sinngemäße Anwendung finden.

3. a) Nur das „auf dem Kriegsschauplatze verwendete" Personal der freiwilligen Krankenpflege ist nach den Vorschriften dieses Gesetzes versorgungsberechtigt, nicht auch das im Heimatsgebiete verwendete. In der Kommission wurde gefragt, weshalb man im ersten Absatze die Worte „auf dem Kriegsschauplatze" bestehen lassen wolle. Während des Krieges 1870 hätte

die freiwillige Krankenpflege gerade innerhalb des Landes Außerordentliches geleistet. Seitens der Heeresverwaltung wurde bemerkt, daß für alle im Inland Verwendeten die freiwillige Krankenpflege selbst Sorge tragen wolle und daß man daher die Hilfe auf Grund dieses Gesetzes auf die auf dem Kriegsschauplatz Verwendeten beschränken könne. KomBer. S. 159.

b) In dem Entwurf war anstatt: „auf das auf dem Kriegsschauplatze verwendete Personal" gesagt: „auf das auf dem Kriegsschauplatze befindliche Personal". Die jetzige Fassung des Gesetzes beruht auf einem Beschluß der Kommission. Mit dieser Aenderung ist eine Ausdehnung der Anwendbarkeit des § 44 bezweckt. Man müsse, so heißt es in dem Kommissionsbericht S. 160, auch derjenigen gedenken, die in den Sanitätszügen zum Kriegsschauplatze führen, und dürfe keinen einschränkenderen Ausdruck wählen, als denjenigen, der in der Kriegssanitätsordnung gewählt sei.

c) Das Personal der freiwilligen Krankenpflege besteht aus Lazarettpflegepersonal, Transportpersonal, Begleitpersonal, Depotpersonal. Dienstvorschr. f. d. freiw. Krankenpfl. N. 78.

4. Die Vorschrift des § 44 findet in vollem Umfange auch auf das auf dem Kriegsschauplatze verwendete weibliche Personal der freiwilligen Krankenpflege Anwendung. Der Entwurf enthielt noch einen Abs. 3, des Inhalts: „Der Anstellungsschein darf weiblichen Personen nicht gewährt werden." Hiergegen wurden in der Kommission Bedenken geäußert. Warum, so fragte man, solle man nicht dafür sorgen, Krankenpflegerinnen auch im Zivildienst unterzubringen, z. B. in Stellen des Telephondienstes und in anderen Stellen, in denen jetzt schon weibliche Angestellte verwendet seien? Von anderer Seite wurde diesem Gedanken zugestimmt und auf die großen Verdienste hingewiesen, die sich die Krankenpflegerinnen in den letzten Kriegen erworben hätten.

Seitens der Heeresverwaltung wurde hierzu erklärt: Bisher habe man keine Stellen für weibliche Personen, doch beständen bei der Kriegsverwaltung keine wesentlichen Bedenken dagegen, daß man den letzten Satz des Paragraphen streiche. Man werde dann suchen, für das Vorhandensein geeigneter Stellen zu sorgen. Abs. 3 des Entwurfs wurde darauf gestrichen. KomBer. S. 159, 160.

Zu Abs. 2.

5. Das Maß der Versorgung entspricht der dienstlichen Verwendung dieser Personen. (Begr.) Es richtet sich nach dem ihnen verliehenen militärischen Range. Nach Anlage 13 der Pensionierungs-Vorschrift für das Preußische Heer stehen:

Zugführer im Range der Feldwebel,
Zugführerstellvertreter im Range der Sergeanten,
Sektionsführer im Range der Unteroffiziere,
Krankenpflegerin, Krankenpfleger, Krankenträger, Kaufmann, Schreiber, Diener, Koch, Köchin im Range der Gemeinen.

Bezüglich des Betrages der Rente s. § 9.

Die vorerwähnten Personen haben nach dem Gesetz nur Anspruch auf eine Rente und gegebenen Falls auf die Verstümmelungs-, Kriegs- und Alterszulage und zwar gemäß § 1 Abs. 1 nur, wenn und solange ihre Erwerbsfähigkeit infolge einer Dienstbeschädigung aufgehoben oder um wenigstens 10 Prozent gemindert ist. Daneben kann ihnen auf ihren Antrag ein Anstellungsschein für den Beamtendienst verliehen werden, wenn sie zum Beamten würdig und brauchbar erscheinen. Das Nähere s. § 17. Sie haben aber keinen Anspruch auf den Zivilversorgungsschein. Dieser wird nur von Kapitulanten erworben (§§ 16, 17). Zu diesen gehören die Personen der freiwilligen Krankenpflege nicht. Es finden daher auch die übrigen in diesem Gesetz den Kapitulanten gewährten Vergünstigungen auf sie keine Anwendung.

6. Bezüglich des Erlöschens und Ruhens des Rechtes auf den Bezug der Rente finden die Vorschriften der §§ 33 ff. sinngemäße Anwendung.

7. Von Bedeutung für das Personal der freiwilligen Krankenpflege ist noch folgende Bestimmung der Dienstvorschr. f. d. freiw. Krankenpflege:

Nr. 143. „Alle auf dem Kriegsschauplatze zur Verwendung kommenden Personen der freiwilligen Krankenpflege haben in Erkrankungsfällen auf unentgeltliche militärärztliche Behandlung, freie Verband- und Arzneimittel, erforderlichenfalls auf unentgeltliche Lazarettbehandlung Anspruch.

Dem im Heimatsgebiet tätigen Personale können die gleichen Vergünstigungen bei nachgewiesener Bedürftigkeit ausnahmsweise gewährt werden."

8. Die Hinterbliebenen der genannten Personen der freiwilligen Krankenpflege haben Anspruch auf das Gnadenvierteljahr gemäß § 39. Wegen der sonstigen Versorgung dieser Hinterbliebenen s. §§ 17, 18 des Militärhinterbliebenengesetzes v. 17. Mai 1907 (im Anhang). Vgl. auch § 76 Anm. 3.

9. Auf die Kaiserlichen Schutztruppen findet die Vorschrift des § 44 entsprechende Anwendung.

Sämtliche in einem deutschen Schutzgebiete während kriegerischer Unternehmungen tätigen Angehörigen der freiwilligen Krankenpflege gelten als auf einem Kriegsschauplatze befindlich. Dienstvorschr. f. d. freiwillige Krankenpflege Nr. 166.

Übergangsvorschriften.

§ 45.

Für die vor dem Inkrafttreten dieses Gesetzes aus dem aktiven Militärdienst entlassenen Personen bleiben die bisherigen Gesetzesvorschriften mit folgenden Ausnahmen in Kraft:

1. Die Versorgungsgebührnisse der seit dem 1. April 1905 aus dem aktiven Militärdienst entlassenen Personen sind nach den Vorschriften dieses Gesetzes festzustellen.

Die Versorgungsgebührnisse der versorgungsberechtigten Hinterbliebenen solcher Personen, die seit dem 1. April 1905 verstorben sind, denen aber, wenn sie beim Inkrafttreten dieses Gesetzes gelebt hätten, nach Maßgabe dieses Paragraphen höhere Versorgungsgebührnisse zustehen würden, sind unter Zugrundelegung der höheren Versorgungssätze festzustellen. Dasselbe gilt für die Versorgungsgebührnisse der versorgungsberechtigten Hinterbliebenen von den seit dem 1. April 1905 im aktiven Dienste verstorbenen Personen.

2. Die Versorgungsgebührnisse derjenigen Friedensinvaliden, welche an einem der von den deutschen Staaten vor 1871 oder von dem Deutschen Reiche geführten Kriege teilgenommen haben, sind nach den Vorschriften dieses Gesetzes festzustellen.

Den vor dem Inkrafttreten dieses Gesetzes aus dem Zivildienste mit einer Zivilpension ausgeschiedenen Invaliden ist der gegen die bisherige Pension nebst Dienstzulage bei Neufeststellung der Versorgungsgebührnisse sich ergebende Mehrbetrag in Grenzen des

§ 36 Nr. 4 zu zahlen und auf die Zivilpension nicht anzurechnen. Nicht zu zahlende Rentenbeträge werden dem Zivilpensionsfonds nicht erstattet.

3. Die als halbinvalide anerkannten Kriegsinvaliden erhalten die Kriegszulage im Betrage von 15 Mark monatlich, auch kann ihnen unter den Voraussetzungen des § 26 die Alterszulage gewährt werden.

4. Die Vorschriften der §§ 27, 29 bis 36 Nr. 1, 2, §§ 37, 38, 40 finden auf die aus dem aktiven Militärdienste bereits entlassenen Personen entsprechende Anwendung. Die vor dem Inkrafttreten dieses Gesetzes erfolgten Pfändungen und Veranlagungen zu den Steuern und anderen öffentlichen Abgaben jeder Art werden hierdurch nicht berührt.

Während der Anstellung oder Beschäftigung im Zivildienst ist die zuerkannte Militärpension nebst Dienstzulage soweit zu gewähren, als ihr Betrag nach der Vorschrift des § 36 Nr. 3 zu zahlen ist; für das Ruhen der den Kapitulanten lediglich auf Grund achtzehnjähriger und längerer Dienstzeit zuerkannten Pensionen nebst Dienstzulagen gilt die Vorschrift im § 36 Nr. 3c.

5. Die als verstümmelt oder pflegebedürftig anerkannten Invaliden erhalten Verstümmelungs-

zulage nach den Vorschriften des § 13 dieses Gesetzes. Neben dieser Zulage ist jedoch nur die nach den bisherigen Gesetzen für gänzliche Erwerbsunfähigkeit zustehende Pension zu gewähren.

6. Den nach dem Inkrafttreten dieses Gesetzes aus dem Zivildienste mit einer Beamtenpension ausscheidenden Invaliden ist die zuerkannte Militärpension nebst Dienstzulage soweit zu gewähren, als ihr Betrag nach der Vorschrift des § 36 Nr. 4 neben dem Bezug einer Zivilpension zu zahlen ist.

7. Die Vorschriften des § 39 finden auf die Hinterbliebenen derjenigen Invaliden entsprechende Anwendung, deren Tod nach dem Inkrafttreten dieses Gesetzes eintritt.

1. § 45 (im Entwurf § 46) behandelt die Frage der Rückwirkung dieses Gesetzes auf die bei seinem Inkrafttreten (1. Juli 1906, § 76 Abs. 1) bereits aus dem aktiven Militärdienst entlassenen Personen. Das Gesetz hat im allgemeinen keine rückwirkende Kraft. In der Begründung des Entwurfes heißt es hierzu (S. 37): Eine allgemein rückwirkende Kraft kann dem neuen Gesetze, den hierfür maßgebenden Grundsätzen entsprechend, nicht gegeben werden; etwaige Härten sind bei vorliegendem Bedürfnis im Unterstützungsweg auszugleichen.

In der Kommissionsberatung bildete die Frage nach der allgemein rückwirkenden Kraft des Gesetzes den Gegenstand lebhaftester Erörterungen. Man erklärte sich aber schließlich „aus prinzipiellen wie aus finanziellen Rücksichten" gegen die allgemeine Rückwirkung. Das Nähere s. KomBer. S. 8 ff., S. 77 ff. S. auch die Ausführungen in Romen, Offizierspensiongesetz S. 23 ff.

Nur ausnahmsweise, nur in den hier ausdrücklich hervorgehobenen Fällen soll das Gesetz rückwirkende Kraft haben.

In wieweit durch das neue Gesetz die bisherigen Militärpensionsgesetze und andere Gesetze außer Kraft gesetzt sind, ist in § 76 Abs. 2 Nr. 1 bis 3 bestimmt. S. dort.

2. Zu Nr. 1.

a) Diese Vorschrift befand sich nicht im Entwurfe und wurde von der Kommission eingefügt; s. KomBer. S. 166 unten, S. 192 (bei § 76) S. 15 ff., S. 20.

b) Wegen des Begriffes „Versorgungsgebührnisse" s. § 27 Anm. 2a.

c) Wegen der Feststellung und Anweisung der Versorgungsgebührnisse s. §§ 27 ff. Nachzahlungen für die Zeit vor dem 1. Juli 1906 finden nicht statt. § 47 Abs. 2.

d) AusfBest. des Preuß. Kriegsminist.:

17a) Bei den in Betracht kommenden Invaliden wird im Einzelfalle nicht ohne weiteres festzustellen sein, welches Gesetz die günstigere Versorgung gewährt, weil durch das neue Gesetz der Anspruch auf den Zivilversorgungsschein abweichend von den bisherigen Vorschriften geregelt worden ist. Wenn bei Kapitulanten der Anspruch auf den Zivilversorgungsschein (§ 16) und bei Nichtkapitulanten die Gewährung des Anstellungsscheins (§ 17) in Frage kommt wird der Invalide sich zu erklären haben, nach welchem Gesetz er versorgt zu werden wünscht.

Bleibt bei der Wahl der Versorgung nach dem neuen Gesetze, z. B. bei halbinvaliden Kapitulanten oder bei den als zeitig anerkannten halb- und ganzinvaliden Nichtkapitulanten, der Betrag der Rente hinter dem Betrage der bisherigen Invalidenpension zurück, so hat die Zahlung der Rente, falls diese gewählt wird, gemäß § 32 Absatz 4 zu beginnen.

b) Bei den seit 1. April 1905 ausgeschiedenen Mannschaften, die zu einer Unfallpension anerkannt worden sind, ist zunächst die Rente nach dem neuen Versorgungsgesetze festzustellen. Bleibt die Rente hinter der Unfallpension zurück, so wird der Mann ebenfalls entsprechend zu wählen haben.

In den Fällen, in denen eine Neufeststellung der Versorgungsgebührnisse notwendig wird, weil die Rente höher ist als die bisher bewilligte Unfallpension oder an Stelle der Unfallpension die Versorgung nach dem neuen Gesetze gewählt worden ist, sind die Vorgänge der Pensions-Abteilung des Kriegsministeriums zur Entscheidung vorzulegen.

c) Die bisherige Vorschrift des § 73 Ges./71, nach der einfach Verstümmelte als gänzlich erwerbsunfähig, doppelt Verstümmelte als fremder Wartung und Pflege bedürftig anzusehen waren, enthält das neue Gesetz nicht. Bei den als verstümmelt und als pflegebedürftig anerkannten Invaliden ist daher vor Neufeststellung der Versorgungsgebührnisse der Grad der Erwerbsunfähigkeit nach § 4 und der Pflegebedürftigkeit nach § 13 besonders festzustellen.

d) Anträge auf andere Feststellung von Witwen- und Waisengeld für die im Absatz 2 bezeichneten Hinterbliebenen sind von den Korpsintendanturen dem Kriegsministerium, Versorgungsabteilung, zur Entscheidung vorzulegen.

Ausf Best. des Bayer. Kriegsm. wie unter a, b und c der Preuß. AusfBest., jedoch sind im Falle b Abs. 2 die Vorgänge dem Kriegsministerium zur Entscheidung vorzulegen; ferner

d) Die andere Feststellung von Witwen- und Waisengeld für die im Abs. 2 bezeichneten Hinterbliebenen erfolgt ohne besonderen Antrag durch das Kriegsministerium.

Für d. Sächs. Kontingent gelten nach der Verordnung des Sächs. Kriegsm. die AusfBest. des Preuß. Kriegsm. (S. 231, 232) mit folgender Maßgabe:

An Stelle der „Pensions- nnd Versorgungs-Abteilung des Kriegsministerium" (Nr. 17b Abs. 2 u. 17d) tritt das Kriegsministerium.

Die AusfBest. des Württemb. Kriegsm. lauten wie die Preußischen unter 17a, b, c (S. 231, 232); nur tritt an die Stelle der Pensionsabteilung des Kriegsministeriums (c) das Kriegsministerium.

AusfBest. des Reichs-Marine-Amtes:

10. In den Fällen, in denen eine Neufeststellung der Versorgungsgebührnisse notwendig wird, weil die Rente höher ist, als die bisher bewilligte Unfallpension oder an Stelle der Unfallpension die Versorgung nach dem neuen Gesetz gewählt worden ist, sind die Vorgänge dem Reichs-Marine-Amt vorzulegen.

3. Zu Nr. 2 (im Entwurf § 46 Nr. 1).

a) In der Begründung heißt es zu dieser Vorschrift (S. 37): Im Entwurfe des Offizierpensionsgesetzes ist die Ausdehnung der neuen Vorschriften auf die Kriegsteilnehmer vorgesehen. Eine gleiche Behandlung der Mannschaften ist deshalb unabweisbar.

Das Gesetz hat hinsichtlich der Kriegsteilnehmer ganz allgemein rückwirkende Kraft. Dies wurde bei der Beratung des Offizierpensionsgesetzes wiederholt nachdrücklichst betont (s. StenBer. d. Reichst. S. 684 C, S. 3391 B, S. 3395 A) und gilt ebenso bezüglich des Mannschaftsversorgungsgesetzes.

b) Wegen des Begriffes „Versorgungsgebührnisse" s. § 27 Anm. 2a.

c) Die Bestimmung in Nr. 2 kommt allen hier genannten Kriegsteilnehmern zugute, gleichgiltig, ob sie wirklich vor den Feind gekommen sind oder an einer Schlacht teilgenommen haben (s. § 6 Anm. 2), und auch denjenigen, welchen ein Kriegsjahr nicht anzurechnen ist. Nach dem Entwurfe sollten die Wohltaten des neuen Gesetzes nur denjenigen zufließen, denen für die Teilnahme „mindestens ein Kriegsjahr anzurechnen ist." Diese Worte des Entwurfes wurden aber von der Kommission gestrichen. KomBer. S. 163.

d) Bei der Beratung des Offizierpensionsgesetzes wurde in zweiter Lesung aus der Mitte der Kommission angeregt, eine Definition des Wortes „Kriegsteilnehmer" in das Gesetz aufzunehmen, da sonst in der Anwendung dieser Bestimmung sehr viele Zweifel entstehen könnten. In erster Linie kämen hierfür in Betracht die Ausführungsbestimmungen des Bundesrates vom 24. April 1905 bezüglich der Anwendung des Gesetzes über die Gewährung von Veteranenbeihilfen. Es empfehle sich, einen entsprechenden Zusatz dieser Nummer zu geben. Von Vertretern des Reichsschatzamtes wurde dagegen ins Feld geführt, daß es an und für sich nicht praktisch erscheine, sich in dem Gesetz auf Ausführungsbestimmungen zu einem anderen Gesetz, die vom Bundesrat erlassen worden seien, zu berufen. Auch seien jene Vorschriften zu sehr auf die Teilnahme an den Kriegen von 1864, 1866 und 1870/71 zugeschnitten, während dieses Gesetz viel weitergehendere Wirkungen habe. Es erscheine nicht erforderlich, eine besondere Bestimmung über den Begriff „Kriegsteilnehmer" im Gesetze zu treffen. Bei Auslegung des Begriffes „Kriegsteilnehmer" sei im Sinne der Ausführungsbestimmungen des Bundesrats vom 24. April 1905 zu verfahren. KomBer. S. 81.

Diese Ausführungsbestimmungen des Bundesrates lauten (ZBl. f. d. Deutsche Reich 1905 Nr. 17 S. 101:)

Personen des Unteroffizier- und Mannschaftsstandes des Feldheeres, der Ersatz- und Besatzungstruppen aller Waffen und der Marine sind im allgemeinen als Kriegsteilnehmer anzusehen, wenn sie in dem Feldzug 1870/71 oder in einem von deutschen Staaten vor 1870 geführten Kriege zu kriegerischen Zwecken die feindliche Grenze überschritten oder im eigenen bezw. verbündeten Lande an kriegerischen Operationen oder Kämpfen teilgenommen haben.

Hiernach gehören zu ihnen aus den Kriegen 1864, 1866, 1870/71 insbesondere diejenigen, welche

1. im Jahre 1864 in der Zeit vom 1. Februar bis zum 2. August die südliche Grenze von Holstein zu kriegerischen Zwecken überschritten haben,
2. im Jahre 1866 in der Zeit vom 15. Juni bis zum 2. August die feindliche Grenze zu kriegerischen Zwecken überschritten oder im eigenen bezw. verbündeten Lande an kriegerischen Operationen oder Kämpfen teilgenommen haben,
3. im Feldzuge 1870/71 in der Zeit vom 16. Juli 1870 bis zum 2. März 1871 die Grenze von Frankreich zu kriegerischen Zwecken überschritten haben.

Von früheren Angehörigen der Marine sind insbesondere als Kriegsteilnehmer anzusehen, diejenigen, welche

1. am 27. Juni 1849 an dem Gefechte des für den Kriegszweck ausgerüsteten Postdampfschiffs „Preußischer Adler“ mit der dänischen Kriegsbrigg „St. Croix“ oder am 7. August 1856 an dem Gefechte gegen die Riffpiraten bei Tres Forcas beteiligt gewesen sind;
2. im Jahre 1864 zwischen dem 1. Februar und dem 2. August einschließlich zu den Besatzungen nachstehender Schiffe gehört haben:

   der Korvetten „Arcona“, „Nymphe“ und „Dineta“;
   der Segelfregatte „Niobe“;

der Avisos „Grille“, „Loreley“, „Pr. Adler“;
der Kanonenboote „Basilisk“, „Blitz“, „Camäleon“, „Comet“, „Cyclop“, „Delphin“, „Fuchs“, „Habicht“, „Hay“, „Hyäne“, „Jäger“, „Natter“, „Pfeil“, „Salamander“, „Schwalbe“, „Scorpion“, „Sperber“, „Tiger“, „Wespe“, „Wolf“;
sowie der in der Ostsee in Dienst gestellten 18 Kanonenschaluppen und 4 Kanonenjollen;

3. im Jahre 1866 zur Besatzung des Panzerfahrzeugs „Arminius“, des Avisos „Loreley“, der Dampfkanonenboote „Cyclop“ und „Tiger“ zwischen dem 15. und 21. Juni einschließlich gehört haben;

4. in den Jahren 1870/71 zu den Besatzungen nachstehender Schiffe zu nachbenannten Zeiten gehört haben:

„König Wilhelm“, „Kronprinz“, „Friedrich Carl“ am 5. August und 11. September 1870;
„Arminius“ am 24. August und 11. September 1870;
Dampfer „Cuxhaven“ am 13. August 1870;
„Elisabeth“, „Pr. Adler“, „Camäleon“, „Tiger“ am 5. September 1870;
„Arcona“, „Nymphe“, „Augusta“, „Grille“, „Falke“ „Basilisk“, „Comet“, „Fuchs“, „Hay“, „Schwalbe“, „Sperber“, „Prinz Adalbert“, „Wolf“ „Cyclop“, „Habicht“, „Jäger“, „Pfeil“, „Hyäne“, „Natter“, „Wespe“, „Blitz“, „Drache“, „Salamander“, „Meteor“, Dampfer „Holsatia“
zwischen dem 17. Juli 1870 und dem 2. März 1871 einschließlich,
oder sich bei den nach Frankreich entsendet gewesenen Marine-Abteilungen befunden haben.

Zu Abs. 2.

e) Für die unter Nr. 2 Abs. 1 bezeichneten Kriegsteilnehmer, welche aus dem Zivildienste mit einer Zivilpension bereits ausgeschieden sind und nach den Vorschriften des neuen Gesetzes eine Erhöhung ihrer Gebührnisse erfahren, findet eine Neuregelung ihres Pensionsbezuges statt, wenn sie in der zuletzt bekleideten Stelle nicht die Höchstpension erreicht haben oder ihre Zivilpension den Betrag von 2000 M. nicht erreicht.

f) Auf eine Anfrage in der Kommission, was in diesem Paragraphen unter Dienstzulage zu verstehen sei, verwies ein Vertreter des Kriegsministeriums auf die betreffenden Bestimmungen der bis jetzt geltenden Pensionsgesetze (§ 74 des Ges. vom 27. Juni 1871). Es müsse hier nicht nur der eigentliche Pensionssatz, sondern die Gesamtpension des Betreffenden berücksichtigt werden. Diese setze sich zusammen aus der Pension und der Dienstzulage, die der Zeit, welche der Betreffende gedient habe, entspreche. KomBer. S. 166.

g) AusfBest. d. Preuß. Kriegsm.:

18. Zu den hier genannten Friedensinvaliden zählen auch diejenigen nach dem Gesetz vom 31. Mai 1901 anerkannten Invaliden von achtzehnjähriger und längerer Dienstzeit, deren nach dem Grade der Erwerbsunfähigkeit zuerkannte Pension unter Hinzurechnung der Dienstzulage hinter demjenigen Rentenbetrage zurückbleibt, welcher nach den Vorschriften der §§ 9 bis 11 auf Grund der längeren Dienstzeit zuständig ist.

Bei Feststellung der Versorgungsgebührnisse der invaliden Kriegsteilnehmer ist nach Eingang der Militärpapiere auf Grund der gemäß Pension.-Vorschrift Z. 100 aufzubewahrenden Akte oder nach Beschaffung derselben wie folgt zu verfahren:

a) den Invaliden von achtzehnjähriger und längerer Dienstzeit ist die nach den §§ 9 bis 11 zustehende Rente ihres Dienstgrads ohne ärztliche Untersuchung zuzuerkennen;

b) bei den auf Grund von Dienstbeschädigung und bei den nach achtjähriger Dienstzeit anerkannten Invaliden bedarf es einer erneuten ärztlichen Untersuchung nicht, wenn der Grad ihrer durch das Invaliditätsleiden bedingten Erwerbsunfähigkeit und Verstümmelung auf Grund der Akten und der vorherigen Ermittelungen gemäß Z. 68 Pension-Vorschrift mit Sicherheit festgestellt werden kann. Über diese Fragen wird sich der Sanitätsoffizier des Bezirkskommandos zu äußern haben, dem die Akten alsbald zuzustellen sind.

Die Halbinvaliden kommen hier zunächst nicht in Betracht, weil ihre Erwerbsunfähigkeit durch ihr Invaliditätsleiden gar nicht oder doch nur in so geringem Grade beschränkt ist, daß die Rente hinter der bisherigen Invalidenpension zurückbleiben wird. Eine Neufeststellung der Versorgungsgebührnisse dieser Halbinvaliden hat daher nur auf besonderen Antrag zu erfolgen;

c) nach dem neuen Gesetze sind einfach Verstümmelte nicht als gänzlich erwerbsunfähig und mehrfach Verstümmelte nicht als pflegebedürftig ohne weiteres anzusehen (s. Nr. 17 c);

d) Anspruch auf die laufende Zivilversorgungsentschädigung (§ 19) haben nur diejenigen Invaliden mit mindestens zwölfjähriger Dienstzeit (§ 15), welche bisher die Zulage für Nichtbenutzung des Zivilversorgungsscheins oder die Anstellungsentschädigung bezogen haben;

e) die Versorgungsgebührnisse der vor dem 1. Juli 1906 bereits aus dem Zivildienste mit einer Beamtenpension ausgeschiedenen Kriegsteilnehmer sind ebenfalls neu festzustellen.

In allen Neufeststellungsverfügungen ist unter Bemerkungen anzugeben, ob und bei welcher Behörde der Invalide angestellt oder aus welcher Stelle er mit Zivilpension ausgeschieden ist. Der nach den bisherigen Vorschriften bewilligte Zivilversorgungsschein ist den Invaliden zu belassen, auch wenn ein Anspruch darauf nach dem neuen Gesetze nicht besteht.

Die AusfBest. d. Bayer. Kriegsm. hat denselben Wortlaut wie die Preußische.

Für das Sächsische Kontingent gilt nach der AusfBest. d. Sächs. Kriegsm. die Preuß. AusfBest.

AusfBest. d. Württemb. Kriegsm.:

18. Zu den hier genannten Friedensinvaliden zählen auch die nach der Württemb. Kriegsdienstordnung anerkannten Landinvaliden, sofern sie Kriegsteilnehmer sind und ferner diejenigen nach dem Gesetze vom 31. Mai 1901 anerkannten Invaliden von achtzehnjähriger und längerer Dienstzeit, usw. wie die Preuß. AusfBest.

Für die Marine findet nach der AusfBest. d. Reichs-Marine-Amtes — Einleitung — die AusfBest. d. Preuß. Kriegsm. entsprechende Anwendung; außerdem ist für sie noch folgendes bestimmt:

11. Zu den im § 45 Nr. 2 genannten Friedensinvaliden zählen auch solche der Marine, welche im Dienst an einem Schiffbruch oder an einer als Feldzug erklärten militärischen Unternehmung auf einer dienstlichen Seereise teilgenommen haben. S. auch § 62.

4. Zu Nr. 3.

a) Die Bestimmung befand sich nicht im Entwurf und wurde von der Kommission eingefügt. KomBer. S. 167.

b) „Halbinvalide" sind nach § 61 des Ges. vom 27. Juni 1871 solche Invaliden, die zum Feld- oder Seedienst untauglich, aber zum Garnisondienst noch fähig sind. Das Nähere über den Begriff der Halbinvalidität s. „Zusammenstellung" S. 62, 63.

c) Auf die Gewährung der Kriegszulage im Betrage von 15 M. monatlich besteht ein klagbarer Rechtsanspruch, während die Gewährung der Alterszulage nur für zulässig erklärt worden ist, ohne daß ein Rechtsanspruch darauf besteht („kann" gewährt werden). Das Nähere hierzu s. in den Ausführungen zu §§ 14 und 26.

d) AusfBest. d. Preuß., Bayer., Sächs. und Württemb. Kriegsm.:

19. Den als Halbinvalide anerkannten Kriegsinvaliden ist an Stelle der bisher gewährten Kriegszulage von 10 M. die erhöhte Kriegszulage von 15 M (§ 14) monatlich vom 1. Juli 1906 ab zu bewilligen.

Diesen Invaliden kann unter den Voraussetzungen des § 26 auch die Alterszulage bewilligt werden.

Den Anträgen auf Bewilligung der Alterszulage, die in der bisherigen Form aufzustellen sind, sind beizufügen:

a) nach Vollendung des 55. Lebensjahrs amtliche Ausweise über das jährliche Gesamteinkommen. Bei der Berechnung dieses Einkommens sind außer den Versorgungsgebührnissen und sonstigen amtlichen sowie privaten Einnahmen an barem Gelde auch etwaige Naturalbezüge, Wohnung usw., soweit ihr durchschnittlicher Geldwert festzustellen ist, in Anrechnung zu bringen;

b) vor Vollendung des 55. Lebensjahrs die unter a) geforderten Ausweise und eine amtliche Bescheinigung über diejenigen Tatsachen, welche die Annahme dauernder Erwerbsunfähigkeit begründen sollen.

Für die Beurteilung der Erwerbsunfähigkeit ist neben dem Lebensalter nicht nur das den Versorgungsanspruch begründende Leiden, sondern der Gesamtkörperzustand unter Berücksichtigung der bisherigen oder früheren beruflichen Erwerbstätigkeit des Antragstellers in Betracht zu ziehen.

Sofern nach den vorstehenden Gesichtspunkten durch die beigebrachten Beweismittel die Annahme dauernder völliger Erwerbsunfähigkeit ausreichend begründet ist, bedarf es einer militärärztlichen Untersuchung nicht.

Diese AusfBest. gelten nach der Bestimmung des Reichs-Marine-Amtes vom 18. Aug. 1906 — Einleitung — auch für die Marine.

5. Zu Nr. 4 (im Entwurf § 46 Nr. 2).

a) Zu Abs. 1. Die Vorschriften des neuen Gesetzes über das Verfahren (§§ 27, 29, 30, 31), die Zahlung (§ 32), das Erlöschen und Ruhen des Rechtes auf den Bezug der Versorgungsgebührnisse (§§ 33 bis 36 Nr. 1, 2, 37, 38) werden auch auf die bereits aus dem aktiven Dienste entlassenen Personen Anwendung finden müssen, wenn nicht die jetzt schon bestehenden erheblichen Schwierigkeiten in der Ausführung der Gesetzesvorschriften bei den Militär- und Zivilbehörden noch weiter vermehrt werden sollen. Begründ. S. 37. Die Bestimmung hinsichtlich der Anwendbarkeit des § 40 über den Ausschluß von der Pfändung und Besteuerung befand sich nicht im Entwurf und ist von der Kommission eingefügt; ebenso der zweite Satz dieses Absatzes betreffend die vor dem 1. Juli 1906 bereits erfolgten Pfändungen und Veranlagungen zu den Steuern. KomBer. S. 167.

b) Zu Abs. 2.

In der Begründung heißt es hierzu (S. 37): Die Kürzungsvorschriften werden auf sämtliche bereits entlassenen Personen während ihrer Anstellung oder Beschäftigung im Zivildienst Anwendung finden müssen, um die als große Härte empfundene bisherige ungleichmäßige Behandlung der Invaliden, je nachdem ihre Anstellung im Staats- oder Kommunaldienst erfolgt ist, soweit als möglich zu beseitigen. Bei den im Staats- und Kommunaldienst angestellten Invaliden, die bisher ihre Invalidenpension voll oder zum Teil bezogen haben, werden die Vorschriften des § 36 Nr. 3 nur insoweit in Wirksamkeit treten können, als der hiernach zahlbare Pensionsbetrag nicht hinter demjenigen zurückbleibt, auf welchen der Invalide nach den bisherigen Kürzungsbestimmungen einen dauernden Anspruch bereits erworben hat.

Was als „Zivildienst“ zu gelten hat, ist im § 36 Abs. 2 bestimmt.

Die im Kommunaldienst angestellten Invaliden beziehen ihre bisher bezogene Pension neben dem Zivileinkommen unverkürzt weiter. In der Kommission war beantragt, dem Abs. 2 noch die Bestimmung hinzuzufügen „daß Militäranwärter, die bei dem Inkrafttreten des Gesetzes im Kommunaldienst oder in der Eigenschaft eines Beamten angestellt sind, neben dem Zivildiensteinkommen ihre bisherige Militärpension unverkürzt weiter beziehen. Die Aufnahme dieser Bestimmung wurde aber von der Kommission als nicht erforderlich abgelehnt. KomBer. S. 163, 164, 172. Das Nähere hierüber s. § 47 Anm. 1 b.

Wegen des Begriffes „Dienstzulage" s. Anm. 3 f. zu Nr. 2.

Der zweite Satz dieses Absatzes wurde von der Kommission eingefügt.

c) AusfBest. des Preuß., Bayer., Sächs. u. Württemb. Kriegsm.:

Die neuen Vorschriften über das Verfahren insbesondere über die Einspruchsfristen sowie über den Beginn der Zahlung und die Herabsetzung oder Entziehung der Versorgungsgebührnisse finden auf alle Invaliden Anwendung.

AusfBest. des Reichs-Marine-Amtes.

13. Bei den nach Z. 11 und 12 (s. S. 239, 273, 274) zu den Kriegs- u. s. w. Teilnehmern zählenden. im Reichs- und Staatsdienst angestellten ehemaligen Kapitulanten der Marine, welche eine Pension auf Grund einer Dienstzeit von mindestens achtzehn Jahren erhalten und welche beim Ausscheiden aus dem aktiven Dienste Dienstalters-, Seefahr- oder Fachzulagen bezogen haben, erfolgt außer der Feststellung der Rente gemäß § 45 Nr. 2 eine Neubewilligung der sich aus § 56 ergebenden Erhöhung der Vollrente.

6. Zu Nr. 5.

a) Die Vorschrift befand sich nicht im Entwurf und ist von der Kommission eingefügt worden. KomBer. S. 166.

b) Auf die Gewährung der Verstümmelungszulage nach Nr. 5 (monatlich 27 M. anstatt, wie bisher, 18 M. s. § 13 Anm. 10 a u. b) besteht ein klagbarer Rechtsanspruch. Es gilt das in den Anmerkungen zu § 13 Gesagte, s. insbesondere Anm. 4.

c) Die Verstümmelungszulage ist nach § 40 unpfändbar und gänzlich steuerfrei. S. dort.

d) Die den genannten Invaliden bisher für gänzliche Erwerbsunfähigkeit zustehende Pension beträgt nach §§ 67, 65 des Ges. v. 27. 6. 1871 monatlich für Feldwebel 33 M., für Sergeanten 27 M., für Unteroffiziere 24 M., für Gemeine 21 M.

e) AusfBest. des Preuß. Kriegsm.

21. Die Zuerkennung der Verstümmelungszulage an alle vor dem 1. April 1905 aus dem Militärdienst entlassenen, als verstümmelt oder pflegebedürftig anerkannten Friedens- und Kriegsinvaliden hat in nachstehender Weise zu erfolgen:

a) den einfach verstümmelten Friedensinvaliden ist neben ihrer bisherigen Pension für gänzliche Erwerbsunfähigkeit (I. Klasse Ges./65, II. Klasse Ges./71) die Verstümmelungszulage auf 27 M. monatlich zu erhöhen. Die einfach verstümmelten Kriegsinvaliden beziehen die Verstümmelungszulage bereits in dieser Höhe auf Grund des Ges./01 und kommen daher nicht in Betracht;

b) den doppelt verstümmelten Friedensinvaliden ist die Verstümmelungszulage auf 54 M. monatlich zu erhöhen, jedoch haben sie neben dieser erhöhten Zulage nur Anspruch auf die für gänzliche Erwerbsunfähigkeit (I. Klasse Ges./65, II. Klasse Ges./71) zustehende Pension. Die doppelt verstümmelten Kriegsinvaliden beziehen die Verstümmelungszulage bereits in dieser Höhe und behalten auch die Invalidenpension I. Klasse nach Ges./01.

Die Bewilligung einer dritten Verstümmelungszulage von 27 M. monatlich für Pflegebedürftigkeit ist nur zulässig, wenn eine solche nach der Vorschrift des Nachtrags I zur D. A. zur Beurt. der Mdstf. gewährt werden darf;

c) den lediglich als fremder Wartung und Pflege bedürftig anerkannten Kriegs- und Friedensinvaliden ist die einfache Verstümmelungszulage gemäß § 13 in Höhe von 27 M. monatlich zu bewilligen.

Neben einer solchen Verstümmelungszulage für Pflegebedürftigkeit ist in allen Fällen nur die Pension II. Klasse Ges./71 oder Ges./01 zuständig.

Anträge auf Erhöhung der einfachen Verstümmelungszulage gemäß § 13 Absatz 4 sind nach Nachtrag I der D. A. zur Beurt. der Mdstf. Ziff. 49—51 zu prüfen.

Reicht der Akteninhalt zur Beurteilung des Grades der Verstümmelung oder Pflegebedürftigkeit nicht aus, so ist erneute militärärztliche Untersuchung anzuordnen.

Die AusfBest. des Bayer. Kriegsm. hat denselben Wortlaut wie die Preuß., nur tritt in a) und b) für die I. Kl. an Stelle des Ges./65 das Ges./68.

Für d. Sächs. Kontingent gilt nach den Ausf.-Best. des Sächs. Kriegsm. die Preuß. AusfBest. mit folgender Maßgabe:

An Stelle des Ges. 65 (in a und b) tritt das sächsische Gesetz vom 17. 12. 1837 nebst den Abänderungsgesetzen vom 24. 3. 1852 und 15. 2. 1867 und die Allerhöchste Verordnung vom 14. 2. 1868.

Da nach dem neuen Gesetz alle als verstümmelt oder pflegebedürftig anerkannten Invaliden Verstümmelungszulage nach den Vorschriften des § 13 erhalten, so ist die Zahlung an verstümmelte Friedensinvaliden auf Grund des sächsischen Gesetzes vom 24. 1. 1874 für Rechnung der sächsischen Staatskasse (Kapitel 109) bewilligten Verstümmelungszulagen und Verstümmelungszulagen-Erhöhungen mit Ende Juni 1906 einzustellen. Die diesen Invaliden für gleiche Rechnung zur Normalpension bewilligten Erhöhungen bleiben bis zum Pensionssatze der II. Klasse Ges./71 zahlbar.

Die AusfBest. des Württemb. Kriegsm. hat denselben Wortlaut wie die Preuß., nur scheidet das in a und b erwähnte Ges./65 aus.

Für die Marine gilt nach der AusfBest. des Reichs-Marine-Amtes — Einleitung — die Preuß. AusfBest.

7. **Zu Nr. 6** (im Entwurf § 46 Nr. 3).

a) In der Begründung heißt es hierzu (S. 37, 38): Die Ausdehnung der Vorschrift über teilweise Fortgewährung der Rente neben einer im Zivildienst erdienten Beamtenpension auf die bereits anerkannten Invaliden, die nach dem Inkrafttreten des neuen Gesetzes aus dem Zivildienst ausscheiden, erscheint geboten, um eine möglichst gleichmäßige Behandlung der Invaliden zu erzielen.

Für die vor dem Inkrafttreten des Gesetzes (1. Juli 1906) aus dem Zivildienst mit einer Beamtenpension bereits ausgeschiedenen Invaliden verbleibt es bei der bisherigen Regelung. Ein in der Kommission gestellter Antrag, die Bestimmung der Nr. 6 auch auf diese auszudehnen, wurde abgelehnt. KomBer. S. 165, 166. S. auch Begründung S. 38.

b) Was als Zivildienst gilt, ist in § 36 Abs. 2 bestimmt.

c) Wegen des Begriffes „Dienstzulage" s. Anm. 3 f. zu Nr. 2.

8. **Zu Nr. 7** (im Entwurf § 46 Nr. 4).

a) Die Vorschriften über Gewährung eines Gnadenvierteljahres (§ 39) müssen auch den Hinterbliebenen bereits anerkannter Invaliden zugute kommen, sofern nicht Härten entstehen sollen. Begründ. S. 38. Die Bestimmung wurde von der Kommission in 1. und

2. Lesung unverändert angenommen. KomBer. S. 166, Nr. 7.

b) § 39 findet in vollem Umfange auf die in Nr. 7 bezeichneten Personen Anwendung. Unter den „Hinterbliebenen“ sind in erster Linie nach § 39 Abs. 1 die Witwe sowie die ehelichen oder legitimierten Abkömmlinge zu verstehen. Vgl. hierzu Anm. 2a, b u. c zu § 39. Aber auch die Vorschrift des Abs. 3 § 39, wonach auch anderen als den im Abs. 1 bezeichneten Hinterbliebenen mit Genehmigung der obersten Militärverwaltungsbehörde (s. § 5 Anm. 3 b) das Gnadenvierteljahr gewährt werden kann, findet Anwendung.

9. Auf die Marine und die Schutztruppen finden nach §§ 49, 63 die Vorschriften des § 45 entsprechende Anwendung. Außerdem aber s. wegen der Marine § 62, wegen der Schutztruppen § 74.

§ 46.

Den nicht im § 45 Nr. 1, 2 genannten Friedensinvaliden, die als gänzlich erwerbsunfähig anerkannt sind, kann im Falle der Bedürftigkeit eine Beihilfe bis zur Erreichung eines jährlichen Gesamteinkommens von 540 Mark gewährt werden.

Unter den gleichen Voraussetzungen kann den als größtenteils erwerbsunfähig zur Pension dritter Klasse und zum Zivilversorgungsschein anerkannten Friedensinvaliden, welche von dem Zivilversorgungsscheine wegen körperlicher Untauglichkeit keinen Gebrauch gemacht haben, oder welche nur die Zulage für Nichtbenutzung des Zivilversorgungs-

scheins in Höhe von 9 Mark beziehen, eine jährliche Beihilfe bis zum Betrage von 144 Mark oder 36 Mark bewilligt werden.

1. § 46 befand sich nicht im Entwurf und wurde von der Kommission eingefügt. KomBer. S. 170, 171.

2. Die Vorschrift des § 46 bezieht sich nur auf „Friedensinvalide“, und zwar Abs. 1 nur auf die als „gänzlich erwerbsunfähig“ anerkannten, Abs. 2 auf die als „größtenteils erwerbsunfähig“ zur Pension dritter Klasse und zum Zivilversorgungsschein anerkannten. Vgl. hierzu §§ 65—68, 75 des Ges. v. 27. 6. 1871 und Art. 6, 7 des Ges. v. 22. 5. 1893 („Zusammenstellung“ S. 65, 66, 74).

3. Ein Rechtsanspruch auf Bewilligung der Beihilfe besteht weder in dem Falle des Abs. 1, noch dem des Abs. 2. Ihre Gewährung ist vielmehr vom freien Ermessen der Militärbehörde abhängig; das Gesetz sagt: „kann gewährt werden“. Bei Versagung ist der Rechtsweg ausgeschlossen. S. § 42. Anm. 1 a.

4. a) Die Beihilfe darf im Falle des Abs. 1 nur so lange und nur insoweit gewährt werden, als das jährliche Gesamteinkommen den Betrag von 540 *M* nicht erreicht. Keinesfalls darf die Gewährung der Beihilfe dazu führen, daß der Invalide mehr als 540 *M* Gesamteinkommen hat. Unter „Gesamteinkommen“ sind die sämtlichen Einnahmen des Invaliden einschließlich derjenigen aus Privatmitteln oder einem anderweiten Erwerbe zu verstehen. S. auch § 26 Anm. 4.

b) Im Falle des Abs. 2 ist die Bewilligung der Beihilfe nur dann zulässig, wenn der Invalide „wegen körperlicher Untauglichkeit“ vom Zivilversorgungsschein keinen Gebrauch gemacht hat, oder wenn er nur die Zulage von 9 *M* für die Nichtbenutzung des

Zivilversorgungsscheines bezieht. Vgl. hierzu § 76 des Ges. v. 27. 6. 1871 in der Fassung des Ges. v. 22. 5. 1893 u. „Zusammenstellung" S. 82, 83. Ist der Gebrauch des Zivilversorgungsscheines aus anderen Gründen unterblieben, so findet § 46 keine Anwendung.

5. a) AusfBest. d. Preuß. Kriegsm.:

22. Die Anträge auf Gewährung einer Beihilfe an Friedensinvalide, welche als gänzlich oder größtenteils erwerbsunfähig anerkannt worden sind, sind in ähnlicher Weise, wie die Anträge auf Bewilligung der Alterszulage zu begründen. Für die Berechnung des Gesamteinkommens gilt das unter Nr. 19a (s. § 45 Anm. 4 d und S. 138 Anm. 4) Gesagte. Der Nachweis, daß von dem Zivilversorgungsscheine wegen körperlicher Untauglichkeit kein Gebrauch gemacht worden ist, wird durch die abschlägigen Bescheide der Behörden, an welche die Bewerbungen gerichtet worden sind oder durch Bescheinigung beamteter Ärzte über die körperliche Untauglichkeit zu führen sein.

23. Die Anträge der Bezirkskommandos auf Neufeststellung der Versorgungsgebührnisse der nach Nr. 17, 18, 19 und 21 (s. S. 231, 237, 240, 243) in Betracht kommenden Invaliden sind unter Benutzung des Musters für Invalidennachlisten den Generalkommandos vorzulegen.

25. Die Zahlung und Verrechnung der von den zuständigen Militärbehörden auf Grund des Mannschaftsversorgungsgesetzes festgestellten Versorgungsgebührnisse wird von den in der Anlage 2 der Ausführungsbestimmungen zu dem Offizierpensionsgesetze bezeichneten Pensionsregelungsbehörden veranlaßt (s. Anlage 3).

Diese Behörden, durch welche auch die Regelung des Bezugs der Versorgungsgebührnisse während der Anstellung oder der Beschäftigung der Invaliden und Rentenempfänger im Zivildienste usw. (§§ 22, 33 bis 38 und 45) zu erfolgen hat, werden noch mit näherer Anweisung versehen werden.

b) AusfBest. des Bayer. Kriegsm.: 22 wie Z. 22 der Preuß. AusfBest. (s. Anm. 5a), und dann weiter:

Im besonderen wird noch zu Absatz 1 (§ 46) bemerkt:

a) Die Höhe der Zuwendung an die gänzlich erwerbsunfähigen Friedensinvaliden richtet sich nach der Lage des einzelnen Falles.

b) Ausgeschlossen von der Berücksichtigung bleiben alle Friedensinvaliden, die mit Erfolg Alimentationsansprüche gegen Verwandte geltend zu machen in der Lage sind, sowie diejenigen, die sich ihres Vermögens zu Gunsten anderer entschlagen haben.

c) Beihilfen werden erst von dem auf die Bewilligungsverfügung folgenden Monat ab zahlbar gemacht.

d) Den Unterstützten ist zur Pflicht zu machen, von einer Besserung ihrer Verhältnisse, namentlich von einer Anstellung gegen Gehalt usw. oder einer Beschäftigung gegen Entgelt ungesäumt Anzeige zu erstatten. Abgesehen hiervon erscheint es geboten, sich auch auf andere Weise fortlaufend die nötigen Unterlagen zur Beurteilung der Vermögensverhältnisse der Unterstützten zu beschaffen.

e) Sollte über die hier gezogene Grenze hinaus ein Unterstützungsbedürfnis gleichwohl anerkannt werden müssen, so ist dem Invaliden anheimzugeben, die anderweitigen Militär-(Unterstützungs)fonds in Anspruch zu nehmen.

23. Die Anträge der Bezirkskommandos auf Neufeststellung der Versorgungsgebührnisse der nach Nr. 17, 18, 19 und 21 (s. S. 231, 237, 240, 243) in Betracht kommenden Invaliden sind unter Benutzung des Musters für die Invalidennachliste den Generalkommandos vorzulegen.

25. Die Zahlung und Verrechnung der von den Generalkommandos auf Grund des Mannschaftsversorgungsgesetzes festgestellten Versorgungsgebührnisse hat in der bisherigen Weise zu erfolgen.

c) Für das Sächsische Kontingent gelten nach der Verordnung des Sächs. Kriegsm. vom 30. Juni 1906 die AusfBest. d. Preuß. Kriegsm. (Anm. 5a) jedoch mit folgenden Maßgaben:

Zu Nr. 23.

Für die vorstehend unter Nr. 2 genannten Invaliden sind von den Bezirkskommandos unter Benutzung des Musters für Invaliden- (Renten-) Nachliste zwei Anträge den Generalkommandos vorzulegen, von denen einer zur Neufeststellung der Versorgungsgebührnisse aus der Reichskasse und der andere zur Neufeststellung der aus der sächsischen Kasse gewährten Erhöhungen bestimmt ist.

Zu Nr. 25.

Die Zahlung und Verrechnung der auf Grund des Mannschaftsversorgungsgesetzes festgestellten Versorgungsgebührnisse wird von den Korpsintendanturen veranlaßt.

d) AusfBest. d. Württemb. Kriegsm.:

22. Wie Z. 22 der Preuß. AusfBest. (s. Anm. 5a).

23. Die Anträge der Bezirkskommandos auf Neufeststellung der Versorgungsgebührnisse der nach Nr. 17, 18, 19 und 21 (s. S. 231, 237, 240, 243) in Betracht kommenden Invaliden sind unter Benutzung des Musters für Invalidennachliste dem Generalkommando, soweit Invaliden nicht württembergischer Kontingente in Betracht kommen, den in § 44a der Pension.-Vorschrift genannten Stellen vorzulegen.

25. Die Zahlung und Verrechnung der auf Grund des Mannschaftsversorgungsgesetzes festgestellten Versorgungsgebührnisse und die Regelung des Bezugs der Versorgungsgebührnisse während der Anstellung oder Beschäftigung der Invaliden- und Rentenempfänger im Zivildienste usw. (§§ 22, 33 bis 38 und 45) erfolgt durch die Korpsintendantur, welche noch mit näherer Anweisung versehen werden wird.

§ 47.

Die Vorschriften des § 45 finden auf die daselbst bezeichneten Personen nur insoweit Anwendung, als die nach den bisherigen Gesetzesvorschriften zustehende Versorgung nicht günstiger ist.

Nachzahlungen für eine vor dem Inkrafttreten dieses Gesetzes liegende Zeit finden nicht statt.

1. a) In der Begründung zu dieser Vorschrift heißt es (S. 38): Die Vorschriften des neuen Gesetzes sollen auf die in § 45 (§ 46 des Entwurfs) bezeichneten Personen nur dann zur Anwendung kommen, wenn die hiernach zuständigen Beträge nicht hinter denjenigen Beträgen zurückstehen, auf welche die Berechtigten nach den bisherigen Gesetzen Anspruch haben, denn einmal erworbene Rechte können den Inhabern nicht genommen werden. Und in der Kommissionsberatung erklärte auf eine Anfrage, ob das Gesetz für die schon aus dem Militärdienst Ausgeschiedenen nicht doch eine Verschlechterung bringen könne, der Kriegsminister ausdrücklich, es ergebe sich aus § 47, daß es nicht die Absicht sei, jemanden in seinen jetzigen Pensionsbezügen zu verkürzen. KomBer. S. 100.

b) Die Aufnahme einer Bestimmung, daß Militäranwärter, die bei Inkrafttreten des Gesetzes im Kommunaldienst oder in der Eigenschaft eines Beamten angestellt sind, neben dem Zivildiensteinkommen ihre seitherige Militärpension unverkürzt weiter beziehen sollen, wurde von der Kommission nicht für erforderlich erachtet. Es wurde hervorgehoben, daß durch die Nichtaufnahme eines solchen Zusatzes materiell in keiner Weise etwas geändert werde, da der Abs. 1 des § 47 den betreffenden Personen schon die nötige Sicherheit gebe, daß sie keinen

Schaden im Vergleich zu ihren bisherigen Versorgungsgebührnissen erleiden würden. KomBer. S. 172. S. auch § 45 Anm. 5 b.

2. Nach Abs. 2 sollen Nachzahlungen für die vor dem 1. Juli 1906 (§ 76 Abs. 1) liegende Zeit nicht stattfinden.

3. Die Bestimmungen des § 47 finden nach § 49 auf die Marine und nach § 63 auf die Schutztruppen entsprechende Anwendung. S. aber bezüglich der Marine noch die Sonderbestimmung in § 62, bezüglich der Schutztruppen die in § 74.

Anwendung von Vorschriften des zweiten und dritten Teiles dieses Gesetzes.

§ 48.

Werden Unteroffiziere und Gemeine des Reichsheeres sowie die im § 44 bezeichneten Personen der freiwilligen Krankenpflege auf dienstlichen Seereisen oder in außereuropäischen Ländern verwendet, so finden auf sie die Vorschriften des zweiten Teiles dieses Gesetzes, werden sie gleich den Kaiserlichen Schutztruppen in den Schutzgebieten verwendet, so finden auf sie die Vorschriften des dritten Teiles dieses Gesetzes entsprechende Anwendung.

1. Zu dieser Vorschrift heißt es in der Begründung (S. 38): Die Ausdehnung der überseeischen Interessen Deutschlands wird zur Folge haben, daß Unteroffiziere

und Gemeine des Reichsheeres sowie Angehörige des Personals der freiwilligen Krankenpflege, gleich denen der Marine und der Schutztruppen, dienstliche Seereisen auszuführen haben, in den Schutzgebieten oder in anderen außereuropäischen Ländern verwendet werden. Daher erscheint es geboten, die Vorschriften des zweiten und dritten Teiles dieses Gesetzes entsprechend anzuwenden.

In der Kommission wurde § 48 mit einer unerheblichen redaktionellen Änderung ohne Erörterung angenommen. KomBer. S. 172, 245.

2. Voraussetzung für die Anwendung der im zweiten Teil dieses Gesetzes (in den §§ 49 bis 62 für die Marine) gegebenen Vorschriften auf die Unterklassen des Reichsheeres und die Personen der freiwilligen Krankenpflege im Kriege ist, daß die Genannten auf „dienstlichen Seereisen“ oder in außereuropäischen Ländern verwendet werden. Wegen des Begriffes „Seereise“ s. § 52 Anm. 3c.

3. Die im dritten Teil (in den §§ 63 bis 74 für die Schutztruppen) gegebenen Vorschriften finden auf die vorerwähnten Personen nur dann Anwendung, wenn sie gleich den Schutztruppen in den Schutzgebieten verwendet werden. Unter den „Schutzgebieten“ sind nicht bloß die (im dritten Teil besonders behandelten) afrikanischen, sondern die gesamten deutschen Schutzgebiete zu verstehen (s. § 54 Abs. 3). Dies sind z. Zt.: Südwestafrika (Angra-Pequena, erworben 1884), Westafrika (Kamerun und Togo 1884), Deutschostafrika (1885), Neuguinea nebst Karolinen Palau und Marianen (erkauft von Spanien durch Vertrag vom 30. Juni 1899), Marschallinseln (1886), Kiautschou (von China erpachtet durch Vertrag vom 6. März 1898), Samoainseln, Upolu mit Apia und Savai (erworben durch Vertrag vom 2. Dez. 1899 bei der Aufhebung der Samoaakte).

4. Die angeführten Vorschriften sollen „entsprechende“ d. h. bei gleich liegenden Umständen sinngemäße Anwendung finden. S. auch § 49 Anm. 1 b.

Zweiter Teil.

Kaiserliche Marine.

Allgemeine Vorschriften.

§ 49.

Auf die Kaiserliche Marine finden die §§ 1 bis 47 und, falls Unteroffiziere oder Gemeine der Kaiserlichen Marine oder die im § 44 bezeichneten Personen der freiwilligen Krankenpflege gleich den Kaiserlichen Schutztruppen in den Schutzgebieten verwendet werden, auch die Vorschriften des dritten Teiles dieses Gesetzes mit den nachfolgenden Maßgaben entsprechende Anwendung.

1. a) Schon durch die Allerhöchste Order vom 16. Dez. 1863 ist bestimmt worden, daß die Militärpersonen der Marine denen des Landheeres durchweg gleichgestellt werden sollen derart, daß die Pensionen den Chargen entsprechend nach den für das Landheer geltenden Vorschriften festzustellen sind. Dieser dann im Gesetz vom 27. Juni 1871 (§ 1) aufgestellte Grundsatz ist auch in das neue Mannschaftsversorgungsgesetz übergegangen.

Demgemäß ist in § 49 bestimmt, daß die Vorschriften der §§ 1 bis 47 für die Versorgung der Personen der Unterklassen des Reichsheeres in ihren Grundzügen entsprechende Anwendung finden sollen auf die Personen der Unterklassen der Kaiserlichen Marine und die Personen der freiwilligen Krankenpflege im Kriege. Werden die genannten Personen gleich den Kaiserlichen Schutztruppen in den Schutzgebieten verwendet, so finden auf sie auch die im 3. Teil (§§ 63 bis 74) für die Schutztruppen in den afrikanischen Schutzgebieten gegebenen Vorschriften entsprechende Anwendung. In den §§ 50 bis 62 sind sodann die für die Marine geltenden Ausnahme- und Ergänzungsvorschriften enthalten, die durch die besonderen Verhältnisse des Marinepersonals und des Marinedienstes bedingt sind.

Von der Kommission wurde § 49 in erster und zweiter Lesung mit einer unwesentlichen redaktionellen Änderung ohne Erörterung angenommen. KomBer. S. 172, 246.

b) Die angeführten Vorschriften sollen, mit den ausdrücklich bestimmten Einschränkungen („Maßgaben"), auf die Marine „entsprechende", d. h. bei gleichliegenden Umständen sinngemäße Anwendung finden. Für den Dienstgrad in der Armee tritt überall der entsprechende Dienstgrad der Kaiserlichen Marine ein. Das brauchte im Gesetz nicht besonders ausgedrückt zu werden. Erklärung der Marineverwaltung in der Kommission bei Beratung des Offizierpensionsgesetzes. KomBer. S. 89. Vgl. hierzu die Dienstgradeinteilung der Militärpersonen der Marine vom Feldwebel abwärts in Anl. 1a.

2. Unter den „Schutzgebieten" sind auch hier, wie in § 48, nicht bloß die afrikanischen, sondern die gesamten deutschen Schutzgebiete zu verstehen. S. § 48 Anm. 3.

3. AusfBest. d. Reichs-Marine-Amtes vom 18. Aug. 1906:

6. Die Feststellung und Anweisung der Versorgungsgebührnisse hat nach den Bestimmungen der Pensionierungsvorschrift für die Kaiserliche Marine durch die daselbst bezeichneten Dienststellen zu erfolgen.

7. Für das geschäftliche Verfahren sind die Bestimmungen der Pension.-Vorschrift für die Kaiserliche Marine maßgebend.

8. Den Pensionsregelungsbehörden wird auch die im Abs. 2 und 3 des § 39 sowie im § 60 den obersten Marineverwaltungsbehörden vorbehaltene Entscheidungsbefugnis übertragen.

Die übrigen Ausführungsbestimmungen sind bei den betreffenden Paragraphen angegeben.

§ 50.

Zu den Personen der Unterklassen des Soldatenstandes im Sinne dieses Gesetzes gehören nicht die Deckoffiziere.

Die Deckoffiziere gehören zwar organisatorisch zu den Personen der Unterklassen des Soldatenstandes. S. Marineordnung § 39 Nr. 2 und Begründung des Entwurfs S. 39. Sie waren aber schon nach dem bisher geltenden Rechte in allen Pensionsangelegenheiten wie Offiziere behandelt (vgl. § 48 des Ges. vom 27. Juni 1871 in der Fassung des Art. 13 des Ges. vom 22. Mai 1893). Bei diesem Rechtszustande hat es auch das neue Gesetz belassen. Durch § 46 des Offizierpensionsgesetzes vom 31. Mai 1906 ist ausdrücklich bestimmt worden, daß die Deckoffiziere der Kaiserlichen Marine vorbehaltlich der Vorschriften der §§ 48

Abs. 2 II, 51 und 57 dort hinsichtlich der Versorgung „den Offizieren gleichstehen." Demgemäß sind die Versorgungsansprüche der Deckoffiziere in jeder Beziehung nach dem Offizierpensionsgesetz zu beurteilen. S. auch § 1 Anm. 3 a.

Die Vorschrift des § 50 wurde von der Kommission in beiden Lesungen ohne Erörterung unverändert angenommen. KomBer. S. 172, 246.

Anspruch auf Rente.

§ 51.

Die für die Schiffe der Kaiserlichen Marine angestellten Personen gelten, sofern sie zu den Personen des Soldatenstandes zählen und Angehörige des Deutschen Reichs sind, als Kapitulanten im Sinne des § 1 Abs. 4.

Ihre Dienstzeit wird jedesmal vom Tage des Dienstantritts oder des Anschlusses an ein ausreisendes Ablösungskommando bis zum Tage des Aufhörens des Dienstes, bei Anschluß an ein heimkehrendes Ablösungskommando bis zum Tage des Abganges von dem Ablösungskommando berechnet. Die aktive Militärdienstzeit wird auf die Gesamtdienstzeit angerechnet; die Vorschriften der §§ 5, 53 finden hierbei entsprechende Anwendung.

1. § 51 bildet eine Ergänzung des § 1 für die Marine. Zu den unter diesen Paragraphen fallenden Personen gehören zur Zeit die Köche, Kellner und Barbiere, die für in Dienst gestellte Schiffe vertrags-

mäßig angenommen werden; sie sind vom Tage des Dienstantritts ab Personen des Soldatenstandes. Ebenso AusfBest. d. R.Mar.A. Z. 17). Da sie über ihre gesetzliche Pflicht hinaus, und zwar zum Teil jahrelang, dienen, rechtfertigt sich die Einreihung unter die Kapitulanten. Diese mit der bisherigen Übung in Übereinstimmung stehende Maßnahme ist auch geboten, um geeigneten Ersatz zu sichern. Es ist nicht ausgeschlossen, daß sich der Kreis der vorstehend aufgeführten Personen künftig noch erweitert; dem Paragraphen ist daher eine allgemeine Fassung gegeben worden. Begründ. S. 39.

§ 51 wurde von der Kommission in erster und zweiter Lesung unverändert angenommen. KomBer. S. 171.

2. Die genannten Personen müssen, um als Kapitulanten im Sinne des § 1 Abs. 4 zu gelten, nicht nur zu den Personen des Soldatenstandes zählen, sondern auch Angehörige des Deutschen Reiches sein. Zu dem letzteren Erfordernis wird in der Begründung ausgeführt (S. 39): Für solche im § 51 bezeichnete Personen, welche nicht Angehörige des Deutschen Reiches sind, eine Rente vorzusehen, erscheint nicht angezeigt, da sie als Ausländer nach dem im § 35 niedergelegten Grundsatze die Rente nicht würden erheben können. Für sie wird erforderlichenfalls eine Unterstützung aus dem Allerhöchsten Dispositionsfonds zu Gnadenbewilligungen aller Art zu beantragen sein. (Nach § 35 Nr. 1 ruht das Recht auf den Bezug der Versorgungsgebührnisse, so lange der Versorgungsberechtigte nicht Reichsangehöriger ist.) Zu dem Begriffe „Personen des Soldatenstandes“ s. § 1 Anm. 3a. Bezüglich der Frage, wer als Reichsangehöriger anzusehen ist, s. § 35 Anm. 3b.

3. Abs. 2 regelt die Berechnung der Dienstzeit der in Abs. 1 genannten Personen. Hierüber fehlte bisher eine gesetzliche Bestimmung.

Auf Berechnung der Dienstzeit gemäß der Vorschrift im ersten Satze besteht ein Rechtsanspruch; ebenso auf Anrechnung der „aktiven Militärdienstzeit“. Hierüber ist der Rechtsweg nach § 42 zulässig. Darüber, was als „aktive Militärdienstzeit“ anzusehen ist, s. § 1 Anm. 6b u. 3b. Die im Militärdienst eines außerdeutschen Staates zugebrachte Zeit kann angerechnet werden, ohne daß aber ein Anspruch darauf besteht (§ 5 Abs. 2). Die Dienstzeit vor Beginn des 18. Lebensjahres wird nur im Kriegsfalle angerechnet (§ 5 Abs. 3). Nach § 53 ist Personen, die vor ihrem Eintritt in den aktiven Marinedienst zur Besatzung eines in Dienst gestellten Schiffes der Kaiserlichen Marine gehört haben, die Dienstzeit vom Tage der ersten Einschiffung an Bord ab anzurechnen. S. § 53 Anm. 3a.

§ 52.

Schiffsjungen, deren Erwerbsfähigkeit durch Krieg oder durch Dienstbeschädigung auf einer Seereise aufgehoben oder gemindert ist, werden wie Gemeine (Nichtkapitulanten) versorgt.

1. Die Schiffsjungen sind nicht Personen des Soldatenstandes, sie werden als „Zöglinge“ betrachtet. Erst mit der Ernennung zu Matrosen oder Torpedomatrosen werden sie Personen des Soldatenstandes. Die einzustellenden Jungen sollen in der Regel 15½ Jahre alt, dürfen aber nicht älter als 18 Jahre sein. (Marineordnung §§ 32, 33).

2. In der Begründung zu § 52 heißt es (S. 39): Der Paragraph entspricht dem Art. III des Gesetzes v. 24. März 1887 (Zusatz zu § 93 Gesetz v. 1871). Die Vorschrift rechtfertigt sich dadurch, daß die Schiffsjungen im Kriege und auf Seereisen besonderen Gefahren

ausgesetzt sind. Und in der Begründung zum Entwurfe des Offizierpensionsgesetzes ist noch weiter ausgeführt (S. 41, 42): Die bisherigen Pensionsgesetze stellen überhaupt die Schiffsjungen in Bezug auf die Versorgung den aktiven Militärpersonen gleich. Nach § 93 Gesetz v. 1871 in der Fassung des Art. III des Ges. v. 24. März 1887 können sie im Falle einer Dienstbeschädigung durch Krieg oder auf einer Seereise die Pension eines Gemeinen erhalten. An diesem Grundsatze wird auch für die Folge nichts zu ändern sein, da der gesetzgeberische Grund für die Gleichstellung, der nämlich, daß die Teilnahme an den gleichen Anstrengungen und Gefahren des Bordlebens auch die gleichen Versorgungsansprüche zeitigen müsse, auch jetzt noch besteht.

Von der Kommission wurde § 52 in 1. und 2. Lesung ohne Erörterung angenommen. KomBer. S. 172.

3. a) Die Schiffsjungen haben nur dann einen Anspruch auf Versorgung, wenn ihre Erwerbsfähigkeit durch Krieg (s. § 7) oder durch Dienstbeschädigung auf einer Seereise aufgehoben oder gemindert ist. Dienstbeschädigung zu Lande kommt nicht in Betracht. In der Begründung heißt es hierzu (S. 39): Daß nur für Dienstbeschädigungen auf einer Seereise und nicht auch für solche, die durch den Dienst am Lande herbeigeführt sind, eine Entschädigung vorgesehen ist, beruht darauf, daß auch den in gleicher Lage befindlichen Zöglingen der Armee eine Rente nicht gewährt wird.

b) Wegen des Begriffes „Dienstbeschädigung" s. die Ausführungen zu § 3.

c) „Seereise" ist zunächst die Bewegung eines Schiffes auf See, wozu nicht allein das offene Meer, sondern auch das Küstenmeer mit seinen Häfen, Reeden, Einbrüchen und Flußmündungen zu rechnen ist. Im weiteren Sinne gehört zur Seereise der Aufenthalt eines Schiffes an einem Küstenpunkt vom Beginn bis zur Beendigung einer Indiensthaltung.

Demnach befindet sich ein Schiff auf einer Seereise:
wenn es auf See in Fahrt ist,
wenn es, ohne in Fahrt zu sein, in Dienst gestellt zum ersten Male Anker auf gegangen ist, bis zur Außerdienststellung. („Zusammenstellung" S. 53, 54).

4. Die Erwerbsfähigkeit muß ganz aufgehoben oder um mindestens 10 Prozent gemindert sein. Bei Beschränkung der Erwerbsfähigkeit unter 10 Prozent wird eine Versorgung überhaupt nicht gewährt. S. § 1 Anm. 3d.

5. Wegen des Betrages der Rente für Gemeine s. § 9.

Berechnung der Dienstzeit.

§ 53.

Den Personen der Unterklassen des Soldatenstandes, welche vor ihrem Eintritt in den aktiven Marinedienst zur Besatzung eines in Dienst gestellten Schiffes der Kaiserlichen Marine gehört haben, wird die Dienstzeit vom Tage der ersten Einschiffung an Bord eines Schiffes der Kaiserlichen Marine ab gerechnet.

1. In der Begründung heißt es zu den Vorschriften über die Berechnung der Dienstzeit im allgemeinen (S. 40): Die Berechnung der Dienstzeit für Personen der Unterklassen der Marine erfolgt billigerweise nach denselben Grundsätzen, die für Offiziere der Marine in den §§ 52, 53, 54 des Offizierpensionsgesetzes (im Entwurfe §§ 51, 52, 53) niedergelegt sind.

Die §§ 53, 54 geben das jetzt geltende Recht wieder (s. § 54 Ges. v. 27. 6. 1871, § 50 desselben Gesetzes in der Fassung des Artikels I des Ges. v. 24. 3. 1887, sowie § 60 des Ges. v. 27. 6. 1871 und Artikel 4 des Ges. v. 22. 5. 1893).

Von der Kommission wurde § 53 in erster und zweiter Lesung unverändert angenommen. KomBer. S. 172.

2. Für die Berechnung der Dienstzeit finden nach § 49 zunächst die für das Reichsheer in den §§ 5 bis 8 gegebenen Vorschriften entsprechende Anwendung. S. § 49 Anm. 1b. Außerdem gelten die Bestimmungen der §§ 53 bis 55.

3. a) Nach § 5 wird die Dienstzeit regelmäßig erst vom Tage des Eintritts in den aktiven Marinedienst ab berechnet. Dabei wird, vom Kriegsfalle abgesehen, die Dienstzeit vor Beginn des 18. Lebensjahres nicht angerechnet. Nach § 53 aber soll für diejenigen, die vor dem Eintritt in den aktiven Dienst zur Besatzung eines in Dienst gestellten Schiffes der Kaiserlichen Marine gehört haben, die Berechnung der Dienstzeit schon vom Tage der ersten Einschiffung an Bord eines Schiffes der Kaiserlichen Marine beginnen.

Bezüglich der Anrechnung der Dienstzeit vom Tage der ersten Einschiffung ab (also mit Einschluß der Zeit vor Beginn des 18. Lebensjahres) heißt es in der Begründung zu der gleichen Bestimmung des Offizierpensionsgesetzes (S. 41): Auch nach den bisherigen Pensionsgesetzen rechnete die Dienstzeit vom Tage der ersten Einschiffung ab, falls sie vor Beginn des achtzehnten Lebensjahres stattfand (s. § 54 des Ges. v. 1871). Diese Bestimmung hat ihren Grund darin, daß eine Einstellung in möglichst jungen Jahren den Marineinteressen entspricht, und daß die eingeschifften Personen vom Tage der Einschiffung ab den Gefahren des seemännischen Berufes ausgesetzt sind, mithin ihre Zukunft für den Fall, daß sie dieser Gefahr erliegen, sichergestellt werden muß.

b) Bezüglich des Begriffes „Einschiffung" führt die Begründung a. a. O. S. 42 aus:

Unter Einschiffung im Sinne dieses Paragraphen kann nicht die vorübergehende Unterbringung an Bord etwa wegen Mangels eines geeigneten Unterbringungsraumes an Land, sondern nur die Einschiffung unter Eingliederung in die Schiffsbesatzung verstanden werden. Daß der ersten Einschiffung an Bord eines Schiffes der Kaiserlichen Marine diejenige an Bord eines Schiffes der ehemaligen K. Preußischen Marine, der Schleswig Holsteinschen Marine und der Norddeutschen Bundesmarine gleichgestellt ist, bedurfte keiner Hervorhebung im Gesetzestexte.

c) In welcher Eigenschaft die betreffenden Personen der Unterklassen seinerzeit eingeschifft gewesen sind, ist gleichgiltig; die erste Einschiffung als Schiffsjunge genügt. Das ergibt sich schon jetzt als geltendes Recht aus den Motiven zum Ges. v. 1871 (vgl. Drucksachen d. Reichstages v. 1871 Nr. 96, 1. Legislaturperiode, 1. Session, Seite 43 zu § 53). Begründ. z. Offizierpensionsgesetz S. 41. Das Nähere wegen der Schiffsjungen s. § 52.

4. Im übrigen s. wegen der Berechnung der aktiven Dienstzeit sowie der doppelt in Anrechnung kommenden Kriegsdienstzeit, Seedienstzeit und der Dienstzeit in den deutschen Schutzgebieten oder deren Hinterländern die vom Staatssekretär des Reichs-Marine-Amtes durch Verf. v. 25. Juli 1906 aufgestellten Grundsätze — Marineverordnungsbl. 1906, Nr. 16 S. 281 ff. — Hierdurch ist die Verf. v. 17. Sept. 1890 aufgehoben.

§ 54.

Die in der Kaiserlichen Marine auf einer Seereise in außerheimischen Gewässern bei ununterbrochenem Bordkommando zugebrachte Dienstzeit wird, sofern ihre Dauer mindestens sechs Monate beträgt, doppelt gerechnet.

Hat eine Seereise von kürzerer Dauer sich als besonders schädigend und nachteilig für die Gesundheit der Schiffsbesatzung erwiesen, so kann die Dienstzeit mit Genehmigung des Kaisers doppelt gerechnet werden.

Personen der Unterklassen der Kaiserlichen Marine, welche, ohne zur Besatzung eines Schiffes der Kaiserlichen Marine zu gehören, in den deutschen Schutzgebieten oder deren Hinterländern sich einschließlich der damit in Verbindung stehenden Reisen in außerheimischen Gewässern mindestens sechs Monate ohne Unterbrechung dienstlich aufgehalten haben, wird die dort zugebrachte Dienstzeit doppelt gerechnet.

Ausgenommen von dieser Doppelrechnung ist die in solche Jahre fallende Dienstzeit, welche bereits als Kriegsjahre zu erhöhtem Ansatze kommen.

Diese Doppelrechnung ist ausgeschlossen bei Berechnung der Dienstzeit zwecks Erlangung des Anspruchs auf den Zivilversorgungsschein (§ 15).

Außerheimisch sind die Gewässer, welche weder zur Ostsee noch zur Nordsee gehören, diese gerechnet bis zur Linie Dover—Calais, längs der Ostküste

Englands bis zu 3 Grad Westlänge von Greenwich und bis zum Breitenparallel von 60 Grad Nordbreite.

1. § 54 ergänzt für die Marine die nach § 49 auch für sie geltende Vorschrift des § 6 über Doppelrechnung von Dienstzeit. Er entspricht dem § 53 des Offizierpensionsgesetzes und bestimmt, unter welchen Bedingungen in der Marine eine Doppelrechnung der auf Seereisen oder in den deutschen Schutzgebieten zugebrachten Dienstzeit stattfindet. Er gibt die bisherigen Vorschriften im § 50 des Ges. vom 27. Juni 1871, Art. I des Ges. vom 24. März 1887 und Art. 17 Nr. 2 des Ges. vom 22. Mai 1893 wieder (Begr. z. Off.Pens.Ges. S. 42). Hiernach wird zur Doppelrechnung ein mindestens 6 Monate dauerndes, ununterbrochenes Bordkommando in außerheimischen Gewässern (Abs. 1) oder ein ebenso gearteter Dienstaufenthalt in den deutschen Schutzgebieten oder deren Hinterländern (Abs. 3) verlangt.

Von der Kommission wurde § 54 in erster und zweiter Lesung — mit einer unwesentlichen redaktionellen Änderung des Abs. 2 — ohne Erörterung angenommen. Kom.-Ber. S. 172, 246.

Wegen der höheren Anrechnung von Kriegsjahren und der sonstigen Doppelrechnung von Dienstzeit s. §§ 6, 7 und die Zusammenstellung der Allerh. Erlasse in Anl. 4.

2. **Zu Abs. 1.**

a) Wegen des Begriffes „Seereise" s. § 52 Anm. 3c.

b) Welche Gewässer „außerheimisch" sind, war bisher nur reglementarisch festgelegt. Jetzt ist es gesetzlich (in Abs. 6) bestimmt.

c) Voraussetzung für die doppelte Anrechnung der erwähnten Dienstzeit ist, daß das Bordkommando ohne Unterbrechung mindestens 6 Monate gedauert hat. Das wurde auch schon bisher gefordert. Über die Unterbrechung des Bordkommandos infolge von Krankheit gab der Vertreter der Marineverwaltung in der Kommissionsberatung über das Offizierpensionsgesetz folgende Erklärung ab (KomBer. S. 94): Werde ein Offizier oder eine Person der Unterklasse krank und in ein außerheimisches Lazarett aufgenommen, so erfahre dadurch weder das Bordkommando noch der dienstliche Aufenthalt im Schutzgebiet eine Unterbrechung und der Aufenthalt im Lazarett werde bei der Doppelrechnung mitgezählt. Werde der Erkrankte aber nach Deutschland zurückgeschickt, so ende die Doppelrechnung mit dem Zeitpunkt der Rückkehr in die heimischen Gewässer, bei der Rückkehr auf dem Landwege mit dem Tage, wo die Grenze des Deutschen Reiches überschritten wird. Unterbricht aber jemand die Rückreise, begibt er sich z. B. von Genua direkt zu Heilzwecken nach der Riviera, so wird berechnet, an welchem Tage bei Fortsetzung der Reise die Doppelrechnung aufgehört haben würde, und mit diesem Tage wird die Doppelrechnung eingestellt.

d) Im Falle des Abs. 1 besteht ein Rechtsanspruch auf die Doppelrechnung. S. § 42 Anm. 1a u. b.

3. In der Begründung des Entwurfes des Offizierpensionsgesetzes wird zu diesem Absatz noch ausgeführt (S. 42): Nach einem Erlasse des früheren Chefs der Admiralität vom 10. Okt. 1887 (MVBl. S. 260) ist die Dienstzeit außerhalb der Ost- und Nordsee, sofern ihre Dauer mindestens 6 Monate betragen hat, bisher auch doppelt gerechnet worden

a) bei Umkommandierungen im Auslande von Schiff zu Schiff,

b) auf Schiffen, welche abwechselnd im Ausland und in heimischen Gewässern während einer Indienststaltung sich befanden, bei ununterbrochenem Bordkommando,

c) auf Privatschiffen bei Dienstreisen einzelner Marinepersonen, sowie beim Transport von Kommandos.

Hieran soll durch die jetzige Vorschrift nichts geändert werden. Insbesondere ist im Falle zu b die Forderung, daß das Bordkommando ein ununterbrochenes sein muß, bisher schon gestellt worden; diese Voraussetzung muß nach dem Wortlaute des § 52 (im Ges. § 53) auch für die Folge erfüllt werden.

4. Zu Abs. 2.

Während im Falle des Abs. 1 die Doppelrechnung erfolgen muß, ist sie im Falle des Abs. 2 — also wenn die Seereise von kürzerer als sechsmonatiger ununterbrochener Dauer, aber für die Gesundheit besonders schädigend und nachteilig war, — nur für zulässig erklärt worden. Ein Rechtsanspruch ist hier nicht gegeben. Bei Versagung der Doppelrechnung ist der Rechtsweg ausgeschlossen. S. § 42 Anm. 1a.

5. Zu Abs. 3.

Wegen der „Schutzgebiete" s. § 48 Anm. 3.

Über die Wirkungen der Unterbrechung des dienstlichen Aufenthalts in den Schutzgebieten usw. infolge von Krankheit s. Anm. 2c.

Wie im Falle des Abs. 1 besteht auch hier ein Rechtsanspruch auf die doppelte Anrechnung.

6. **Zu Abs. 5.**

Die Vorschrift ergänzt die Bestimmung in § 15 Abs. 2, wonach bei Berechnung der zur Erlangung des Zivilversorgungsscheines nötigen zwölfjährigen Dienstzeit eine Hinzurechnung von Kriegsjahren und eine Doppelrechnung von Dienstzeit ausgeschlossen ist.

§ 55.

Die im § 8 Abs. 1 bezeichneten Freiheitsstrafen können mit Genehmigung des Kaisers als Dienstzeit angerechnet werden.

1. Die Vorschrift in § 55 bildet eine Ergänzung des § 8 Abs. 2 und will nur besagen, daß die Genehmigung zur Anrechnung einer Freiheitsstrafe von mindestens einjähriger Dauer (anstatt wie im Heere durch den Kontingentsherrn) bei der Marine vom Kaiser erteilt wird. Im übrigen ist die Anwendbarkeit des § 8 auf die Marine bereits in § 49 bestimmt. S. § 8 Anm. 5. In der Kommission wurde § 55 ohne Erörterung angenommen. KomBer. S. 173.

2. Wegen des Begriffes „Freiheitsstrafe“ s. § 8 Anm. 3. Nur Freiheitsstrafen von einjähriger und längerer Dauer kommen in Betracht. Freiheitsstrafen unter einem Jahre werden bei Berechnung der Dienstzeit nicht abgezogen.

3. Ein Rechtsanspruch auf Anrechnung der in § 8 Abs. 1 bezeichneten Freiheitsstrafen besteht nicht; diese ist vielmehr nur für zulässig erklärt worden. S. § 8 Anm. 4a.

Die Strafe kann ganz oder zum Teil angerechnet werden. S. § 8 Anm. 4c.

Das Nähere s. in den Ausführungen zu § 8.

Betrag der Rente.

§ 56.

Eine Erhöhung der Vollrente tritt außer in den Fällen des § 10 Abs. 1 für die Kapitulanten der Kaiserlichen Marine ein:

1. um $^{75}/_{100}$ der beim Ausscheiden bezogenen Dienstalters- und Seefahrzulage soweit als die Erhöhung die Hälfte der Vollrentenbeträge des § 9 Abs. 1 nicht überschreitet, und
2. um $^{75}/_{100}$ der beim Ausscheiden bezogenen Fachzulage.

1. Die Vorschrift des § 56 bildet eine Ergänzung der Vorschriften der §§ 9 und 10 über den Betrag der Rente, die nach § 49 auf die Marine entsprechende Anwendung finden. S. die Ausführungen zu §§ 9 und 10. § 56 bestimmt, in welchen Fällen außer denen des § 10 Abs. 1 für die Kapitulanten der Marine noch eine Erhöhung der Vollrente eintritt.

§ 56 wurde von der Kommission in erster und zweiter Lesung — mit einer unerheblichen redaktionellen Änderung — ohne Erörterung angenommen. KomBer. S. 173, 247.

2. Die nach § 56 für die Erhöhung der Vollrente in Betracht kommenden Zulagen sind die Dienstalters-, Seefahr- und Fachzulage. Die Dienstalterszulage wird den Personen der Unterklassen, welche Kapitulanten sind, gewährt und beträgt während des ersten Kapitulationsjahres 3 *M* monatlich. Sie steigt mit jedem weiteren vollen Dienstjahr um 3 *M* bis auf

36 *M* monatlich. Die Seefahrzulage wird von den Personen der Unterklassen, soweit sie Kapitulanten sind, erworben. Sie beträgt für das erste volle Jahr Fahrzeit auf einem in Dienst gestellten Schiffe der Marine monatlich 3 *M* und steigt mit jedem weiter erworbenen Jahre Fahrzeit um je 3 *M* bis auf 30 *M* monatlich. Die Fachzulage wird den Unterklassen des Maschinen- und Torpedomechanikerpersonals sowie den Torpedo-Oberbootsmannsmaaten, welche Kapitulanten sind, gewährt. Sie beträgt 300 *M* jährlich. Ferner erhalten die Ober-Büchsenmachersmaate und Büchsenmachersmaate als Kapitulanten eine Fachzulage von 216 *M* jährlich. (Begr. S. 40.) Ein Obermaat ist ein Sergeant, ein Maat Unteroffizier. Die Notwendigkeit der Berücksichtigung dieser Zulagen für die Erhöhung der Vollrente ist in der Begründung des Entwurfs ausführlich dargelegt. S. dort S. 40, 41.

3. Die Erhöhung der Vollrente hinsichtlich dieser Zulagen erfolgt aber nicht durchweg in gleicher Weise wie bei der Armee. Eine Übereinstimmung herrscht nur bei der Fachzulage; nach Nr. 2 wird die Vollrente um $^{75}/_{100}$ der beim Ausscheiden bezogenen Fachzulage erhöht. Von der Dienstalters- und Seefahrzulage wird zunächst in gleicher Weise der Satz von $^{75}/_{100}$ berechnet; sodann findet sich aber die Einschränkung, daß die Erhöhung der Vollrente die Hälfte der Vollrentenbeträge des § 9 Abs. 1 nicht überschreiten darf. Maßgebend für diese Bestimmung war, daß der Gewährung zu hoher Beträge vorgebeugt werden sollte (KomBer. S. 155). In der Begründung des Entwurfs heißt es hierzu (S. 42): Zur Vermeidung übermäßiger Gewährungen erscheint es hierbei angängig, die Dienstalters- und die Seefahrzulage, anders als die Fachzulage, nur insoweit mit $^{75}/_{100}$ anzurechnen, als dadurch die Hälfte der Vollrentenbeträge nicht überschritten wird. Diese verschiedenartige Behandlung der Zulagen rechtfertigt sich daraus, daß die in ihrem Betrag ein für allemal feststehende Fachzulage den Besitz von besonderen Fachkenntnissen zur Voraussetzung hat, während die beiden anderen Zulagen hiervon unabhängig nach äußeren Vorbedingungen wachsen.

4. Wegen des Begriffes „Kapitulanten" s. § 1 Abs. 4 und § 51 Abs. 1.

5. Auch für die Militärpersonen der Unterklassen der Marine ist das Unfallfürsorgegesetz vom 18. Juni 1901 nunmehr außer Kraft gesetzt worden. § 76 Abs. 2 Nr. 2.

6. AusfBest. d. Reichs-Marine-Amtes:

13. Bei den zu den Kriegs- usw. Teilnehmern zählenden, im Reichs- und Staatsdienste angestellten ehemaligen Kapitulanten der Marine, welche eine Pension auf Grund einer Dienstzeit von mindestens 18 Jahren erhalten und welche beim Ausscheiden aus dem aktiven Dienste Dienstalters-, Seefahr- oder Fachzulagen bezogen haben, erfolgt außer der Feststellung der Rente gemäß § 45 Nr. 2 eine Neubewilligung der sich aus § 56 ergebenden Erhöhung der Vollrente.

Rentenerhöhung.

§ 57.

Auf eine Rentenerhöhung im Betrage der Kriegszulage (§ 14) haben diejenigen Personen der Unterklassen der Kaiserlichen Marine Anspruch, welche entweder:

1. durch im Dienste erlittenen Schiffbruch oder infolge einer militärischen Unternehmung auf einer dienstlichen Seereise oder

2. infolge außerordentlicher Einflüsse des Klimas während eines dienstlichen Aufenthalts in einem außereuropäischen Lande oder während einer dienstlichen Seereise

rentenberechtigt geworden sind, falls nicht die Verminderung ihrer Erwerbsfähigkeit eine Folge ihres Vorsatzes ist.

Der Kaiser bestimmt, welche Unternehmung als eine militärische Unternehmung im Sinne des Abs. 1 Nr. 1 anzusehen ist.

Kriegszulage und Rentenerhöhung werden nicht nebeneinander gewährt.

1. Auf die Gewährung der Rentenerhöhung nach § 57 — im Betrage von monatlich 15 M., § 14 — besteht ein klagbarer Rechtsanspruch. Wegen des Rechtsweges s. § 42 Anm. 1a—d, § 60.

Wegen der Anmeldefrist s. § 58.

2. Zu Nr. 1.

a) In der Begründung zu der gleichlautenden Bestimmung des § 49 des Offizierpensionsgesetzes heißt es (S. 41 § 48 des Entwurfs):

Durch den Gebrauch der Bezeichnungen „im Dienste" und „dienstlich" soll besonders betont werden, daß eine Dienstbeschädigung durch solche Fährlichkeiten nicht eintritt, welche sich während eines außerdienstlichen Aufenthalts außerhalb Europas oder während einer außerdienstlichen Seereise geltend gemacht haben.

Diese Ausführungen finden auch hier Anwendung.

b) Als „im Dienst erlittener Schiffbruch“ werden zur Zeit folgende Vorkommnisse angesehen:

1. „Frauenlob“, Schoner; seit 2. September 1860 in Ostasien verschollen.
2. „Amazone“, Segelkorvette; wahrscheinlich am 14. November 1861 an der holländischen Küste untergegangen.
3. „Großer Kurfürst“, Panzerschiff; am 31. Mai 1878 bei Folkestone untergegangen.
4. „Undine“, Schiffsjungen-Schulbrigg; am 27. Oktober 1884 bei Aggerstrand an der Westküste von Jütland gestrandet und verloren gegangen.
5. „Augusta“, Kreuzerkorvette; Anfang Juli 1885 im Golf von Aden verschollen.
6. „V 3“, Topedoboot; am 8. September 1885 infolge Kollision mit Torpedoboot „V 8“ im Langeland-Belt untergegangen.
7. „Adler“, Kreuzer; am 16. März 1889 im Orkan bei Apia gestrandet und verloren gegangen.
8. „Eber“, Kanonenboot; am 16. März 1889 im Orkan bei Apia gestrandet und verloren gegangen.
9. „Wunsch“, Segeljacht; am 29. Juni 1892 infolge Kollision mit Jacht „Lust“ in der Kieler Föhrde gesunken.
10. „S 41“, Torpedoboot; am 28. August 1895 in der Nordsee untergegangen.
11. „S 48“, Torpedoboot; am 11. April 1896 infolge Kollision mit Torpedoboot „S 46“ auf der Jade gesunken.
12. „Iltis“, Kanonenboot; am 23. Juli 1896 bei Shantung gestrandet und verloren gegangen.
13. „S 26“, Torpedoboot; am 27. September 1897 in der Elbmündung untergegangen.
14. „S 85“, Torpedoboot; am 1. September 1898 an der Südkante von Staberhuk auf Fehmarn gesunken.

15. „Tillie“, Verbindungsdampfer zwischen Tsingtau und Jitschousu bezw. Jitschou; Mitte April 1899 bei Kap Evelin gestrandet und wrack geworden.

16. „Gneisenau“, Schulschiff; am 16. Dezember 1900 vor Malaga gestrandet und verloren gegangen.

17. „Wacht“ Aviso; am 4. September 1901 nach Kollision mit S. M. S. „Sachsen“ bei Rügen untergegangen.

18. „S 42“, Torpedoboot; am 24. Juni 1902 bei Feuerschiff „Elbe 4“ infolge Kollision mit dem englischen Dampfer „Firsby“ gesunken.

19. „Wille“, Segeljacht; am 13. Juli 1903 in der Jade auf Grund gekommen und verloren gegangen.

20. „S 126“, Torpedoboot; am 17. November 1905 in der Kieler Bucht infolge Kollision mit S. M. S. „Undine“ und darauf erfolgter Kesselexplosion gesunken.

c) Welche Unternehmung als eine „militärische Unternehmung“ anzusehen ist, bestimmt der Kaiser (Abs. 2).

Wegen des Begriffes „Seereise“ s. § 52 Anm. 3 c.

Als militärische Unternehmungen auf einer dienstlichen Seereise, welche nach Bestimmung des Kaisers als „Feldzug“ im Sinne des Militär-Pensionsgesetzes anzusehen sind, gelten:

1. Die militärische Unternehmung im Dezember 1884 in und bei Kamerun, und zwar für den Stab des westafrikanischen Geschwaders und die Besatzungen S. M. S. S. „Bismarck“ und „Olga“.

2. Die militärische Unternehmung 1888/89 an der Ostküste Afrikas sowie 1888 auf den Samoainseln.

An der militärischen Unternehmung an der Ostküste Afrikas, welche in der Zeit vom 6. September 1888 bis zum 10. Juli 1889 stattgefunden hat, haben teilgenommen:

der Stab des Kreuzergeschwaders sowie die Besatzungen S. M. S. S. „Leipzig“, „Sophie“, „Carola“, „Möwe“, „Schwalbe“ und „Pfeil“; an der am 18. Dezember 1888 auf den Samoainseln ausgeführten militärischen Unternehmung haben teilgenommen die Besatzungen S. M. S. S. „Olga“, „Adler“ und „Eber“.

3. Die militärische Unternehmung im Süden des deutschen Gebiets in Ostafrika 1889/90.

An dieser Unternehmung waren beteiligt die Besatzungen S. M. S. S. „Carola“, „Sperber“ und „Schwalbe“.

4. Das Gefecht bei Miang (Kamerun) am 18. Oktober 1891.

Am genannten Gefechte haben teilgenommen die Besatzungen S. M. S. S. „Habicht“ und „Hyäne“ sowie des Gouvernementsdampfers „Nachtigal“.

5. Die Expedition gegen China 1900/01.

Als Beginn der kriegerischen Ereignisse in Ostasien ist der 30. Mai 1900, als Endpunkt derselben der 29. Juni 1901 anzusehen.

Zu den Teilnehmern an der Expedition gelten diejenigen Angehörigen des Armee-Oberkommandos in Ostasien und des Ostasiatischen Expeditionskorps sowie der Kaiserlichen Marine,

a) welche zwecks Verwendung in Ostasien die Grenzen des Deutschen Reiches überschritten oder die heimischen Gewässer verlassen haben, und zwar bis zu dem Zeitpunkte der Rückkehr in die Heimat oder der Entlassung im Auslande;

b) welche sich bereits im Auslande befanden und während der Dauer der Expedition im Zusammenhange mit dieser in Ostasien Verwendung gefunden haben.

An der Expedition waren nachbenannte Schiffe der Kaiserlichen Marine beteiligt:

Linienschiffe: „Brandenburg“, „Kurfürst Friedrich Wilhelm“, „Weißenburg“, „Wörth“;
Große Kreuzer: „Hansa“, „Hertha“, „Fürst Bismarck“, „Kaiserin Augusta“;
Kleine Kreuzer: „Bussard“, „Gefion“, „Geier“, „Hela“, „Irene“, „Seeadler“;
Kanonenboote: „Iltis“, „Jaguar“, „Luchs“, „Tiger“;
Torpedoboote: „S 90“, „S 91“, „S 92“;
Flußkanonenboot: „Vorwärts“;
Lazarettschiff: „Gera“.

6. Die Blockade gegen Venezuela, welche in der Zeit vom 20. Dezember 1902 bis zum 21. Februar 1903 stattgefunden hat.

In betreff Anfang und Ende der Teilnehmerschaft an der Blockade kommen für die betreffenden Schiffsbesatzungen nachbenannte Zeitabschnitte in Betracht:

a) für S. M. S. S. „Vineta“, „Gazelle“, „Falke“ und „Panther“ vom 20. Dezember 1902 bis 21. Februar 1903;
b) für S. M. S. „Charlotte“ vom 20. Dezember 1902 bis 19. Januar 1903;
c) für S. M. S. „Stosch“ vom 20. Dezember 1902 bis 23. Januar 1903;
d) für S. M. S. „Sperber“ vom 8. Januar 1903 (Tag des Verlassens der heimischen Gewässer) bis 21. Februar 1903;
e) für das mit dem Dampfer „Sibiria“ für einen Teil des Stabes der Kreuzerdivision und der Besatzung für den Dampfer „Restaurador“ entsandte Verstärkungskommando vom 24. Dezember 1902 (Tag des Verlassens der heimischen Gewässer) bis 21. Februar 1903.

7. **Beteiligung an der Niederwerfung der Eingeborenenaufstände in Südwestafrika vom Januar 1904 ab. (Vgl. hierzu S. 338).**

Für die Angehörigen der Kaiserlichen Marine, welche als Teilnehmer an der Unternehmung gegen die Hereros anzusehen sind, gelten folgende Zeitabschnitte:

a) für das Marine-Expeditionskorps die Zeit vom 17. Januar 1904 ab;

b) für die an Bord verbliebene Besatzung S. M. S. „Habicht" die Zeit vom 18. Januar 1904 bis 21. Juli 1904;

c) für das an Land befindliche Landungskorps S. M. S. „Habicht" die Zeit vom 18. Januar 1904 ab;

d) für die Besatzung S. M. S. „Wolf" die Zeit vom 9. Juni 1904 bis 29. Juni 1904 und vom 26. August 1904 bis 9. September 1904.

8. **Beteiligung an der Niederwerfung des Anfangs August 1905 ausgebrochenen Aufstandes in Deutsch-Ostafrika. (S. auch S. 337).**

Vgl. hierzu noch besonders die AusfBest. des Bundesrats vom 24. April 1905 in Anm. 3d zu § 45 Nr. 2.

3. Das **Gesetz** hat den Anspruch auf Rentenerhöhung **nur** dann **ausgeschlossen**, wenn die Verminderung der Erwerbsfähigkeit **vorsätzlich** von dem Betreffenden selbst verursacht worden ist, **nicht** auch, wenn sie durch **Fahrlässigkeit** verschuldet ist. Nach dem **Entwurfe** sollte der Anspruch auch versagt sein, wenn die Verminderung der Erwerbsfähigkeit die Folge eigener „grober Fahrlässigkeit" war. Diese Bestimmung des Entwurfes wurde aber von der **Kommission gestrichen**. KomBer. S. 173.

4. Im Falle der gerichtlichen Geltendmachung des Anspruches auf Rentenerhöhung entscheidet über die Frage, ob die Voraussetzungen der Nr. 1 und 2 vorliegen, nach § 61 die oberste Marineverwaltungsbehörde (Reichs-Marine-Amt) ausschließlich und endgültig. S. §§ 61, 43 Abs. 3.

5. Zu Abs. 2 s. Anm. 2 c.

6. Die Rentenerhöhung nach § 57 ist unpfändbar (§ 40 Abs. 1, s. dort Anm.) und gänzlich steuerfrei (§ 58 Abs. 2, § 40 Abs. 3).

§ 58.

Der Anspruch auf Rentenerhöhung ist innerhalb zehn Jahren anzumelden; der Lauf der Frist beginnt mit der Rückkehr in die Heimat oder mit der im Ausland erfolgten Entlassung.

Die Vorschriften des § 2 Abs. 2 und des § 40 Abs. 3 finden auf die Rentenerhöhung entsprechende Anwendung.

Die Rentenerhöhung ist kein Bezug im Sinne des § 48 Abs. 1 Nr. 2 des Invalidenversicherungsgesetzes vom 13. Juli 1899.

1. Die für die Anmeldung des Anspruchs auf Rentenerhöhung gestellte Frist von zehn Jahren entspricht der in § 2 Abs. 1 Nr. 3 für „Kriegsdienstbeschädigungen“ gegebenen. In der Begründung zu der gleichlautenden Bestimmung des § 49 des Offizierpensionsgesetzes heißt es hierzu (S. 41): Da Dienstbeschädigungen durch Schiffbruch, militärische Unternehmungen usw. den Kriegsdienstbeschädigungen im all-

gemeinen nach dem bisherigen Rechte gleichstehen — vgl. § 52 Ges. vom 22. Mai 1893 Abs. 1 u. 2 und § 22 Nr. 1 Ges. vom 31. Mai 1901 — und auch jetzt insofern diesen gleichgestellt sind, als für beide eine Entschädigung von der nämlichen Höhe und unter denselben Zahlungsbedingungen gewährt wird, so müssen auch die Fristen für die Erhebung der Ansprüche dieselben sein.

2. Als Zeitpunkt der „Rückkehr in die Heimat" wird bei der Rückkehr auf dem Seewege der Tag der Ausschiffung in dem ersten heimatlichen Hafen, bei Rückkehr auf dem Landwege der Tag zu gelten haben, an welchem die Grenze des Deutschen Reichs überschritten wird. Begr. zu § 49 des Offizierpensionsgesetzes (S. 41).

Als „Ausland" gilt jedes nicht zum Deutschen Reiche gehörige Gebiet.

3. Ist der Anspruch auf Rentenerhöhung nicht innerhalb der vorgeschriebenen Frist von zehn Jahren angemeldet worden, so ist er regelmäßig verloren.

Von der Innehaltung der zehnjährigen Frist darf nach der Vorschrift in Abs. 2 ausnahmsweise nur dann abgesehen werden, wenn der Nachweis erbracht ist, daß einer der in § 2 Abs. 2 angeführten besonderen Fälle vorliegt. Das Nähere hierzu s. Anm. 5a und b zu § 2.

4. Die Rentenerhöhung ist nach Abs. 2 in Verbindung mit § 40 Abs. 3 gänzlich steuerfrei; nach § 40 Abs. 1 auch unpfändbar und nicht abtretbar. S. dort Anm. 1 u. 3.

5. Der Abs. 3 ist von der Kommission hinzugefügt worden. KomBer. S. 173. Er entspricht dem von der Kommission zu § 13 beschlossenen Zusatze (Abs. 5); s. dort Anm. 15a und b. Der Bezug der Rentenerhöhung ist also auf den Fortbezug einer Invalidenrente ohne jede Einwirkung.

Alterszulage.

§ 59.

Den im § 57 Abs. 1 Nr. 1 bezeichneten Personen kann unter den Voraussetzungen des § 26 auch die Alterszulage gewährt werden.

1. § 59 entspricht dem § 50 des Offizierpensionsgesetzes. Wie dort, so ist auch hier die Zulässigkeit der Gewährung von Alterszulagen „auf die Fälle eingeschränkt worden, welche durch das Gesetz vom 31. Mai 1901 als dem Kriege völlig gleichstehend anerkannt worden sind" (Begr. zum Offizierpensionsgesetz S. 41) und dementsprechend nach § 57 Abs. 1 Nr. 1 auf diejenigen Personen, die durch einen im Dienste erlittenen Schiffbruch oder infolge einer militärischen Unternehmung auf einer dienstlichen Seereise rentenberechtigt geworden sind. Vgl. hierzu die Anm. 2a, b und c zu § 57.

Die Vorschrift wurde von der Kommission unverändert angenommen. KomBer. S. 173.

2. Auf die Gewährung der Alterszulage besteht auch hier ebensowenig, wie in § 26, ein Rechtsanspruch. Die Gewährung ist vielmehr nur für zulässig erklärt worden („kann" gewährt werden). Im Versagungsfalle ist der Rechtsweg ausgeschlossen. Im übrigen müssen, wenn die Alterszulage gewährt werden soll, immer die sämtlichen Voraussetzungen des § 26 vorliegen. Vgl. die Ausführungen dort.

3. Die Alterszulage ist auch im Falle des § 59 als ein pensionsähnlicher Bezug im Sinne des § 48 Abs. 1 Nr. 2 des Invalidenversicherungsgesetzes vom 13. Juli 1899 nicht anzusehen. Von der Kommission war in erster Lesung ein dementsprechender Zusatz angenommen. Dieser wurde aber in der zweiten Lesung wieder gestrichen, da man sich davon überzeugt hatte, daß er infolge der Bestimmung des § 49 unnötig sei. KomBer. S. 173.

4. Die Zulage aus § 59 ist nach § 40 unpfändbar und steuerfrei. S. dort Anm. 1 u. 3.

Zuständigkeit und Rechtsweg.

§ 60.

Die Befugnisse, die im ersten Teile dieses Gesetzes der obersten Militärverwaltungsbehörde des Kontingents übertragen sind, werden für den Bereich der Kaiserlichen Marine von der obersten Marineverwaltungsbehörde ausgeübt.

1. Die Vorschrift des § 60 enthält lediglich die für die Marine notwendige Abänderung der Bestimmungen des ersten Teiles über die Zuständigkeit für Entscheidungen. In Betracht kommen hierbei die Vorschriften in den §§ 5 Abs. 2, 21, 27, 29, 39 Abs. 2 u. 3, 42, 43. In der Kommission wurde § 60 ohne Erörterung angenommen.

Die zuständige oberste Marineverwaltungsbehörde ist das Reichs-Marine-Amt.

Die in § 39 Abs. 2 und 3 der obersten Marineverwaltungsbehörde vorbehaltene Entscheidungsbefugnis (ob und an wen für das Gnadenvierteljahr die Zahlung der Versorgungsgebührnisse erfolgen soll), ist durch Ausf.-Best. d. Reichs-Marine-Amtes (Z. 8) den Pensionsregelungsbehörden (s. Anl. 3) übertragen. S. auch § 39.

2. In den in §§ 43, 61 angeführten Fällen entscheidet ein aus drei Offizieren oder Beamten der Marine gebildetes Kollegium, und zwar unter Ausschließung des Rechtsweges endgültig. S. § 43 Anm. 2 b u. c. Das brauchte hier in Hinsicht auf die allgemeine Vorschrift in § 49 nicht besonders hervorgehoben zu werden. Von der Kommission war in erster Lesung eine diesbezügliche ausdrückliche Bestimmung (zu § 61) angenommen, sie wurde aber in zweiter Lesung als nach § 49 unnötig wieder gestrichen. KomBer. S. 173, 174.

3. Für den Fall der Beschreitung des Rechtsweges finden gemäß § 49 die Vorschriften der §§ 42, 43 sinngemäße Anwendung. Der Marinefiskus wird durch das Reichs-Marine-Amt vertreten. Gegen dieses ist die Klage zu richten. Der Klage muß die Entscheidung des Reichs-Marine-Amtes vorhergehen. S. im übrigen §§ 42, 43.

§ 61.

Die Entscheidung der obersten Marineverwaltungsbehörde ist für die Beurteilung der vor Gericht geltend gemachten Ansprüche auch darüber maßgebend, ob die Voraussetzungen des § 57 Abs. 1 Nr. 1, 2 erfüllt sind.

Die Bestimmung des § 61 ist eine Ergänzung des § 43; sie wurde in der Kommission unverändert angenommen.

Die oberste Marineverwaltungsbehörde ist das Reichs-Marine-Amt. Auch hier entscheidet ein aus drei Offizieren oder Beamten der Marineverwaltung gebildetes Kollegium (§§ 43 Abs. 2, 49) und zwar unter Ausschließung des Rechtsweges endgültig. Das Nähere s. §§ 43, 57.

Übergangsvorschriften.

§ 62.

Die Versorgungsgebührnisse derjenigen Friedensinvaliden, welche im Dienste an einem Schiffbruch oder an einer als Feldzug erklärten militärischen Unternehmung auf einer dienstlichen Seereise teilgenommen haben, sind nach den Vorschriften dieses Gesetzes festzustellen.

Die Vorschrift des § 45 Nr. 2 Abs. 2 findet hierbei Anwendung.

Bei Berechnung des Teiles der Pension und der Dienstzulage, welcher den bereits anerkannten Invaliden der Kaiserlichen Marine im Falle des § 45 Nr. 4 Abs. 2 zu gewähren ist, ist nur die Vollrente aus § 9 Abs. 1, § 10 Abs. 1 zu Grunde zu legen, für Invalide, welche gemäß den Unfallfürsorgegesetzen für Beamte und für Personen des Soldatenstandes vom 15. März 1886 oder vom 18. Juni 1901 anerkannt sind, dagegen die aus § 56 sich ergebende erhöhte Vollrente.

1. Der in § 45 ausgesprochene Grundsatz, daß das Gesetz im allgemeinen keine rückwirkende Kraft haben soll, findet gemäß § 49 auch auf die Marine Anwendung. Nach dem § 49 finden ferner auf die Marine zunächst auch die für das Reichsheer in § 45 aufgestellten Ausnahmen entsprechende Anwendung. § 62 enthält nur die neben diesen für die Marine geltenden Sondervorschriften.

2. Zu Abs. 1.

a) Die Vorschrift bildet eine Ergänzung der Nr. 2 Abs. 1 § 45. Die Personen der Unterklassen, die durch Schiffbruch oder infolge einer als Feldzug erklärten militärischen Unternehmung invalide geworden sind, sind bereits nach dem Gesetze vom 31. Mai 1901 gleich den Kriegsinvaliden abgefunden (Begr. S. 42).

b) Für die Gewährung der Wohltat des § 62 ist es gleichgültig, ob für die Teilnahme an der militärischen Unternehmung ein Kriegsjahr anzurechnen ist oder nicht. Nach dem Entwurfe sollte die Wohltat des § 62 nur denjenigen Teilnehmern an einer als Feldzug erklärten militärischen Unternehmung auf einer dienstlichen Seereise zugute kommen, „denen für die militärische Unternehmung mindestens ein Kriegsjahr anzurechnen ist". Diese Einschränkung wurde von der Kommission, entsprechend dem Vorgange bei § 45 Nr. 2, gestrichen. KomBer. S. 174.

c) Wegen des Begriffes „Versorgungsgebührnisse" s. § 27 Anm. 2a.

d) Welche „militärische Unternehmung" als ein Feldzug, und wer als Teilnehmer daran anzusehen ist, bestimmt der Kaiser. §§ 7, 57 Abs. 2. Das Nähere hierzu sowie darüber, was als im Dienst erlittener Schiffbruch anzusehen ist und wegen des Begriffes „dienstliche Seereise" s. § 57 Anm. 2a u. b, § 52 Anm. 3c.

e) Die Worte „sind festzustellen" bedeuten, daß für die genannten Friedensinvaliden ein Rechtsanspruch auf neue Feststellung ihrer Versorgungsgebührnisse nach den günstigeren Bedingungen dieses Gesetzes besteht. Wegen des Rechtsweges s. die Anmerkungen zu § 42. Wegen des Verfahrens bei Feststellung und Anweisung der Versorgungsgebührnisse s. §§ 27 ff.

f) Die Vorschrift des Abs. 1 bezieht sich nur auf Friedensinvalide.

Für die Kriegsinvaliden bleibt die nach dem Gesetz betreffend Versorgung der Kriegsinvaliden und der Kriegshinterbliebenen vom 31. Mai 1901 (RGBl. S. 193 ff.) erfolgte Festsetzung bestehen.

3. Zu Abs. 2 s. die Anm. 3e, f u. g zu § 45 Nr. 2.

4. Zu Abs. 3.

Die Vorschrift ist eine Ergänzung zu § 45 Nr. 4 Abs. 2 (im Entwurf § 46 Nr. 2 Abs. 2). In der Begründung heißt es hierzu (S. 42): Zu der „Vollrente“ im Sinne dieses Entwurfs rechnen nicht nur die Beträge des § 10 Abs. 1, 3 (im Gesetz § 9 Abs. 1, § 10 Abs. 1), sondern diese Beträge nebst dem Zuschlage, welcher sich durch die Anrechnung der Zulagen gemäß § 56 ergibt. Der in den Fällen des § 46 Nr. 2 Abs. 2 (im Gesetz § 45 Nr. 4 Abs. 2) von der zuerkannten Militärpension ruhende Betrag würde somit, ohne die Sondervorschrift des § 62, nicht nur aus den Sätzen des § 10 Abs. 1, 3 (im Gesetz § 9 Abs. 1, § 10 Abs. 1), sondern auch aus jenem Zuschlage zu berechnen sein. Das ist jedoch nicht angängig, da bei der Berechnung der Pension, welche jene Altpensionäre beziehen, die Zulagen außer Betracht geblieben sind. Sie müssen daher auch bei der Berechnung des ruhenden Betrags außer Ansatz bleiben. Nur den Unfallpensionsempfängern sind die sämtlichen Zulagen bereits bei der Versorgung zugute gekommen. Bei der Berechnung des einem Unfallpensionsempfänger verbleibenden Pensionsbetrags ist daher auch die sich aus § 56 ergebende höhere Vollrente zu berücksichtigen.

Im Entwurf war außer dem Falle des § 46 Nr. 2 Abs. 2 (im Gesetz § 45 Nr. 4 Abs. 2) auch noch der

Fall der Nr. 3 des § 46 (im Gesetz § 45 Nr. 6) angeführt. Diese Nummer 3 wurde aber von der Kommission gestrichen. KomBer. S. 174.

Dritter Teil.

Kaiserliche Schutztruppen in den afrikanischen Schutzgebieten.

Allgemeine Vorschriften.

§ 63.

Die §§ 1 bis 48 finden auf die Personen der Unterklassen der Kaiserlichen Schutztruppen, welche

1. aus dem Reichsheer übernommen sind
   oder
2. ihrer aktiven Dienstpflicht bei den Kaiserlichen Schutztruppen Genüge leisten
   oder
3. aus dem Beurlaubtenstand in Fällen von Gefahr zu notwendigen Verstärkungen der Kaiserlichen Schutztruppen herangezogen werden
   oder
4. nach Ableistung ihrer aktiven Dienstpflicht in einem Schutzgebiet als Kapitulanten der Kaiserlichen Schutztruppe angehören,

sowie auf die Personen der Unterklassen der Kaiserlichen Schutztruppen, welche aus der Kaiserlichen

Marine übernommen sind, auf diese außerdem die §§ 54 bis 58 mit den nachfolgenden Maßgaben entsprechende Anwendung.

1. Die Versorgungsansprüche der den Schutztruppen zugeteilten Militärpersonen und ihrer Angehörigen waren zunächst durch das Gesetz betr. die Kaiserliche Schutztruppe für Deutsch-Ostafrika vom 22. März 1891 (RGBl. S. 53 ff.) §§ 5 ff. und das Gesetz betr. die Kaiserlichen Schutztruppen für Südwestafrika und Kamerun vom 9. Juni 1895 (RGBl. S. 258 ff.) und sodann durch das diese beiden Gesetze abändernde Gesetz betr. die Kaiserlichen Schutztruppen in den afrikanischen Schutzgebieten und die Wehrpflicht daselbst vom 7./18. Juli 1896 (RGBl. S. 187 ff., 653 ff.) §§ 5 ff. geregelt.

Die Vorschriften des Gesetzes von 1896 sind, soweit sie die Versorgung der Personen der Unterklassen regeln, seit 1. Juli 1906 außer Kraft getreten, (s. § 76 Abs. 2 Nr. 3) und bezüglich der Hinterbliebenen seit 1. April 1907 außer Kraft gesetzt und ersetzt worden durch das Militärhinterbliebenengesetz v. 17. Mai 1907 (s. § 76 Anm. 3). Nunmehr sind die Vorschriften der §§ 63 ff. und für die Ansprüche der Hinterbliebenen § 39 sowie ferner die §§ 47 ff., 12 ff. des Militärhinterbliebenengesetzes (s. Anhang) maßgebend. Vgl. aber bezüglich derjenigen Personen der Unterklassen der Schutztruppen, die zur Zeit des Inkrafttretens des neuen Gesetzes (1. Juli 1906) bereits den Schutztruppen angehörten, die Ausnahmevorschrift in § 74.

2. § 63 stellt den Grundsatz auf, daß die im ersten Teil für das Reichsheer gegebenen Vorschriften entsprechende Anwendung finden sollen auf die hier genannten Personen der Unterklassen der Kaiserlichen Schutztruppen, soweit nicht in den §§ 64 bis 74

mit Rücksicht auf die besonderen Verhältnisse des Schutztruppendienstes besondere Bestimmungen gegeben sind.

„Entsprechende“ Anwendung heißt: bei gleichliegenden Umständen sinngemäße Anwendung. Für den Dienstgrad im Reichsheer und in der Marine tritt überall der entsprechende Dienstgrad der Schutztruppen ein. Vgl. hierzu § 49 Anm. 1 b.

3. Wegen der Erfüllung der aktiven Dienstpflicht in den Schutztruppen und der Heranziehung von Personen aus dem Beurlaubtenstande zu notwendigen Verstärkungen s. die Bestimmungen des Schutztruppengesetzes vom 7./18. Juli 1896 und der dazu ergangenen Kaiserl. Verordnung vom 5. Dez. 1902 in Anm. 3 zu § 69. S. auch § 65 Anm. 6.

4. Wegen des Begriffes „Kapitulanten“ s. § 1 Abs. 4.

5. Die §§ 54 bis 58 finden nur auf die aus der Marine übernommenen Personen der Unterklassen der Schutztruppen entsprechende Anwendung, nicht auch auf die in Nr. 1 bis 4 aufgezählten.

6. Das Gesetz hat auch bezüglich der Schutztruppen keine rückwirkende Kraft. Der in § 45 aufgestellte Grundsatz, daß das Gesetz im allgemeinen keine rückwirkende Kraft haben soll, findet gemäß § 63 auch hinsichtlich der Schutztruppen Anwendung. Wegen der besonderen Ausnahmen für die Schutztruppen s. § 74.

Fristen.

§ 64.

Ist der Verlust oder die Minderung der Erwerbsfähigkeit die Folge einer Friedensdienstbeschädigung, welche durch die besonderen Fährlichkeiten des Dienstes bei den Kaiserlichen Schutztruppen in den Schutzgebieten verursacht worden ist, so kann die

Dienstbeschädigung auch nach der Entlassung festgestellt und der Anspruch auf Rente bis zum Ablaufe von zehn Jahren geltend gemacht werden. Der Lauf der Frist beginnt mit der Rückkehr in die Heimat oder mit der im Ausland erfolgten Entlassung.

Die Vorschrift des § 2 Abs. 2 findet entsprechende Anwendung.

1. § 64 (im Entwurf § 65) wurde von der Kommission in der ersten und zweiten Lesung unverändert angenommen. KomBer. S. 177. In der Begründung heißt es zu dieser Vorschrift (S. 43): Im § 2 ist für die Geltendmachung von Rentenansprüchen bei Kriegsdienstbeschädigung die Frist von sechs Jahren auf zehn Jahre erhöht worden. Dementsprechend erscheint es billig, auch zur Geltendmachung von Ansprüchen auf Grund von Dienstbeschädigungen, welche durch die besonderen Fährlichkeiten des Schutztruppendienstes verursacht worden sind, eine Frist von zehn Jahren festzusetzen.

2. Bezüglich der Fristen für die Erhebung des Anspruchs auf Rente sind zunächst gemäß § 63 auch für die dort bezeichneten Personen der Unterklassen der Schutztruppen die Vorschriften des § 2 maßgebend (s. dort). Diese werden durch § 64 nur in einer Richtung ergänzt. Während nämlich bei Friedensdienstbeschädigungen im allgemeinen der Anspruch binnen zwei Jahren nach der Entlassung angemeldet sein muß (§ 2 Abs. 1 Nr. 1), ist bei Verlust oder Minderung der Erwerbsfähigkeit infolge einer Friedensbeschädigung, die durch die besonderen Fährlichkeiten des Dienstes in den Schutzgebieten verursacht ist, zur Geltendmachung des Anspruchs auf Rente —, entsprechend der

Vorschrift im § 2 Abs. 1 Nr. 3 bezüglich der Kriegsdienstbeschädigung — eine Frist von zehn Jahren festgesetzt worden.

3. Wegen des Begriffes „Dienstbeschädigung" s. § 3. Darüber, ob eine Gesundheitsstörung als eine Dienstbeschädigung anzusehen und ob sie durch die besonderen Fährlichkeiten des Dienstes bei den Schutztruppen in den Schutzgebieten verursacht worden ist, entscheidet im Falle der gerichtlichen Geltendmachung von Ansprüchen ausschließlich und endgültig die Kolonialzentralverwaltung (Reichs-Kolonialamt). Der Rechtsweg ist hierüber ausgeschlossen. §§ 43, 63, 72 und § 73 Anm. 2 u. 3.

4. Zu den besonderen Fährlichkeiten des Dienstes bei den Schutztruppen in den Schutzgebieten gehören namentlich auch die schädlichen klimatischen Einwirkungen der Tropen und die schlechten Ernährungsverhältnisse. In der Begründung zu § 66 des Offizierpensionsgesetzes (S. 47) werden hierzu angeführt: beständige Gefahr für Leben und Gesundheit, hervorgerufen durch klimatische Einflüsse und stete Kriegsbereitschaft, die dadurch bedingte große Zahl schwerer Erkrankungen, welche erfahrungsgemäß jeden Europäer in den Tropen befallen und in ihren unausbleiblichen Folgen häufig zu frühzeitiger Invalidität führen.

5. Bezüglich der Feststellung der Dienstbeschädigung s. Preuß. Pension.-Vorschrift III. Teil Z. 1 bis 14.

6. Wegen des Zeitpunktes der „Rückkehr in die Heimat" s. § 58 Anm. 2.

7. Ist der Anspruch auf Pension nicht innerhalb der Frist von zehn Jahren geltend gemacht, so ist er verloren, es sei denn, daß, wie Abs. 2 ausdrücklich bestimmt, der in § 2 Abs. 2 vorgesehene Ausnahmefall vorliegt. Das Nähere hierzu s. Anm. 5a und b zu § 2.

Berechnung der Dienstzeit.

§ 65.

Die bei den Kaiserlichen Schutztruppen in den Schutzgebieten zugebrachte Dienstzeit wird, sofern sie mindestens 6 Monate ohne Unterbrechung gedauert hat, doppelt gerechnet. Seereisen in außerheimischen Gewässern (§ 54 Abs. 6) rechnen hierbei der Verwendung bei den Kaiserlichen Schutztruppen in den Schutzgebieten gleich.

Ausgenommen von dieser Doppelrechnung ist die in solche Jahre fallende Dienstzeit, welche bereits als Kriegsjahre zu erhöhtem Ansatze kommen.

Die Dienstzeit bei den Kaiserlichen Schutztruppen in den Schutzgebieten ist auch für diejenigen Personen der Unterklassen doppelt zu rechnen, welche aus den Kaiserlichen Schutztruppen in ihr früheres Dienstverhältnis zurücktreten und demnächst aus diesem mit Anspruch auf Rente entlassen werden.

Die im § 69 Abs. 2 aufgeführten Personen der Unterklassen haben nur im Falle der §§ 6 und 7 Anspruch auf höhere Anrechnung von Dienstzeit.

1. Die Vorschrift (im Entwurf § 66) gibt das bestehende Recht wieder (§ 11 des Schutztruppengesetzes in der Fassung vom 18. Juli 1896, RGBl. S. 656).

In der Kommission wurde § 65 ohne nähere Erörterung angenommen. Nur wurden in Abs. 4 die Worte des Entwurfes „haben Anspruch auf Doppelrechnung von Dienstzeit" umgeändert in: „haben Anspruch auf höhere Anrechnung von Dienstzeit". KomBer. S. 177, 249.

2. Für die Berechnung der Dienstzeit finden auf die Personen der Unterklassen der Schutztruppen gemäß § 63 zunächst die Vorschriften der §§ 5 bis 8, und wenn sie aus der Kaiserlichen Marine übernommen sind, die der §§ 54, 55 entsprechende Anwendung. § 65 enthält bloß eine nur für die Personen der Unterklassen der Schutztruppen in Betracht kommende Ergänzung der Vorschriften über die Doppelrechnung.

3. **Zu Abs. 1.**

a) Auf die Doppelrechnung besteht ein Rechtsanspruch. S. § 42 Anm. 1a u. b.

b) Voraussetzung für die Doppelrechnung ist, daß die in den Schutzgebieten zugebrachte Dienstzeit mindestens sechs Monate ohne Unterbrechung gedauert hat. Der den Personen der Unterklassen bestimmungsgemäß zustehende Heimatsurlaub ist als eine die Doppelrechnung ausschließende Unterbrechung der Dienstzeit in den Schutzgebieten nicht anzusehen.

Bezüglich des Rechts auf Heimatsurlaub bestimmt die Schutztruppenordnung vom 25. Juli 1898 (§§ 18, 6): „Die Angehörigen der Schutztruppen haben innerhalb der Dauer ihrer Dienstverpflichtung — die für die Schutztruppen von Kamerun und Togo 2 Jahre, für die ostafrikanische Schutztruppe 2 1/2 Jahre, für die südwestafrikanische Schutztruppe 3 1/2 Jahre beträgt — Anspruch auf einen Heimatsurlaub von vier Monaten unter Belassung der vollen Geldbezüge.

In den Urlaub wird die zur Hin- und Rückreise von und nach dem nächsten europäischen Hafen im Durchschnitt erforderliche, vom Reichskanzler festzusetzende Zeit nicht eingerechnet.

Wird die Dienstverpflichtung verlängert, so hat als Regel zu gelten, daß der Urlaub nach einem jedesmaligen Aufenthalt von 1 1/2 Jahren in Kamerun und Togo, von 2 Jahren in Ostafrika und von 3 Jahren in Südwestafrika erteilt wird.

Bei jeder weiteren Verlängerung der Dienstverpflichtung erwächst erneuter Anspruch auf viermonatigen Heimatsurlaub unter den gleichen Bedingungen wie vorstehend bezeichnet.

Zur Erteilung des Urlaubs ist (bezüglich der Stabsoffiziere der Reichskanzler), betreffs der übrigen Militärpersonen der Kommandeur der Schutztruppe befugt.

Der zuständige Urlaub kann zur Wiederherstellung der Gesundheit oder ausnahmsweise aus anderen wichtigen Gründen durch den Reichskanzler bis auf neun Monate verlängert werden. Werden weitergehende Beurlaubungen erforderlich, so hat der Reichskanzler die Allerhöchste Entscheidung einzuholen".

Die Zeit des bestimmungsgemäß zustehenden Heimatsurlaubes wird nicht doppelt gerechnet, sondern nur einfach. Erklärung des Vertreters des Oberkommandos der Schutztruppen in der Kommission bei Beratung des Offizierpensionsgesetzes. KomBer. S. 94.

c) Bei Erkrankungen wird der Aufenthalt in einem außerheimischen Lazarett bei der Doppelrechnung mitgezählt. Wird der Erkrankte aber nach Deutschland zurückgeschickt, so endet die Doppelrechnung mit dem Zeitpunkt der Rückkehr in die heimischen Gewässer. Erklärung des Vertreters der Marineverwaltung in der Kommission bei Beratung des Offizierpensionsgesetzes (KomBer. S. 94). Das Nähere s. § 54 Anm. 2 c.

d) Wegen des Begriffes „Seereise" s. § 52 Anm. 3 c.

e) Welche Gewässer „außerheimisch" sind, war bisher nur reglementarisch festgelegt. Jetzt ist es gesetzlich (durch § 54 Abs. 6) bestimmt.

4. Zu Abs. 2.

Durch die Vorschrift soll verhütet werden, daß eine mehrfache Doppelrechnung stattfindet. Über die Voraussetzungen für die Hinzurechnung eines Kriegsjahres s. §§ 6 und 7.

5. Zu Abs. 3.

Nach dieser Vorschrift bleibt der Anspruch auf Doppelrechnung der Dienstzeit in den Schutzgebieten auch dann bestehen, wenn die Entlassung nicht unmittelbar vom Schutztruppendienste aus, sondern erst später nach Rücktritt in den Heeres- oder Marinedienst aus diesem heraus erfolgt.

6. Zu Abs. 4.

Nach §§ 18 und 19 des Schutztruppengesetzes und der dazu ergangenen Kaiserl. Verordnung vom 5. Dez. 1902 dürfen unter gewissen Voraussetzungen wehrpflichtige Reichsangehörige, die in den Schutzgebieten ihren Wohnsitz haben, ihrer aktiven Dienstpflicht bei den Schutztruppen genügen und können ferner die in den Schutzgebieten sich dauernd aufhaltenden Personen des Beurlaubtenstandes des Heeres und der Marine in Fällen von Gefahr zu notwendigen Verstärkungen der Schutztruppen herangezogen werden. Das Nähere hierüber s. § 69 Anm. 3. Diese Personen haben aber nicht ohne weiteres nach Abs. 1 Anspruch auf Doppelrechnung der bei den Schutztruppen in den Schutzgebieten zugebrachten Dienstzeit. Vielmehr wird bei ihnen nur für jeden Krieg (§ 7), an dem sie teilgenommen haben, zu der wirklichen Dauer der Dienstzeit ein Kriegsjahr hinzugerechnet und es wird ihnen nur bei mindestens einjährigem, ununterbrochenem, dienstlichem Aufenthalt in den Schutzgebieten die dort zugebrachte Dienstzeit doppelt gerechnet, sofern eine solche Doppelrechnung den Beamten des Auswärtigen Amtes bewilligt ist. Vgl. hierzu die Ausführungen zu §§ 6 und 7. In der Begründung zu § 66 des Entwurfes heißt es hierüber (S. 43): Bei den im § 70 Abs. 2 (im Gesetz § 69 Abs. 2) aufgeführten Personen der Unterklassen kann nur die Teilnahme an einem Kriege oder an einer militärischen Unternehmung, welche im Sinne dieses Gesetzes als ein Krieg anzusehen ist (§§ 7 und 8 — im Gesetz §§ 6 und 7), den Anspruch auf Doppelrechnung der Dienstzeit begründen. In der Kommission erfuhr Abs. 4 eine redaktionelle Abänderung. S. Anm. 1.

§ 66.

Die im § 8 Abs. 1 bezeichneten Freiheitsstrafen können mit Genehmigung des Kaisers als Dienstzeit angerechnet werden.

1. Die Vorschrift des § 66 (im Entwurf § 67) bildet eine Ergänzung des § 8 Abs. 2 und will nur besagen, daß die Genehmigung zur Anrechnung einer Freiheitsstrafe von mindestens einjähriger Dauer (anstatt wie im Heere durch den Kontingentsherrn) für die Schutztruppen vom Kaiser erteilt wird, wie dies auch für die Marine in § 55 angeordnet ist. Im übrigen ist die Anwendbarkeit des § 8 auf die Schutztruppen bereits in § 63 bestimmt. In der Kommission wurde § 66 ohne Erörterung angenommen. KomBer. S. 177.

2. Wegen des Begriffes „Freiheitsstrafe" s. § 8 Anm. 3.

Nur Freiheitsstrafen von einjähriger und längerer Dauer kommen in Betracht. Freiheitsstrafen unter einem Jahre werden ohne weiteres als Dienstzeit voll angerechnet.

3. Ein Rechtsanspruch auf Anrechnung der in § 8 Abs. 1 bezeichneten Freiheitsstrafen besteht nicht; diese ist vielmehr nur für zulässig erklärt worden. S. § 8 Anm. 4 a.

Die Strafe kann ganz oder zum Teil angerechnet werden. S. § 8 Anm. 4 c.

Das Nähere s. in den Ausführungen zu § 8.

Tropenzulage.

§ 67.

Auf eine Tropenzulage haben diejenigen Personen der Unterklassen der Kaiserlichen Schutztruppen Anspruch, welche entweder infolge außerordentlicher Einflüsse des Klimas während eines dienstlichen Aufenthalts in den Schutzgebieten oder infolge der besonderen Fährlichkeiten des Dienstes in den Schutzgebieten rentenberechtigt geworden sind, falls nicht die Verminderung ihrer Erwerbsfähigkeit eine Folge ihres Vorsatzes ist.

Die Tropenzulage beträgt monatlich 25 Mark.

Kriegszulage (§ 14), Rentenerhöhung (§ 57) und Tropenzulage werden nicht nebeneinander gewährt

Die Tropenzulage ist kein Bezug im Sinne des § 48 Abs. 1 Nr. 2 des Invalidenversicherungsgesetzes vom 13. Juli 1899.

1. Die Tropenzulage ist eine Erhöhung der Rente. Voraussetzung für die Gewährung dieser Zulage ist das Bestehen eines Rentenanspruchs überhaupt, so daß, wo dieser nicht vorhanden ist, jene auch nicht

gewährt werden kann. Im Entwurf (§ 68) war sowohl in der Überschrift wie auch im Text die Tropenzulage ausdrücklich als „Rentenerhöhung“ bezeichnet; dies Wort wurde aber von der Kommission gestrichen, KomBer. S. 177 (wohl um eine Verwechslung mit der „Rentenerhöhung“ gemäß § 57 zu verhüten).

2. Der Anspruch auf die Tropenzulage ist ein klagbarer Rechtsanspruch. Wegen des Rechtsweges s. die Ausführungen zu §§ 42, 72.

3. Über die Bedeutung der Worte „dienstlicher Aufenthalt“ s. § 57 Anm. 2 a.

4. Zu dem Begriffe „besondere Fährlichkeiten des Dienstes in den Schutzgebieten“ vgl. Anm. 4 § 64.

5. Der Anspruch auf die Tropenzulage ist vom Gesetz nur für den Fall ausgeschlossen, daß die Verminderung der Erwerbsfähigkeit vorsätzlich von dem Betreffenden selbst herbeigeführt worden ist, nicht auch, wenn sie durch Fahrlässigkeit verschuldet ist. Nach dem Entwurf (§ 68) sollte der Anspruch auch versagt sein, wenn die Verminderung der Erwerbsfähigkeit die Folge eigener „grober Fahrlässigkeit“ war. Diese Bestimmung wurde aber von der Kommission gestrichen. KomBer. S. 177.

6. Im Falle der gerichtlichen Geltendmachung des Anspruchs auf die Tropenzulage entscheidet darüber, ob die Voraussetzungen des § 67 Abs. 1 erfüllt sind, gemäß § 73 endgiltig und ausschließlich die Kolonialzentralverwaltung (Reichs-Kolonialamt) und zwar das gemäß § 43 Abs. 2 aus drei Offizieren oder Beamten gebildete Kollegium. S. § 73 Anm. 2, § 43 Anm. 1 b, 2 b u. c.

7. Wegen der Frist für die Geltendmachung des Anspruchs auf Tropenzulage gelten nach § 68 Abs. 2 die Vorschriften des § 64; s. dort.

8. Die Tropenzulage ist steuerfrei und unpfändbar. S. § 68 Abs. 2 und § 40.

9. Zu Abs. 2.

Die Tropenzulage beträgt ohne Rücksicht auf die Höhe der Rente und ohne Unterschied des Dienstgrades einheitlich 25 Mark monatlich. Im Entwurf (§ 68) war im Verhältnis zum Rentenbetrage eine zweifache Höhe (25 und 15 Mark) vorgesehen. Die Kommission strich diese Bestimmung und stellte dafür den jetzigen Einheitssatz ein. KomBer. S. 177, 178.

10. Zu Abs. 3.

Die Gewährung eines der in Abs. 3 angeführten Gebührnisse schließt den Anspruch auf jedes weitere aus.

11. Zu Abs. 4.

Die Bestimmung wurde von der Kommission eingefügt. KomBer. S. 177. Sie entspricht den gleichlautenden Vorschriften in § 13 Abs. 5, § 14 Abs. 3 und § 26 Abs. 2 bezüglich der Verstümmelungs-, Kriegs- und Alterszulagen sowie in § 58 Abs. 3 bezüglich der Rentenerhöhung für die Marine. Der Bezug der Tropenzulage kann danach niemals das teilweise Ruhen einer Invalidenrente begründen. Das Nähere s. § 13 Anm. 15 b.

§ 68.

Sind Personen der Unterklassen der Kaiserlichen Schutztruppen in den Schutzgebieten länger als drei Jahre dienstlich verwendet worden, so steigt mit jedem weiteren vollen, wenn auch nicht im Anschluß an die frühere Dienstzeit in den Schutzgebieten geleisteten Dienstjahre die Tropenzulage um ein Sechstel bis zur Erreichung des Doppelbetrags. Eine Doppelrechnung von Dienstzeit findet hierbei nicht statt.

Die Vorschriften der §§ 64 und 40 Abs. 3 finden auf die Tropenzulage entsprechende Anwendung.

1. Das Gesetz gibt die Möglichkeit, die Tropenzulage bis zu ihrem doppelten Betrage zu steigern. Diese Bestimmung wurde für notwendig erachtet, um die außergewöhnlichen Schwierigkeiten des Ersatzes zu überwinden und tüchtige und erfahrene Leute länger dem Dienste der Schutztruppen zu erhalten und zum späteren Wiedereintritt zu veranlassen. Aus diesen Gründen ist ferner in Erweiterung des bestehenden Rechtes die Steigerung der Tropenzulage auch für diejenige Dienstzeit gewährt worden, die nicht im Anschluß an die frühere Dienstzeit in den Schutzgebieten geleistet wird. Begründ. S. 44 (zu § 69 des Entwurfs).

Von der Kommission wurde § 68 in erster und zweiter Lesung ohne Erörterung unverändert angenommen. KomBer. S. 178.

2. Voraussetzung für die Steigerung ist, daß der Betreffende mindestens drei Jahre in den Schutzgebieten dienstlich verwendet worden ist und zwar ohne Unterbrechung. Daß die dienstliche Verwendung zunächst ununterbrochen drei Jahre gedauert haben muß, folgt schon aus der ausdrücklichen Bestimmung im Gesetze, daß die weiteren Dienstjahre nicht im Anschluß an die frühere Dienstzeit in den Schutzgebieten geleistet zu sein brauchen. Diese Auffassung findet auch ihre Bestätigung in der Ausführung der Begründung, wo gesagt ist (S. 44): Der den Personen der Unterklassen bestimmungsgemäß zustehende Heimatsurlaub ist als eine Unterbrechung des Dienstes in den Schutzgebieten nicht anzusehen.

Bezüglich des Rechtes auf Heimatsurlaub s. die Bestimmungen der Schutztruppenordnung v. 25. Juli 1898 in Anm. 3b zu § 65.

3. Wegen des Begriffes „Schutzgebiete“ s. § 48 Anm. 3.

4. Nur die voll geleisteten Dienstjahre kommen für die Steigerung der Tropenzulage in Betracht, keine Bruchteile. Eine Abrundung der Beträge — wie sie in § 12 Abs. 2 bezüglich der Monatsbeträge der Rente vorgesehen ist, findet nicht statt. Danach beträgt die gesteigerte Tropenzulage nach

4 jähriger dienstl. Verwendung in den Schutzgebieten 29,17 *M*,

5 jähriger dienstl. Verwendung in den Schutzgebieten 33,33 *M*,

6 jähriger dienstl. Verwendung in den Schutzgebieten 37,50 *M*,

7 jähriger dienstl. Verwendung in den Schutzgebieten 41,67 *M*,

8 jähriger dienstl. Verwendung in den Schutzgebieten 45,83 *M*,

9 jähriger dienstl. Verwendung in den Schutzgebieten 50,00 *M*.

Darüber hinaus findet eine Steigerung nicht statt.

5. Während für den Erwerb des Anspruchs auf die Versorgungsgebührnisse im allgemeinen nach § 65 die bei den Schutztruppen in den Schutzgebieten zugebrachte Dienstzeit, wenn sie mindestens 6 Monate ununterbrochen gedauert hat, doppelt gerechnet wird, findet, insoweit es sich um die Steigerung der Tropenzulage handelt, keinerlei Doppelrechnung statt. In diesem Falle muß die vom Gesetze festgesetzte Zeit — abgesehen vom Heimatsurlaub, s. Anm. 2 voll und ganz in den Schutzgebieten zugebracht sein.

6. Auf die Steigerung der Tropenzulage bis zu ihrem doppelten Betrage besteht, sofern die gesetzlichen Voraussetzungen vorliegen, ein Rechtsanspruch. Wegen des Rechtsweges s. die Ausführungen zu § 42.

7. Zu Abs. 2.

a) Durch den Hinweis auf die Vorschrift des § 64 soll bestimmt sein, daß — unter Berücksichtigung der Vorschrift in § 2 Abs. 2 — der Anspruch auf die Tropenzulage noch bis zum Ablaufe von 10 Jahren seit der Rückkehr in die Heimat oder der im Ausland erfolgten Entlassung geltend gemacht werden kann. Wegen des Zeitpunktes der Rückkehr in die Heimat s. § 58 Anm. 2.

b) Da § 40 Abs. 3 entsprechende Anwendung findet, ist auch die Tropenzulage von jeder Steuer und anderen öffentlichen Abgaben frei. Als „Versorgungsgebührnis" ist sie gemäß § 40 Abs. 1 unpfändbar.

§ 69.

Auf Tropenzulage haben auch diejenigen Personen der Unterklassen Anspruch, welche früher den Kaiserlichen Schutztruppen angehört haben und nach ihrem Wiedereintritt in das Reichsheer oder in die Kaiserliche Marine innerhalb der im § 64 festgesetzten Frist wegen der Folgen einer im Dienste bei den Kaiserlichen Schutztruppen in den Schutzgebieten erlittenen Dienstbeschädigung rentenberechtigt geworden sind.

Wehrpflichtige Reichsangehörige, die ihrer aktiven Dienstpflicht bei den Kaiserlichen Schutztruppen genügen, sowie in den Schutzgebieten sich dauernd aufhaltende Personen des Beurlaubtenstandes des Reichsheeres und der Kaiserlichen Marine, die in Fällen von Gefahr zu notwendigen Verstärkungen der Kaiserlichen Schutztruppen herangezogen werden, haben keinen Anspruch auf Tropenzulage.

1. § 69 (im Entwurf § 70) regelt den Fall, daß eine Person der Unterklassen im Schutztruppendienst eine Dienstbeschädigung erlitten hat, daß aber die Folgen dieser Dienstbeschädigung erst nach dem Rücktritt in das Heer oder die Marine zu Tage treten. Auch in diesem Falle gewährt das Gesetz einen Rechtsanspruch (§ 42) auf die Tropenzulage.

In der Begründung heißt es hierzu (S. 44): Es ist durchaus billig, Militärpersonen der Unterklassen, welche im Dienste der Kaiserlichen Schutztruppen eine Dienstbeschädigung erlitten haben, auch wenn deren Folge erst zu Tage tritt, nachdem sie wieder in das Reichsheer bezw. die Kaiserliche Marine zurückgetreten sind, die auf Grund dieses Gesetzes zuzubilligenden höheren Wohltaten nicht zu entziehen, sofern die Ansprüche innerhalb der gesetzlichen Fristen erhoben werden. Dagegen erscheint es nicht erforderlich, diese besonderen Wohltaten denjenigen zuzubilligen, welche im Schutzgebiete wohnhaft sind und daselbst ihrer aktiven Dienstpflicht genügen oder nur gelegentlich einer vorübergehenden Dienstleistung bei den Schutztruppen Verwendung finden.

Die Kommission nahm § 69 in erster und zweiter Lesung unverändert an. KomBer. S. 178, 250.

2. **Zu Abs. 1.**

a) Die Tropenzulage beträgt monatlich 25 M. (§ 67).

Im Falle des § 69 muß der Anspruch bei Vermeidung des Verlustes innerhalb 10 Jahren nach der Rückkehr in die Heimat oder der im Ausland erfolgten Entlassung erhoben werden (§ 64; s. hierzu § 58 Anm. 2). Hierbei findet aber auch die Vorschrift des § 2 Abs. 2 (s. dort Anm. 5a u. b) entsprechende Anwendung.

b) Wegen des Begriffes „Dienstbeschädigung" s. § 3 Anm. 1 bis 6. Bei Prüfung der Frage, ob eine

Gesundheitsstörung als Dienstbeschädigung zu gelten hat, sind besonders auch die dem Schutztruppendienst eigentümlichen Verhältnisse zu berücksichtigen. S. § 64 Anm. 4.

Eine vom Verletzten vorsätzlich herbeigeführte Gesundheitsstörung gilt nicht als Dienstbeschädigung, wohl aber die durch eigene, wenn auch grobe Fahrlässigkeit verursachte. S. § 3 Anm. 8a und b.

Im Falle der gerichtlichen Geltendmachung von Ansprüchen entscheidet über die Frage, ob eine Gesundheitsstörung als Dienstbeschädigung und diese als Folge außerordentlicher klimatischer Einflüsse oder der besonderen Fährlichkeiten des Dienstes in den Schutzgebieten anzusehen ist, die Kolonialzentralverwaltung (Reichs-Kolonialamt) ausschließlich und endgültig. (§§ 43, 63, 72, 73.) S. auch § 67 Anm. 6.

3. Zu Abs. 2.

Für die Vorschrift des Abs. 2 kommen folgende Bestimmungen des Schutztruppengesetzes in der Fassung vom 7./18. Juli 1896 — RGBl. S. 187 ff., 653 ff. in Betracht:

§ 18 (in der durch Ges. vom 25. Juni 1902 geschaffenen Fassung — RGBl. S. 237 —): „Durch Kaiserliche Verordnung wird bestimmt, in welchen Schutzgebieten und unter welchen Voraussetzungen wehrpflichtige Reichsangehörige, die daselbst ihren Wohnsitz haben, ihrer aktiven Dienstpflicht bei den Schutztruppen Genüge leisten dürfen."

§ 19. „Die in den Schutzgebieten sich dauernd aufhaltenden Personen des Beurlaubtenstandes des Heeres und der Kaiserlichen Marine können durch Kaiserliche Verordnung in Fällen von Gefahr zu notwendigen Verstärkungen der Schutztruppe herangezogen werden. In dringenden Fällen können solche Verstärkungen vorläufig durch den obersten Beamten des Schutzgebiets angeordnet werden. Jede Einberufung dieser

Art ist einer Dienstleistung im Heere oder in der Kaiserlichen Marine gleichzuachten."

In der zu § 18 ergangenen Kaiserl. Verordnung vom 5. Dez. 1902 — RGBl. S. 297 —, durch welche die Verordnung vom 30. März 1897 aufgehoben ist, heißt es dann:

§ 1. Angehörigen des Reichsheeres oder der Kaiserlichen Marine, welche auf Grund freiwilliger Meldung der Schutztruppe für Südwestafrika zugeteilt werden, wird die Zeit, während welcher sie bei der Schutztruppe dienen, auf die aktive Dienstzeit im Heere oder in der Kaiserlichen Marine angerechnet.

§ 2. Wehrpflichtige Reichsangehörige, welche außerhalb Europas ihren Wohnsitz haben, werden zur Ableistung ihrer aktiven Dienstpflicht auf ihren Wunsch in die Schutztruppe für Südwestafrika eingestellt. Der Beibringung eines Meldescheins zum freiwilligen Eintritte bedarf es für diesen Fall nicht.

§ 3. Mit dem Berechtigungsscheine zum einjährig-freiwilligen Dienste versehene Wehrpflichtige, welche außerhalb Europas ihren Wohnsitz haben, dürfen zum einjährig-freiwilligen Dienste in die Schutztruppe für Südwestafrika eingestellt werden.

§ 4. Wehrpflichtige Reichsangehörige, welche in Europa ihren Wohnsitz haben, dürfen auf begründeten Antrag in die Schutztruppe für Südwestafrika als Ein- oder Mehrjährig-Freiwillige nur mit Genehmigung des betreffenden Kriegsministeriums unter Zustimmung des Oberkommandos der Schutztruppen eingestellt werden.

Die vorstehend angeführten Personen haben also, wenn sie in den Schutzgebieten ihre aktive Dienstpflicht erfüllen oder zu vorübergehendem Dienste bei den Schutztruppen herangezogen werden, keinen rechtlichen Anspruch auf Tropenzulage. S. auch Anm. 1. Zu vgl. auch § 65 Anm. 6.

§ 70.

Werden Personen der Unterklassen nach dem Ausscheiden aus den Kaiserlichen Schutztruppen wegen der Folgen einer im Dienste bei den Kaiserlichen Schutztruppen in den Schutzgebieten erlittenen Dienstbeschädigung rentenberechtigt, nachdem sie in das Reichsheer oder in die Kaiserliche Marine wieder eingetreten sind, so fallen die gesamten Versorgungsgebührnisse dem Pensionsfonds des Reichsheeres oder der Kaiserlichen Marine zur Last.

1. Die Bestimmung des § 70 (im Entwurf § 71) gibt das bisher geltende Recht (§ 14 des Schutztruppengesetzes in der Fassung v. 7./18. Juli 1896, RGBl. S. 189, 657) wieder. Sie wurde von der Kommission in erster und zweiter Lesung unverändert angenommen. KomBer. S. 178, 250.

Die Vorschrift ist aus der Erwägung heraus entstanden, daß, wenn Personen der Unterklassen nach ihrem Ausscheiden aus dem Schutzgebietsdienst in dem Heere oder in der Marine weiter dienen und erst später rentenberechtigt werden, die genaue Festsetzung des auf die Schutzgebietsetats zu bringenden Teiles der Versorgungsgebührnisse großen Schwierigkeiten unterliegen würde.

2. Wegen des Begriffes „Versorgungsgebührnisse" s. § 27 Anm. 2a.

Zahlung der Versorgungsgebührnisse.

§ 71.

Scheiden Personen der Unterklassen aus den Kaiserlichen Schutztruppen mit Anspruch auf Rente aus, so beginnt die Zahlung der Versorgungsgebührnisse mit dem Ablaufe des auf den Monat der Entlassung folgenden Vierteljahrs.

1. Die Vorschrift des § 71 (im Entwurf § 72) enthält eine Ausnahme von der allgemeinen Vorschrift in § 32 Abs. 2, wonach die Zahlung mit dem ersten Tage des auf die Entlassung folgenden Monats beginnt. Die Bestimmung war schon bisher geltendes Recht (§ 13 des Schutztruppengesetzes in der Fassung v. 18. Juli 1896, RGBl. S. 656). Sie wurde von der Kommission in erster und zweiter Lesung unverändert angenommen. KomBer. S. 178.

2. Wegen des Begriffes „Versorgungsgebührnisse" s. § 27 Anm. 2a.

3. Bis zum Beginn der Zahlung der Versorgungsgebührnisse wird dem Ausscheidenden das bisherige Gehalt belassen. § 13 des Schutztruppengesetzes.

Zuständigkeit und Rechtsweg.

§ 72.

Die Befugnisse, die im ersten Teile dieses Gesetzes der obersten Militärverwaltungsbehörde des Kontingents übertragen sind, werden für den Bereich der Kaiserlichen Schutztruppen von der Kolonialzentralverwaltung ausgeübt.

1. Die Vorschrift führt die in den §§ 42 und 43 für den Rechtsweg niedergelegten Grundsätze hinsichtlich der Schutztruppen aus (Begr. §§ 73, 74).

Wegen der Befugnisse, die im ersten Teile dieses Gesetzes der obersten Militärverwaltungsbehörde des Kontingents übertragen sind, s. die §§ 5 Abs. 2, 21, 27, 29, 39 Abs. 2 u. 3, 42, 43.

2. Die Kolonialzentralverwaltung ist das Reichs-Kolonialamt. Im Entwurf (§ 73) war der Reichskanzler als die zuständige Stelle bezeichnet. In der Kommission wurde an dessen Stelle die „Kolonialzentralverwaltung“ gesetzt, „da diese Bezeichnung, wie auch immer die Entscheidung über die Schaffung eines Reichskolonialamtes ausfallen möge, zutreffend sein würde“. KomBer. S. 178.

3. Über die in §§ 43, 73 genannten Fragen hat auch für den Bereich der Schutztruppen ein nach § 43 Abs. 2 zu bildendes Kollegium (aus 3 Offizieren oder Beamten der Schutztruppen) zu entscheiden und zwar unter Ausschließung des Rechtsweges endgiltig. Das folgt ohne weiteres aus der allgemeinen Vorschrift in § 63. Eine diesbezügliche ausdrückliche Vorschrift ist, wie sich aus den Kommissionsverhandlungen ergibt (KomBer. S. 178), nur weil unnötig fortgelassen worden.

4. Im Falle der Beschreitung des Rechtsweges finden gemäß § 36 die Vorschriften der §§ 42, 43 sinngemäße Anwendung. Der Reichsfiskus wird in Prozessen durch das Reichs-Kolonialamt vertreten. Gegen dieses ist die Klage zu richten. Der Klage muß die Entscheidung des Reichs-Kolonialamtes vorhergehen. Das Nähere s. §§ 42, 43.

§ 73.

Die Entscheidung der Kolonialzentralverwaltung ist für die Beurteilung der vor Gericht geltend gemachten Ansprüche auch darüber maßgebend, ob die Voraussetzungen des § 67 Abs. 1 erfüllt sind.

1. Die Vorschrift in § 73 ist eine Ergänzung des § 43. Im Entwurf (§ 74) war auch hier der Reichskanzler als die für die Entscheidung zuständige Stelle

bezeichnet. Die Kommission setzte dafür die „Kolonialzentralverwaltung" ein. S. § 72 Anm. 2. Die Kolonialzentralverwaltung ist das Reichs-Kolonialamt.

2. Die Entscheidung erfolgt auch hier durch ein aus drei Offizieren oder Beamten gebildetes Kollegium (§§ 43 Abs. 2, 63) und zwar unter Ausschließung des Rechtsweges endgültig. S. Anm. 1b, 2b u. c zu § 43.

3. Die Entscheidung der Kolonialzentralverwaltung darüber, ob die „Voraussetzungen des § 67 Abs. 1" erfüllt sind, erstreckt sich sowohl auf die Frage, ob die den Rentenanspruch begründende Dienstbeschädigung (§ 1) eine Folge außerordentlicher Einflüsse des Klimas während eines dienstlichen Aufenthalts in den Schutzgebieten oder der besonderen Fährlichkeiten des Dienstes daselbst ist, als auch auf die Frage, ob etwa die Verminderung der Erwerbsfähigkeit von dem Betreffenden vorsätzlich herbeigeführt worden ist.

Übergangsvorschriften.

§ 74.

Der nach Maßgabe des gegenwärtigen Gesetzes zu zahlende Gesamtbetrag an Versorgungsgebührnissen für die zur Zeit des Inkrafttretens dieses Gesetzes den Kaiserlichen Schutztruppen angehörenden Personen der Unterklassen darf nicht hinter der Summe derjenigen Beträge zurückbleiben, welche ihnen im Falle der Pensionierung zur Zeit des Inkrafttretens dieses Gesetzes an Pension und Pensionserhöhung zugestanden haben würden. Bei Ermittelung dieser Beträge ist für Deckoffiziere das

Dienstalter und der Dienstgrad zu Grunde zu legen, welche sie bei Fortsetzung ihres Dienstverhältnisses in der Heimat erreicht haben würden.

Die Versorgungsgebührnisse derjenigen Friedensinvaliden, welche an einer als Feldzug erklärten militärischen Unternehmung teilgenommen haben, sind nach den Vorschriften dieses Gesetzes festzustellen.

Die Vorschrift des § 45 Nr. 2 Abs. 2 findet hierbei Anwendung.

1. Das Gesetz hat natürlich auch bezüglich der Personen der Unterklassen der Kaiserlichen Schutztruppen im allgemeinen keine rückwirkende Kraft. Dies folgt schon aus der allgemeinen Vorschrift des § 63, wonach der in § 45 Abs. 1 ausgesprochene Grundsatz auf die Schutztruppen entsprechende Anwendung findet. S. § 45 Anm. 1.

2. **Zu Abs. 1.**

a) Der erste Satz bildete im Entwurf den Abs. 2 des § 75. Die Vorschrift trägt der Billigkeit Rechnung, die zur Zeit des Inkrafttretens dieses Gesetzes der Schutztruppe angehörigen Militärpersonen der Unterklassen vor einer Benachteiligung durch das neue Gesetz zu schützen. Begr. S. 45 zu § 75.

Der zweite Satz wurde von der Kommission eingefügt. KomBer. S. 178, 190. Anlaß zu dieser Vorschrift haben Zweifel über die Auslegung des § 7 Abs. 1 des Schutztruppengesetzes vom 7./18. Juli 1896 gegeben. Durch Aufnahme einer Übergangsbestimmung in die Pensionsgesetze sollte eine zwischen der Reichsverwaltung und einer Anzahl von Deckoffizieren über deren Pensionsrecht bestehende Meinungsverschiedenheit beseitigt werden.

Nach dem Gesetz sind also für die Versorgungsansprüche der zur Zeit des Inkrafttretens des Gesetzes (1. Juli 1906) den Schutztruppen angehörenden Deckoffiziere weder Dienstalter noch Dienstgrad in der Schutztruppe von irgend welcher Bedeutung; maßgebend sind vielmehr lediglich das heimische Dienstalter und der heimische Dienstgrad. Bei Festsetzung der Versorgungsgebührnisse sind diejenigen Gebührnisse zu Grunde zu legen, die nach Dienstalter und Dienstgrad bei Fortsetzung des Dienstverhältnisses in der Heimat zugestanden hätten. Von der Vorschrift werden aber nur die nach dem Inkrafttreten des Gesetzes ausgeschiedenen Deckoffiziere betroffen. Das Nähere hierzu s. KomBer. S. 178 ff.

Die hier angeführten „Deckoffiziere" sind scharf zu unterscheiden von den Deckoffizieren der Kaiserl. Marine, (die gemäß § 50 dieses Gesetzes in Verbindung mit § 46 des Offizierpensionsgesetzes v. 31. Mai 1906 in allen Pensionsangelegenheiten wie Offiziere behandelt werden) Hier sind nur Deckoffiziere der Kaiserlichen Schutztruppen gemeint. Die Bezeichnung „Deckoffiziere" ist eigentlich unzutreffend; um wirkliche Deckoffiziere handelt es sich hier nicht. Unter Deckoffizieren versteht man schon dem Namen nach Leute, die auf dem Schiff zu tun haben. Von solchen ist hier nicht die Rede. Die Bezeichnung „Deckoffiziere" ist übernommen und beibehalten worden aus der Zeit vor dem Inkrafttreten des Schutztruppengesetzes vom 18. Juli 1896, als die Schutztruppen noch dem Reichs-Marine-Amt unterstellt waren. Damals wurden die aus dem Heere übernommenen Personen des Soldatenstandes Angehörige der Marine und die Folge davon war, daß die aus dem Heere entnommenen Zahlmeister-Aspiranten den Rang der Zahlmeister-Aspiranten der Marine — also der Deckoffiziere erhielten. Nach Loslösung der Schutztruppenverwaltung vom Reichs-Marine-Amt wurde die Bezeichnung „Deckoffizier" in der Schutztruppe beibehalten, da hiergegen Bedenken nicht vorlagen. (KomBer. S. 175). Die Bezeichnung „Deckoffizier" ist, weil sie zu Unzuträglichkeiten geführt hatte, jetzt in der Schutztruppe beseitigt worden. Vgl. hierzu KomBer. S. 176. Deckoffiziere aus der Marine sind bei der Schutztruppe nicht mehr vorhanden. Die „Deckoffiziere" bei den Schutztruppen ergänzen sich zur Zeit ausschließlich aus dem Heere. Sie gehören zu den Unteroffizieren. In § 3 der „Organisatorischen Bestimmungen der Kaiserlichen Schutztruppen in Afrika" (Schutztruppenordnung) heißt es: „Die Unterzahlmeister, Unterärzte, Unterveterinäre, Wallmeister, Oberfeuerwerker bilden eine besondere Klasse der Unteroffiziere. Hinsichtlich der Pensionierung stehen sie den Feldwebeln gleich".

b) Wegen des Begriffes „Versorgungsgebührnisse" s. § 27 Anm. 2a.

3. **Zu Abs. 2** (im Entwurf § 75 Abs. 3).

a) Die Vorschrift ergänzt den § 45 Nr. 2, § 62 Abs. 1; sie bezieht sich nur auf Friedensinvalide. Die Personen der Unterklassen, welche infolge einer als Feldzug erklärten militärischen Unternehmung invalide geworden sind, sind bereits nach dem Gesetze vom 31. Mai 1901 gleich den Kriegsinvaliden abgefunden. Begr. S. 45.

b) Darüber, welche Unternehmung als eine „als Feldzug erklärte militärische Unternehmung" anzusehen ist, s. § 57 Anm. 2c.

c) Die Worte „sind festzustellen" bedeuten, daß für die genannten Friedensinvaliden ein Rechtsanspruch auf neue Feststellung ihrer Versorgungsgebührnisse nach den günstigeren Bedingungen dieses Gesetzes besteht. Wegen des Rechtsweges s. die Anmerkungen zu § 42. Wegen des Verfahrens bei Feststellung und Anweisung der Versorgungsgebührnisse s. §§ 27 ff.

4. **Zu Abs. 3** s. die Anm. 3e u. f zu § 45 Nr. 2.

Schlußvorschrift.

§ 75.

Die Versorgungsgebührnisse derjenigen Personen, deren Bezüge nach den bestehenden Vorschriften aus den Mitteln des Reichs-Invalidenfonds zu decken sind, werden aus dem Reichs-Invalidenfonds bestritten.

Dem Königreiche Bayern wird zur Bestreitung der gleichartigen Ausgaben, mit Ausnahme der infolge des Krieges 1870/71 erwachsenen, alljährlich eine Summe überwiesen, welche sich nach der Höhe des tatsächlichen Aufwandes für Angehörige des Reichsheeres und deren Hinterbliebene im Verhältnisse der Kopfstärke des Königlich Bayerischen Militärkontingents zu jener der übrigen Teile des Reichsheeres bemißt.

1. § 75 bildete im Entwurf den § 76. Die Vorschrift wurde von der Kommission in erster und zweiter Lesung sowie vom Reichstag unverändert angenommen. KomBer. S. 192, 251.

2. Wegen des Begriffes „Versorgungsgebührnisse" s. § 27 Anm. 2a.

§ 76.

Dieses Gesetz tritt mit dem 1. Juli 1906 in Kraft.

Außer Kraft treten alsdann:

1. die bisherigen Militärpensionsgesetze, soweit sie die Militärpersonen der Unterklassen und

die im § 44 bezeichneten Personen betreffen, mit Ausschluß der Vorschriften für Hinterbliebene;

2. das Unfallfürsorgegesetz für Beamte und für Personen des Soldatenstandes vom 18. Juni 1901, soweit es die Militärpersonen der Unterklassen und deren Hinterbliebene betrifft;

3. die Vorschriften des Gesetzes, betreffend die Kaiserlichen Schutztruppen in den afrikanischen Schutzgebieten und die Wehrpflicht daselbst, vom 7./18. Juli 1896, soweit sie die Versorgung der Personen der Unterklassen regeln, mit Ausschluß der Vorschriften für Hinterbliebene.

Für das Königreich Bayern tritt § 23 erst mit dem Erlaß eines neuen Beamtenpensionsgesetzes in Kraft. Bis dahin werden die an den Pensionär gemäß § 36 Nr. 4 nicht zu zahlenden Rentenbeträge den Zivilpensionsfonds nicht erstattet.

1. § 76 ist zusammengestellt aus verschiedenen Vorschriften des Entwurfes. Abs. 1 war im Entwurf § 77 Abs. 1; Abs. 2 Nr. 1 und 2 bildeten im Entwurf § 45; Nr. 3 war im Entwurf § 75 Abs. 1. Der dritte Absatz wurde von der Kommission hinzugefügt. KomBer. S. 134, 135, 192, 193.

2. Daß das Gesetz im allgemeinen keine rückwirkende Kraft hat, ist in § 45 bestimmt. S. dort Anm. 1. Wegen der Ausnahmen s. ebenfalls § 45 und ferner §§ 62, 74.

3. Zu Abs. 2.

Die Neugestaltung der Militärpensionsgesetze hat neben der Erhöhung der Versorgungsgebührnisse auch den Zweck, Klarheit und Übereinstimmung auf diesem Gebiete der Gesetzgebung zu schaffen. Das Unfallfürsorgegesetz vom 18. Juni 1901 muß daher ebenso wie die bisherigen Militärpensionsgesetze in dem bezeichneten Umfang außer Kraft gesetzt werden, um eine verschiedenartige Versorgung der Unterklassen für die Zukunft zu beseitigen. Begr. S. 36, 37 (zu § 45 des Entwurfs). Ebenso treten infolge der im neuen Gesetze getroffenen Festsetzungen die hierdurch geänderten Bestimmungen des Gesetzes betr. die Kaiserlichen Schutztruppen usw. vom 7./18. Juli 1896 außer Kraft.

Zu bemerken ist noch besonders, daß die in Nr. 1 und 3 noch aufrecht erhaltenen Vorschriften der genannten Gesetze für Hinterbliebene seit dem 1. April 1907 durch § 55 des Militärhinterbliebenengesetzes vom 17. Mai 1907 außer Kraft gesetzt und daß nunmehr für die Versorgung der Hinterbliebenen von Militärpersonen der Unterklassen (des Reichsheeres, der Kaiserlichen Marine und der Kaiserlichen Schutztruppen in den afrikanischen Schutzgebieten), sowie von Personen der freiwilligen Krankenpflege auf dem Kriegsschauplatze die Vorschriften dieses Gesetzes maßgebend sind. Das Nähere s. § 55, §§ 12 ff. (Reichsheer), §§ 38 ff. (Marine), §§ 47 ff. (Schutztruppen), §§ 17, 18 (Hinterbliebene von Personen der freiwilligen Krankenpflege usw.) des genannten Gesetzes (im Anhang).

4. Abs. 3 befand sich nicht im Entwurf und wurde auf Antrag Bayerns von der Kommission eingefügt. KomBer. S. 134, 135, 162, 157. S. auch § 23 Anm. 9.

III.

Anlagen.

Anlage 1.

Dienstgradeinteilung

der Militärpersonen des Reichsheeres vom Feldwebel abwärts.

Im Sinne des § 9 Ges./06 über die Versorgung der Personen der Unterklassen des Reichsheeres, der Kaiserlichen Marine und der Kaiserlichen Schutztruppen — Erster Teil, Reichsheer — gehören:

I. Zum Dienstgrade der Feldwebel:

1. Feldwebel,	
2. Wachtmeister,	
3. Vizefeldwebel,	mit Vizefeldwebel- (Vizewachtmeister-) Gebührnissen,
4. Vizewachtmeister,	
5. Regiments- und Bataillonstambours,	
6. Oberfahnenschmiede,	
7. Büchsenmacher-Unteroffiziere,	
8. Zahlmeisteraspiranten,	
9. Sanitätsfeldwebel,	
10. Sanitätsvizefeldwebel,	
11. Stabshoboisten,	
12. Stabshornisten,	

13. Stabstrompeter,
14. Fähnriche,
15. Sergeanten,
15. a. Sanitätssergeanten,
15. b. Unteroffiziere,
15. c. Fahnenschmiede,
15. d. Sanitätsunteroffiziere,

} mit Vizefeld- webel- (Vize- wachtmeister-) Gebührnissen,

16. Zeugfeldwebel,
16. a. Depotvizefeldwebel,
16. b. Zeugsergeanten,
16. c. Feuerwerker,

} nach Vollendung einer 9jährigen Dienstzeit,

17. Oberfeuerwerker,
18. Wallmeister,
19. Schirrmeister der Pionier-Bataillone und Eisenbahn- truppen,
20. Unterärzte,
21. Einjährig-freiwillige Ärzte,
22. Einjährig-freiwillige Militärapotheker und Unter- apotheker,
23. Unterveterinäre,
24. Reitende Feldjäger, sofern sie nicht Offiziersgebühr- nisse beziehen,
25. Feldgendarmerie-Wachtmeister, *)

---

*) Die (Land-) Gendarmen gehören nicht zu den Personen der Unterklassen des Reichsheeres. Sie werden nach den betreffenden Landesgesetzen pensioniert. (In Preußen nach dem Beamtengesetz vom 27. März 1872 (GS. S. 268 ff.) in Verbindung mit dem ab- ändernden Ges. v. 27. Mai 1907 Art. I (GS. S. 95), in Elsaß-Lothringen nach dem Gesetz vom 20. Juni 1872.)

26. Unterzahlmeister, Proviantamts-, Bekleidungsamts-, Garnisonverwaltungs- und Lazarettverwaltungs-aspiranten,
27. Sanitätsfeldwebel in größeren Garnisonlazaretten,
28. Oberbäcker-Vizefeldwebel,
29. Haus- und Kompagnieverwalter des Kadettenkorps mit Feldwebeldienstgrad,
30. Feldwebel-Sergeanten, Feldwebel-Unteroffiziere und Unteroffiziere der Schloßgarde-Kompagnie.

II. Zum Dienstgrade der Sergeanten:

1. Überzählige Vizefeldwebel, 2. Sergeanten, 3. Regiments- und Bataillons-tambours, 4. Oberfahnenschmiede, 5. Büchsenmacher-Unteroffiziere, 6. Zahlmeisteraspiranten, 7. Sanitätsfeldwebel, 8. Sanitätssergeanten, 8. a. Unteroffiziere, 8. b. Fahnenschmiede, 8. c. Sanitätsunteroffiziere,	mit Sergeanten-gebührnissen,

9. Depotvizefeldwebel,
10. Zeugsergeanten,
11. Feuerwerker,
12. Feldgendarmen, *)
13. Oberbäcker-Sergeanten,
14. Kompagnieverwalter des Kadettenkorps mit Sergeantendienstgrad.

*) S. die Anm. auf voriger Seite.

III. Zum Dienstgrade der Unteroffiziere:

1. Überzählige Vizefeldwebel, 2. " Vizewachtmeister, 3. " Sergeanten, 4. Unteroffiziere, 5. Oberjäger, 6. Regiments- und Bataillons-tambours, 7. Fahnenschmiede, 8. Büchsenmacher-Unteroffiziere, 9. Zahlmeisteraspiranten, 10. Sanitätsunteroffiziere, 11. Etatsmäßige Hoboisten, 12. " Hornisten, 13. " Trompeter,	mit Unteroffizier-gebührnissen oder den Gebührnissen der etatsmäßigen Hoboisten, Hornisten, Trompeter.

14. Oberbäcker-Unteroffiziere,
15. Oberhandwerker bei den Trains.

IV. Zum Dienstgrade der Gemeinen:

1. Überzählige Vizefeldwebel, 2. " Vizewachtmeister, 3. " Sergeanten, 4. " Oberfahnen-schmiede, 5. " Unteroffiziere, 6. " Oberjäger, 7. " Fahnenschmiede,	ohne Unter-offiziergebührnisse oder ohne die Gebührnisse der etats-mäßigen Hoboisten, Hornisten, Trompeter,

(hierher gehören auch Unteroffiziere als Nicht-kapitulanten) *)

---

*) Werden Unteroffiziere aus dem Beurlaubtenstande zu Übungen eingezogen, dann gehören sie hinsichtlich etwaiger auf Grund dieser Übungen erworbener Versorgungsansprüche zum Dienstgrade der Unteroffiziere.

8. Überzählige Oberbäcker-Sergeanten,
9. „ Oberbäcker-Unteroffiziere,
10. Studierende der Militär-Veterinärakademie,
11. Kapitulanten,
12. Obergefreite,
13. Gefreite,
14. Sanitätsgefreite,
15. Schießer bei den Militärbäcker-Abteilungen,
16. Hilfshoboisten,
17. Spielleute,
18. Gemeine,
19. Trainsoldaten,
20. Sanitätssoldaten,
21. Ökonomiehandwerker,
22. Veterinäraspiranten,
23. Bäcker bei den Militärbäcker-Abteilungen,
24. Militärkrankenwärter,
25. Militärkrankenträger,
26. Gefreite } der Unteroffizierschulen,
27. Füsiliere } der Unteroffizierschulen,
28. Arbeitssoldaten.

Personen der freiwilligen Krankenpflege im Kriege.

Zugführer stehen im Range der Feldwebel,
Zugführerstellvertreter stehen im Range der Sergeanten,
Sektionsführer stehen im Range der Unteroffiziere,
Krankenpflegerin, Krankenpfleger, Krankenträger, Kaufmann, Schreiber, Diener, Koch, Köchin, stehen im Range der Gemeinen.

Anlage 1a.

Dienstgradeinteilung

der Militärpersonen der Marine vom Feldwebel abwärts.

Im Sinne des § 9 des MVGes. 06 über die Versorgung der Personen der Unterklassen des Reichsheeres, der Kaiserlichen Marine und der Kaiserlichen Schutztruppen — II. Teil, Kaiserliche Marine — gehören

I. Zum Dienstgrade der Feldwebel:

1. Feldwebel,
2. Wachtmeister, einschließlich beim III. Seebataillon,
3. Stabshoboisten,
4. Depotvizefeldwebel, } nach Vollendung einer neunjährigen Dienstzeit,
5. Zeugobermaate, } nach Vollendung einer neunjährigen Dienstzeit,
6. Vizefeldwebel, Vizewachtmeister (letztere beim III. Seebataillon),
7. Sanitätsfeldwebel,
8. Divisionstamboure,
9. Abteilungstamboure, wenn sie Obermaate sind,
10. Unteroffiziere der Marineinfanterie, einschließl. Bataillonstamboure, Schreiber und Oberfahnenschmiede (letztere beim III. Seebataillon),
11. Obersanitätsmaate,
12. Etatsmäßige Schreiber,
13. Etatsmäßige Verwaltungsschreiber,
14. Fähnriche zur See,

(6.–14.: mit Vizefeldwebel- bezw. Vizewachtmeistergebührnissen.)

15. Marineunterärzte (einjährig-freiwillige Marineärzte),
16. Wallmeister (Kiautschou).

II. Zum Dienstgrade der Sergeanten:

1. Oberbootsmannsmaate,
2. Oberfeuerwerksmaate,
3. Oberwachtmeistersmaate,
4. Obersignalmaate,
5. Obersteuermannsmaate,
6. Obervermessungsmaate,
7. Divisionstamboure,
8. Exerziersergeanten,
9. Ingenieuroberapplikanten,
10. Obermaschinistenmaate,
11. Zahlmeisterapplikanten (mit Obermaatengebührnissen),
12. Oberfeuermeistersmaate,
13. Oberzimmermannsmaate,
14. Obersegelmachersmaate,
15. Obermalersmaate,
16. Obermaterialienverwaltersmaate,
17. Oberbotteliers,
18. Obersanitätsmaate,
19. Oberbüchsenmachersmaate,
20. Bäckermeister mit Obermaatengebührnissen,
21. Oberschreiber,
22. Oberverwaltungsschreiber,
23. Sergeanten (d. Marineinfanterie),
24. Oberartilleristenmaate,
25. Torpedo-Oberbootsmannsmaate,
26. Minen-Oberbootsmannsmaate,
27. Torpedo-Ingenieuroberapplikanten,
28. Torpedo-Obermaschinistenmaate,
29. Minen-Obermaschinistenmaate,
30. Torpedo-Oberfeuermeistersmaate,
31. Depotvizefeldwebel,
32. Zeugobermaate,
33. Torpedoobermaate,
34. Obermechanikermaate,
35. Kammerunteroffiziere der Bekleidungsämter (mit Obermaatengebührnissen),
36. Abteilungstamboure (mit Obermaatengebührnissen),
37. Unteroffiziere der Marineinfanterie einschließlich Bataillonstamboure, Schreiber und Oberfahnenschmiede (letztere beim III. Seebataillon) mit Sergeantengebührnissen.

III. Zum Dienstgrade der Unteroffiziere:

1. Bootsmannsmaate,
2. Feuerwerksmaate,
3. Wachtmeistersmaate,
4. Signalmaate,
5. Vermessungsmaate,
6. Hoboisten, Trompeter (letztere beim III. Seebataillon) mit Maaten- oder Unteroffiziergebührnissen,
7. Abteilungstamboure,
8. Exerzierunteroffiziere,
9. Ingenieurapplikanten,
10. Maschinistenmaate,
11. Zahlmeisterapplikanten (mit Maatengebührnissen),
12. Feuermeistersmaate,
13. Zimmermannsmaate,
14. Segelmachersmaate,
15. Malersmaate,
16. Materialienverwaltersmaate,
17. Botteliers,
18. Sanitätsmaate,
19. Büchsenmachersmaate,
20. Bäckermeister (mit Maatengebührnissen),
21. Schreiber,
22. Verwaltungsschreiber,
23. Unteroffiziere (der Marineinfanterie),
24. Bataillonstamboure und Fahnenschmiede (letztere beim III. Seebataillon),
25. Artilleristenmaate,
26. Torpedobootsmannsmaate,
27. Torpedomaschinistenmaate,
28. Torpedofeuermeistersmaate,
29. Torpedoingenieurapplikanten,
30. Minenbootsmannsmaate,
31. Minenmaschinistenmaate,
32. Torpedomaate,
33. Mechanikermaate,
34. Schuhmachermeister,
35. Schneidermeister,
36. Kammerunteroffiziere der Bekleidungsämter (mit Maatengebührnissen),
37. Die für Schiffe der Kaiserlichen Marine angestellten Personen (§ 51 MVGes. 06).

IV. Zum Dienstgrade der Gemeinen;

(Hierzu gehören auch Unteroffiziere als Nichtkapitulanten.)*)

1. Obermatrosen,
2. Matrosen,
3. Obersignalgasten,
4. Signalgasten,
5. Obervermessungsgasten,
6. Vermessungsgasten,
7. Hoboisten, Trompeter (letztere beim III. Seebataillon) mit Obermatrosen- bezw. Gefreiten- oder Matrosen- bezw. Gemeinen-Gebührnissen,
8. Spielleute,
9. Ingenieuroberanwärter,
10. Ingenieuranwärter,
11. Obermaschinistenanwärter,
12. Maschinistenanwärter,
13. Oberheizer,
14. Heizer,
15. Oberzimmermannsgasten,
16. Zimmermannsgasten,
17. Obersegelmachersgasten,
18. Segelmachersgasten,
19. Obermalersgasten,
20. Malersgasten,
21. Oberböttchersgasten,
22. Böttchersgasten,
23. Oberschuhmachersgasten,
24. Schuhmachersgasten,
25. Oberschneidersgasten,
26. Schneidersgasten,
27. Materialienverwaltersapplikanten,
28. Obersanitätsgasten,
29. Sanitätsgasten,
30. Marinekrankenwärter,
31. Oberbüchsenmachersgasten,
32. Büchsenmachersgasten,
33. Oberbäckersgasten,
34. Bäckersgasten,
35. Oberbotteliersgasten,
36. Oberschreibersgasten,
37. Schreibersgasten,
38. Zahlmeisteranwärter,

*) Werden Unteroffiziere aus dem Beurlaubtenstande zu Übungen eingezogen, so gehören sie hinsichtlich etwaiger auf Grund dieser Übungen erworbener Versorgungsansprüche zum Dienstgrade der Unteroffiziere.

39. Oberverwaltungsschreibersgasten,
40. Verwaltungsschreibersgasten,
41. Gefreite (der Marineinfanterie),
42. Seesoldaten, Feldartilleristen (letztere beim III. Seebataillon),
43. Obermatrosenartilleristen,
44. Matrosenartilleristen,
45. Torpedoobermatrosen,
46. Torpedomatrosen,
47. Minenobermatrosen,
48. Minenmatrosen,
49. Torpedo-Obermaschinistenanwärter,
50. Torpedo-Maschinistenanwärter,
51. Torpedooberheizer,
52. Torpedoheizer,
53. Torpedo-Ingenieuroberanwärter,
54. Torpedo-Ingenieuranwärter,
55. Obermechanikeranwärter,
56. Mechanikeranwärter,
57. Minen-Obermaschinistenanwärter,
58. Minen-Maschinistenanwärter,
59. Minenoberheizer,
60. Minenheizer,
61. Ökonomieoberhandwerker,
62. Ökonomiehandwerker,
63. Seekadetten,
64. Schiffsjungen, deren Erwerbsfähigkeit durch Krieg oder durch Dienstbeschädigung auf einer Seereise aufgehoben oder gemindert ist.

Anlage 2.

Rentenbeträge:

Dienstgrad	Erläuterungen	A. Rentenbeträge nach der Länge der Dienstzeit.								
	Dienstjahre	18	19	20	21	22	23	24	25	26
	Prozentsätze der Vollrente	50/100	53/100	56/100	59/100	62/100	65/100	68/100	71/100	74/100
Feldwebel	Jahresbetrag	450	477	504	531	558	585	612	639	666
	Monatsbetrag	37,50	39,75	42	44,25	46,50	48,75	51	53,25	55,50
Sergeanten	Jahresbetrag	360	381,60	403,20	424,80	446,40	468	489,60	511,20	532,80
	Monatsbetrag	30	31,80	33,60	35,40	37,20	39	40,80	42,60	44,40
Unteroffiziere	Jahresbetrag	300	318	336	354	372	390	408	426	444
	Monatsbetrag	25	26,50	28	29,50	31	32,50	34	35,50	37
	(Fortsetzung)	27	28	29	30	31	32	33	34	35
		77/100	80/100	83/100	86/100	89/100	92/100	95/100	98/100	100/100
Feldwebel	Jahresbetrag	693	720	747	774	801	828	855	882	900
	Monatsbetrag	57,75	60	62,25	64,50	66,75	69	71,25	73,50	75
Sergeanten	Jahresbetrag	554,40	576	597,60	619,20	640,80	662,40	684	705,60	720
	Monatsbetrag	46,20	48	49,80	51,60	53,40	55,20	57	58,80	60
Unteroffiziere	Jahresbetrag	462	480	498	516	534	552	570	588	600
	Monatsbetrag	38,50	40	41,50	43	44,50	46	47,50	49	50

B. Rentenbeträge nach dem Grade der Erwerbsunfähigkeit.

		10/100	15/100	20/100	25/100	30/100	33 1/3/100	35/100	40/100	45/100	50/100	55/100
Feldwebel	Jahresbetrag	90	135	180	225	270	300	315	360	405	450	495
	Monatsbetrag	7,50	11,25	15	18,75	22,50	25	26,25	30	33,75	37,50	41,25
Sergeanten	Jahresbetrag	72	108	144	180	216	240	252	288	324	360	396
	Monatsbetrag	6	9	12	15	18	20	21	24	27	30	33
Unteroffiziere	Jahresbetrag	60	90	120	150	180	200,40	210	240	270	300	330
	Monatsbetrag	5	7,50	10	12,50	15	16,70	17,50	20	22,50	25	27,50
Gemeine	Jahresbetrag	54	81	108	135	162	180	189	216	243	270	297
	Monatsbetrag	4,50	6,75	9	11,25	13,50	15	15,75	18	20,25	22,50	24,75

	(Fortsetzung)	60/100	65/100	66 2/3/100	70/100	75/100	80/100	85/100	90/100	95/100	100/100
Feldwebel	Jahresbetrag	540	585	600	630	675	720	765	810	855	900
	Monatsbetrag	45	48,75	50	52,50	56,25	60	63,75	67,50	71,25	75
Sergeanten	Jahresbetrag	432	468	480	504	540	576	612	648	684	720
	Monatsbetrag	36	39	40	42	45	48	51	54	57	60
Unteroffiziere	Jahresbetrag	360	390	400,20	420	450	480	510	540	570	600
	Monatsbetrag	30	32,50	33,35	35	37,50	40	42,50	45	47,50	50
Gemeine	Jahresbetrag	324	351	360	378	405	432	459	486	513	540
	Monatsbetrag	27	29,25	30	31,50	33,75	36	38,25	40,50	42,75	45

Für Stabshoboisten usw. und Gehaltsempfänger ist die Vollrente in jedem Falle besonders zu ermitteln.

Anlage 3.

Verzeichnis der Pensionsregelungsbehörden.

Zuständig sind für die Zahlung von Pensionen u. s. w. an preußische Empfangsberechtigte beim Aufenthalte:

im Königreich Preußen	die Regierungen (in Berlin das Polizeipräsidium),
„ Großherzogtum Baden	die Intendantur XIV. Armeekorps,
in Elsaß-Lothringen	das Ministerium für Elsaß-Lothringen, Abteilung für Finanzen, Handel und Domänen,
im Königreich Bayern	die Regierung in Cassel,
„ Großherzogtum Hessen	„ „ „ „ ,
„ Fürstentum Waldeck-Pyrmont	„ „ „ „ ,
„ Königreich Sachsen	„ „ „ Liegnitz,
„ „ Württemberg	„ „ Wiesbaden,
„ Großherzogtum Sachsen-Weimar	„ „ „ Erfurt,

in den Herzogtümern Sachsen-Altenburg, Sachsen-Coburg-Gotha, Sachsen-Meiningen	„	„	„	„ .
„ „ Fürstentümern Schwarzburg-Rudolstadt und Sondershausen	„	„	„	„ .
„ „ Großherzogt. Mecklenburg-Schwerin u. Strelitz	„	„	„	Schleswig,
„ „ Freien Städten Hamburg, Lübeck, Bremen	„	„	„	„ ,
im Großherzogtum Oldenburg	„	„	„	Aurich,
in den Herzogtümern Braunschweig, Anhalt-Dessau .	„	„	„	Magdeburg,
in den Fürstentümern Reuß	„	„	„	Merseburg,
„ „ „ Lippe-Detmold u. Schaumburg-Lippe	„	„	„	Minden.

Die Zahlung der Versorgungsgebührnisse solcher Personen, die der Ostasiat. Besatzungstruppe angehört haben, erfolgt gleichfalls durch die vorgenannten Behörden für Rechnung der General-Militärkasse. Für die Regelung des Bezugs der Gebührnisse während der Anstellung im Zivildienste sind jedoch die betreffenden Behörden der einzelnen Bundesstaaten zuständig.

Die Zahlung der Versorgungsgebührnisse solcher Personen, die sich bei Feststellung ihrer Versorgungsgebührnisse im Auslande befinden, erfolgt durch die Militär-Pensionskasse in Berlin. Pensionsregelungsbehörde ist das Polizeipräsidium in Berlin.

Anlage 4.

Zusammenstellung
der Allerhöchsten Erlasse über die Anrechnung von Kriegsjahren und Doppelrechnung von Dienstzeit.

Lfde. Nr.	Tag der Allerhöchsten Kabinetts-Ordre	Anlaß	Dauer	Bemerkungen
1	2	3	4	5
		I. Reichsheer.		
1	18. 12. 1864	Feldzug 1864	1. 2. bis 2. 8. 1864	
2	6. 11. 1866 20. 6. 1872 11. 2. 1875	Feldzug 1866	Juni bis 2. 8. 1866	
3	16. 5. 1871 17. 5. 1872 14. 7. 1874	Feldzug 1870/1871	Juli 1870 bis 2.3.1871	

4	8. 8. 1901	Teilnahme an der Expedition gegen China .	30.5.1900 bis 29. 6. 1901	*)
5	18. 8. 1902	Angehörige des zu Besatzungszwecken in China verbliebenen verminderten Expeditionskorps	seit 30. 6. 1901	*)

II. Kaiserliche Marine.

Afrika, Westküste, Kamerun.

1	4. 6. 1885	Militärische Unternehmung in Kamerun im Dezember 1884	Okt. bis Dez. 1884	
2	5. 9. 1892	Teilnahme am Gefecht bei Miang 18. Okt. 1891	Oktober 1891	

Afrika, Westküste S.W.

3	29. 9. 1904	Niederwerfung der Aufstände der Bondelzwart-Hottentotten und Hereros	Januar 1904 bis April 1905	

Afrika, Ostküste.

4	19. 11. 1889	Militärische Aktion an der Ostküste Afrikas .	6. September 1888 bis 10. Juli 1889	
5	24. 2. 1891	Militärische Aktion im Süden des deutschen Gebietes in Ostafrika 1889/90	bis Mai 1890	

*) Dienstzeit wird doppelt gerechnet, sofern sie mindestens 6 Monate ohne Unterbrechung gedauert hat.

Lfde. Nr.	Tag der Allerhöchsten Kabinetts-Ordre	Anlaß	Dauer	Bemerkungen
1	2	3	4	5
		China.		
6	8. 8. 1901	Teilnahme an der Expedition gegen China	30. Mai 1900 bis 29. Juni 1901	
7	25. 2 1902	Ausdehnung dieser Bestimmung auf Landesbeamte Kiautschou		
		Samoa.		
8	19. 11. 1889	Militärische Aktion gegen Samoa, Beteiligung am Gefecht 18. Dezember	Dezember 1888	
		Venezuela.		
9	2. 1. 1904	Blockade von Venezuela	20. Dezember 1902 bis 21. Februar 1903	

III. Kaiserliche Schutztruppen.

a) Deutsch-Ostafrika.

1	24. 10. 1891	Militärische Unternehmungen der Truppe des Reichskommissars v. Wißmann	1889; 1890; 1891	
2	5. 12. 1892	Expedition gegen die Wahehe	22. 6. bis 17. 9. 1891	
		Expedition gegen die Mafiti	16. 8. bis 12. 9. 1891	

3	17. 4. 1893	Gefecht bei Ipuli bei Tabora	1. 4. 1892
		Angriff auf Quikura qua Siki bei Tabora	6. 6. 1892
		Gefecht bei Moschi am Kilima-Ndjaro	10. 6. 1892
		Gefecht bei Mhunzi gegen die Mafiti	27. 8. 1892
		Gefecht bei Kondoa	6. 10. 1892
		Gefecht bei Munisagara gegen die Wahehe	8. 12. 1892
4	2. 8. 1894	Einnahme des Quikuru qua Isike bei Tabora	10. 11. 12./1. 1893
		Erstürmung der Hauptembe Masseutas bei Unjangwira	16. 2. 1893
		Zusammenstöße mit Wagogos auf der Strecke Kilimira—Tinde—Unjangwira	18. 2. 1893
		Einnahme des Quikuru qua Muini Mtwana bei Mdaburu in Ugogo	10. 3. 1893
		Gefecht gegen den Häuptling Maruguru bei Maamanda	13. 3. 1893
		Expedition nach Urima	14. bis 21. 3. 1893
		Gefecht bei Quamba	3. 5. 1893
		Gefecht gegen den Jumben Kissanda bei Mabuene am Gerengere	12. 6. 1893
		Gefecht bei Moschi gegen den Sultan Meli	12. 8. 1893
		Erstürmung der Hauptembe des Sultans Sinjangaro in Kondoa	28. 8. 1893
		Gefecht gegen die Mafitis am Nserekera-See	3. 12. 1893
		Einnahme des Quikuru des Sultans Kandi von Mkahama	14. 12. 1893

Lfde. Nr.	Tag der Allerhöchsten Kabinetts-Ordre	Anlaß	Dauer	Bemerkungen
1	2	3	4	5
5	5. 9. 1895	Gefecht im Mligosi-Tal bei Kwamkora	25. 2. 1894	
		Gefecht bei Qua-Mfundo	6. 3. 1894	
		Einnahme der Boma des Häuptlings Kidulu von Kitara	1. 4. 1894	
		Gefecht bei Mawudje	11. 6. 1894	
		Gefecht bei Ujansi	13. 6. 1894	
		Gefecht bei Kundaß	2. 8. 1894	
		Strafexpedition gegen das Sultanat Bulima	30. 7. bis 6. 8. 1894	
		Gefecht bei Kilwa-Kiwindje	7. 9. 1894	
		Gefecht bei Konko	13. 10. 1894	
		Erstürmung der Festung Kuirenga	30. 10. 1894	
		Ueberfall durch die Wahehe bei Mage	6. 11. 1894	
6	18. 7. 1896	Gefecht mit Sultan Mutatembwa von Kisiba	18. 7. 1895	
		Gefecht bei Limueme in Ugalla gegen den Sultan Tara galla Gombero von Usenji	10. 8. 1895	
		Kriegszug gegen die Sultane Mukotani und Kislewuka von Kyamtura	Oktober 1895	
		Krieg gegen Sultan Lukonge von Ost-Ukerewe	November 1895	

7	12. 2. 1897	Gefecht bei Kitumbini	6. 11. 1895
		Gefecht bei Luawa	13. 11. 1895
		Ueberfall an den Gonga-Bergen in Usandani	26. 10. 1895
8	30. 9. 1897	Gefechte mit den Waruri	2., 3., 4./6. 1896
		Expedition Burungi-Irangi-Ufiomi-Turu	Juli bis Sept. 1896
		Feldzug gegen die Wahehe	12. 7. bis 25. 12. 1896
		Gefechte in Urundi	25. bis 27. 9. 1896
		Gefecht bei Gr. Aruscha	5. 11. 1896
		Bestrafung des Sultans Luassa in Uha	15., 16./11. 1896
		Bestrafung der Räuber an den Karawanenstraßen Tabora—Tanganyka in Uha	18., 19./11. 1896
		Zug gegen den Sultan Mtau und Erstürmung der Tembe desselben	Nov. u. Dez. 1896
9	4. 10. 1898	Wahumba-Expedition	13. 1. bis 23. 2. 1897
		Gefechte bei Kwa Towera	1., 4., 5./6. 1897
10	3. 12. 1898	Feldzug in Uhehe	Februar 1897 bis Juli 1898
11	31. 8. 1899	Gefechte gegen den Sultan Katugamoto von Urambo	15., 20./7.; 5. 8. 1898
		Erstürmung der Boma Kiboroswa der Wasweta	2. 8. 1898
		Kriegerische Zusammenstöße bei der Watumbi-Expedition	10. bis 29. 9. 1898
		Gefechte in Usandani und in Iramba	5. bis 10. 10. 1898
			30. 10. bis 7. 11. 1898

Lfde. Nr.	Tag der Allerhöchsten Kabinetts-Ordre	Anlaß	Dauer	Bemerkungen
1	2	3	4	5
12	26. 9. 1900	Zug nach Upogoro	Februar 1899	
		Gefecht mit den Watende	13., 14./4. 1899	
		Zug nach Ssekke	Juni 1899	
		Gefecht mit den Waburungu	12. 6. 1899	
		Expedition gegen den Sultan Matschemba	Juni bis Juli 1899	
		und Einnahme des Dorfes desselben	9. und 10. 6. 1899	
		Strafzug gegen den Muezi von Urundi	31. 5. bis 9. 8. 1899	
13	29. 8. 1901	Strafexpedition in Gr. Aruscha	4. bis 28. 2. 1900	
		Ueberfall durch die Wagaya	17. 2. 1900	
		Strafexpedition Mbulu-Iraku	12. 4. bis 17. 6. 1900	
		Strafexpedition gegen die Wabende	September 1900	
14	2. 9. 1902	Strafexpedition Issansu-Iramba	April und Mai 1901	
		Strafzug nach Ussaya	20. 6. bis 1. 7. 1901	
		Ueberfall durch die Massai bei Ikoma	12. 9. 1901	
15	23. 8. 1903	Gefecht gegen die Wamatengo in Mandana	4. 3. 1902	
		Unterdrückung des Aufstandes in Issansu, Iyambi und Kinyakumi	Juni und August 1902	
		Erstürmung der Boma Ssega in Mssalalamdogo	16. 8. 1902	

16	27. 8. 1904	Gefechte gegen die aufständischen Waffandani	19. 4. bis 10. 5. 1903
		Unterwerfung des Mwezi Kisabo von Urundi	30. 4. bis 15. 7. 1903
		Gefechte geg. d. aufständ. Wahemba (Wasanaki)	20. b.22./9.; 1.10.1903
17	30.1.1907.	Unterdrückung des Aufstandes 1905	1905
		b) Südwestafrika.	
1	17. 9. 1895	Militärische Unternehmungen der Landeshauptmannschaft Südwestafrika in den Jahren .	1893, 1894
2	12. 2. 1897	Feldzug gegen die Khauas-Hottentotten . . .	20. 12. 1894 bis 10. 2. 1895
		Feldzug gegen die vereinigten Hereros und Khauas-Hottentotten	27.3. bis 13. 6. 1896
3	4. 10. 1898	Feldzug gegen die Afrikaner-Hottentotten . .	5. 7. bis 10. 10. 1897
4	31. 8. 1899	Feldzug gegen die vereinigten Swartboi-Topnar-Hottentotten und Nordwest-Hereros . .	3. 12. 1897 bis 30. 4. 1898
		Patrouillengefecht bei Klein-Aub	4. 12. 1897
		Erstürmung von Ehobib	5. 12. 1897
		Wagenüberfall bei Groß-Tsaub	18. 12. 1897
		Gefecht bei Anabis	20. 12. 1897
		Gefecht bei Klein-Tsaub	4. 1. 1898
		Ueberfall bei Khauas	23. 1. 1898
		Gefecht bei Xantamab	7. 2. 1898
		Gefecht bei Grootberg	26. 2. 1898
		Erkundungsgefecht in der Grootbergschlucht .	27. 2. 1898

Lfde. Nr.	Tag der Allerhöchsten Kabinetts-Ordre	Anlaß	Dauer	Bemerkungen
1	2	3	4	5
5	4. 3. 1902	Aufstand der Grootfonteiner Bastards	Februar 1901	
		Patrouillengefecht bei Usib	6. 2. 1901	
		Patrouillengefecht bei Gorab	8. 2. 1901	
		Gefecht bei Witmannshaar	12. 2. 1901	
6	29. 9. 1904	Aufstand der Bondelzwart-Hottentotten	25. 10. 1903 bis 27. 1. 1904	*)
	12. 10. 1905	Hereroaufstand	vom 11. 1. 1904 ab	**)
		Feldzug gegen die Hottentotten	1904; 1905	
7	27. 2. 1906 12. 4. 1907	Niederwerfung der Eingeborenen-Aufstände	1906; 1907	**)

c) Kamerun.

1	5. 9. 1892	Gefecht bei Miang	18. 10. 1891
2	17. 4. 1893	Expedition in das südliche Hinterland von Kamerun, geleit. vom Kompagnieführer Ramsay	21. 1. bis 5. 7. 1892
3	17. 9. 1895	Militärische Unternehmungen des Gouvernements Kamerun in den Jahren	1891,1892,1893,1894
4	18. 7. 1896	Kriegszug gegen die Bakoko	März und April 1895

5	14. 4. 1898	Expedition gegen die Jaundes	16. 12. 1895 bis 7. 1. 1896
		Expedition gegen die Jaundes	7. 2. bis 27. 2. 1896 7. 3. bis 14. 3. 1896
6	4. 10. 1898	Gefecht gegen Ngilla	25. 1. 1897
		Expedition gegen Jkoy	18. 3. bis 12. 4. 1897
		Gefechte gegen Ntoni und gegen Barongo . .	16. 7. 1897; 1. 8. 1897
		Expedition gegen die Bane	21. 8. bis 6. 12. 1897
7	27. 2. 1900	Expedition gegen die Bulis	14. 1. bis 18. 2. 1898
		Strafzug gegen die Ntumleute (Ntonistamm)	23. bis 26. 4. 1898
		Strafzug gegen den Beniatastamm	7. bis 12. 5. 1898
		Gefechte gegen die Ngolos	21. bis 24. 6. 1898
		Gefecht gegen die Bakundus	1. 7. 1898
		Sturm auf Betika und Jtoki	23. 7. 1898
		Strafzug gegen die Wutes des Häuptlings Ngilla und gegen die Balinga	10. 6. bis 8. 7. 1898
		Strafzug gegen die Abanda-Batschengas . . .	21. 8. bis 6. 9. 1898
8	26. 9. 1900	Wute-Adamaua-Expedition	13. 12. 1898 bis 10. 11. 1899
		Strafexpedition gegen die Bakoe	19. 8. bis 10. 11. 1899
		Strafzug gegen die Soghe-Gane	27. bis 31. 12. 1899
9	29. 8. 1901	Buli-Expedition	22. 10. 1899 bis 17. 3. 1900
		Strafzug gegen die Mangissa	4. 1. bis 2. 2. 1900

*) Als Kriegsjahr zu rechnen 1903. — **) Vorläufig 1904/1905 Kriegsjahre.

Lfde. Nr.	Tag der Allerhöchsten Kabinetts-Ordre	Anlaß	Dauer	Bemerkungen
1	2	3	4	5
9	29. 8. 1901	Expedition gegen die Bangwas und Keakas	25. 2. bis 14. 4. 1900	
		Gefechte im Jemissengebiet	28. 5. bis 8. 7. 1900	
10	2. 9. 1902	Unternehmungen gegen die Ekois	5. 6. bis 23. 7. 1900	
		Unternehmungen gegen die Ost-Bulis	20. 11. 1900 bis 29. 1. 1901	
		Expedition gegen die Weyjembasse	1. bis 20. 12. 1900	
		Expedition Jaunde-Ngutte-Jabassi	21. 1. bis 16. 6. 1901	
		Bambuko-Expedition	8. 5. bis 31. 7. 1901	
		Expedition gegen den Häuptling Wocke	17. 2. bis 2. 3. 1901	
		Expedition gegen Manga	12. 3. bis 1. 5. 1901	
		Expedition gegen den Häuptling Tschimene	15. 6. bis 3. 7. 1901	
		Expedition gegen Ngoe im Bunde mit Njenjok, Jewoe, Jemissen	11. 6. bis 25. 9. 1901	
		Expedition gegen Ngaundere	20. bis 23. 8. 1901	
		Expedition gegen die Ngolos, Batangas, Bakundus und Balnes	21. 2. bis 31. 10. 1901	
		Kämpfe gegen den Emir Zuberu von Yola und seine Verbündeten	2. 11. bis 7. 12. 1901	

		Strafzug gegen die Mpfongs und Bulis . .	21. 10. bis 25. 11. 1901
		Strafzug zur Unterwerfung von Bubandschidda	21. bis 25. 12. 1901
		Feldzug gegen die Bangwas	6. bis 25. 11. 1901
		Expedition gegen die Bafuts und Bandengs	1. bis 30. 12. 1901
11	23. 8. 1903	Strafzug gegen die aufrührerischen Bogesumdanas und Bogetangenbalas	17. 1. bis 10. 3. 1902
		Gefecht bei Marua	20. 1. 1902
		Gefecht in Banyo anläßlich der Ermordung des Oberleutnants Nolte	1. 2. 1902
		Expedition zur Unterwerfung der Bafuts . .	24. 1. bis 10. 4. 1902
		Expedition zur Unterwerfung der Jecombas	3. 2. bis 8. 5. 1902
		Ueberfall bei Bamunum und Bestrafung der Bamunums	11. bis 28. 6. 1902
		Feldzug zur Unterwerfung des Häuptlings Semikore von Esum	21. 8. 1901 bis 20. 7. 1902
		Expedition zur Unterwerfung des Häuptlings Ngalim	14. bis 23. 3. 1902
		Gefechte in Deutsch Bornu (Ngolloberg, Sedelebaberg, Verfolgung des Sultans Zuberu)	3. 4. bis 29. 5. 1902
		Ueberfall durch die Bansos und ihre Bestrafung	3. bis 8. 6. 1902
12	27. 8. 1904	Gefechte gegen die N'Kossis	11. bis 13. 11. 1898
		Bangwa-Expedition	14.11.1902;13.4.1903
		Gefecht bei Duhn	1. 9. 1903
		Gefecht bei Aisoa	5. 9. 1903
		Gefecht gegen die aufrührerischen Bamana und Basu	20. 11. 1903

Lfde. Nr.	Tag der Allerhöchsten Kabinetts-Ordre	Anlaß	Dauer	Bemerkungen
1	2	3	4	5
13	21. 9. 1905	Gefecht gegen die Mwelles und Wutes	15. 9. 1895	
		Verfolgungsgefecht gegen Emir Zuberu von Jola bei Marrura und Gauar	7. 10./8. 1902	
		Gefecht gegen die Bagiomi-Araber-Pascha Kuko und Katilli	27. 10. 1902 bis 4. 1. 1903	
		Gefecht gegen den Häuptling Widemungo	23. bis 29. 11. 1903	
		Gefecht gegen die Njem's	30. 3. 1904	
		Gefecht gegen die Kongoas	17. 1. bis 3. 3. 1904	
		Anyang-Expedition	5. 2. bis 22. 8. 1904	
		Gefechte gegen die Njem's	19. 1. bis 31. 3. 1904	
		Gefecht bei Duhn	3. 4./7. 1904	
		Gefechte gegen die Galims	15. 10. bis 15. 11. 1904	
		Gefechte gegen die Mwogemesanga	19. 12. 1904 bis 10. 1. 1905	
		Gefechte gegen d. Heidenstämme Nord-Adamauas	18. 11. 1904 bis 25. 2. 1905	
		Bekom-Expedition	29. 11. 1904 bis 11. 1. 1905	
		Manenguba-Expedition	3. 12. 1904 bis 26. 4. 1905	

IV. Polizeitruppe.

Togo.

1	3. 1. 1900	Feldzug gegen Tove mit mehreren Scharmützeln um Tove	11. 3. bis 3. 4. 1895
		Expedition nach Sugu, Gefecht bei Taſhi	6. 1. bis 14. 3. 1896
		Gewaltmärsche von Sebbe nach Czipui, Scharmützel bei Czipui	3. bis 5. 9. 1896
		Feldzug gegen Dagomba u. Expedition n. Sansanne Mangu, zwei Gefechte bei Bimbila, Gefecht bei Bambalaga, Erstürmung v. Yendi	29. 9. bis 11. 12. 1896
		Feldzug nach Sugu, Gef. bei Funga u. Suburuku	15. 11. 1896 bis Mitte April 1897
		Strafzug gegen die Basari, Erstürmung eines Hauptdorfes der Basari	im April und Mai 1897
		Feldzug gegen die Kakombas, ein Gefecht bei Kapure und acht Scharmützel	8. 8. 1897 bis 2. 1. 1898
		Kriegszug gegen Basilo	23. bis 26. 9. 1897
		und gegen die Waldstädte an der Ostgrenze des Bezirks Sokodé, Erstürmung von Basilo und von Cambole	10. bis 14. 11. 1897
		Unterwerfung der aufständischen Stadt Mangu und Feldzug nach Dschobowa und Kundja, Gefecht bei Dschobowa und mehrere Scharmützel	im Nov. u. Dez. 1897
		Feldzug gegen Kabure, Gefechte bei Pesidé Adyira—Lamba, Busale, Groß-Loma	21. 1. bis 4. 2. 1898

Lfde. Nr.	Tag der Allerhöchsten Kabinetts-Ordre	Anlaß	Dauer	Bemerkungen
1	2	3	4	5
1	3. 1. 1900	Feldzug gegen Kabure, Gefecht in der Lasa-Ebene und Erstürmung des Kalangba-bu	27. 9. bis 4. 10. 1898	
		Feldzug nach Namba, Gefecht bei Namba und dem Paß von Anima	im Jan. u. Febr. 1898	
		Feldzug nach Moba, Gefecht bei Bulogu, Scharmützel bei Banna und Nabahu	im März 1898	
		Feldzug gegen Akposso, Scharmützel bei Agome und Katupa, Erstürmung von Agome	im Juni 1898	
		Strafzug nach Nabahu	im März 1899	
		Feldzug nach Nord-Kabure, dabei ein Gefecht und mehrere Scharmützel	im Febr. u. März 1899	
		Feldzug nach Lamba, Scharmützel in Lamba	im April 1899	
		Feldzug nach Moba, Gefecht vor Nadére und Nabahu	im Mai 1899	
2	11. 12. 1900	Expedition zur Regelung der Grenze zwischen Togo und Dahomey, welche mit einer Reihe von Gefechten verbunden war	12. 7. 1898 bis 17. 11. 1899	

Anlage 5.

Quittungsbuch

des

Invaliden
Rentenempfängers ....

vom ....

(Geldbetrag)
.... Militär-Rente,*) Invalidenpension,
.... Verstümmelungszulage,
.... Rentenerhöhung,
.... Tropenzulage,
.... Kriegszulage,
.... Zivilversorgungsentschädigung,
.... Alterszulage.

Summe: ....

Laut Anweisung vom .... ten ....
vom .... ten .... ab.
Zahlung ....
aus der .... Kasse zu ....
Kat. .... Buchst. .... Blatt .... Nr. ....

*) Bei Kapitulanten mit einer Dienstzeit von mindestens achtzehn Jahren ist in Klammer anzugeben, ob die Rente lediglich auf Grund von Dienstzeit bewilligt worden ist (Dienstzeitrente). Außerdem ist für die Regelung des Rentenbezugs während der Anstellung im Zivildienst unter der Summe der Versorgungsgebührnisse der auf die Rentenerhöhung (§ 10) entfallende Teilbetrag der Vollrente sowie der Grad der Erwerbsunfähigkeit einzutragen.

Verpflichtungsbestimmungen
für
die Invaliden und die Rentenempfänger.

1. Der Invalide oder Rentenempfänger ist verpflichtet, im September und im März jedes Jahres von einer Zivil- oder Militärbehörde oder von einem zur Führung eines Dienstsiegels berechtigten Beamten die neben den Empfangsmonaten befindliche Verhandlung ausfüllen zu lassen. Wird die Zahlung auf Grund besonderer Quittungen geleistet, dann tritt an die Stelle dieser Verhandlung eine entsprechende Erklärung des Empfängers auf den mit Vordruck versehenen Quittungen, die im September und März jedes Jahres amtlich zu bescheinigen sind. Ohne eine solche Erklärung erfolgt keine weitere Zahlung.

2. Das Quittungsbuch ist sorgfältig aufzubewahren. Verliert es der Invalide oder Rentenempfänger dennoch, so trifft ihn der etwaige Schaden. Im Falle des Verlustes hat er der Ortsbehörde und der zahlenden Kasse sofort Anzeige zu machen.

3. Jeder Invalide oder Rentenempfänger, der im Reichs-, Staats- oder Kommunaldienste, bei den Versicherungsanstalten für Invalidenversicherung, bei ständischen oder solchen Instituten, welche ganz oder zum Teil aus Mitteln des Reichs, Staates oder der Gemeinden unterhalten werden, oder in solchen zu den vorbezeich-

neten nicht gehörenden Zivilstellen, welche ganz oder zum Teil den Militäranwärtern und den Inhabern des Anstellungsscheins vorbehalten sind, als Beamter oder in der Eigenschaft eines Beamten unter Gewährung eines Diensteinkommens angestellt oder beschäftigt wird, hat das Quittungsbuch seiner vorgesetzten Behörde sofort abzuliefern. Zu Unrecht erhobene Beträge von Versorgungsgebührnissen werden durch Einbehalten der fälligen Versorgungsgebührnisse gedeckt oder anderweit eingezogen.

4. Bei der Aufnahme in Invalideninstitute, in eine militärische Kranken-, Heil- oder Pflegeanstalt und bei der vorübergehenden Heranziehung zum Militärdienst (§ 36 Nr. 1, 2 Ges. 06) ist das Quittungsbuch der aufnehmenden Behörde oder dem Truppenteil usw. zu übergeben.

5. Wenn der Invalide oder Rentenempfänger seinen Aufenthalt an einen anderen Ort verlegt, so muß er sein Quittungsbuch rechtzeitig an die bisherige Zahlstelle abgeben und um Übertragung der Zahlung auf die näher gelegene Kasse nachsuchen.

Nach dem Ableben des Inhabers ist von den Hinterbliebenen das Buch der zahlenden Kasse zurückzugeben. Hier wird auch Auskunft über die Zahlung der Gnadengebührnisse erteilt.

Nr. .... Zahlungs-Ordnung für

Rentenempfänger ....

Kasse zu ....

.................., den .....ten September .....

Vor dem ....

erscheint heute der

von Person bekannte Rentenempfänger / gehörig beglaubigte Invalide

....

und erklärte:

Ich bin in einer Stelle des Zivildienstes als Beamter oder in der Eigenschaft eines Beamten nicht angestellt / beschäftigt und beziehe das auf Seite ..... dieses Buches aufgeführte Einkommen.*)

Die nebenstehenden Gebührnisse habe ich richtig empfangen, was ich hiermit ausdrücklich anerkenne.

....

....

Monat	Geldbetrag ℳ	Geldbetrag ₰	Unterschrift des Kassenbeamten
April			
Mai			
Juni			
Juli			
August			
September			

wird dieses Blatt als Beleg durch die Kasse entnommen.

....

Bei Einstellung der Zahlung und im April jedes Jahres

Nr. .... der Zahlungsordnung für

............, den ...... ten März ......

Vor dem ....

erscheint heute der

von Person bekannte Rentenempfänger / gehörig beglaubigte Invalide

....

und erklärte:

Ich bin in einer Stelle des Zivildienstes als Beamter oder in der Eigenschaft eines Beamten nicht angestellt / beschäftigt und beziehe das auf Seite ...... dieses Buches aufgeführte Einkommen.

Die nebenstehenden Gebührnisse habe ich richtig empfangen, was ich hiermit ausdrücklich anerkenne

....

....

Oktober			
November			
Dezember			
Januar			
Februar			
März			

*) Was nicht zutrifft, ist zu durchstreichen.

Nr.	Beschäftigungs- und Anstellungsverhältnis sowie Zivildiensteinkommen des Inhabers.	Geldbetrag Mark
	Der Rentenempfänger, ehemaliger .... ist seit dem .... ten .... bei .... als Beamter an der Stelle eines .... angestellt (oder in der Eigenschaft als Beamter in der Stelle eines .... beschäftigt). Er bezieht vom .... ten .... ab ein Diensteinkommen*) von jährlich	....
	.... Ort. Datum. Firma. .... Unterschrift.	

*) Bei Kapitulanten mit achtzehnjähriger und längerer Dienstzeit ist anzugeben, aus welchen Bezügen das Diensteinkommen sich zusammensetzt.

Nr.	Regelung des Bezugs der Versorgungsgebührnisse nach nebenstehenden Angaben.	Geldbetrag Mark
Zu 1.	Nach nebenstehenden Angaben hat der Rentenempfänger, ehemaliger …………… …………………… seine Rente von ……Mark monatlich (……/$_{100}$ der Vollrente bis Ende …………… unverkürzt fortzuempfangen. Vom …. ten ………………………… ab erhält er nur noch den $^{20}/_{100}$ der Vollrente übersteigenden Betrag*) weitergezahlt mit monatlich Die Steuerkasse zu …………………… ist heute mit Zahlungsanweisung versehen worden. …………………………………………… Ort. Datum. Behörde. Unterschrift. Vorstehende Regelungsverfügung ist mir heute bekannt gemacht worden. …………… den …. ten …………… …………………………………… Unterschrift des Empfängers.	………

*) Bei Kapitulanten, denen lediglich auf Grund einer Dienstzeit von mindestens achtzehn Jahren eine Rente zuerkannt worden ist, gilt für die Regelung des Rentenbezugs die Vorschrift des § 36 Nr. 3c.

Nr.	Beschäftigungs- und Anstellungsverhältnisse sowie Zivildiensteinkommen des Inhabers.	Geldbetrag Mark
2	Der Rentenempfänger, ehemaliger .... ist nach einer pensionsfähigen Dienstzeit von .... Jahren ..... Tagen in den Ruhestand versetzt und bezieht vom .... ab eine Pension von .... Die Pension ist von dem pensionsfähigen Diensteinkommen von ..... Mark mit ...../60*) berechnet. In der von ihm zuletzt bekleideten Stelle als .... hätte er ein pensionsfähiges Diensteinkommen (................ Gehalt und .... Mark pensionsfähiger Wohnungsgeldzuschuß) von .... Mark und somit eine Pension (45/60*) des Diensteinkommens von .... erreichen können. .... Ort. Datum. Firma. Unterschrift.	

*) Ist die Skala nach Landesrecht eine günstigere, so ist die Pension nach dieser zu berechnen.

Nr.	Regelung des Bezugs der Versorgungsgebührnisse nach nebenstehenden Angaben.	Geldbetrag Mark
Zu 2.	Nach nebenstehenden Angaben hat der Rentenempfänger, ehemaliger .... neben der im Zivildienst erdienten Pension von .... Mark bis zur Erreichung des in der zuletzt bekleideten Stelle als .... erreichbaren Höchstpensionsbetrags von .... Mark von der zuerkannten Rente den Betrag von monatlich .... vom .... zu beziehen. Der Restbetrag der Rente von monatlich .... wird dem Zivilpensionsfonds erstattet. .... Ort. Datum. Firma. Unterschrift. Vorstehende Regelungsverfügung ist mir heute bekannt gemacht worden. ...., den ... ten .... Unterschrift des Empfängers.	

Anlage 6.

Zivilversorgungsschein.

Dem (Vor- und Familienname, Dienstgrad und Truppenteil usw.) ist gegenwärtiger Zivilversorgungsschein nach einer aktiven Militärdienstzeit von

.... Jahren ..... Monaten

erteilt worden.

Er ist auf Grund dieses Scheines zur Versorgung im Zivildienste bei den

> Reichsbehörden, den Staatsbehörden aller Bundesstaaten und den Kommunalbehörden usw. des Bundesstaats, dessen Staatsangehörigkeit er seit 2 Jahren besitzt,

nach Maßgabe der darüber bestehenden Bestimmungen berechtigt.

Der Inhaber bezieht eine Militärrente von ..... *M* ... *ℌ* monatlich.

N. N., den .... ten .... 19.....

(Stempel.)

(Behörde, welche über den Anspruch auf den Zivilversorgungsschein entschieden hat.)

Alter: ..... Jahre.

(Nr. des Zivilversorgungsscheins.)

(Unterschrift des Militärvorgesetzten.)

(Nr. der Rentenliste.)

Anstellungsschein für den Unterbeamtendienst.

Dem (Vor- und Familienname, Dienstgrad und Truppenteil usw.) ist gegenwärtiger Anstellungsschein nach einer aktiven Militärdienstzeit von

.... Jahren ...... Monaten

erteilt worden.

Die Reichsbehörden, die Staatsbehörden aller Bundesstaaten und die Kommunalbehörden usw. des Bundesstaats, dessen Staatsangehörigkeit er seit 2 Jahren besitzt,

sind verpflichtet, seine Bewerbungen um Anstellung in einer der den Militäranwärtern und den Inhabern des Anstellungsscheins vorbehaltenen Unterbeamtenstellen nach Maßgabe der darüber bestehenden Bestimmungen zu berücksichtigen.

Der Inhaber bezieht eine Militärrente von ....*M* ..... *ℌ* monatlich.

N. N., den ......ten .... 19....

(Stempel.)

(Behörde, welche über die Gewährung des Anstellungsscheins entschieden hat.)

Alter: ...... Jahre.

(Nr. des Anstellungsscheins.)

(Unterschrift des Militärvorgesetzten.)

(Nr. der Rentenliste.)

IV.

Anhang.

Das Militärhinterbliebenengesetz.

Vom 17. Mai 1907 (RGBl. S. 214 ff.).

Erster Teil.

Reichsheer.

I. Allgemeine Versorgung.

A. Hinterbliebene von Offizieren einschließlich Sanitätsoffizieren des Friedensstandes.

§ 1.

Die Witwen und die ehelichen oder legitimierten Kinder von Offizieren des Friedensstandes, welchen zur Zeit ihres Todes ein Anspruch auf lebenslängliche Pension aus der Reichskasse im Falle der Versetzung in den Ruhestand zugestanden hätte, sowie die Witwen und die ehelichen oder legitimierten Kinder von verabschiedeten Offizieren des Friedensstandes, welche eine lebenslängliche Pension aus der Reichskasse zu beziehen hatten, erhalten Witwen- und Waisengeld.

§ 2.

Das Witwengeld besteht in vierzig vom Hundert derjenigen Pension, zu welcher der Verstorbene berechtigt gewesen ist oder berechtigt gewesen sein würde, wenn er am Todestag in den Ruhestand versetzt worden wäre.

Das Witwengeld soll jedoch, vorbehaltlich der im § 4 verordneten Beschränkung, mindestens 300 Mark und höchstens 5000 Mark betragen.

Bei Berechnung des Witwengeldes bleibt die Pensionsbeihilfe, die Verstümmelungszulage und die Alterszulage (§ 7 Abs. 1, §§ 11, 13 des Offizierpensionsgesetzes vom 31. Mai 1906) stets, die Kriegszulage, die Pensionserhöhung und die Tropenzulage (§§ 12, 49, 66, 67 ebenda) in dem Falle außer Betracht, daß die Witwe zu einer Kriegsversorgung berechtigt ist.

Der Jahresbetrag des Witwengeldes ist nach oben so abzurunden, daß bei Teilung durch drei sich volle Markbeträge ergeben.

§ 3.

Das Waisengeld beträgt jährlich:

1. für jedes Kind, dessen Mutter noch lebt und zur Zeit des Todes des Verstorbenen zum Bezuge von Witwengeld berechtigt war, ein Fünftel des Witwengeldes;
2. für jedes Kind, dessen Mutter nicht mehr lebt oder zur Zeit des Todes des Verstorbenen zum Bezuge von Witwengeld nicht berechtigt war, ein Drittel des Witwengeldes.

Der Jahresbetrag des Waisengeldes ist nach oben so abzurunden, daß bei Teilung durch drei sich volle Markbeträge ergeben.

§ 4.

Witwen- und Waisengeld dürfen weder einzeln noch zusammen den Betrag der Pension übersteigen, zu welcher der Verstorbene berechtigt gewesen ist oder berechtigt gewesen sein würde, wenn er am Todestag in den Ruhestand versetzt worden wäre.

Ergibt sich an Witwen- und Waisengeld zusammen ein höherer Betrag, so werden die einzelnen Sätze im gleichen Verhältnisse gekürzt.

§ 5.

Nach dem Ausscheiden eines Witwen- und Waisengeldberechtigten erhöht sich das Witwen- oder Waisengeld der verbleibenden Berechtigten von dem Beginne des folgenden Monats an insoweit, als sie sich noch nicht im vollen Genusse der ihnen nach §§ 2 bis 4 gebührenden Beträge befinden.

§ 6.

War die Witwe mehr als 15 Jahre jünger als der Verstorbene, so wird das nach Maßgabe der §§ 2, 4 berechnete Witwengeld für jedes angefangene Jahr des Altersunterschieds über 15 bis einschließlich 25 Jahre um $^1/_{20}$ gekürzt. Nach fünfjähriger Dauer der Ehe wird für jedes angefangene Jahr ihrer weiteren Dauer dem gekürzten Betrag $^1/_{10}$ des berechneten Witwengeldes solange hinzugesetzt, bis der volle Betrag wieder erreicht ist.

Auf den nach § 3 zu berechnenden Betrag des Waisengeldes ist diese Kürzung des Witwengeldes ohne Einfluß.

§ 7.

Liegen die Voraussetzungen einer Kürzung sowohl nach § 4 als auch nach § 6 vor, so ist zunächst das Witwen- und Waisengeld nach § 4 und erst dann das Witwengeld nach § 6 zu kürzen, demnächst aber der gemäß § 6 gekürzte Betrag des Witwengeldes dem nach § 4 gekürzten Waisengelde bis zur Erreichung des vollen Betrags zuzusetzen.

§ 8.

Keinen Anspruch auf Witwengeld hat die Witwe, wenn die Ehe mit dem Verstorbenen innerhalb dreier Monate vor seinem Ableben geschlossen worden und die Eheschließung zu dem Zwecke erfolgt ist, um der Witwe den Bezug des Witwengeldes zu verschaffen.

Keinen Anspruch auf Witwen- und Waisengeld haben die Witwe und die hinterbliebenen Kinder, wenn der Verstorbene die Ehe erst nach der Pensionierung oder Stellung zur Disposition und,

a) falls er im Heere oder in der Kaiserlichen Marine in einer mit Pensionsberechtigung verbundenen oder in einer im Militär- oder Marine-Etat für pensionierte Offiziere vorgesehenen Stelle Verwendung gefunden hat, nach dem Ausscheiden aus dieser Stelle,

b) falls er mit einer mit Gehalt oder Dienstzulage verbundenen Offizierstelle in einem Invalideninstitute beliehen worden ist, nach dem Ausscheiden aus dieser Stelle

geschlossen hat.

Eine Ehe gilt nur dann als nach der Pensionierung oder Stellung zur Disposition geschlossen, wenn die Eheschließung nach dem Schlusse des Monats stattgefunden hat, in welchem das Ausscheiden aus dem Dienste erfolgt ist.

§ 9.

Der Witwe und den ehelichen oder legitimierten Kindern eines Offiziers, dem, wenn er am Todestage verabschiedet worden wäre, auf Grund des § 7 Abs. 2 des Offizierpensionsgesetzes eine Pension hätte bewilligt werden können, sowie der Witwe und den ehelichen oder legitimierten Kindern eines verabschiedeten Offiziers, der am Todestag eine nicht lebenslängliche Pension zu beziehen hatte, kann durch die oberste Militärverwaltungsbehörde des Kontingents Witwen- und Waisengeld bis zu der in den §§ 2 bis 7 angegebenen Höhe bewilligt werden.

§ 10.

Stirbt ein Offizier, welchem im Falle der Pensionierung bei Berechnung der Pension die Anrechnung gewisser Zeiten auf die in Betracht kommende Dienstzeit nach § 15 Abs. 2, § 18 Abs. 2 des Offizierpensionsgesetzes hätte bewilligt werden dürfen, so kann eine solche Anrechnung auch bei Festsetzung des Witwen- und Waisengeldes durch die oberste Militärverwaltungsbehörde des Kontingents zugelassen werden.

B. Hinterbliebene von Offizieren einschließlich Sanitätsoffizieren des Beurlaubtenstandes und von den ausgeschiedenen, zum aktiven Militärdienste vorübergehend wieder herangezogenen Offizieren.

§ 11.

Der Witwe und den ehelichen oder legitimierten Kindern eines Offiziers des Beurlaubtenstandes, dem zur Zeit seines Todes ein Anspruch auf Pension aus der Reichskasse im Falle der Verabschiedung zugestanden hätte, sowie der Witwe und den ehelichen oder legitimierten Kindern eines verabschiedeten Offiziers des Beurlaubtenstandes, welcher eine Pension aus der Reichskasse zu beziehen hatte, kann durch die oberste Militärverwaltungsbehörde des Kontingents Witwen- und Waisengeld bis zu der in den §§ 2 bis 7 angegebenen Höhe bewilligt werden.

Das Gleiche gilt für die Hinterbliebenen von Offizieren, die, ohne Pension ausgeschieden, zum aktiven Militärdienste vorübergehend wieder herangezogen worden sind, sowie für die Hinterbliebenen von Offizieren, die, mit Pension ausgeschieden, zum aktiven Militärdienste vorübergehend wieder herangezogen worden sind, falls die Ehe nach dem Ausscheiden aus dem Friedensstande geschlossen worden ist.

In den Fällen des Abs. 1 muß der Tod des Verstorbenen durch die Dienstbeschädigung verursacht worden sein, welche zur Pensionierung des Offiziers hätte führen können oder geführt hat.

C. Hinterbliebene von Militärpersonen der Unterklassen.

§ 12.

Die Witwen und die ehelichen oder legitimierten Kinder von Militärpersonen der Unterklassen, die während der Zugehörigkeit zum aktiven Heere entweder infolge einer Dienstbeschädigung oder nach zehnjähriger Dienstzeit gestorben sind, erhalten Witwen- und Waisengeld.

Das Gleiche gilt für die Witwen und die ehelichen oder legitimierten Kinder von ehemaligen Militärpersonen der Unterklassen, die

1. zur Zeit ihres Todes nach Ablauf mindestens achtzehnjähriger Dienstzeit eine Rente zu beziehen hatten, oder
2. infolge einer Dienstbeschädigung vor Ablauf von sechs Jahren nach der Entlassung aus dem aktiven Dienste

gestorben sind.

Die Dienstbeschädigung muß im Falle der Nr. 2 innerhalb der Fristen des § 2 des Mannschaftsversorgungsgesetzes festgestellt sein.

§ 13.

Das Witwengeld beträgt jährlich 300 Mark.

Dieser Betrag erhöht sich für die Witwen der Militärpersonen der Unterklassen mit mehr als fünfzehnjähriger Dienstzeit für jedes Jahr dieser weiteren Dienstzeit bis zum vollendeten vierzigsten Dienstjahr um sechs vom Hundert.

Dem hiernach berechneten Betrage des Witwengeldes treten für die Witwe einer der im § 10 Abs. 1 des Mannschaftsversorgungsgesetzes bezeichneten Personen, falls diese als Rentenempfänger verstorben ist, vierzig vom Hundert desjenigen Betrags hinzu, den der Verstorbene infolge der im § 10 Abs. 1 ebenda vorgeschriebenen Erhöhung der Vollrente bezogen hat. Ist der Tod vor dem Ausscheiden aus dem aktiven Dienste eingetreten, so beträgt die Erhöhung des Witwengeldes $^{15}/_{100}$ der von dem Verstorbenen zuletzt bezogenen, im Etat als pensionsfähig bezeichneten Löhnungszuschüsse oder Zulagen und steigt bei Witwen von Kapitulanten mit mehr als achtzehnjähriger Dienstzeit für jedes fernere Dienstjahr um $^{9}/_{1000}$ bis höchstens $^{30}/_{100}$ dieser Löhnungszuschüsse oder Zulagen.

Sofern sich bei Anwendung der Vorschriften des Reichsbeamtengesetzes für die Witwe eines zur Klasse der Unteroffiziere gehörenden Gehaltsempfängers, mit Einschluß der im Range der Unteroffiziere stehenden Verwalter bei dem Kadettenkorps ein höheres Witwengeld ergeben würde, ist dieses zu gewähren.

Der Jahresbetrag des Witwengeldes ist nach oben so abzurunden, daß bei Teilung durch drei sich volle Markbeträge ergeben.

§ 14.

Die §§ 3, 6, 8 Abs. 1 und § 10 finden mit der Maßgabe Anwendung, daß an Stelle der im § 10 erwähnten Paragraphen des Offizierpensionsgesetzes § 5 Abs. 2 und § 8 Abs. 2 des Mannschaftsversorgungsgesetzes treten.

§ 15.

Witwen- und Waisengeld dürfen weder einzeln noch zusammen den Betrag der im § 9 des Mannschaftsversorgungsgesetzes für den betreffenden Dienstgrad festgesetzten Vollrente übersteigen.

In Fällen des § 13 Abs. 3 Satz 1 erhöht sich diese Grenze um denjenigen Betrag, von welchem die Erhöhung des Witwengeldes zu berechnen ist, in den Fällen des § 13 Abs. 3 Satz 2 um $^{75}/_{200}$ der von dem Verstorbenen zuletzt bezogenen im Etat als pensionsfähig bezeichneten Löhnungszuschüsse oder Zulagen.

Bei den Hinterbliebenen der im § 12 Abs. 2 Nr. 1 erwähnten Personen dürfen Witwen- und Waisengeld weder einzeln noch zusammen den Betrag der vom Verstorbenen bezogenen Rente übersteigen.

Ergibt sich an Witwen- und Waisengeld zusammen ein höherer Betrag, so werden die einzelnen Sätze im gleichen Verhältnisse gekürzt.

Nach dem Ausscheiden eines Witwen- oder Waisengeldberechtigten erhöht sich das Witwen- oder Waisengeld der verbleibenden Berechtigten von dem Beginne des folgenden Monats ab insoweit, als sie sich noch nicht im vollen Genusse der ihnen nach §§ 13, 14 gebührenden Beträge befinden.

Liegen die Voraussetzungen einer Kürzung sowohl nach Abs. 1 als auch nach §§ 6, 14 vor, so ist zunächst das Witwen- und Waisengeld nach Abs. 1 und erst dann das Witwengeld nach §§ 6, 14 zu kürzen, demnächst aber der gemäß §§ 6, 14 gekürzte Betrag des Witwengeldes dem nach Abs. 1 gekürzten Waisengelde bis zur Erreichung des vollen Betrags zuzusetzen.

§ 16.

Keinen Anspruch auf Witwen- und Waisengeld haben die Witwe und die hinterbliebenen Kinder, wenn der Verstorbene die Ehe erst nach der Entlassung aus dem aktiven Militärdienst und

a) falls er zum Militärdienste wieder herangezogen worden ist, nach der Wiederentlassung,

b) falls er in einem Invalideninstitut Aufnahme gefunden hat, nach dem Ausscheiden aus diesem geschlossen hat.

D. Hinterbliebene von Beamten des Beurlaubtenstandes, von Personen, die gemäß §§ 34, 35 des Offizierpensionsgesetzes im Kriege als Heeresbeamte verwendet worden sind, und von Personen der freiwilligen Krankenpflege auf dem Kriegsschauplatze.

§ 17.

Der Witwe und den ehelichen oder legitimierten Kindern

1. von Heeresbeamten des Beurlaubtenstandes,
2. von Personen, die nicht zu den Heeresbeamten des Beurlaubtenstandes gehören, aber während der Dauer eines Krieges bei dem Feld- oder Besatzungsheer als Heeresbeamte verwendet worden sind,

kann, falls der Verstorbene zur Zeit seines Todes auf Grund der §§ 33, 34, 35 des Offizierpensionsgesetzes zu einer Pension im Falle seines Ausscheidens berechtigt gewesen sein würde oder eine Pension zu beziehen hatte, und falls der Tod durch Dienstbeschädigung verursacht worden ist, durch die oberste Militärverwaltungsbehörde des Kontingents Witwen- und Waisengeld bewilligt werden.

Diese Vorschrift findet entsprechende Anwendung auf die Hinterbliebenen von Personen der freiwilligen Krankenpflege, falls der Tod infolge dienstlicher Verwendung auf dem Kriegsschauplatze vor Ablauf von sechs Jahren nach dem Friedensschluß eingetreten ist. Beim Fehlen eines Friedensschlusses beginnt der Lauf der Frist mit dem Schlusse des Jahres, in welchem der Krieg beendigt worden ist.

§ 18.

Auf die Hinterbliebenen der im § 17 Abs. 1 erwähnten Personen finden die §§ 2 bis 8 Abs. 1, § 10, auf die Hinterbliebenen von Personen der freiwilligen Krankenpflege finden § 13 Abs. 1, § 14, § 15 Abs. 1, 4 bis 6 mit folgender Maßgabe Anwendung:

1. Witwen- und Waisengeld kann nur gewährt werden, wenn die Ehe der ersteren vor dem Ausscheiden aus dem aktiven Heere und der letzteren vor Beendigung ihrer Verwendung auf dem Kriegsschauplatze geschlossen ist.
2. Das Witwengeld kann bis zu den aus vorstehenden Vorschriften sich ergebenden Sätzen gewährt werden, in keinem Falle darf es jedoch den Betrag von 3500 Mark übersteigen.

II. Kriegsversorgung.

§ 19.

Die Witwen und die ehelichen oder legitimierten Kinder der zum Feldheere gehörigen Offiziere, einschließlich Sanitätsoffiziere, Beamten und Militärpersonen der Unterklassen mit Einschluß der in den §§ 34, 35 des Offizierpensionsgesetzes erwähnten Personen und der auf dem Kriegsschauplatze verwendeten Personen der freiwilligen Krankenpflege, die

1. im Kriege geblieben oder infolge einer Kriegsverwundung gestorben sind,
2. eine sonstige Kriegsdienstbeschädigung erlitten haben und an ihren Folgen gestorben sind,

erhalten Kriegswitwen- und Kriegswaisengeld, in dem Falle zu 2 jedoch nur, wenn der Tod vor Ablauf von 10 Jahren nach dem Friedensschluß oder dem im § 17 letzter Absatz Satz 2 angegebenen Zeitpunkt eingetreten ist.

§ 20.

Das Kriegswitwengeld beträgt jährlich:

a) wenn die allgemeine Versorgung zusteht:

1. für die Witwe eines Offiziers bis zum Stabsoffizier einschließlich abwärts . . . . 1 500 Mark,
2. für die Witwe eines Hauptmanns, Oberleutnants, Leutnants oder Feldwebelleutnants . . . . 1 200 „ ,
3. für die Witwe eines Feldwebels, Vizefeldwebels, eines Sergeanten mit der Löhnung eines Vizefeldwebels, eines Zugführers der freiwilligen Kriegskrankenpflege oder eines Unterbeamten mit einem pensionsfähigen Diensteinkommen von jährlich mehr als 1200 Mark . . . . 300 „ ,
4. für die Witwe eines Sergeanten, Unteroffiziers, Zugführer-Stellvertreters oder Sektionsführers der freiwilligen Kriegskrankenpflege oder eines Unterbeamten mit einem pensionsfähigen Diensteinkommen von jährlich 1200 Mark und weniger . . . 200 „ ,
5. für die Witwe eines Gemeinen oder einer jeden anderen Person des Unterpersonals der freiwilligen Kriegskrankenpflege . . . . 100 „ ;

b) wenn die allgemeine Versorgung nicht zusteht:

1. für die Witwe eines Generals oder eines Offiziers in Generalsstellung . . . . 2 000 Mark,
2. für die Witwe eines Stabsoffiziers . 1 600 „ ,
3. für die Witwe eines Hauptmanns, Oberleutnants, Leutnants oder Feldwebelleutnants . . . . 1 200 „ ,

4. für die Witwe eines Feldwebels, Vizefeldwebels, eines Sergeanten mit der Löhnung eines Vizefeldwebels, eines Zugführers der freiwilligen Kriegskrankenpflege oder eines Unterbeamten mit einem pensionsfähigen Diensteinkommen von jährlich mehr als 1 200 Mark . . . . 600 Mark,
5. für die Witwe eines Sergeanten, Unteroffiziers, Zugführer-Stellvertreters oder Sektionsführers der freiwilligen Kriegskrankenpflege oder eines Unterbeamten mit einem pensionsfähigen Diensteinkommen von jährlich 1 200 Mark und weniger . . . . 500 " ,
6. für die Witwe eines Gemeinen oder einer jeden anderen Person des Unterpersonals der freiwilligen Kriegskrankenpflege . . . . 400 " .

Erreicht das Jahresgesamteinkommen der zu Kriegswitwengeld berechtigten Witwe

1. eines Generals oder eines Offiziers in Generalsstellung nicht . . . . 3 000 Mark,
2. eines anderen Offiziers mit Ausnahme der Feldwebelleutnants nicht . . . . . 2 000 " ,
3. eines Feldwebelleutnants nicht . . . . 1 500 " ,

so kann mit Genehmigung der obersten Militärverwaltungsbehörde des Kontingents das Kriegswitwengeld bis zur Erreichung dieser Sätze erhöht werden.

§ 21.

Das Kriegswaisengeld beträgt jährlich:

a) wenn die allgemeine Versorgung zusteht:

1. für jedes vaterlose Kind eines Generals oder eines Stabsoffiziers in Generals- oder Regimentskommandeur-Stellung . . . . . 150 Mark,

eines anderen Offiziers . . . . 200 Mark,
für jedes elternlose Kind eines Generals oder eines Stabsoffiziers in Generals- oder Regimentskommandeur-Stellung . . . . 225 „ ,
eines anderen Offiziers . . . . 300 „ ,

2. für jedes vaterlose Kind einer Militärperson der Unterklassen, eines Angehörigen der freiwilligen Krankenpflege oder eines Unterbeamten . . . 108 „ ,
für jedes elternlose Kind einer Militärperson der Unterklassen, eines Angehörigen der freiwilligen Kriegskrankenpflege oder eines Unterbeamten . . . 140 „ ;

b) wenn die allgemeine Versorgung nicht zusteht:

1. für jedes vaterlose Kind eines Offiziers 200 Mark,
für jedes elternlose Kind eines Offiziers 300 „ ,

2. für jedes vaterlose Kind einer Militärperson der Unterklassen, eines Angehörigen der freiwilligen Kriegskrankenpflege oder eines Unterbeamten . . . 168 „ ,
für jedes elternlose Kind einer Militärperson der Unterklassen, eines Angehörigen der freiwilligen Kriegskrankenpflege oder eines Unterbeamten . . . 240 „ .

Dem elternlosen Kinde steht das Kind gleich, dessen Mutter zur Zeit des Todes seines Vaters zum Bezuge des Kriegswitwengeldes nicht berechtigt ist.

§ 22.

Den Verwandten der aufsteigenden Linie der im § 19 erwähnten Personen kann unter den dort bestimmten Voraussetzungen für die Dauer der Bedürftigkeit ein Kriegselterngeld gewährt werden, wenn der verstorbene Kriegsteilnehmer

a) vor Eintritt in das Feldheer oder
b) nach seiner Entlassung aus diesem zur Zeit seines Todes oder bis zu seiner letzten Krankheit

ihren Lebensunterhalt ganz oder überwiegend bestritten hat.

Das Kriegselterngeld beträgt jährlich höchstens:

1. für den Vater und jeden Großvater, für die Mutter und jede Großmutter eines Offiziers 450 Mark,
2. für den Vater und jeden Großvater, für die Mutter und jede Großmutter einer Militärperson der Unterklassen, eines Unterbeamten oder eines Angehörigen der freiwilligen Kriegskrankenpflege . . . . 250 " .

§ 23.

Die Höhe der Kriegsversorgung richtet sich:

1. bei den Hinterbliebenen der Personen, die an dem Kriege als Personen des Soldatenstandes teilgenommen haben,
   nach dem militärischen Dienstgrade, den der Verstorbene zuletzt vor seinem Tode im aktiven Heere bekleidet hatte oder dessen Charakter ihm verliehen war,
2. bei den Hinterbliebenen der Personen, die an dem Kriege als Heeresbeamte teilgenommen haben oder als solche verwendet worden sind,
   nach dem Diensteinkommen, das bei Berechnung des Ruhegehalts des Verstorbenen zu Grunde gelegt worden ist oder zu Grunde zu legen gewesen sein würde, falls der Verstorbene am Todestag in den Ruhestand versetzt worden wäre,
3. bei den Hinterbliebenen der während der Dauer eines Krieges in Stellen von Heeresbeamten verwendeten Personen des Soldatenstandes

nach dem letzten militärischen Dienstgrade des Verstorbenen (Nr. 1),

4. bei den Hinterbliebenen der im § 35 des Offizierpensionsgesetzes bezeichneten Personen
nach dem Betrage, der gemäß den vom Bundesrate festgestellten Grundsätzen bei Berechnung des Ruhegehalts des Verstorbenen zu Grunde gelegt worden ist oder zu Grunde zu legen gewesen sein würde, falls der Verstorbene am Todestag in den Ruhestand versetzt worden wäre. Den Hinterbliebenen von solchen im § 35 des Offizierpensionsgesetzes genannten Personen, denen kein höherer militärischer Rang verliehen worden ist, sind die den Hinterbliebenen von Gemeinen zustehenden Sätze zu zahlen.

§ 24.

Das Diensteinkommen oder der zu berücksichtigende Geldbetrag der oberen Heeresbeamten und der im § 35 des Offizierpensionsgesetzes erwähnten Personen ist für die Höhe der Kriegsversorgung ihrer Hinterbliebenen dergestalt maßgebend, daß, je nachdem es dem pensionsfähigen Diensteinkommen einer der im § 20 erwähnten Offizierdienstgrade bis zum Leutnant abwärts am nächsten gestanden hat, auch die für Hinterbliebene dieses Dienstgrads zustehenden Sätze gewährt werden.

Steht das pensionsfähige Diensteinkommen eines oberen Heeresbeamten genau in der Mitte zwischen dem pensionsfähigen Diensteinkommen zweier Offizierdienstgrade, so wird die höhere Versorgung gewährt.

§ 25.

Keinen Anspruch auf Kriegswitwengeld hat die Witwe, wenn die Ehe bei den Teilnehmern an den vor dem 1. April 1901 beendeten Feldzügen erst nach dem Jahre 1900, im übrigen erst nach Ablauf von 15 Jahren nach dem Friedensschluß oder dem im § 17 letzter Absatz Satz 2 angegebenen Zeitpunkt oder wenn die erst nach dem Friedensschluß oder diesem Zeitpunkt eingegangene Ehe innerhalb dreier Monate vor dem Ableben des Ehegatten geschlossen und die Eheschließung zu dem Zwecke erfolgt ist, um der Witwe den Bezug des Kriegswitwengeldes zu verschaffen.

§ 26.

Die Vorschriften der §§ 19 bis 25 finden auf die Hinterbliebenen der Teilnehmer an einer solchen militärischen Unternehmung, die gemäß § 17 des Offizierpensionsgesetzes und § 7 des Mannschaftsversorgungsgesetzes als ein Krieg anzusehen ist, entsprechende Anwendung.

Durch die oberste Militärverwaltungsbehörde des Kontingents kann eine den §§ 19 bis 25 entsprechende Kriegsversorgung gewährt werden:

1. den Hinterbliebenen von solchen nicht dem Feldheere zugeteilten Angehörigen des aktiven Heeres, die in der Zeit von der Mobilmachung bis zur Demobilmachung wegen des eingetretenen Krieges außerordentlichen Anstrengungen oder Entbehrungen oder dem Leben und der Gesundheit gefährlichen Einflüssen ausgesetzt waren und infolgedessen vor Ablauf eines Jahres nach dem Friedensschluß oder dem im § 17 letzter Absatz Satz 2 angegebenen Zeitpunkte gestorben sind,
2. den Hinterbliebenen von solchen Angehörigen des Heeres, die auf Befehl dem Kriege eines ausländischen Heeres oder einer ausländischen Marine beigewohnt haben und infolgedessen vor Ablauf eines Jahres nach der Rückkehr vom Kriegsschauplatze gestorben sind.

§ 27.

Den nicht nach § 19 versorgungsberechtigten Witwen von solchen Kriegsteilnehmern und von solchen im § 26 Abs. 1 genannten Personen, die infolge einer durch den Krieg erlittenen Dienstbeschädigung pensions- oder rentenberechtigt geworden sind oder geworden sein würden, falls sie am Todestag aus dem aktiven Dienste in den Ruhestand versetzt worden wären, können Witwenbeihilfen in der Art gewährt werden, daß das Jahresgesamteinkommen:

1. für die Witwe eines Generals oder eines Offiziers in Generalsstellung oder für die Witwe eines entsprechenden (§ 24) oberen Heeresbeamten, höchstens	3 000	Mark,
2. für die Witwe eines anderen Offiziers mit Ausnahme des Feldwebelleutnants oder für die Witwe eines anderen oberen Heeresbeamten höchstens . . .	2 000	= ,
3. für die Witwe eines Feldwebelleutnants höchstens	1 500	= ,
4. für die Witwe einer der im § 20 b Nr. 4 genannten Personen höchstens	600	= ,
5. für die Witwe einer der im § 20 b Nr. 5 genannten Personen höchstens	500	= ,
6. für die Witwe einer der im § 20 b Nr. 6 genannten Personen höchstens	400	=

beträgt.

Die Vorschrift des § 25 findet entsprechende Anwendung.

III. Sonstige Vorschriften.

§ 28.

Die Festsetzung des Witwen- und Waisengeldes sowie der Kriegsversorgung und die Bestimmung darüber, an wen die Zahlung zu leisten ist, erfolgt durch die oberste Militärverwaltungsbehörde des Kontingents, dem der Verstorbene zuletzt angehört hat, oder, wenn er einem Kontingente nicht angehört hat, durch die oberste Militärverwaltungsbehörde des Kontingents, in dessen Bezirk er zuletzt gewohnt hat.

Die oberste Militärverwaltungsbehörde kann diese Befugnisse auf andere Behörden übertragen.

§ 29.

1. Die Zahlung des Witwen- und Waisengeldes und der Gebührnisse aus der Kriegsversorgung beginnt mit dem Ablaufe der Zeit, für die Gnadengebührnisse (Gnadenvierteljahr, Gnadenmonat, Gnadenlöhnung) gewährt sind, oder, wenn solche nicht gewährt sind, mit dem auf den Sterbetag folgenden Tage, für die nach dem Tode ihres Vaters geborenen Waisen nicht früher als mit dem Tage ihrer Geburt.

2. Für die ersten zwei Monate des Bezugs von Witwen- und Waisengeld ist den Hinterbliebenen der im aktiven Dienste gestorbenen Personen des Soldatenstandes zu ihren Bezügen ein Zuschuß soweit zu gewähren, daß der Betrag des Gnadenmonats oder der Gnadenlöhnung erreicht wird.

Haben die vorbezeichneten Hinterbliebenen keinen Anspruch auf Witwen- und Waisengeld, so ist ihnen eine einmalige Zuwendung in Höhe des zweifachen Betrags der Gnadengebührnisse zu gewähren.

Wenn der Verstorbene Verwandte der aufsteigenden Linie, Geschwister, Geschwisterkinder oder Pflegekinder, deren Ernährer er ganz oder überwiegend gewesen ist, in Bedürftigkeit hinterläßt, oder wenn und soweit der Nachlaß nicht ausreicht, um die Kosten der letzten Krankheit und der Beerdigung zu decken, kann mit Genehmigung der obersten Militärverwaltungsbehörde des Kontingents eine einmalige Zuwendung gewährt werden, sofern Gnadengebührnisse bewilligt worden sind. Die einmalige Zuwendung darf den zweifachen Betrag der Gnadengebührnisse nicht überschreiten. Die oberste Militärverwaltungsbehörde kann ihre Befugnisse auf andere Behörden übertragen.

3. Das Witwen- und Waisengeld und die Kriegsversorgung werden monatlich im voraus, die in diesem Paragraphen erwähnten Zuschüsse und Zuwendungen in einer Summe im voraus gezahlt.

4. Die Gebührnisse der allgemeinen Versorgung und die der Kriegsversorgung werden nebeneinander gewährt.

5. Bei Veränderung in der Höhe der bewilligten fortdauernden Gebührnisse ist der veränderte Betrag vom ersten Tage des Monats an zu zahlen, der auf das die Veränderung verursachende Ereignis folgt.

§ 30.

Das Recht auf den Bezug des Witwen- und Waisengeldes und der Kriegsversorgung erlischt:

1. für jeden Berechtigten mit dem Ablaufe des Monats, in dem er sich verheiratet oder stirbt;
2. für jede Waise außerdem mit dem Ablaufe des Monats, in dem sie das 18. Lebensjahr vollendet.

§ 31.

Das Recht auf den Bezug des Witwen- und Waisengeldes und der Kriegsversorgung ruht, solange der Berechtigte nicht Reichsangehöriger ist.

Das Recht auf den Bezug des Witwen- und Waisengeldes ruht:

1. neben einer Versorgung, welche einem Hinterbliebenen aus einer Wiederanstellung oder Beschäftigung des Verstorbenen in einer der im § 24 des Offizierpensionsgesetzes und § 36 des Mannschaftsversorgungsgesetzes bezeichneten Stellen

des Zivil- oder Gendarmeriedienstes zusteht, insoweit das Witwen- oder Waisengeld unter Hinzurechnung jener anderweiten Versorgung den Betrag überschreitet, den der Hinterbliebene nach den Vorschriften dieses Gesetzes zu beziehen hätte, und zwar:

a) sofern es sich um den Hinterbliebenen eines Offiziers handelt, unter Zugrundelegung desjenigen Betrags, welcher dem Verstorbenen gemäß § 26 des Offizierpensionsgesetzes zu zahlen gewesen ist oder zu zahlen gewesen wäre,

b) sofern es sich um den Hinterbliebenen einer Militärperson der Unterklassen handelt, falls der Verstorbene die im Zivildienste verbrachte Zeit auch im Militärdienste zurückgelegt hätte.

Bei Feststellung des ruhenden Betrags ist das Einkommen derjenigen Stelle zu Grunde zu legen, die der Verstorbene zuletzt im aktiven Heere bekleidet hat;

2. bei Anstellung oder Beschäftigung als Beamter oder in der Eigenschaft eines Beamten im Zivildienste im Sinne des § 24 des Offizierpensionsgesetzes und des § 36 des Mannschaftsversorgungsgesetzes, wenn das Diensteinkommen der Witwe 2000 Mark, das der Waise 1000 Mark übersteigt, und zwar in Höhe des Mehrbetrags.

Bei Berechnung des Diensteinkommens findet § 24 Nr. 3 Abs. 3 des Offizierpensionsgesetzes und § 36 Nr. 4 Abs. 3 des Mannschaftsversorgungsgesetzes Anwendung.

§ 32.

Das Recht auf den Bezug des Witwengeldes ruht neben einer im Zivildienst im Sinne des § 24 des Offizierpensionsgesetzes, § 36 des Mannschaftsversorgungsgesetzes erdienten Pension über 1500 Mark in Höhe des Mehrbetrags.

§ 33.

Tritt das Ruhen des Rechtes auf den Bezug von Witwen- und Waisengeld und der Kriegsversorgung gemäß §§ 31, 32 im Laufe eines Monats ein, so wird die Zahlung mit dem Ende des Monats eingestellt; tritt es am ersten Tage eines Monats ein, so hört die Zahlung mit dem Beginne des Monats auf.

Bei vorübergehender Beschäftigung gegen Tagegelder oder eine andere Entschädigung beginnt das Ruhen des Rechtes auf den Bezug von Witwen- und Waisengeld mit dem Ablaufe von sechs Monaten, vom ersten Tage des Monats der Beschäftigung an gerechnet.

Lebt das Recht auf den Bezug von Witwen- und Waisengeld und die Kriegsversorgung wieder auf, so hebt die Zahlung mit dem Beginne des Monats an.

§ 34.

Ist eine Person, deren Hinterbliebenen auf Grund dieses Gesetzes Witwen- und Waisengeld oder Kriegsversorgung zustehen würde oder bewilligt werden könnte, verschollen, so kann den Hinterbliebenen von der obersten Militärverwaltungsbehörde des Kontingents das Witwen- und Waisengeld oder die Kriegsversorgung auch schon vor der Todeserklärung gewährt werden, wenn das Ableben des Verschollenen mit hoher Wahrscheinlichkeit anzunehmen ist. Den Tag, mit welchem die Zahlung des Witwen- und Waisengeldes oder der Kriegsversorgung beginnt, bestimmt in diesem Falle die oberste Militärverwaltungsbehörde des Kontingents.

§ 35.

Wegen der Ansprüche aus diesem Gesetz ist der Rechtsweg mit folgenden Maßgaben zulässig:

Die Entscheidung der obersten Militärverwaltungsbehörde des Kontingents muß der Klage vorhergehen; das Klagerecht geht verloren, wenn die Klage nicht bis zum Ablaufe von sechs Monaten nach Zustellung dieser Entscheidung erhoben wird.

Hat gemäß § 28 eine andere Behörde Entscheidung getroffen, so tritt der Verlust des Klagerechts auch dann ein, wenn gegen diese Entscheidung von den Beteiligten nicht bis zum Ablaufe von sechs Monaten nach der Zustellung Einspruch bei der obersten Militärverwaltungsbehörde des Kontingents eingelegt ist.

Auf die Frist von sechs Monaten finden die Vorschriften der §§ 203, 206 des Bürgerlichen Gesetzbuchs entsprechende Anwendung.

Die Form der Zustellung bestimmt die oberste Militärverwaltungsbehörde des Kontingents.

Für die Ansprüche aus diesem Gesetze sind die Landgerichte ohne Rücksicht auf den Wert des Streitgegenstandes ausschließlich zuständig.

§ 36.

Für die Beurteilung der vor Gericht geltend gemachten Ansprüche sind die Entscheidungen der obersten Militärverwaltungsbehörde des Kontingents darüber maßgebend:

1. ob eine Gesundheitsstörung als eine Dienstbeschädigung anzusehen, ob eine Dienstbeschädigung durch den Krieg herbeigeführt ist;
2. ob der Tod mit den Folgen einer Dienstbeschädigung zusammenhängt;
3. ob der Verstorbene zum Feld- oder Besatzungsheere gehört hat.

Über die in Nr. 1 bis 3 genannten Fragen entscheidet innerhalb der obersten Militärverwaltungsbehörde das gemäß § 40 des Offizierpensionsgesetzes und § 43 des Mannschaftsversorgungsgesetzes gebildete Kollegium des betreffenden Kontingents endgültig.

§ 37.

Sind die in diesem Gesetze bezeichneten Personen, deren Hinterbliebenen ein Anspruch auf Versorgung zusteht, auf dienstlichen Seereisen verwendet gewesen, so finden auf die Hinterbliebenen die Vorschriften des zweiten Teiles dieses Gesetzes, sind sie gleich den Kaiserlichen Schutztruppen in den Schutzgebieten verwendet gewesen, so finden auf sie die Vorschriften des dritten Teiles dieses Gesetzes entsprechende Anwendung.

Zweiter Teil.

Kaiserliche Marine.

§ 38.

Auf die Hinterbliebenen von Angehörigen der Kaiserlichen Marine finden die §§ 1 bis 37 mit den nachfolgenden Maßgaben entsprechende Anwendung.

§ 39.

Die Befugnisse, die im ersten Teile dieses Gesetzes der obersten Militärverwaltungsbehörde des Kontingents übertragen sind, werden für den Bereich der Kaiserlichen Marine von der obersten Marineverwaltungsbehörde ausgeübt.

§ 40.

Im Sinne dieses Gesetzes stehen den Offizieren die Deckoffiziere der Kaiserlichen Marine vorbehaltlich der Vorschriften des § 43 gleich.

§ 41.

Dem nach § 13,1 berechneten Betrage des Witwengeldes treten für die Witwe einer der im § 56 des

Mannschaftsversorgungsgesetzes bezeichneten Personen, falls diese als Rentenempfänger verstorben ist, auch vierzig vom Hundert desjenigen Betrags hinzu, den der Verstorbene infolge der ebenda vorgeschriebenen Erhöhung der Vollrente bezogen hat. Ist der Tod vor dem Ausscheiden aus dem aktiven Dienste eingetreten, so wird das Witwengeld auch um $^{15}/_{100}$ der von dem Verstorbenen zuletzt bezogenen Dienstalters-, Seefahr- und Fachzulagen erhöht und steigt weiter bei Witwen von Kapitulanten mit mehr als achtzehnjähriger Dienstzeit für jedes weitere Dienstjahr auch um $^{9}/_{1000}$ bis höchstens $^{30}/_{100}$ der zuletzt bezogenen Dienstalters-, Seefahr- und Fachzulagen.

Die Kürzungsgrenze des § 15 Abs. 2 erhöht sich im Falle des Abs. 1 Satz 1 auch um denjenigen Betrag, welcher von der Dienstalters-, Seefahr- und Fachzulage bei der Berechnung der Erhöhung des Witwengeldes berücksichtigt ist, im Falle des Abs. 1 Satz 2 um $^{75}/_{200}$ der von dem Verstorbenen zuletzt bezogenen Dienstalters-, Seefahr- und Fachzulagen. Die durch Berücksichtigung der Dienstalters- und Seefahrzulage eintretende Erhöhung darf auch nicht $^{1}/_{5}$ der Vollrentenbeträge übersteigen.

§ 42.

Der Kaiser bestimmt, welche Angehörige der Kaiserlichen Marine den Angehörigen des Feldheeres gleichstehen.

§ 43.

Für die Hinterbliebenen eines Deckoffiziers beträgt jährlich das Kriegswitwengeld (§ 20a und b) 1 200 Mark, das Kriegswaisengeld (§ 21a und b)

für jedes vaterlose Kind . . . . 200 „ ,
für jedes elternlose Kind . . . . 300 „ .

Erreicht das Jahresgesamteinkommen der zu Kriegswitwengeld berechtigten Witwe eines Deckoffiziers nicht 1500 Mark, so kann mit Genehmigung der obersten

Marineverwaltungsbehörde das Kriegswitwengeld bis zur Erreichung dieses Satzes erhöht werden.

Den nicht nach § 19 versorgungsberechtigten Witwen von solchen Deckoffizieren, die infolge einer durch den Krieg erlittenen Dienstbeschädigung oder infolge einer der in § 26 Abs. 1, § 44 erwähnten Ursachen pensionsberechtigt geworden sind oder geworden sein würden, falls sie am Todestag in den Ruhestand versetzt worden wären, können Witwenbeihilfen in der Art gewährt werden, daß das Jahresgesamteinkommen (§ 27) 1500 Mark beträgt.

§ 44.

Die Vorschriften der §§ 19 bis 25 finden entsprechende Anwendung:

1. auf die Hinterbliebenen der im Dienste durch Schiffbruch getöteten oder an den Folgen einer durch Schiffbruch erlittenen Dienstbeschädigung gestorbenen Angehörigen der Kaiserlichen Marine, sofern der Tod vor Ablauf von 10 Jahren nach der Rückkehr in die Heimat oder nach der im Ausland erfolgten Entlassung eingetreten ist;
2. auf die Hinterbliebenen derjenigen Angehörigen der Kaiserlichen Marine, welche infolge außerordentlicher Einflüsse des Klimas während einer dienstlichen Seereise vor Ablauf von 10 Jahren nach der Rückkehr in die Heimat oder nach der im Ausland erfolgten Entlassung gestorben sind, sofern die Ehe zur Zeit der Seereise bestanden hat.

§ 45.

Auf die nicht nach § 44,1 versorgungsberechtigten Witwen von solchen Angehörigen der Kaiserlichen Marine, die infolge einer durch Schiffbruch erlittenen Dienstbeschädigung pensions- oder rentenberechtigt geworden sind oder geworden sein würden, falls sie am

Todestag in den Ruhestand versetzt worden wären, finden die Vorschriften des § 27 entsprechende Anwendung.

§ 46.

Für die Beurteilung der vor Gericht geltend gemachten Ansprüche sind die Entscheidungen der obersten Marineverwaltungsbehörde darüber maßgebend:

1. ob eine Dienstbeschädigung durch Schiffbruch oder außerordentliche Einflüsse des Klimas herbeigeführt ist;
2. ob der Tod mit den Folgen solcher Dienstbeschädigung zusammenhängt.

Über die in Nr. 1 und 2 genannten Fragen entscheidet innerhalb der obersten Marineverwaltungsbehörde das gemäß §§ 40, 45 des Offizierpensionsgesetzes und §§ 43, 49 des Mannschaftsversorgungsgesetzes gebildete Kollegium endgültig.

Dritter Teil.

Kaiserliche Schutztruppen in den afrikanischen Schutzgebieten.

§ 47.

Auf die Hinterbliebenen von Angehörigen der Kaiserlichen Schutztruppen finden die §§ 1—37 mit den nachfolgenden Maßgaben entsprechende Anwendung.

§ 48.

Die Befugnisse, die im ersten Teile dieses Gesetzes der obersten Militärverwaltungsbehörde des Kontingents übertragen sind, werden für den Bereich der Kaiserlichen

Schutztruppen von der Kolonialzentralverwaltung ausgeübt.

§ 49.

Die Vorschriften der §§ 19—25 finden entsprechende Anwendung auf die Hinterbliebenen derjenigen Angehörigen der Kaiserlichen Schutztruppen, welche infolge außerordentlicher Einflüsse des Klimas während eines dienstlichen Aufenthalts in den Schutzgebieten oder infolge der besonderen Fährlichkeiten des Dienstes in den Schutzgebieten vor Ablauf von 10 Jahren nach der Rückkehr in die Heimat oder der im Schutzgebiet erfolgten Entlassung aus der Schutztruppe verstorben sind.

§ 50.

Der in einem Schutzgebiet befindliche Nachlaß eines Schutztruppenangehörigen kann den Hinterbliebenen kostenfrei nach ihrem Wohnsitz innerhalb des Deutschen Reichs übersandt werden.

Hinterbliebene, welche mit dem Schutztruppenangehörigen einen Hausstand bildeten, haben innerhalb eines Jahres nach dem Tode Anspruch auf freie Rückbeförderung in die Heimat.

§ 51.

Für die Beurteilung der vor Gericht geltend gemachten Ansprüche sind die Entscheidungen der Kolonialzentralverwaltung darüber maßgebend:

1. ob eine Dienstbeschädigung durch außerordentliche Einflüsse des Klimas oder durch die besonderen Fährlichkeiten des Dienstes in den Schutzgebieten herbeigeführt ist, und
2. ob der Tod mit den Folgen solcher Dienstbeschädigung zusammenhängt.

Über die in Nr. 1 und 2 genannten Fragen entscheidet innerhalb der Kolonialzentralverwaltung das gemäß §§ 40, 62 des Offizierpensionsgesetzes und §§ 43, 63 des Mannschaftsversorgungsgesetzes gebildete Kollegium endgültig.

Übergangsvorschriften.

§ 52.

Vom Inkrafttreten dieses Gesetzes ab erhalten die Witwen und die Kinder von denjenigen bereits verstorbenen Offizieren, welche an einem der von deutschen Staaten vor 1871 oder von dem Deutschen Reiche geführten Kriege teilgenommen hatten, sofern ihnen nach den früheren Gesetzen Witwen- und Waisengeld zusteht und die Ehe schon zur Zeit des Krieges bestanden hat, Witwen- und Waisengeld in demjenigen Betrage, der ihnen zu bewilligen gewesen sein würde, wenn bei der Berechnung der Pension des Verstorbenen der § 6 des Offizierpensionsgesetzes zur Anwendung gekommen wäre. Unter den gleichen Voraussetzungen wird die Versorgung der Hinterbliebenen von Personen des Soldatenstandes vom Feldwebel abwärts nach Maßgabe dieses Gesetzes festgesetzt. Auf die Witwen und Kinder der bereits verstorbenen gehaltsberechtigten Unteroffiziere, der Registratoren bei den Generalkommandos und der im Range der Unteroffiziere stehenden Verwalter bei den Kadettenkorps findet die Vorschrift des § 20 des Beamtenhinterbliebenengesetzes sinngemäße Anwendung, wenn die Berechnung des Witwen- und Waisengeldes nach den Bestimmungen des Reichsbeamtengesetzes erfolgt ist.

§ 53.

Die Bezüge der Hinterbliebenen von Personen des Soldatenstandes, die vor dem Inkrafttreten dieses Gesetzes verstorben sind, ruhen von diesem Zeitpunkt ab nur nach den Vorschriften der §§ 31 bis 33 dieses Gesetzes.

§ 54.

Der den Hinterbliebenen der vor dem Inkrafttreten dieses Gesetzes verstorbenen Personen zu zahlende Betrag an Versorgungsgebührnissen darf nicht hinter demjenigen zurückbleiben, welcher ihnen nach den früheren Gesetzen zusteht.

Schlußvorschriften.

§ 55.

Dieses Gesetz tritt mit Wirkung vom 1. April 1907 in Kraft.

Außer Kraft treten alsdann die bisherigen Militärpensionsgesetze mit Einschluß der Bundesgesetze vom 14. Juni 1868 und 3. März 1870 (Bundes-Gesetzbl. für 1868 S. 335, für 1870 S. 39), des Schutztruppengesetzes vom 7./18. Juli 1896 (Reichs-Gesetzbl. S. 653), soweit diese Gesetze die Versorgung der Hinterbliebenen betreffen; das Gesetz, betreffend die Fürsorge für die Witwen und Waisen von Angehörigen des Reichsheeres und der Kaiserlichen Marine, vom 17. Juni 1887 (Reichs-Gesetzbl. S. 237), soweit es die Personen des Soldatenstandes und ihre Hinterbliebenen betrifft; das Gesetz, betreffend den Erlaß der Witwen- und Waisengeldbeiträge von Angehörigen der Reichszivilverwaltung, des Reichsheeres und der Kaiserlichen Marine, vom 5. März 1888 (Reichs-Gesetzbl. S. 65), soweit es die Personen des Soldatenstandes betrifft; das Gesetz, betreffend die Fürsorge für die Witwen und Waisen der Personen des Soldatenstandes des Reichsheeres und der Kaiserlichen Marine vom Feldwebel abwärts, vom 13. Juni 1895 (Reichs-Gesetzbl. S. 261); ferner das Gesetz wegen anderweiter Bemessung der Witwen- und Waisengelder vom 17. Mai 1897 (Reichs-Gesetzbl. S. 455), soweit es die Hinterbliebenen der Personen des Soldatenstandes betrifft.

Die unter der Herrschaft der vorstehend aufgeführten Gesetze erklärten und nicht rechtsgültig widerrufenen Verzichte auf Witwen- und Waisengeld behalten auch mit bezug auf dieses Gesetz ihre Wirksamkeit.

§ 56.

Die Versorgungsgebührnisse derjenigen Personen, deren Bezüge nach den bestehenden Vorschriften aus den Mitteln des Reichs-Invalidenfonds zu decken sind, werden aus dem Reichs-Invalidenfonds bestritten.

§ 57.

Die Bestimmungen dieses Gesetzes kommen in Bayern nach Maßgabe des Bündnisvertrags vom 23. November 1870 zur Anwendung.

Dem Königreiche Bayern wird zur Bestreitung der Ausgaben hierfür, mit Ausnahme der infolge des Krieges von 1870/71 erwachsenen, alljährlich eine Summe überwiesen, die sich nach der Höhe des tatsächlichen Aufwandes im Verhältnisse der Kopfstärke des Königlich Bayerischen Militärkontingents zu der der übrigen Teile des Reichsheeres bemißt.

Sachregister.

(Die Zahlen bezeichnen die Seiten.)

A.

Abfindung für Zivilversorgungsscheine 52.

Abkömmlinge, eheliche, legitimierte A. 197, 199.

Ablösungskommando 257.

Abrundung der Rente 82.

Abtretung von Pensionen und Renten 206; von Ersatzansprüchen 210.

Adoptivkinder 199, 202.

Aktiver Dienst 28, 32 107; in den Schutztruppen 286, 288, 303, 304.

Allerhöchste Erlasse über Anrechnung von Kriegsjahren und Doppelrechnung von Dienstzeit 330 ff.; A Gnadenerlaß vom 22. Juli 1884, 43.

Allgemeine Erwerbsfähigkeit und -unfähigkeit 52 ff., 55.

Alterszulage 137 ff., 280; Unpfändbarkeit u. Steuerfreiheit der A. 203, 207, 281.

Andere Festsetzung der Versorgungsgebührnisse 153 ff., 156, 158 ff.

Änderung in den für Festsetzung der Rente maßgebenden Verhältnissen 75, 153 ff.

Anerkennung der Dienstbeschädigung 38, 158 ff.

Anfang der Fristen 37.

Anfechtung gerichtlicher Urteile 158, 159.

Angestellte für Schiffe der Marine 257.

Anklageverfügung 178.

Anmeldung des Rentenanspruchs 34 ff., 36, 278; A. von Dienstbeschädigung 50.

Anrechnung der Dienstzeit 60 ff; von Kriegsjahren 63 ff., 66; von Freiheitsstrafen und Kriegsgefangenschaft 67 ff.

Anspruch der Unteroffiziere und Soldaten auf Versorgung 22 ff.
Anspruch auf Rente 22 ff., 33, 34.
Anstellung oder Beschäftigung der Invaliden im Zivildienst 181, 187, 188 ff., 192; endgiltige Anstellung im Z. 123, 124.
Anstellung von Militäranwärtern 106.
Anstellungsgrundsätze 106, 109, 110, 114, 115 ff.
Anstellungsschein 52, 106, 111 ff., 114 ff., 355; Erlöschen des A. 170 ff.
Anwaltszwang bei Klagen 220.
Anweisung der Versorgungsgebührnisse 141 ff.; bei der Marine 256.
Arbeitssoldaten 27.
Arm, Störung der Gebrauchsfähigkeit eines A. 83, 89.
Ärztliche Gutachten 146.
Aszendenten 198, 368 ff., 373.
Aufenthalt, unbekannter A 173 ff.
Aufhebung der Erwerbsfähigkeit 22, 28, 34.
Aufrechnung 159, 163, 207.
Augen, Verlust der A. 83 ff., 88, 90.
Augenentzündung, kontagiöse 98.
Ausland 178, 278; Aufenthalt im A. 173, 175.
Ausländer 258.
Ausländische Truppen, Krieg a T. 66.
Ausschlußfrist 43, 152, 216, 217.
Außerdienstlicher Aufenthalt, a. Seereise 272.
Äußere Dienstbeschädigung 39, 45.
Außereuropäische Länder, Aufenthalt in a. L. 63 ff.; Verwendung in a. L. 252, 272.
Außerheimische Gewässer 264, 291.
Außerordentliche Einflüsse des Klimas 272, 296, 303.
Außerterminliche Untersuchungen 156.

B.

Barbiere 257.
Bayern 132, 312, 313, 314, 385.
Beamte, Würdigkeit und Brauchbarkeit zum B., 101, 103, 104, 105, 106, 108, 111, 123, 125, 220 ff., 222.

Beamten-Eigenschaft 182, 187, 192.

Bedingte Rente 132 ff.

Bedürfnis, Bedürftigkeit, bedingte Rente bei B. 132 ff.; Rente bei dringender Bedürftigkeit 134 ff.; Beihilfe für Friedensinvalide bei B., 246.

Beerdigungskosten 198, 202, 373.

Beginn der Fristen 37; B. der Zahlung der Versorgungsgebührnisse 160 ff., 256, 306; B. der Anstellung oder Beschäftigung 55.

Begnadigung, Einwirkung der B. auf Bezugsrecht 167.

Beihilfen für Friedensinvalide 246, 247.

Bein, Störung der Gebrauchsfähigkeit eines B. 83, 89.

Belehrung über Einspruchsfrist 148, 152.

Berechnung der Dienstzeit 60 ff., 257, 261, 264, 291 ff.

Beruf, Berücksichtigung bei Erwerbsunfähigkeit 52 ff., 55, 74.

Besatzung 261.

Beschädigung im Dienste s. Dienstbeschädigung.

Beschäftigung im Zivildienst 181, 187, 188 ff., 192; B. im Privatdienst 187; B. aushilfsweise, auf Probe 129.

Beschwerden des Pensionärs oder Rentenempfängers 222.

Besetzung der mittleren, Kanzlei- und Unterbeamtenstellen mit Militäranwärtern und Inhabern des Anstellungsscheines 113 ff.

Besondere Fährlichkeiten des Schutztruppendienstes 288, 290, 296, 303, 382.

Besserung des Leidens 26, 153 ff.

Besteuerung, Ausschluß von B. 203 ff.

Betrag der Rente 71 ff., 269, 326, 327.

Beurlaubtenstand 28, 286; Unteroffiziere des B. 26.

Beurteilung der Erwerbsunfähigkeit 55.

Bewegungsunfähigkeit von Gliedern 83, 89.

Beweismittel für den Grad der Erwerbsunfähigkeit 146.

Bewußtlosigkeit 51.

Bezirkskommando 148.

Bord eines Schiffes 261, 263.
Bordkommando 264, 266, 267.
Brauchbarkeit zum Beamten 101, 103, 104, 105, 106, 108, 111; Geldentschädigung bei mangelnder B. 120 ff., 123, 125; maßgebende Entscheidung über B. 220 ff., 222.
Bruch als Dienstbeschädigung 46.
Büchsenmacher 77.
Bundesrat, Grundsätze des B. für Zivilversorgung 109 ff., 115, 114 ff.

C.

Charge s. Dienstgrad.
Chargeneinteilung der Militärpersonen des Reichsheeres 73, 316 ff.; der Marine 321 ff.

D.

Dauer des Rentenanspruchs 22, 23, 26, 30.
Dauernde Krankheitszustände 92.
Deckoffiziere der Marine 27, 256, 378, 379; der Schutztruppen 308, 309 ff.
Demobilmachung 60, 63, 66.
Dienst, im D. erlitten 271, 272, 273, 283.
Dienstalter in der Heimat 309, 310.
Dienstalterszulage bei der Marine 78, 269, 270.
Dienstaufwandsgelder 182.
Dienstbeschädigung der Unteroffiziere und Soldaten 22 ff., 34 ff., 37, 44 ff., 48 ff., 51, 288; maßgebende Entscheidung, ob D. vorliegt 220 ff.
Dienstgrad 71, 73, 309, 310.
Dienstgradeinteilung, 26, 73, 316 ff.; der Marine 321 ff.
Dienstliche Seereise 260, 271, 272, 274, 283; d. Aufenthalt in außereuropäischen Ländern 272; in den Schutzgebieten 296.
Dienstpflicht bei den Schutztruppen 286 ff., 294, 303, 304.
Dienstprämie 203, 204, 205.
Dienstunfähigkeit kommt für Rentenanspruch nicht in Betracht 23 ff.
Dienstwohnung 182.
Dienstzeit 22, 23, 30, 31; Berechnung der D. 60 ff., 67 ff., 130, 257, 261, 264,

268, 291 ff., 295, 298, 330 ff.; Dauer der gesetzlichen D. 32.
Dienstzulage 228, 229, 230, 237, 283.
Disposition, Entlassung zur D. 36.
Disziplinarstrafen 103.
Disziplinarverfahren 168.
Doppelrechnung der Dienstzeit 31, 63 ff., 65, 70, 101, 264, 291 ff., 298, 330 ff.

E.

Ehefrau 199.
Eheliche Abkömmlinge 197, 199, 361 ff., 365 ff.
Ehrliebende Gesinnung, Mangel an e. G. 121, 122.
Einberufung zu Übungen 26, 28, 54.
Einflüsse, außerordentliche E. des Klimas 272, 296, 303.
Einjährig freiwillige Ärzte 317, 321.
Einschiffung, erste 261, 262, 263.
Einspruch gegen Entscheidung einer niederen Behörde 147 ff.; Form des E. 149; Anbringung des Einspruchs 149, 150.
Einstellung des Strafverfahrens 179.
Einziehung zu Übungen 26, 28, 54.
Eltern und Großeltern 198.
Endemische Krankheiten 45, 49.
Endgültige Anstellung 123, 124; e. Entscheidung der obersten Militär- usw. Verwaltungsbehörde 220 ff., 222, 223; 282, 307, 377, 381, 382.
Enkelkinder 199.
Entlassung aus dem aktiven Dienste 22, 28, 34, 36, 60, 107; E. im Auslande 278.
Entschädigung für Teuerungsverhältnisse 182.
Entscheidung über den Grad der Erwerbsunfähigkeit 146; E. der niederen Behörden 147 ff.; E. der obersten Militär- usw.-verwaltungsbehörde vor Klageerhebung 211 ff., 282, 307; Form und Inhalt der E. 214, 215; maßgebende E. der obersten Militär- usw. - verwaltungsbehörde 220 ff., 222, 223; 282, 307, 377, 381, 382.

Entsprechende Anwendung 254, 255, 287, 288.

Entziehung der Versorgungsgebührnisse 153 ff., 156, 157, 158 ff., 168; Zeitpunkt des Fortfalls bei E. 160, 162.

Epidemische Krankheiten 45, 49.

Erblindung 83 ff., 88, 90.

Erhöhung der Rente 26, 75, 76 ff., 154, 157; bei der Marine 269, 271.

Erkrankungen 266, 293.

Erlasse, Allerhöchste E. über Anrechnung von Kriegsjahren und Doppelrechnung von Dienstzeit 330 ff.

Erlöschen des Rechtes auf den Bezug der Versorgungsgebührnisse 163 ff.; E. des Zivilversorgungsscheines 165, 170 ff.

Ermäßigung der Erwerbsunfähigkeit 26; E. der Rente 26, 154.

Ermittlungsverfahren 177.

Ersatzansprüche 208 ff.

Ersatztruppenteil 62.

Erste Einschiffung 261, 262, 263.

Erwerbsfähigkeit, Aufhebung oder Minderung der E. 22, 28, 52 ff.; völlige oder teilweise E. 28, 56 ff., 71 ff.

Erwerbslosigkeit 154.

Erwerbsunfähigkeit, bestimmend für die Versorgung 23 ff., 28, 29, 45, 52 ff.; völlige E. 139; Feststellung des Grades der E. 145 ff., 154.

F.

Fachzulage 78, 269, 270.

Fahnenschmiede 316, 317.

Fahrlässigkeit, durch F. verursachte Gesundheitsstörung 50, 277, 297, 303.

Fährlichkeiten, besondere F. des Schutztruppendienstes 288, 290, 296, 303, 382.

Familie, Ernährern von F. 180.

Feldgendarmen 27, 317.

Feldjäger 317.

Feldwebel 71, 73, 316 ff., der Marine 321 ff., bei den Kadettenanstalten 78.

Feldwebelleutnant 27, 33, 79.

Feldzug 66, 271, 272, 274 ff., 283, 309, 360 ff.

Festsetzung, andere F. der Versorgungsgebührnisse 153 ff., 156, 158 ff.

Feststellung des Berufes 55; der Dienstbeschädigung 34, 37, 38, 50, 55; F. ob Kriegsdienstbeschädigung 41; F. des Grades der Erwerbsunfähigkeit 74; F. der Versorgungsgebührnisse 141 ff., bei der Marine 256.

Festungsbaupersonal 33.

Festungshaft, Anrechnung von F. 69; F. begründet nicht Erlöschen des Bezugsrechtes 166.

Feuerwerker 78.

Finger, Verlust von F. 87.

Fiskus, Vertretung des F. 211, 214, 282, 307.

Forstdienst 114.

Forstversorgungsberechtigte Personen des Jägerkorps 130.

Freiheitsberaubung als Hindernis für Anmeldung des Rentenanspruchs 42.

Freiheitsstrafe, Anrechnung von F. 32, 67 ff., 268, 295.

Freisprechung 173, 178, 179.

Freiwillige Krankenpflege, Personen der fr K. 73, 101, 113, 223 ff., 314, 320.

Fremde Pflege und Wartung 83 ff., 92.

Friedensdienstbeschädigung 34, 37, 288.

Friedensinvaliden 72, 228 ff., 237 ff., 246 ff., 283, 285, 309, 311.

Friedensschluß 35.

Friedensverstümmelung 84.

Fristen für Anmeldung des Anspruchs auf Rente usw. 34 ff., 278 ff., 288 ff., 301, 302; F. für Einlegung des Einspruchs 148, 151, 152; F. für Anstellung der Klage 211 ff., 216, 217, 218.

Führung 103.

Fuß, Verlust eines F. 83 ff., 89.

G.

Garnisondienst 107.

Gebrauchsunfähigkeit von Gliedern 83, 89.

Gefangenschaft 67 ff., 70.

Gefängnis, Anrechnung von G. 69; G. begründet nicht Erlöschen des Bezugrechtes 166.

Gehaltsempfänger 23, 27, 33, 73, 76, 78 ff., 161, 362.

Geheimnisse, Verrat militärischer G. 164, 166 ff., 173 ff.

Gehör, Verlust des G. 83 ff., 88.

Geisteskrankheit 51, 58, 83 ff., 91, 93, 95; Hindernis f. d. Anmeldung 42.

Geldabfindung, einmalige G. der Kapitulanten 126 ff., 128.

Geldentschädigung 121 ff.

Gelegentlicher Nebenverdienst 139.

Geltendmachung des Rentenanspruches 34 ff.

Gemeindedienst s. Kommunaldienst.

Gemeine, Betrag der Rente für G. 71, 73; Dienstgrad der G. 319 ff., der Marine 324 ff.

Gendarmen der Landgendarmerie 27, 317; Erteilung des Zivilversorgungsscheines an G. 109.

Generalkommando 143, 148, 149.

Gesamtdienstzeit 257.

Gesamteinkommen 137, 138, 246, 247.

Gesamtpension 237.

Geschiedene Frau 199.

Geschwister 198, 373; Geschwisterkinder 198, 373.

Gesinnung, Mangel an christlicher G. 121, 122.

Gesundheitsschädigung 82 ff.

Gesundheitsstörung als Dienstbeschädigung 37, 44 ff., 51, 83 ff., 90, 220 ff.

Getrennte Frau 199.

Gewässer, außerheimische 264, 291.

Glieder, Verlust von G. 83.

Gnadenbewilligung 43.

Gnadenerlaß, Allerhöchster vom 22. Juli 1884, 43.

Gnadengehalts-Empfänger 160, 161.

Gnadenunterstützung 43.

Gnadenvierteljahr 197 ff., 203, 373.

Grad der Erwerbsunfähigkeit 45, 52 ff., 55; Feststellung des G. 145 ff.

Großeltern 198, 368 ff., 373.

Grundsätze für die Besetzung der mittleren, Kanzlei- u. Unterbeamtenstellen 106, 109, 110, 114, 115 ff.; G. für die Beurteilung der Erwerbsunfähigkeit 56 ff.

Günstigere Vorschriften, Anwendung von g. V. 251.

Gutachten, ärztliche 146.

H.

Halbinvaliden 229, 239, 240; H.-Abteilungen 107.
Hand, Verlust einer H. 83 ff., 89.
Handwerksmeister 77.
Heilanstalt, Aufenthalt in H. 180, 185.
Herabsetzung der Rente 26.
Heranziehung, vorübergehende H. zum Militärdienst 165, 181, 186; H. zum Dienst in den Schutztruppen 286, 288, 294, 301, 303.
Heimat, Rückkehr in die H. 278, 279; Dienstalter und Dienstgrad in der H. 309, 310.
Heimatsurlaub 65, 292, 293, 299.
Heiserkeit 87.
Hindernis für die Anmeldung des Rentenanspruchs 35, 42.
Hinterbliebene, Anspruch der H. 197 ff., 203, 228, 230, 245, 246, 287, 313, 314, 356 ff., 361 ff., 365 ff.
Hinterländer der Schutzgebiete 264.
Hochverrat 164, 166 ff., 172 ff.
Höchstpensionsbetrag 181, 191.

J.

Jägerkorps 130.
Immediatgesuche, Behandlung von J. 150.
Indiensthaltung 267.
Indigenat 174.
Inhaber des Anstellungs-, des Zivilversorgungsscheines 106, 114 ff., 116.
Innere Dienstbeschädigung 39, 45.
Institutendienst 113, 115, 117, 130, 182, 192.
Invaliden mit Zivilpension 228, 230.
Invalidenhäuser 183.
Invalideninstitut, Aufenthalt im J. 180, 183.
Invalidenpension 228, 231, 283.
Invalidenversicherungsanstalt, Stellen bei J. 113 ff., 117, 182.
Invalidenversicherungsgesetz 83, 96, 97, 137, 278, 296.
Irrenanstalt, Aufenthalt in J. 70.
Irrtum bei Festsetzung d. Versorgungsgebührnisse 158.

K.

Kadettenkorps, Verwalter beim K. 23, 33, 73, 76, 79, 362.
Kaiser 66, 67, 268, 272, 295.
Kanzleibeamte 113, 114.
Kapitulanten 22 ff., 25, 57, 75; Begriff der K. 23, 32, 33, 257, 269, 286; Betrag der Rente für K. 81, 229; Zivilversorgungsschein der K. 101, 106 ff.; Geldentschädigung der K. 120 ff., 123; Geldabfindung der K. 126 ff., 128; bedingte Rente und Rentenzuschuß der K. 132 ff.
Kellner 257.
Kinder 197, 198, 199, 201, 361 ff.
Klage, Erhebung der öffentlichen K. 173, 176, 177.
Klageanstellung 213.
Klagerecht 149, 211 ff., 377.
Klageweg 149, 211 ff.
Klimatische Einflüsse bei der Marine 46, 272; bei den Schutztruppen 296, 303.
Köche 257.
Kollegium 221, 377; bei der Marine 282, 381; bei den Schutztruppen 307, 308, 383.
Kolonialzentralverwaltung 62, 214, 303, 306, 307, 382.
Kommunalbehörden, Stellen bei K. 113, 115.
Kommunaldienst 115, 117, 130, 182, 192, 242.
Kontagiöse Augenentzündung 98.
Korpsintendantur 145.
Kosten der letzten Krankheit u. Beerdigung 198, 202, 373.
Kranken- Heil- und Pflegeanstalt, Aufenthalt in K. 70, 93, 180, 185.
Krankenlager, Fesselung an K. 83.
Krankenpflege, Personen der freiwilligen K. 73, 101, 113, 223 ff., 314, 320, 365 ff.
Krankheit, endemische und epidemische 45, 49; Unterbrechung der Dienstzeit durch K. 266, 293.
Krieg, 66, 271, 272, 274 ff., 360 ff.
Kriegsbeendigung 66, 330 ff.
Kriegsdienstbeschädigung 35, 39, 40, 41, 98; maßgebende Entscheidung, ob K. vorliegt 220 ff.
Kriegsdienstzeit 63 ff.
Kriegsgefangenschaft 67 ff., 70.
Kriegsjahre 63 ff., 66, 101; 291, 294, 330 ff.

Kriegsinvaliden 72, 229 ff., 285.

Kriegsministerien, oberste Militärverwaltungsbehörden 60, 61, 141, 147 ff., 211 ff., 213.

Kriegsteilnehmer 63 ff., 66, 234 ff., 283, 284, 295; rückwirkende Kraft für K. 233, 242.

Kriegsverrat 164, 166 ff., 172 ff.

Kriegsverstümmelung 84.

Kriegsverwundung 35, 39, 40, 41.

Kriegszeit 60, 66.

Kriegszulage 97 ff., 229; unpfändbar und steuerfrei 100, 203, 207; K. nicht neben Rentenerhöhung und Tropenzulage 272, 296.

Künstliche Glieder 90.

L.

Landesrechtliche Vorschriften 130.

Landesverrat 164, 166 ff., 172 ff.

Landgendarmerie 27, 317.

Landgericht zuständig für Ansprüche 211, 220.

Lauf der Fristen 37.

Lazarett, Anrechnung der im L. verbrachten Zeit 61; Aufenthalt in außerheimischen L. 266, 293.

Lebenslängliche Rente 23, 26, 30.

Legitimierte Abkömmlinge 197, 199, 361 ff., 365 ff.

Leistenbruch als Dienstbeschädigung 47.

Löhnungsempfänger 76, 78.

Löhnungszuschüsse 75, 76 ff.

M.

Marine 33, 34, 254 ff., 378 ff.; Dienstgradeinteilung der Militärpersonen der M. 321 ff.

Marinefiskus, Vertretung des M. 282.

Marineteile, Bescheide der M. 148.

Marineverwaltungsbehörde oberste 61, 281, 282, 378 ff.

Maßgebende Entscheidungen der obersten Militär- usw. -verwaltungsbehörde 220 ff., 222, 223, 282, 307, 377, 381, 382.

Militäranwärter 106, 113, 114 ff., 116 ff., 130 ff.

Militärärztliche Gutachten 146.

Militärbeamte Versorgungsansprüche der unteren M. 34, 96, 100, 209; keinen Anspruch a. Zivilversorgungsschein 102.
Militärfiskus, Pfändungsrecht des M. 203; Vertretung des M. 211, 214.
Militärgerichtliches Verfahren, Einleitung der Strafverfolgung im m. V. 173, 176.
Militärhinterbliebenengesetz 198, 227, 287, 314, 356 ff.
Militärische Geheimnisse, Verrat m. G. 164, 166 ff., 173.
Militärische Kranken-, Heil- und Pflegeanstalt 180, 185.
Militärische Unternehmungen, die als Krieg anzusehen sind 66, 271, 272, 274 ff., 283, 309, 330 ff.
Militärpensionsgesetze 312, 384.
Militärrente 22, 28.
Militärverwaltungsbehörde, oberste 60, 61, 141, 147 ff., 211 ff., 213, 376 ff.
Minderung der Erwerbsfähigkeit 22, 28, 34; M. der Versorgungsgebührnisse 154, 157; Zeitpunkt des Fortfalls bei M. 160, 162.
Mißhandlung im Dienste 45.
Mittlere Beamtenstellen 113 ff.
Mobiler Truppenteil 62.
Mobilmachung 60, 62, 66
Monatsbeträge der Rente 82.

N.

Nachlaß bei Gnadenvierteljahr 198, 202; 382.
Nachweis der Dienstbeschädigung 22, 23, 25, 31, 35, 42; N. der Erwerbsunfähigkeit 23, 26, 30.
Nachzahlung 231, 251.
Naturalquartierservis 80.
Nebenverdienst, gelegentlicher 139.
Neufeststellung der Versorgungsgebührnisse 153 ff., 158 ff.
Nichtkapitulanten 101, 111, 259.

O.

Oberfeuerwerker 78, 311.
Oberste Militärverwaltungsbehörde 60, 61, 151, 147 ff., 211, 213, 376 ff.; o. Marineverwaltungsbehörde 61, 281, 378 ff.
Oberwachtmeister der Landgendarmerie 27.

Öffentliche Ämter, Unfähigkeit zur Bekleidung ö. Ä. 170 ff.

Öffentliche Klage, Erhebung der ö. K. 173 ff., 176, 177.

P.

Pensionsregelungsbehörden 129, 145, 150, 186, 196, 328, 329; bei der Marine 256, 281.

Personen der freiwilligen Krankenpflege 73, 101, 113, 223 ff., 314, 320, 365 ff.; des Soldatenstandes 22 ff.

Pfändung, Ausschluß von Pf. 85, 100, 140, 203 ff., 229, 278, 297.

Pflege, fremder Wartung und Pfl. bedürftig 83 ff., 92, 229.

Pflegeanstalt, Aufenthalt in Pfl. 180, 185.

Pflegekinder 198, 201, 373.

Präklusivfrist 43, 152, 216.

Privatdienst, Beschäftigung im P. 187.

Privateisenbahnen, Dienst bei P. 187, 192.

Privatrechtliches Vertragsverhältnis zur Zivilbehörde 187, 188, 189, 190.

Privatschiffe, Dienst auf P. 267.

Probe, Beschäftigung auf P. 129.

Prüfung von Versorgungsansprüchen 36, 153 ff., 159.

Prüfungsgeschäft 153 ff., 155, 156, 159.

Q.

Quittungsbuch 345 ff.

R.

Rechtsanspruch 33, 212, 213.

Rechtsweg 211 ff., 281, 282, 306, 307.

Regiment, Bescheid des R. 148.

Registratoren bei den Generalkommandos 33, 77, 383; bei den Marine-Stationskommandos 78.

Reichsangehörigkeit 172, 174 ff., 257, 258.

Reichsbank, Dienst bei R. 115, 192.

Reichsbeamtengesetz 76, 80, 130, 131.

Reichsbehörden, Stellen bei R. 113 ff.

Reichsdienst 113 ff., 116, 119.

Reichsfiskus, Vertretung des R. 211, 214, 282, 307.
Reichsheer 22 ff., Dienstgradeinteilung der Militärpersonen des R. 316 ff.
Reichsinvalidenfonds 312, 385.
Reichs-Kolonialamt 62, 214, 303, ·06, 307, 382.
Reichs-Marineamt 61, 214, 281, 282.
Reichstag 114, 120.
Reihenfolge der Einberufung der Stellenanwärter 118.
Rente 22 ff.; Betrag der R. 71 ff.; Rente der Marine 254, 257, 269.
Rentenbeträge, Tabelle der R. 326, 327.
Rentenempfänger 197, 129, 162, 175.
Rentenerhöhung 75; bei der Marine 269, 271 ff., 278; R. nicht neben Kriegszulage und Tropenzulage 272, 296; R. unpfändbar und steuerfrei 278, 279; Anmeldung des Anspruchs auf R. 278.
Rentenfeststellung 141 ff., 256.
Rententabellen 326, 327.
Rentenzuschuß 132 ff.
Restitutionsklage 159.
Rückforderung zu Unrecht erhobener Gebührnisse 157, 159, 162, 163.
Rückkehr in die Heimat 278, 279.
Rückständige Rentenbeträge, Verjährung r. R. 162.
Rückwirkende Kraft 21, 141, 157, 160, 163, 169, 172, 192, 207, 227 ff., 230, 233, 283, 288, 309, 313.
Rückzahlung zu Unrecht erhobener Gebührnisse 157, 159, 162, 163, 293; R. der Geldabfindung 128 ff.
Ruhen des Rechtes auf den Bezug der Versorgungsgebührnisse 172 ff., 180 ff., 193 ff.

S.

Schadensersatz 208 ff.
Schiffbruch, im Dienst erlittener Sch. 271, 272, 273 ff., 283.
Schiffsangestellte 257.
Schiffsbesatzung 261.
Schiffsjungen 28, 73, 259 ff.
Schirrmeister 78.
Schutzgebiete 175, 178, 252, 253, 254; Aufenthalt in den Sch. 175, 264.

Schutzmannschaften, Erteilung des Zivilversorgungsscheines an Sch. 109.
Schutztruppen 34, 286 ff., 381 ff.; Dienst bei den S. 294.
Schutztruppengesetz 287, 294, 303, 313.
Schutztruppenordnung 292, 311.
Schwere Gesundheitsschädigung 82 ff., 90; schweres Siechtum 83, 91, 93, 94.
Schwerhörigkeit 88.
Seefahrzulage 78, 269, 270.
Seehandlung, Dienst bei S. 115, 192.
Seereise 259, 260, 264, 271, 272, 274, 283, 291; Verwendung auf dienstlicher S. 252.
Selbstmord 199; versuchter S. 50.
Sergeanten 71, 73, 318; der Marine 322; S. bei den Kadettenanstalten sind Gehaltsempfänger 7.
Servis 80.
Siechtum, schweres 83 ff., 91, 93, 94.
Sprache, Verlust der Sp. 83, 87.
Staatsbehörden, Stellen bei St. 114 ff.
Staatsdienst 113 ff., 116, 119.
Stabshoboisten 77.
Stabshornisten 77.
Stabstrompeter 77.
Ständische, Institute, Stellen bei st. J. 113 ff.
Stationskommando, Bescheid des St. 149.
Stellen, für Entscheidungen zuständige St. 148.
Stellenanwärter 117 ff., 125.
Stellenbesetzung 116.
Steigerung des Leidens 26, 153 ff, 161.
Sterbemonat 197.
Steuerfreiheit von Versorgungsgebührnissen 85, 100, 140, 203 ff., 229, 278, 297.
Stiefkinder 919, 202.
Stimmlosigkeit 87.
Störung der Bewegungs- und Gebrauchsfähigkeit einzelner Glieder (Arm, Fuß) 83, 89.

T.

Täuschung bei Festsetzung d. Versorgungsgebührnisse 158.

Teilnehmer am Kriege 63 ff., 66, 233, 234 ff., 242, 283, 284, 295.

Teilrente 71 ff., 73, 74, Höhe der T. 327.

Teilweise Erwerbsunfähigkeit 28, 56 ff., 71 ff., 73.

Teuerungsentschädigung 182.

Tod des Versorgungsberechtigten 168.

Todesstrafe 167.

Todesursache 199.

Transport von Kommandos bei der Marine 267.

Tropenzulage 296 ff.; steuerfrei und unpfändbar 297, 298, 301; T. nicht neben Rentenerhöhung u. Kriegszulage 296; Steigen der T. 298, 299, 300.

U.

Übergangsvorschriften 227 ff., 283 ff., 308 ff.

Überhebung v. Versorgungsgebührnissen 159, 163, 207.

Übertragbarkeit der Versorgungsgebührnisse 206.

Übungen von Mannschaften des Beurlaubtenstandes 26, 28, 54.

Umkommandierung 267.

Unbekannter Aufenthalt 173.

Unbrauchbarkeit zur Verwendung im Zivildienst 120 ff., 123 ff., 125.

Uneheliche Kinder 199, 202.

Unfähigkeit zur Bekleidung öffentlicher Ämter 170 ff.

Unfall bei Dienstausübung 29, 44 ff., 49.

Unfallfürsorgegesetz 209, 283, 313, 314.

Unfallpension 232, 283, 285.

Unpfändbarkeit der Versorgungsgebührnisse 203 ff., 297.

Unrecht, zu U. erhobene Versorgungsgebührnisse 157, 159, 162, 163, 207.

Untauglichkeit, körperliche U. bei Friedensinvaliden 246, 247; s. sonst Unbrauchbarkeit.

Unterärzte 311, 317.

Unterbeamte des Reichsheeres 34, 96, 100, 209; keinen Anspruch auf Zivilversorgungsschein 102.

Unterbeamtendienst, Anstellungsschein für den U. 111 ff., 113.

Unterbrechung des Bordkommandos u. dienstlichen

Aufenthalts 264, 266; U. der Dienstzeit in den Schutzgebieten 291, 292, 299.
Unterhaltsbeiträge, Pfändbarkeit der Versorgungsgebührnisse wegen U. 205.
Unterleibsbruch als Dienstbeschädigung 46.
Unternehmungen, militärische 66, 271, 272, 274 ff., 283, 309, 330 ff.
Unteroffiziere 23, 71, 73, 319; der Marine 323; des Beurlaubtenstandes 26, 73, 319.
Unteroffiziersschulen 61.
Unteroffiziervorschulen 61.
Unterstützung 43.
Untersuchung, außerterminliche U. 156; Eröffnung gerichtlicher U. 171.
Untersuchungshaft 69.
Unterveterinäre 311, 317.
Unterzahlmeister 78, 311, 318.
Ununterbrochenes Bordkommando 264, 266, 267; u. Dienstzeit 292, 299.
Unwürdigkeit zum Beamten 101, 103, 104 ff., 108, 111, 121, 123, 125.
Urlaub 65, 292, 293, 299.
Urteile, Anfechtung gerichtlicher U. 158, 159.

V.

Veränderung in den für Festsetzung der Rente maßgebenden Verhältnissen 75, 153 ff., 158 ff., 160.
Verfahren bei Feststellung und Anweisung der Versorgungsgebührnisse 141 ff., bei der Marine 256; V. beim Einspruch 147 ff.
Verfügung der Anklage 178.
Verhältnisse, außerhalb des Willens liegende 35, 42; dem Marine- und Militärdienst eigentümliche V. 44, 45, 49.
Verjährung 162, 169, 202, 219.
Verletzung 40, 44.
Verlust der Erwerbsfähigkeit 22 ff., 34 ff.; V. des Rentenanspruchs 42; V. eines Gliedes 87; V. des Einspruchs- und Klagerechtes 152, 211 ff., 217.
Verminderung der Erwerbsfähigkeit 22, 34.
Verpflichtung zur Anzeige von Unfällen 145.

Verrat militärischer Geheimnisse 164, 166, 173.

Versäumnis der Frist 42, 43.

Verschlimmerung des Leidens 26, 153 ff., 161.

Versehen bei Festsetzung der Versorgungsgebührnisse 158.

Versicherungsanstalten, Stellen bei V. für Invalidenversicherung 113 ff., 117, 182.

Versorgungsgebührnisse, Begriff der V. 142; Zahlung der V. 160 ff., 305.

Verstümmelung 58; V.'s-Zulage 75, 82 ff., 229; unpfändbar und steuerfrei 203, 207; Rechtsanspruch auf V.-Z. 85; V.-Z. kann mehrfach gewährt werden 86.

Vertretung d. Fiskus in Prozessen 211, 214, 282, 307.

Verurteilung, rechtskräftige 164, 167, 170, 171.

Verwalter beim Kadettenkorps 23, 27, 33, 73, 76, 79, 362.

Verwandte, Ansprüche von V. 198 ff., 368 ff., 373.

Verwendung auf dienstlichen Seereisen und in außereuropäischen Ländern 252; wie Kaiserliche Schutztruppen 252.

Verwundung 39, s. auch Kriegsverwundung.

Verzicht auf Zivilversorgungsschein 126.

Völlige Erwerbsunfähigkeit 28, 56 ff., 71 ff., 139.

Vollrente 71 ff.; Höhe der V. 326; Erhöhung der V. 269 ff., 283, 285.

Vorentscheidung 148 ff., 151.

Vorsatz, durch V. herbeigeführte Gesundheitsstörung 44, 50, 272, 277, 296, 297, 303.

Vorübergehende Heranziehung zum Militärdienst 165, 181, 186; zum Dienst in den Schutztruppen 286, 288, 294, 301, 303; v. Krankheitszustände 92.

W.

Wachtmeister der Feldgendarmerie 27, 317.

Waffe, Begriff der W. 40.

Wahlrecht des Kapitulanten zwischen Zivilversorgungsschein und Z.-Entschädigung 123 ff.

Waisengeld 361 ff.

Wallmeister 78, 311.

Wartung, fremder Pflege und W. bedürftig 83 ff., 92.

Weibliches Personal der freiwilligen Krankenpflege 225.

Wiederanstellung im aktiven Militärdienst 163 ff.

Wiederaufleben des Rechtes auf Bezug der Versorgungsgebührnisse 164, 180, 191, 193, 194, 196.

Wiederaufnahme des Strafverfahrens 167, 179.

Wiedereintritt in den aktiven Militärdienst 163 ff., 186; Tropenzulage bei W. in das Reichsheer oder in die Marine 301, 305.

Wiederwahl des Zivilversorgungsscheines 123.

Wille, außerhalb des W.'s liegende Verhältnisse 35, 42.

Witterungseinflüsse 45.

Witwe 197, 198, 199, 361 ff., 365 ff.

Witwengeld 361 ff.

Wohnungsgeldzuschuß 182.

Würdigkeit zum Beamten 101, 103, 104, 105, 106, 108, 111; Zivilversorgungsentschädigung bei mangelnder W. 121, 123, 125; maßgebende Entscheidung über W. 220 ff., 222.

Z.

Zahlmeister-Aspiranten, etatsmäßige 78.

Zahlung der Versorgungsgebührnisse 160 ff., 305; Einstellung der Z. 194 ff.

Zehen, Verlust von Z. 87.

Zeitige Rente 22, 26, 30.

Zentralgenossenschaft, Dienst bei preuß. Z. 115, 187.

Zentrallandschaft, Dienst bei preuß. Z. 115, 192.

Zeug- und Festungspersonal 33.

Zeugfeldwebel 33, 78.

Zeugsergeanten 78.

Zinsen 180, 219.

Zivildienst, Zivilstaatsdienst 62; Begriff des Z. 182, 187; Anstellung im Z. 123, 124, 130, 181, 187, 188 ff., 192, 193.

Zivildiensteinkommen 182.

Zivilpension 181 ff., 228, 230.

Zivilpensionsfonds 229, 313.

Zivilversorgung 101 ff.

Zivilversorgungsentschädigung 51, 121 ff., 123 ff., 126 ff.

Zivilversorgungsschein 52, 101 ff., 106 ff., 109, 114 ff., 126 ff., 354; Ausschluß der Doppelrechnung bei Erwerb des Anspruchs auf Z. 101, 105, 264; Wiederwahl des Z. 123; Verlust des Z. 163, 165, 170 ff.

Zöglinge in Unteroffiziervorschule 61; bei der Marine 28, 259.

Zuchthausstrafe 69, 164 ff., 166, 167, 170.

Zulagen 75, 76 ff., 78, 137 ff.

Zulässigkeit des Rechtsweges 211, 212, 281, 282, 306, 307.

Zurückerstattung zu Unrecht erhobener Beträge 128 ff., 157, 159, 163.

Zurücktreten aus den Schutztruppen in früheres Dienstverhältnis 291.

Zuschuß, Renten-Z. 132 ff.

Zuständigkeit für Klagen 211, 220, 281, 282, 306, 307.

Zustellung von Bescheiden 148 ff., 151.

Zwangsvollstreckung s. Pfändung.

Zweikampf, Gesundheitsstörung infolge Z. 51.

Druck von Otto Walter in Berlin S. 14.

FSC
www.fsc.org
MIX
Papier | Fördert
gute Waldnutzung
FSC® C083411

Kolibri 360 GmbH
Ferdinand-Jühlke-Straße 7
99095 Erfurt, Deutschland
produktsicherheit@kolibri360.de